导语

作为人类文明的重要结晶，修辞学无论在西方还是中国均有其深厚的根源。在西方，一般认为修辞学最早源于古希腊，并作为“三艺”的基本内容。在日后的发展中，修辞学又与法律、语言学、认识论等内容结合，从而使得修辞成为了法律方法的一项基本要素，并广泛适用于司法裁判；相对于西方，在中国，修辞的产生亦较为久远，早在《易传》中既已强调“修辞立其诚”。但时至今日，中国的修辞学仍只是在言语表达层面来理解，并未上升到法学“范式”的层面予以研究。因此，在中西法律知识逐步融合、司法活动更加规范、裁判文书强调说理的时代当下，法律修辞学的研究“恰逢其时”。

法律修辞研究

法律修辞与法治话语

主　编　陈金钊
执行主编　杨铜铜

执行编辑　栾绍兴　杨铜铜　邹　鹏　宋　菲　俞海涛　黄美茹　鲍　仪　吴冬兴

第四卷

中国法制出版社
CHINA LEGAL PUBLISHING HOUSE

目 录

本期特稿 法治与社会主义核心价值观

专题研讨 法治与法律文化

主题论文 法治与法律修辞

司法实践 法治与法律方法

本期特稿 法治与社会主义核心价值观

“观乎天文，以察时变；观乎人文，以化成天下。”要想建立一个稳定有序的社会，必须要有共同的社会价值观，而社会主义核心价值观从国家、社会、个人三个方面对共同的社会价值观进行了凝练表述，既包含中华民族固有的共同价值观，也包含对形成新的共同价值观的期望。依法治国是我国治国基本方略，而法治建设不可能是价值无涉的，将社会主义核心价值观融入法治建设是推动依法治国和以德治国的具体措施，但“融入”不是硬性推行，是需要找到符合法治思维和法治方法要求的进入方式。将社会主义核心价值观融入法治建设、贯穿法律运用的始终，立法在法治建设中发挥着引领作用，核心价值观入法是从源头上把社会主义核心价值观融入法治建设。同时，要想很好地将社会主义核心价值观融入法治建设当中，就要对当前的法治理论进行反思，社会主义核心价值观的实质是个体和共同体之间的相互协调发展，当前社会主义法治理论亟待确立一种能将个体权利保障和社会共同道德意识结合起来的新的权利观。因此，要想以社会主义核心价值观推动我国的法治建设，不仅要发挥立法的引领作用，也要积极运用法律解释、法律论证等法律方法，并对我国现存的法治理论进行反思，这样才能真正实现依法治国，实现中华民族伟大复兴的中国梦。

对“社会主义核心价值观融入法治建设”的诠释

陈金钊*

摘　要　作为命题，“社会主义核心价值观融入法治建设”带有明显的法律方法论属性。从方法论的角度解题，就需对命题之中的“融入”进行恰当的理解。所谓“融入”就是不硬性推行，而是需要找到符合法治思维和法治方式要求的进入方式。这就需要借鉴中外历史上已存的法律思维规律，在此基础上找到具体地把社会主义核心价值观融入法治建设的方法。立法方法是最为简单的融入方法，可以直接把社会主义核心价值观反映到法律规定中。立法是一种必须审慎使用的方法，它不能解决社会主义核心价值观融入法治建设的常态化问题，由此决定了社会主义核心价值观融入法治建设最为重要的是司法方法、执法方法，具体说就是法律解释、法律论证和法律修辞等方法。

关键词　法治建设　法律方法　法治思维　法律价值　社会主义核心价值观

任何社会的法治建设都与践行主流价值观有密切关联。如果没有价值观的引领，法律的运行就会迷失方向，或失去裁断的正当性。法治建设不可能做到价值无涉，法治中国建设也需要与践行社会主义核心价值观同步开展。2016年中共中央办公厅、国务院办公厅印发了《关于进一步把社会主义核心价值观融入法治建设的指导意见》[1]（以下简称《意见》）。根据《意见》的

---

* 陈金钊，男，华东政法大学教授、博士生导师。

〔1〕 此前的2013年中共中央办公厅印发了《关于培育和践行社会主义核心价值观的意见》，明确提出了社会主义核心价值观的内容包括：（1）国家层面的富强、民主、文明、和谐；（2）社会层面的自由、平等、公正、法治；（3）社会层面的爱国、敬业、诚信、友善。这12个词组构成了社会主义核心价值体系。

要求："各地区各部门积极运用法治思维和法治方式，推动以富强、民主、文明、和谐、自由、平等、公正、法治、爱国、敬业、诚信、友善为主要内容的社会主义核心价值观建设。"这意味着，今后的法治中国建设就需要根据《意见》的要求，切实把社会主义核心价值观融入法治建设。《意见》明确地提出了"社会主义核心价值观融入法治建设"的命题。对于这一命题需要从多个方面展开研究，但从命题本身所带有的较强的方法论属性看，从法律方法论角度的研究具有更为重要的现实意义。因为法律方法论是对执法和司法规律的研究，可以保障社会主义核心价值观以法治方式融入对国家和社会的治理活动。"社会主义核心价值观融入法治建设"是以方法论为主的命题，其中的"融入"表达了较强的方法论需求。如果我们能够准确破题，在立法、执法、司法各个环节加以贯彻，对未来法治中国的实践将会产生重要的影响。准确定位会促进法治中国建设，定位不准则会对法治建设带来消极影响。

一、对社会主义核心价值观融入法治建设之融入的理解

把"社会主义核心价值观融入法治建设"当成方法论命题来破题，首先，需要对如何融入有正确的理解。这是对社会主义核心价值观融入法治建设的方式、方法界定。一般来说，融入的含义是能理解的，但当我们把这一问题带进专业领域进行考察就会出现不同认识的问题。由于人们对法律运用的理解存在着差异，因而对于法律价值等融入法治实践的方式也有不同的理解。有人认为，既然法律是刚性的规范，执法、司法都需要严格；对于法律需要不折不扣地执行，不能轻易进行意义的限缩或添加；法治就是依法办事，价值等法律外因素不能轻易融入法律的运用。这种严格解释的姿态等于拒绝了价值、道德等在司法、执法阶段融入法律实践的可能。有人对法律运用的理解是另一个极端，认为对法律解释、运用需要灵活，法律可因价值、道德、社会、文化等语境因素的需要不断改变。前者秉承严格解释的封闭姿态，把法律与道德分开使用，其结果是在法律运用中拒绝价值、道德等因素的融入，法律意义上的安全性以及稳定性得以保障。而后一种则是开放的态度，是把法律的意义置于社会之中，在法律与其他社会规范的互动之中确定法律的意义。这种开放性的姿态会加剧法律意义上的不确定性。这是一种统合的思路，法治被当成了以法律为主的综合治理的工具。在法治实践中拒绝道德、价值

是不可取的。在法律运用过程中，对待道德、价值等需要秉承开放姿态。这样才能为社会主义核心价值观融入法治建设提供路径。

在上述两种姿态的基础上还有人进一步引申，认为，“社会主义核心价值观融入法治建设”就是要借助法律拯救道德。其实，法律与道德是相互拯救的关系。试图让法律单方面拯救道德实际上是做不到的。只要道德、价值等高于法律，甚或能够随便改变法律，那就意味着法律没有权威。法律如果没有权威，根本就无法拯救道德。因而，社会主义核心价值观融入法治，不是说可以用道德、价值等直接改变法律的意义，而是说法治建设有了来自社会主义核心价值或法律价值的支持。从方法论的角度分析“社会主义核心价值观融入法治建设”，我们可以看到该命题的两个方面的作用：一是可以避免死抠字眼或者盲目跟风的思维方式，减少机械司法或机械执法；二是能在一定程度上带动道德建设。但是，这两种功能的实现需要的方式都是融入，而不是在法治实践中强加道德或价值，更不是借助法治的刚性来推动道德进步。法治一方面具有刚性的特点，另一方面也具有讲法说理的柔性，包含法治原则内的妥协。法治不是以压服为主的行为方式，运用法律以及道德等价值的说服是其鲜明特色。

在笔者看来，融入包含这样三层意思：（1）从大处着眼，融入虽然只是方法，但却是法治建设全方位的指导思想。就像《意见》指出的，“社会主义核心价值观是社会主义法治建设的灵魂”。这意味着，通过在法治实践中融入社会主义核心价值观，从而为法治建设指明方向，为说服提供了更多的理由。（2）从小处着眼，即从法治建设具体要处理的案件来看，融入意味着需要使用恰当的方法，是使用法治思维和法治方式把社会主义核心价值观融入法治建设。融入的意思是在融会贯通的基础上，以自然的而不是强加的方式进入法治。这里的“法治建设”是一个动态的概念，包括国家和社会治理过程中的立法、执法、司法等法律运用的各个环节都需要尊重社会主义核心价值观。（3）就核心价值观融入法治建设的可预期效果来看，其实就是要拓展法治的范围：在实现法治总目标的前提下，把法治建设与社会主义核心价值观等结合起来进行综合治理。融入的基本含义还是要保持以法治建设为主，只是在法治建设中并不排除其他方式参与其中，以对社会矛盾进行化解。从以上分析来看，融入的含义并不是简单地把社会主义核心价值观加进法治建设，而是要把法治思维、法治方式和社会主义核心价值观融为一体，共同营造良好的法治建设环境。

社会主义核心价值观融入法治建设应该注意的三个问题：

首先，融入就是把社会主义核心价值当成说服的理据，改变简单地依法办事的思维，消除机械执法或司法的生硬方式。我们发现，法律是带有强制性的国家意志，但是在国家意图的贯彻过程中，不能直白地把国家权力或国家意志说成是法律，而应该以正义的名义表达法律的实质。社会主义核心价值观包含着人类的美好理想，但并不能借助国家的权力直接介入，而应该是以自然的顺应法治建设的方式融入其中。融入的意思非常明显，就是要用符合法治要求的方式、方法，把社会主义核心价值观融进立法、司法和执法的各个环节。融入不是直接介入。道德、价值直接介入法治实践在专制社会有较长的历史，专权者用自己认定的“高尚道德”直接改变法律意义的做法十分普遍，而这带来的是专制权力的进一步强化。由于“高尚道德”的压服并没有使社会矛盾得到解决，社会各种诉求被“高尚道德”抑制，反而成了使社会矛盾进一步激化的原因。这种思路现在依然存在，今天依然有人拿着“高尚道德”来挑战法律的权威。因而我们需要明确，社会主义核心价值观融入法治建设，就是要突出法治对综合治理的统合引领作用，要把社会主义核心价值观当成讲法说理的理据或论据，而不是直接改变法律意义的依据。

其次，究竟是社会主义核心价值观融入法治建设，还是社会主义核心价值融入法治建设？“价值与价值观是有区别的两个概念。在理论上看，价值是客观的东西，价值观则是主观的、观念性的东西。”〔1〕用以表达社会主义核心价值观的12个词组（24个字），分别表述的是12种不同的价值。社会主义核心价值观是由这些不同的价值所构成的。价值和价值观都是有主体性的，而主体是多元的，所以价值也是多元的。但核心价值观是可以在理论上进行高度概括的，按照李德顺的总结：“社会主义核心价值，就是在尊重自由的基础上进一步实现以平等为特征的公平正义。”〔2〕虽然多元价值有不同的指向，但在社会主义指引之下，社会主义核心价值观与其所表述的核心价值具有一致性。但也需要看到，(1) 这里的核心价值实际上是指基本价值，而非几何逻辑意义上的“核心”。因而，我们需要梳理各种价值之间的差异，认真对待

〔1〕 李德顺：《关于价值与核心价值》，载《学术研究》2007年第12期。

〔2〕 李德顺：《关于价值与核心价值》，载《学术研究》2007年第12期。

价值间实际存在的竞争关系。从逻辑上讲，核心价值与价值是有所不同的。（2）由“富强”等24个字所塑造的核心价值观究竟是什么？也许是一个需要认真研究的问题。从形式逻辑的角度看，核心价值只能有一个，但是我们却把多个价值，诸如民主、自由、法治、平等、公正等都称为社会主义核心价值。这意味着诸多价值之间可能是会产生冲突的。社会主义核心价值观是由一系列价值链构成的。各个价值之间既可能存在合作，也可能存在竞争。为了保证各种价值之间在竞争中不至于相互抵消，使其都能够对法治的形成发挥正能量，就需要注意法律方法论的应用。从《意见》的内容来看，社会主义核心价值观融入法治建设，就是指把构成社会主义核心价值观的各种价值融入法治建设。

再次，当我们把社会主义核心价值观的12个“构成核心”要素，或者12个方面的价值融入法治建设的时候，就会发现法治也是社会主义核心价值之一。[1]因而需要明确，这里的法治不是指法治建设，而是作为社会主义核心价值观的法治融入法治建设。法治在这里是指法治理念、法治精神、法治目标或目的，所以不能把法治本身排除在价值体系之外。我们需要注意到，构成社会主义核心价值的很多内容都可以作为法治的价值。当法治社会、法治政府、法治国家等成为人们为之奋斗的目标的时候，法治具有了目的、价值功能，不再是纯粹的手段。法治能够满足人们的多种需求。由于在法学研究中，法律、法治是人们研究的主要对象或者说核心问题，因而学者们在谈论价值的时候，都是把法律、法治当成“主词”，把法律放到前面与价值组词，如法律价值、法治价值等。因而在这种背景下，很少把法治作为价值。在这里，法治作为社会主义核心价值之一，已经超越法学的范围，语境发生了很大变化。法治不仅可以而且应该作为社会主义核心价值观的内容。把法治与社会主义联系起来，并成为社会主义核心价值的组成部分，具有非常重要的历史意义与现实意义。虽然在未来的社会主义的高级阶段是不需要法治的，但是在社会主义建设阶段，法治是社会主义建设的重要组成部分。法治与社会主义的结合使得社会主义建设获得了新生。[2]

---

〔1〕 陈金钊：《作为社会主义核心价值观的法治》，载《法律科学》2013年第6期。

〔2〕 陈金钊：《中国社会主义法治体系之“法治”》，载《北京联合大学学报》2015年第1期。

二、“社会主义核心价值观融入法治建设”的方法论属性

从总的方面看，“社会主义核心价值观融入法治建设”是一个方法论命题。它所处理的问题主要是通过厘清法律与道德等价值的关系，找到实现法治的路径。因而破解“把社会主义核心价值观融入法治建设”，必须明确该命题所针对的问题意识是什么，否则这一命题就可能是无的放矢。[1]把社会主义核心价值观融入法治建设，既是新时期拓展法治的需要，也是用法治推动社会主义道德建设的组成部分。《意见》指出：“深入开展道德领域突出问题专项教育和治理，依法惩处公德失范、诚信缺失的违法行为，大力整治突破道德底线、丧失道德良知的现象，弘扬真善美、贬斥假恶丑。”

从《意见》的题目和内容来看，“把社会主义核心价值观融入法治建设”是因为目前在法治建设过程中，贯彻社会主义核心价值观不够深入，或者在法治建设过程中道德教化可能被忽视，因而需要“进一步”强化社会主义核心价值观在法治建设中的作用。“把社会主义核心价值观融入法治建设”是依法治国与以德治国相结合的具体措施。当前之所以强调道德的作用或者说强调德治与法治并行，就是因为很多人担心强化法治可能导致道德的滑坡，认为道德对法治的深度介入是加强法治建设所不可缺少的环节。虽然法治建设并不必然导致道德滑坡，但很多人意识到，法治、德治必须并举。然而，处理好这两者之间的关系并非易事，因为法治与道德或者说法治与法律价值之间的紧张关系并不是今天才遇到的问题，在中外历史上都存在着法律与道德的冲突。无论从学术上，还是在治理实践中，至今也没有彻底解决这一问题。

中国历史上就有法治与德治之争，至今并没有一个较为普遍认同的结论。虽然中国古代的主流思想是德主刑辅，但很多历史学家指出，所谓德主刑辅只是表面现象，实际情况是明儒暗法，两者之作用难分高下。但在很多思想家的言辞中，道德一直被高扬，而法律一直处于被抑制的地位，道德尤其是统治者倡导的“高尚道德”，对封建专制统治实际上起到了话语引导或影响决策的作用。德治之“德”主要是君君臣臣权力绝对化之德。在治理理论的顶

〔1〕 其实，还有一个问题是社会主义核心价值观中的社会主义究竟是指什么？参见陈金钊：《中国社会主义法治体系之“社会主义”》，载《江汉学刊》2016年第3期。

端，捍卫皇权的政治道德始终在法律之上，微言大义可以随时改变法律的意义。统治者虽然获得表面的利益，权力的绝对性得以张扬，但并没有达到实现长期统治的目标。所以，以德抑法的做法并不可取。今天所倡导的法治与德治的结合论，从思想发展的角度看，与德主刑辅有很大区别，比明儒暗法有所进展。结合论强调的是法治与德治并重，法律、法治不再在道德之下。在新的统合论之中，法律、法治的地位有所提升。从这一角度看，社会主义核心价值观融入法治建设是德治与法治结合论的必然结论。但结合论需要以法治统合道德等价值，而不是用道德等任意修改法律，这是政治法治思想的一大进步。需要注意的是，法治对道德等价值的统合论能否指引中国法治建设走向成功，关键还要看，在社会主义核心价值观融入法治建设的时候，能否接纳和使用法治思维和法律方法。如果仅仅整体上有融入法治建设的宏观战略，而没有具体的可操作的法律方法，法治依然难以实现。

西方历史上处理法律与道德关系的方式与中国不同，在很长一段时间内（严格法治时代）走的是一条“分离”的路径，即在理论上强调道德与法律的分离；在实践上践行“一断于法”，严格依法办事。在西方社会的早期，世俗法之上有神法，神法的不确定性使得世俗法的意义可以按照统治者的意图随时修改。在这种情况下，实现法治几乎是梦想。因而在西方社会发展到资本主义阶段的时候，一些思想家开始倡导法律的统治，主张“法律至上，宪法最高”，认为按照具有一般性、体系性、明确性的法律规则来思维决策就可以实现法治——法治是规则治理的事业。但是，与法律规则和程序并行的还有自然法等，而自然法的意义有很大的不确定性。思想家们是从不同的角度叙述自然法的。法律与道德、正义等价值之间的纠缠，或者说自然法与实在法的交织使得法治也难以贯彻下去。因而，在资本主义法治进入较为“成熟”阶段的时候，分析实证主义法学提出了法律与道德的分离命题，认为只有坚持法律与道德的分离命题才能使法治贯彻下去。分离命题的问题意识就是从法律中分离出自然法学等提出的价值主张，认为法律就是法律、恶法亦法。分析实证主义法学的这一主张使得自然法学的价值诉求逐渐退出主流法学。然而，在法律社会学兴起，尤其是战后新自然法学复兴以后，自由、平等等法律价值又借助社会的名义重新回到了法律解释的过程中。法律与道德、实在法与法律价值的纠缠并没有得到彻底解决，反而成了诸多法学流派不断争论的问题。

研究社会主义核心价值观融入法治建设，不仅要关注中国的现实与传统，还要关注西方法学对这一问题的处理。这主要是因为，当今的中国法学主要是西学东渐的产物，如果说当今的中国法学是“西方法学在中国”，人们并不会提出异议。[1]所以，在讲法治与德治的统合命题——“社会主义核心价值观融入法治建设”，需要清除分离命题对人们思想的影响。但这种清除是建立在吸收的基础上的。中西思维方式有很大的不同，整体性思维以及所衍生出来的体系思维是中国文化的特点。因而讲究法律与道德的统合，在思维方式上不会遇到太多的困难。我们所认定的社会主义核心价值观也是在吸收中西文化精髓的基础上而加以统合的。因此，以社会主义核心价值观融入法治建设，需要思考的不仅是当今中国的问题，还需要考虑到西方法学对中国的影响。

对于“社会主义核心价值观融入法治建设”的方法论命题，有三个方面的理论问题必须予以回答：

一是在全面推进法治中国建设的背景下，如何认识法律与道德的分离命题？从西方思想史对法治实践的影响来看，法律与道德适度分离对法治建设有积极意义，起码在一定领域中使法律的实践者找到了法律与道德的界限，发现了道德等价值在什么场景下以及使用什么方法进入法治的各个环节。然而，来自西方的法律方法能否解决中国法治建设的问题，还需要我们根据中国的实际情况和文化背景以及法治中国建设的目标重新研究。我们发现，西方的分离命题难以解决中国的现实问题，因为我们的文化不是西式的分析性文化，在对社会问题的处理过程中，过于细致分析与论证并不符合中国人的思维特点，相反中国的文化背景以及思维方式的特点是整体性、体系性和实质性。在这种整体性思维方式之下，更适合运用统合的方式（统合的命题）来解决中国的问题。在推进法治建设过程中，法律与道德的统合是法治实现必须运用的方法。分离命题的对立面是统合命题。把社会主义核心价值观融进法治建设就是一个统合命题，统合命题强调的不是法律与道德等价值的分离，而是两者之间的统合、融贯，因而需要使用统合的方法。从逻辑推论的角度看，法律与道德的分离与统合是一种必要的对立理论。没有法律与道德分离的现实，就来谈论法律与道德的统合是没有意义的。正是有了分离命题，

[1] 陈金钊：《西方法学在中国及中国法学学术转型》，载《济南大学学报（社会科学版）》2017年第2期。

道德与法律、法律与价值之间存在着比较明显的界限，才使得把社会主义核心价值观融入法治建设有了必要性和现实意义。

当然，在这里我们谈论的是法治建设与社会主义核心价值观之间的关系，但在总体上把这两者之间的关系，类比成法律与道德之间的关系并无不妥。社会主义核心价值观的内容，在习惯的分类中，有的可以称为道德，有的称之为价值，有的则是目的、目标。爱国、敬业、诚信属于道德的范畴；富强、文明、和谐则可以称之为目标或目的；民主、自由、平等、公正在习惯上被称之为法治的价值或法律的价值。在法治建设中融入社会主义核心价值观就是由道德、价值、目标或目的构成的“社会主义”。《意见》指出：“全面落实依法治国基本方略，坚持依法治国和以德治国相结合，把社会主义核心价值观融入法治国家、法治政府、法治社会建设全过程，融入科学立法、严格执法、公正司法、全民守法各环节，以法治体现道德理念、强化法律对道德建设的促进作用，推动社会主义核心价值观更加深入人心，为实现‘两个一百年’奋斗目标、实现中华民族伟大复兴的中国梦提供强大价值引导力、文化凝聚力和精神推动力。”

二是法律与道德并不必然是分离的。把法治当成社会主义核心价值是一种非工具主义观点。虽然道德与法律有越来越大的差别，但道德与法律都是依赖传统才得以存在的。我们试图同化法律与道德的努力都是徒劳的，但试图完全割裂两者之间的联系也是做不到的。“人性在最普遍的层次上是其基础，最多只能为在社会中生存提出一种最低限度的规则，但却无法为更高的道德或法律原则提供基础。”[1]法律与道德的分离命题，强调了法治之“法”的纯洁性，但问题是，纯粹的法律之治在任何国家都是不存在的，存在的只是对法律作用重视程度的不同。法律至上只是说法律具有重要的作用，并不是说法律之下其他社会规范都没有作用。中国有些学者对法律至上的否定无非是偏执地认为，法律是排斥道德等法律价值的。法律在有些情况下排斥道德，并不等于法律都是反对道德的，法治并不必然导致道德的堕落。法律在多数情况下与道德是一致的。

这种认识存在误解的原因在于，一种极端的观点认为，法律与道德在任

---

〔1〕［美］布莱恩·Z. 塔玛纳哈：《法律工具主义对法治的危害》，陈虎、杨洁译，北京大学出版社2016年版，第33页。

何情况下都是对立的。实际上，法律与道德、价值的矛盾只是在有些问题上。现在有些人把法律与道德、价值绝对分开，认为法律就是法律，法律与道德无关。这实际上是斗争思维残留。另一种极端的观点认为，道德和价值在任何情况下都可以替代法律。可问题在于，法治理论不能建立在极端情形的基础上，而应该建立在法律与道德的正常关系之下。所以就出现了德治与法治的结合论。但就目前的状况看，我们对如何结合的方法缺乏研究，脑子里只有宏观的、甚至可以说硬性的结合论。[1]笔者认为中国不需要机械的结合论，而需要有机的统合论。[2]把社会主义核心价值观融进法治建设就是有机的结合论，所谓有机就是在结合过程中有法律方法论作为基础。没有法律方法论的结合论所导致的任意行为会毁掉法治，属于实质主义思维方式。因而在结合论或统合命题之下，如何克服实质主义思维对法治可能造成的伤害就成了非常重要的理论问题，做好这种研究对法律风险的预测有重要意义。

三是社会主义核心价值观融入法治建设不能仅仅是原则性、口号性的东西，而应该与立法及其法律实施的法律方法结合起来。法律与秩序关系密切，法律、法治是避免陷入混乱和野蛮状态的重要手段，但法律秩序的形成不可能仅靠规范发挥作用。“社会稳定有赖于共同价值和文化的信念。”[3]当然，社会道德和价值也需要借助法律、法治来维护。社会主义核心价值观是法治战略实施过程中的控制手段。这种控制不是基于职权的控制，而是话语权的控制，即通过法律实施的主体接受社会主义核心价值来调整思想和行为，用社会主义核心价值衡量、监督法治战略实施的全过程，及时纠正法治建设过程中出现的行为偏差。社会主义核心价值观融入法治建设需要正确的法治方式或法律方法。法治具有工具性，个人和团体将其作为工具加以利用。但是，法律方法的运用也不能背离法律价值。即使是纯粹私人之间的利益争斗，也需要讲究法律价值，需要把各自的私利价值化。法律方法是基于法律推理而衍生出来的法律思维规律，其表现形式是在司法、执法实践中概括出来的各种法律思维规则。在这些思维规则中，表达了法律的规范性、程序性、权利

---

〔1〕 关于结合论与统合论的区分，参见陈金钊、邵宗林：《法治思维、法治方式与法治拓展》，载《法治论丛》（上海政法学院学报）2017年第3期。

〔2〕 关于法律思维方式的统合性特征，参见陈金钊：《多元规范的思维统合》，载《清华法学》2016年第5期。

〔3〕 ［英］安德鲁·海伍德：《政治学的思维方式》，张立鹏译，中国人民大学出版社2014年版，第275页。

要求、公正性等，属于平和、理性的思维方式。在现实生活中，如果没有法律思维规则意识，就会导致武力、暴力盛行。只有在利益上附加法律价值，才能发挥法治作为理性平台的作用。因而，在中国法治建设过程中，需要“培养一种对法律不是那么讨厌的平和心态”。[1]而法律方法及法律思维规则训练则是通达平和、理性等的主要手段。

三、运用法律方法把社会主义核心价值观融入法治建设

通过对中外历史上治理经验的概括总结，我们党已经意识到，法治是治国理政的基本方式，因而需要用法治思维和法治方式化解社会矛盾。法治就是要把权力圈在制度的笼子里面，改变权力的任意行使方式。一般来说，各种价值表达的都是对美好生活的追求，然而由于表述价值的词语都带有不确定性，在处理具体案件的时候，就会出现使用的是同一个词语，言辞所指的意义却有很大的差别，以至于在人们的思维之中虽然有价值但各种纷争层出不穷。对此，一些基于后现代法学立场的揭弊研究者认为，各种运用价值的法律修辞不过是装腔作势的表述，根本没有具体的内容，掌握权力的解释者随时可以塞进任何内容。然而，这种抓住一点不顾其余进而全盘否定的作业方式对法律运用的观察并不是“真相”。法律价值在法治建设中发挥着非常重要的作用，只是作用的程度因时因地不同而已。从大处着眼，法律价值在促进社会变迁方面发挥着很重要的引导作用。就像我们今天所倡导的社会主义核心价值观，为中国社会的转型提供了方向或目标。从小处来看，在具体的执法和司法实践中，价值在法律解释论证、修辞论辩过程中也发挥着积极的作用。当然，价值引入法律的运用也增加了更多的纷争，因为在各种价值之间存在着一定程度的竞争关系，法律的运用者在很多场景下难以确认各种价值的优先性，导致究竟把哪一种价值赋予法律意义难以取舍。在这种情况下，正确的态度不是取消争论，而是要为争论进行方法论的规制。法律方法是工具，但我们不能把它当成纯粹的工具。法律方法对机械司法或执法的矫正，主要是要通过解释、论证等方法，把价值融进法律之中。社会主义核心价值

---

〔1〕［美］布莱恩·Z. 塔玛纳哈：《法律工具主义对法治的危害》，陈虎等译，北京大学出版社2016年版，第7页。

观融入法治建设需要法律方法。

运用法律方法把社会主义核心价值观融入法治建设，需要注意三个方面的问题：

第一，社会主义核心价值观不是法律规范，因而融入法治建设需要借助法律方法。

没有法律方法的使用，直接用价值代替法律会导致法律更多的不确定性。这里的法律方法包括两个大的方面，一是立法方法，把价值直接规定在法律文本之中。当然，这种方法的运用有技术性要求，一般来说都是把各种价值表述为法律的原则。通过原则性的规定来规制人们，在规则使用的时候不能忘记价值。《意见》指出："加快完善体现权利公平、机会公平、规则公平的法律制度，依法保障公民权利，维护公平正义。不断完善社会主义市场经济法律制度，加快形成保护产权、维护契约、统一市场、平等交换、公平竞争、有效监管的体制机制，促进社会诚信建设。"二是在司法、执法过程中运用方法，把已经原则化的价值或者一些没有原则化的价值，通过解释、论证、修辞等方法融入司法、执法中。可以说，法律规则的创制包含有价值的指引和选择，法律规范的使用更离不开价值的融入。只不过按照法治的要求，价值对法律的指引不是直接用价值改变法律的意义。那样的话，法律意义的安全性就会出现问题。因而社会主义核心价值观融入司法、执法实践，需要通过解释、论证等方法论的运用。只有这样，才能摆脱法律运用的任意性。

在西方法学史上，法学家们早就发现仅仅依靠法律规范来处理案件，很可能会出现法律规范与其他社会规范的对立。特别是很多移植的国外法律与社会现实有很大的出入，在中国文化背景下难以实施。在这种情况下，为了保障法治命题能够成立，我们就需要借鉴西方法律渊源的概念，承认法律渊源的多元化；改变依法办事之"法"仅仅是指制定法的观念，把社会主义核心价值观视为法律渊源之一。这种想法实际上就是扩大了"法律"的范围，执法者、司法者可以在多元的法律渊源之间进行法治原则引领下的规范统合，在具体办案过程中找出恰当的法律规范作为依法决策之法。但是，人们也发现了一些问题，这就是在体系思维之下，整合针对个案的法律规范，在统合过程中，"整合的力度不能太松，太松造成政令不一、各行其是，也不能太紧，太紧造成缺乏活力、冲突增多。因此，整合既是科学，也是艺术。”〔1〕我们应该把社会主义核心价值，包括其他法律价值当成法律渊源的一种形式，在法律解释、论证过程中把各种价值当成理由，以理由的形式进入司法、执法活动。

如果从这个角度观察，我们可以发现，把社会主义核心价值观融进法治建设是一种对法律或法治的解释姿态，即一种反对法条主义的解释态度，要求把社会主义核心价值观融入法治建设的每一个环节，包括立法、执法、司法和守法。法律规定如果违背法律价值就应该通过解释、论证加以改变。然而，必须注意的是，这种改变绝不能依据专制者的个人判断，而应该通过法律方法，或立法方法，或法律解释方法等，把理由讲清楚。讲不清理由就不能改变法律的意义。只是在运用司法、执法方式改变法律意义的时候，既要防止对社会主义核心价值观的误解，也要防止打着社会主义核心价值观的旗帜曲解法律或任意改变法律的意义。我们始终应该把法律意义的安全性放到重要位置，但也不能机械司法，死抠字眼。需要注意到，一个充满主观判断和任意裁判的法律系统对法治的威胁是非常可怕的。对于社会主义核心价值观融入法治建设，《意见》已经做了很多的安排，包括立法方式、执法、司法以及社会管理过程中都不能忘记社会主义核心价值观的指导作用。

第二，对于法律工具主义的缺陷，需要运用社会主义核心价值观予以克服。

社会主义核心价值观弥补法治工具主义的不足。把法律视为工具肯定会强调法律方法论的作用，但过度强调推理、论证等逻辑方法，就可能导致死抠字眼等机械司法或执法。为避免把法律的运用当成纯粹的法律推理过程，就需要融进法律价值。社会主义核心价值观融入司法执法活动需要运用法律方法，但是法律方法的工具性很有可能重新出现固守思维规则的现象。有学者的研究已经看到，“理念体系所起的好作用是潜在的，坏的作用却是直接的。”〔2〕这句话原本是说西方的执法或司法现象，但是在我国司法现实中，这种现象更加严重。在法学研究中，有些人对法律方法的批评就是只讲逻辑不讲价值。其实，把社会主义核心价值观融入法治建设，就是要改变法律实施过程中只讲方法、不讲价值的做法。如果我们把法律当成纯粹的工具，想

〔1〕 任俊正：《战略十讲》，中国发展出版社 2016 年版，第 181 页。
〔2〕 任俊正：《战略十讲》，中国发展出版社 2016 年版，第 20 页。

用就用，不想用就用其他规范或价值替代，那就会出现塔玛纳哈所说的，“法律的工具主义观念在很多方面都有一种强有力的破坏法治理念的趋势。”〔1〕所以，运用法律方法把社会主义核心价值观融入法治建设，既可以是法律方法中增加价值的成分，又能保障在价值融进过程中不至于毁掉法治。把社会主义核心价值观融入法治建设，不仅需要研究融入的方法，还需要研究社会主义核心价值的内容，在具体的行为决策中实现价值与方法的有机结合。

第三，社会主义核心价值观融入法治建设的具体方法。对于社会主义核心价值观融入法治建设的具体方法，《意见》作出较为明确的规定：“完善司法政策，加强司法解释，强化案例指导。遵循法律精神和原则，实行适应社会主义核心价值观要求的司法政策，增强适用法律法规的及时性、针对性、有效性，为惩治违背社会主义核心价值观、严重失德败德行为，提供具体、明确的司法政策支持。准确把握法律精神和法律原则，适应社会主义核心价值观建设的实践要求，发挥司法解释功能，正确解释法律。完善案例指导制度，及时选择对司法办案有普遍指导意义，对培育和弘扬社会主义核心价值观有示范作用的案例，作为指导性案例发布，通过个案解释法律和统一法律适用标准。”按照《意见》，在司法领域把社会主义核心价值观融入法治建设方法主要有司法解释和案例指导两种，但实际上社会主义核心价值观融入法治建设应该贯穿法律运用的全过程。

从法律方法论的角度看，社会主义核心价值观融入司法、执法活动的方法主要有三种：（1）把社会主义核心价值当成法律渊源的一种形式。对此前面已有论述。（2）体系解释。由于文义解释强调法律意义的安全性，要求按图索骥，在思维方式上具有封闭性特点，因而使用文义解释方法很难把价值融入法律之中。与文义解释不同，在体系思维之下的体系解释方法具有解释的开放性特点。为寻求法律解释的恰当性，体系解释不仅要向其他法律规范开放，还要向道德、价值等其他社会规范开放，在法律与其他社会规范、法律与社会之间寻求一致性。这是社会主义核心价值观融入法律意义的主要方法。就像《意见》指出的，“完善执法程序，改进执法方式，尊重自然人和法人的合法权益，准确把握适用裁量标准，实现执法要求与执法形式相统一、

〔1〕［美］布莱恩·Z. 塔玛纳哈：《法律工具主义对法治的危害》，陈虎等译，北京大学出版社2016年版，第3页。

执法效果与社会效果相统一。”（3）法律论证或法律修辞。在司法执法实践中，我们可以运用社会主义核心价值作为论据进行论证，从而使法律判断不仅具有合法性，还具有合理性。同时，各种价值还可以直接用于各种说服活动，增强裁判、决策理由的可接受性。就像《意见》中所言：“行政执法和刑事司法要善于把握引导社会心态和群众情绪，综合运用法律、经济、行政等手段和教育、调解、疏导等办法，融法、理、情于一体，引导和支持人们合理合法表达利益诉求，妥善化解各类社会矛盾。”另外，在法律方法研究中，很多人承认价值衡量本身就是一种法律方法。如果说这种方法能够成立的话，社会主义核心价值观融入法治建设可能就有一种更为直接的方法。但价值衡量究竟能否成为一种独立的法律方法争论较多。

结　语

“从法治确立所有行为都遵守之框架的意义上讲，法治就是法律应该‘统治’的原则，它平等地适用于所有社会的成员，不论其为私人还是政府官员。因此，法治是自由民主的核心原则，体现了宪政和有限政府的思想。”〔1〕目前，我们已经较为普遍地接受了法治就是限权的思想，把权力圈在法律的笼子里面已经没有太大的争议。法治之限权包括多种手段，对社会主义核心价值的追求也是限制任意的一种方式。然而，在多元价值并存的情况下，究竟融入哪一种价值还是需要我们认真研究的问题。有学者断言，主张自由的学者多半倾向于资本主义，主张平等的学者多半倾向于社会主义。〔2〕抛开各种主义的“定性”研究，我们就会发现，很多来自域外的价值与中国文化还有很远的距离。同样一个表达价值的概念，人们的理解却有天壤之别。比如，在西方文化中的某一说法，在中国语境中就不好理解。“若法律的中心目的是保护自由，这同时还意味着法律应当限制于适当领域之内。换句话说，只有当其扩大自由而非减少自由时，法律才获得认可。”〔3〕我们需要意识到，包

〔1〕［英］安德鲁·海伍德：《政治学的思维方式》，张立鹏译，中国人民大学出版社2014年版，第275页。

〔2〕李德顺：《关于价值与核心价值》，载《学术研究》2007年第12期。

〔3〕［英］安德鲁·海伍德：《政治学的思维方式》，张立鹏译，中国人民大学出版社2014年版，第275页。

括社会主义以及社会主义核心价值观在内的诸多概念都包含有人类文明的精髓，但在中国语境中理解、解释和运用都需要重新诠释，更需要充分的论证，否则就可能各自表述，引发更多的思维混乱。因而，我们需要看到社会主义核心价值观融入法治建设的重要性，看到这是法治中国战略实施的重要一环，但也需要意识到做好这一工作的艰巨性。要想把这项工作做好，既需要我们研究社会主义核心价值观的具体内容，也需要深入研究将价值观融入法治实践的方法路径。

社会主义核心价值观入法的方式

刘风景 *

摘　要　社会主义核心价值观入法，对建设法治中国、培育和践行社会主义核心价值观具有重要意义。社会主义核心价值观入法，客观上存在着核心价值观的概括不够凝练、法律接纳能力不足、法律系统的封闭性、法律实证主义影响等阻碍性因素。社会主义核心价值观入法，须设置严格的标准和程序，运用法治思维和法治方式予以推进。我国立法应以社会主义核心价值观统摄各项立法，统摄立法的全过程，加强重点领域立法，提高立法质量，健全立法机制，完善立法备案审查制度，加强立法工作队伍建设。

关键词　社会主义核心价值观　良法　法治建设

党的十八大报告提出："倡导富强、民主、文明、和谐，倡导自由、平等、公正、法治，倡导爱国、敬业、诚信、友善，积极培育社会主义核心价值观。"社会主义核心价值观是社会主义法治建设的灵魂，把社会主义核心价值观融入法治国家、法治政府、法治社会建设全过程，融入科学立法、严格执法、公正司法、全民守法各环节，以法治体现道德理念，强化法律对道德建设的促进作用，为实现中华民族伟大复兴提供强大价值引导力。把社会主义核心价值观融入法治建设是一个复杂的系统工程，其中将社会主义核心价值观融入立法过程，写入法律文本，具有重要的理论意义和实践价值。

* 刘风景，华东政法大学政治学与公共管理学院、法律方法研究院教授，博士生导师。

一、核心价值观入法的意义

法律不同于规律，规律属于不以人的意志为转移的客观范畴，而法律则属于社会意识现象，是客观见之于主观的东西，是具有明显价值取向的社会意识范畴。“不要指望任何人能够根据客观性和规律性这样的价值来回答法的终极性问题和解决法的最为困难的问题。”〔1〕古今中外，各个国家都注重将各自核心价值观写入法律文本，转化为有国家强制力的行为准则。美国1776年制定的成文宪法和作为宪法附件的《权利法案》，以实际立法将某些价值判断或原则纳入宪法之中，在近代历史上被其他国家反复仿效。〔2〕在我国，社会主义核心价值观入法也有现实必要性。法律是由概念、规则、原则三要素构成的，核心价值观入法，意味着核心价值观转化为法律概念、规则或原则；法律体系是由不同效力等级、分属不同部门的法律规范构成的有机整体。核心价值观入法，也意味着它的许多内容在宪法以及各类法律法规文本中都有所规定。例如，宪法序言提出，“把我国建设成为富强、民主、文明的社会主义国家”。宪法第24条规定：“国家通过普及理想教育、道德教育、文化教育、纪律和法制教育，通过在城乡不同范围的群众中制定和执行各种守则、公约，加强社会主义精神文明的建设。”“国家提倡爱祖国、爱人民、爱劳动、爱科学、爱社会主义的公德，在人民中进行爱国主义、集体主义和国际主义、共产主义的教育，进行辩证唯物主义和历史唯物主义的教育，反对资本主义的、封建主义的和其他的腐朽思想。”除了宪法外，核心价值观在民法、刑法、行政法、诉讼法等之中都有所体现。特别是，当下正在编纂的民法典的重要目的，是体现社会主义核心价值观，将社会主义核心价值观融入民法典编纂全过程，弘扬中华民族传统美德，强化规则意识，增强道德约束，倡导契约精神，维护公序良俗。

民法典各编之中，最先出台的民法总则，将社会主义核心价值观放在突出的位置，许多条款都做出了相应的规定。首先，民法总则立法目的条款（第1条）规定：“弘扬社会主义核心价值观”，第一次将“社会主义核心价

---

〔1〕［德］古斯塔夫·拉德布鲁赫：《法律智慧警句集》，舒国滢译，中国法制出版社2016年版，第23页。

〔2〕［英］丹尼斯·罗伊德：《法律的理念》，张茂柏译，上海译文出版社2014年版，第102页。

值观”一词写入法律文本，转化为法律规范性要求，将法律法规作为社会主义核心价值观的制度载体，强调在民事活动中弘扬中华优秀文化，大力弘扬自由、平等、公正、诚信等社会主义核心价值观。其次，民法总则“基本规定”部分的第4、5、6、7、8、9、10条即属于法律原则的规定，都鲜明地体现着社会主义核心价值观的内容。例如，第5条规定：“民事主体从事民事活动，应当遵循公平原则，合理确定各方的权利和义务。”法律原则记载着法律理想、目标，往往就是社会主义核心价值观内容的直接体现。再次，核心价值观入法，更重要的是把核心价值观的内容转化为具体的法律规则。“法律意识形态乃是从法律规章体系的角度，就社会群体的期望、目标和价值观所作的陈述。”〔1〕法律规则是规定法律上的权利、义务、责任的准则、标准，它是构成法律的主要素，被喻为“法律细胞”。“事实上，法律的规则是在人们共同意愿基础上制定的。它是实施疏导的‘建筑’；它是积极有力的力量，正如规范运河流向的航道；它将规定堤岸内河水的流向，指挥着洪流在堤岸里流动。”〔2〕核心价值观转化为法律规则，才能成为人们可以遵循的行为准则，成为法院作出裁判的依据。例如，民法总则第183条：“因保护他人民事权益使自己受到损害的，由侵权人承担民事责任，受益人可以给予适当补偿。没有侵权人、侵权人逃逸或者无力承担民事责任，受害人请求补偿的，受益人应当给予补偿。”第184条规定：“因自愿实施紧急救助行为造成受助人损害的，救助人不承担民事责任。”这两个条款从法律上给予善行有力支持，避免出现“英雄流血又流泪”的尴尬，体现了鼓励见义勇为的立法精神，有助于匡正社会风气。

社会主义核心价值观入法，对建设法治中国、培育和践行社会主义核心价值观具有重要意义。

第一，发挥立法的引领作用。“作为一个规范地自治体系的法律体系以及法律体系所植根的更广阔的政治和社会生活之间存在接合地带，而立法就牢牢地盘踞于此。”〔3〕立法并非中立的、客观的活动，它追求着自由、平等、秩序、效率、人权等价值目标，并使整个法律体系都以特定的价值因素为担

---

〔1〕［美］迈克尔·E. 泰格：《法律与资本主义兴起》，纪琨译，上海辞书出版社2014年版，第258页。
〔2〕［美］约翰·杜威：《公众及其问题》，本书翻译组译，复旦大学出版社2015年版，第57页。
〔3〕［加］罗杰·塞勒：《法律制度与法律渊源》，项焱译，武汉大学出版社2010年版，第31页。

保。马克思指出："如果认为在立法者偏私的情况下可以有公正的法官，那简直是愚蠢而不切实际的幻想！法官只能一丝不苟地表达法的自私自利，只能是无所顾忌地运用它。在这种情况下，公正是判决的形式，但不是判决的内容。内容已被法律预先规定了"。[1]如果核心价值观没有入法，人们就无法期待其有效地融入执法、司法和守法之中。立法在法治建设中发挥着引领作用，核心价值观入法是从源头上把社会主义核心价值观融入法治建设。十八届四中全会决定提出："建设中国特色社会主义法治体系，必须坚持立法先行，发挥立法的引领和推动作用，抓住提高立法质量这个关键。要恪守以民为本、立法为民理念，贯彻社会主义核心价值观，使每一项立法都符合宪法精神、反映人民意志、得到人民拥护。"由于立法在整个法治建设中所居的重要地位，社会主义核心价值观入法是把社会主义核心价值观融入法治建设的核心，可为社会主义核心价值观融入执法、司法和守法环节奠定坚实的制度基础。

第二，弥补法律规则的缺陷。法律规则是由假定条件、行为模式和法律后果构成的，法律的内容是抽象的、定型的，制定出来之后有一定的稳定性。它要处理的现实社会生活则是具体的、复杂的、易变的。意欲制定出一部天衣无缝、预先包含全部社会生活事实的法典，只能是无法兑现的幻想。"立法者须知，在预见和规定未来的法律案件和问题时，不可能一网打尽。他必须留下足够的余地，让当事人、律师和法官自行查明未来案件中的客观正义。他必须插入某些涉及公平、善良风俗、诚实信用的条款。他必须对权能之滥用作出一般禁止。"[2]在法律文本中设置一些记载核心价值观内容的法律规范，可以填补法律规则的空白，增强法律调整的应变能力，有效地化解纠纷，保障公民权利。

第三，推动法律制度变革。社会的生产方式、生活方式、政治制度、文化传统等事实因素都是价值观形成的基础，因此，在正常情况下，特定的物质和精神生活条件下共同的社会实践，总能形成某种"价值共识"和多数人共同确信的价值准则。"富强、民主、文明、和谐，自由、平等、公正、法治，爱国、敬业、诚信、友善，传承着中国优秀传统文化的基因，寄托着近

---

〔1〕《马克思恩格斯全集》（第一卷），人民出版社 1995 年版，第 287 页。
〔2〕［德］施塔姆勒：《现代法学之根本趋势》，姚远译，商务印书馆 2016 年版，第 134～135 页。

代以来中国人民上下求索，历经千辛万苦确立的理想和信念，也承载着我们每个人的美好愿景。”〔1〕一个民族、一个国家的核心价值观必须与其历史文化相契合，与其需要解决的时代问题相适合。“如果现代生活环境不断变化，我们有责任考虑我们自己的原则和价值观应当如何适应环境；盲目地适用只在不复存在的环境中有意义的道德观点不可能是明智的。”〔2〕我们需要对法律抱有某种理想或愿景，理想与现实的距离并不会降低理想的现实价值。人们对良法的期待与追求是无止境的，在社会生活条件发生变化时，立法也须顺势应变，及时地立改废。社会主义核心价值观可为法律制度变革和完善，指引前行方向、输入强劲动力、提供评价标准。

第四，依法治国与以德治国相结合。法与道德有着十分密切的联系，它们互相渗透、互相制约、互相保障。法律作用的发挥需要道德的支持，道德践行离不开法律约束。“‘以法治国’也好，‘以德治国’也好，只能在一个诚实的社会里得以实现。如果一个社会充满了谎言和欺骗，而这种谎言和欺骗不仅存在于组成某一社会的民众、个人中间，而且成为一种制度性的、一贯的和大面积的实践，那么，无论‘法治’、‘德治’，甚至‘神治’对它都是无能为力的。”〔3〕法律需要从社会道德中寻求自己的正当性资源和社会支持。核心价值观入法，可以为社会主义法治建设奠定坚实的德行基础，获得社会成员的认可、遵行。

道德也需要法律的支持，法通过把国家或社会的价值观念和价值标准凝结为固定的行为模式和法律符号，从而向人们灌输占支配地位的意识形态，使之渗透于或内化在人们的内心之中，并借助人们的行为进一步广泛传播。法律的权利义务规定，影响人们的价值观念和是非标准，从而达到指引人们行为的效果。法的价值反映着法律创制和实施的宗旨，是社会关系理想状态的权威构图。在培育和践行社会主义核心价值观过程中，法律发挥着重要的工具作用。（1）确认作用。通过法，国家明确规定人们应当做、可以做的；不该做、不得做的；什么行为应承担法律责任，以及具体的承担方式。国家通过制定或认可法律的方式，把体现核心价值观的内容予以制度化、法律化，

---

〔1〕习近平：《习近平谈治国理政》，外文出版社2014年版，第169页。

〔2〕［新西兰］杰里米·沃尔德伦：《法律：七堂法治通识课》，季筏哲译，北京大学出版社2015年版，第223页。

〔3〕於兴中：《法理学检读》，海洋出版社2010年版，第9页。

转化为具体的权利义务。(2)引导作用。“法律通过向期望的新方向引导行为，实现社会转变的目标。”[1]法律的权利义务规定就是核心价值观的体现，规范人们的行为，引领人们的价值取向。法律通过各种制度、机制、措施推动和促进人们的行为选择，来培育和践行核心价值观。(3)保障作用。法律通过制裁可以加强法的权威性，保护人们的正当权利，增强人们的安全感，为培育和践行社会主义核心价值观创造有利的社会条件。发挥法律强有力的引导、激励和约束作用，激浊扬清、惩恶扬善，形成弘扬社会主义核心价值观的法律规范体系。社会主义核心价值观经由法律的确认与保障，且得到严格而公正的实施，必将深入人心、广为奉行，具有长存不坠的生命力。

二、核心价值观入法的障碍

发现问题是解决问题的前提。虽然社会主义核心价值观入法意义显豁、现实需要，但也存在一些需要克服的阻碍性因素。

第一，核心价值观的概括不够凝练。一个民族、一个国家核心价值观的表述，应当高度凝练、重点突出、层次分明、简明易懂、朗朗上口。社会主义核心价值观分三个层面：富强、民主、文明、和谐，是国家层面的价值目标；自由、平等、公正、法治，是社会层面的价值取向；爱国、敬业、诚信、友善，是个人层面的价值准则。对此，有学者认为，如此表述太长太多，不好记忆，凝练程度不够。[2]不可否认，社会主义核心价值观覆盖面宽、包含内容多，“核心”不突出；再者，24个字、12个词、三个层面的表述，层次繁复、关系复杂，造成立法时排序选择上的困惑，这或许在一定程度上也增加了社会主义核心价值观入法的难度。

第二，法律接纳能力不足。社会主义核心价值观入法这一命题包括两个侧面，一是作为“进入者”的核心价值观，一是作为“接纳者”的法律体系。社会主义核心价值观入法，除了它自身的科学合理、深入人心外，法律的吸收、接纳能力也至关重要。对于正在迈入法治社会的中国而言，当下并非完善的立法现状，已成为社会主义核心价值观入法的制度障碍。习近平指

[1] [美] 安·赛德曼等：《立法学：理论与实践》，刘国福等译，中国经济出版社2008年版，第328页。

[2] 陈金钊：《对法治作为社会主义核心价值观的诠释》，载《法律科学》2015年1期。

出：我们在立法领域面临着一些突出问题，比如，立法质量需要进一步提高，有的法律法规全面反映客观规律和人民意愿不够，解决实际问题有效性不足，针对性、可操作性不强；立法效率需要进一步提高。还有就是立法工作中部门化倾向、争权诿责现象较为突出，有的立法实际上成了一种利益博弈，不是久拖不决，就是制定的法律法规不大管用，一些地方利用法规实行地方保护主义，对全国形成统一开放、竞争有序的市场秩序造成障碍，损害国家法制统一。[1]还有，由于立法能力不足，对立法可能产生的连锁反应估计不够，行为导向错误、拉低社会的道德水准，与社会主义核心价值观的要求相违背。例如，诱发“假离婚”现象频发的各类法律，就需要引起人们的高度重视。“假离婚”就是婚姻双方当事人在并不具有离婚的真实意思的情况下，为了规避法律，追求某种不正当利益，相互串通，弄虚作假，共同故意欺骗婚姻登记机关或法院，而解除婚姻关系的行为。其产生的直接原因主要有：转移财产、恶意赖账，逃避赔偿责任，骗取房屋拆迁补偿款，骗取低保，逃避计划生育处罚，骗取商品房购买指标，出国等等。对此，固然可归咎于当事人法治意识不强、道德水准低下，但是更深层次的分析可以发现，立法不够严谨审慎，权利义务内容设置不合理，不当地刺激放大人性丑恶的一面，成为“假离婚”等不道德行为产生的制度诱因。无疑地，这类法律就是社会主义核心价值观建设的绊脚石，成为社会主义核心价值观入法的障碍。

第三，法律系统的封闭性。法与道德是上层建筑的不同部分，是性质不同的两种规范体系，各有自己的特征：（1）表现形式不同，法是以“国家意志”形式出现在政权机关所制定的规范性文件中，道德是以“社会意志”形式出现在义务道德、政治道德、商业道德、社会舆论、社会公约等多种形式中。（2）违反的后果不同，违反法律将受到法律明确规定的制裁，违反道德者通常受到社会舆论的轻蔑、批评、谴责。（3）调节人们行为的方式不同，法是通过权利和义务来调节人们之间的关系，道德主要是通过义务来调整人们之间的关系。（4）调整的对象不同，法调整的是人们的外部行为，道德同时要求人们的外部行为和内在动机都符合道德准则。（5）规范体系的结构不同，法律规范体系在横向上有并列的法律部门、在纵向上由不同效力层次的

[1] 习近平：《关于〈中共中央关于全面推进依法治国若干重大问题的决定〉的说明》，载《人民日报》2014年10月29日第2版。

规范构成，道德规范体系则是由个别的道德规范直接组成的。“每一事物要成为某种事物，就应该把自己孤立起来，并成为孤立的东西。”[1]如要实现和维护法律自治，就必须设置一套相对封闭的规范体系，以维护其相对独立的规范空间。在立法实践中，如果过于强调法律的独立性、封闭性，自然就会做出排斥法外因素进入法律系统的选择。

第四，法律实证主义的影响。传统的法学研究方法，特别是法律实证主义仅研究从法律中获得具体法律判决的过程，关于人们用来得到正确的法律的方法，而如何正确立法的方法则不予涉及。法律实证主义的主要特征：(1) 只管所谓“纯粹的法律事实”，认为任何一种制度的全部法律规定都是按照某一种逻辑方案制订出来的，通过分析的方法可以找到一种能够尽量解释更多现存法律规定的逻辑方案。(2) 把法律看作立法者或司法者有意识地制造出来的东西。(3) 暴力和强制服从是法律所必不可少的。缺乏强制执行机构，法律就等于零。(4) 成文法是典型的法律，因为这是国家经过深思熟虑而作出的规定。(5) 以功利主义哲学作为理论基础。法学旨在从结构上去分析实在法，而不是从心理上或经济上去解释它的条件，或从道德上或政治上对它的目的进行评价。凯尔森明言：“凡不合于一门科学的特定方法的一切因素都摈弃不顾，而这一科学的唯一目的在于认识法律而不在于形成法律。一门科学必须就其对象实际上是什么来加以叙述，而不是从某些特定的价值判断的观点来规定它应该如何或不应该如何。后者是一个政治上的问题，而作为政治上的问题，它和治理的艺术有关，是一个针对价值的活动，而不是一个针对现实的科学对象。”[2]法律实证主义将法律看作是一种自足的法律规则体系，并不关心法律与其他社会要素的关系，无视法外因素对法律的影响。长期以来，法律实证主义被认定为法学知识体系的核心和主导的法学方法，深刻地影响着具体的法治实践。受法律实证主义的影响，法学患上了价值盲目症。在法律实证主义视野中，立法不是科学而是政治的任务，它的“去价值化”学术观点在中国就成为社会主义核心价值观入法的理论障碍。

---

〔1〕《马克思恩格斯全集》（第一卷），人民出版社1995年，第251页。

〔2〕［奥］凯尔森：《法与国家的一般理论》，沈宗灵译，中国大百科全书出版社1996年版，序第2页。

三、核心价值观入法的准则

从古典市场经济向现代市场经济的过渡，昭示着人们从对市场自发作用的无能为力、被动受制，向积极调控、主动干预的方向转变。作为社会关系调整器的法律，其功能也由对市场的消极认可、被动保护转变为对经济运行的主动调整、有计划的控制。因而，立法的目的性越来越强，价值因素也越来越突显。"随着现代立法形式的发展，法律越来越明确地反映和体现政策，法律调整的范围和性质也在发生着变化，纯粹的'法律逻辑'解释愈加成为问题"。[1]凡事皆有度，真理跨越一步就变成谬误。核心价值观入法并非随意、无节制之举，必须设置严格的标准和程序，运用法治思维和法治方式予以推进。

第一，维护法律的至上地位。法出自国家，具有肯定性、普遍性、完整性、国家强制性等特点，所以它不仅能够调整个人行为，把单个人的行为纳入一定秩序范围，而且首先具有调整重大社会关系，使社会秩序合法化、固定化的功能；法不仅能够调整社会成员的普通社会关系，如财产关系、婚姻关系、继承关系等，而且能够担负巨大的政治组织工作和经济组织工作任务，是实现国家职能，完成国家历史任务的最重要的、经常的、不可缺少的手段。但法不是万能的，保障法律实施的强制手段也不是万能的，需要由道德辅佐或补充。法律有巨大的组织功能，而道德在这方面只能当配角。党的十八届四中全会决定："依法治国，是坚持和发展中国特色社会主义的本质要求和重要保障，是实现国家治理体系和治理能力现代化的必然要求，事关我们党执政兴国，事关人民幸福安康，事关党和国家长治久安。"法治兴则国家兴，法治衰则国家衰。法律在整个社会规范体系中具有最高的权威，法律高于道德、纪律、政策、风俗习惯、教规等，其他任何社会规范都不能否定法律的效力或与法律相冲突。任何社会主体都必须遵守宪法法律，任何公共权力的拥有和行使都必须具有法律的根据并服从法律规则。社会主义核心价值观入法不能冲淡、减损、破坏或替代法律，切忌颠倒法律与道德之间的主次关系，必

---

〔1〕［英］罗杰·科特威尔：《法律社会学导论》，彭小龙译，中国政法大学出版社2015年版，第3页。

须维护法律的至上地位，有助于推进依法治国基本方略。

第二，设置合理的行为尺度。法律设定的行为标准，应限于维系社会存续的必须程度上。如果简单地将法律视为提升道德的工具，会使社会生活泛道德化，以至于混淆法律与道德的界限。“人类制定的法律是我们行动的指导，所以应该是戒律，而不是劝说。宗教是我们内心的指导，所以是劝说多而戒律少。例如宗教设立规矩，为的不是‘优’，而是‘最优’；为的不是‘善’，而是‘至善’；所以，这些规矩应该是劝说，而不是法律，才方便适宜；因为至善境域并不同全体人类，也不同世界万物，都发生关系。不仅如此，倘使把这些规矩定为法律的话，就需要有无穷无尽的其他法律来使这些首先制定的法律得到遵守。基督教劝人独身。在人们为某一种人制定了一条独身的法律之后，为使那些人遵守这条法律，就每天都需要制定新的法律。立法者把喜爱至善境域的人们可以作为一种‘劝说’来实现的东西，竟当作一种‘戒律’来执行；这样，他既使自己疲劳，又疲劳了社会。”〔1〕法律设定的行为标准应符合社会大多数人的道德水准。“人法是为了广大的群众制定的，而其中大多数人的德行离完美的程序尚远。由于这个缘故，人法并不禁止有德之士所戒绝的每一种恶习，而只是禁止大多数人所能慎戒不犯的恶行，特别是那些损害别人的不道德的行为，因此，如果这些行为不加禁止，就会使人类社会不能继续存在。谋杀、偷窃等等是人法所禁止的。”〔2〕如果法律规定公民必须与穷凶极恶的持枪歹徒勇敢地搏斗，规定公民必须将其合法财产的全部或大部分用来帮助生活困难的他人，那么因其设定了过高的行为标准，就无法为绝大多数人所遵守。20 世纪初，美国新教徒基于道德上的考虑开始禁酒运动。教会认为，酗酒破坏个人的品德修养、浪费资源，导致个人破产、家庭贫穷，且降低工作效率、影响生产，妨碍社会进步和国家繁荣。酗酒不利于个人的自我拯救，破坏基督教劝人自我节制、促进社会道德进步的教规。新教徒为反对酗酒，欲以世俗的国家强制力来改变人们的行为方式，以保持纯洁的社会信仰。在他们看来，通过禁酒令主要目的不仅是维持社会秩序，更重要的在于提高人们的道德水准。为此，1919 年 1 月 16 日美国宪法通过的第 18 条修正案，禁止任何制造、销售及运输酒类的行为。该法案经过

〔1〕［法］孟德斯鸠：《论法的精神》下册，张雁深译，商务印书馆 1963 年版，第 143 ~ 144 页。
〔2〕《阿奎那政治著作选》，马清槐译，商务印书馆 1963 年版，第 119 页。

近15年的实施，于1933年12月被宪法第21条修正案所废止。后来，人们对这次失败的立法例进行反思，认为其不足之处在于所规定的内容超出大多数人的道德水准，并没有被大多数公民所接受、认可，违反禁酒令的行为屡见不鲜，大家不觉得违反禁酒令是不道德的，违法本身并无罪恶感，被逮捕时只是感到倒霉。法律作为一种社会规范，是以一般人、普通人为标准而制定的，它不是以英雄、圣人为标准的，正是在此意义上，有人说法律是道德的底线。

第三，法律条款具有可执行性。“法律作为实现给定目的的一系列工具而具有的技术层面，表明它的词汇和用语不应单单被看成是对道德训诫的简单翻译。法律不是一组道德训诫和惩罚性强制力的简单叠加。法律的首要目的是可预测性和确定性，这要求它需要另一种形式的词汇”。[1]如果法律条款是无法实施的空喊、难以兑现的承诺，势必招致人们对法律的失望乃至绝望，严重损害法律的权威。修订后的老年人权益保障法第18条规定：“家庭成员应当关心老年人的精神需求，不得忽视、冷落老年人。”“与老年人分开居住的家庭成员，应当经常看望或者问候老年人。”“用人单位应当按照国家有关规定保障赡养人探亲休假的权利。”对于这个“常回家看看”条款，有人认为它作为一种原则性宣示，表明立法者的态度，其可操作性并非最重要的立法关切。但是，偶尔的立法规定或许可以理解，如果一部法律文本乃至一个法律体系之中充斥了大量的假定条件、行为模式和法律后果都不具体的法律规定，法院无法判决和执行时，这样的法律肯定是病态的。社会主义核心价值观入法，要遵循法治规律，明确规定假定条件、行为模式和法律后果，要具有可执行性。

第四，经由严格的转化程序。法律体系主要由法律制度、法律部门和法律规范等因素构成，其中最主要的因素是法律规范。“法律和道德代表着不同的规范性命令，然而它们控制的领域却在部分上是重叠的。从另一个角度来看，道德中有些领域是位于法律管辖范围之外的，而法律中也有些部门在很大程度上是不受道德判断影响的。但是，实质性的法律规范制度仍然是存在的，其目的就在于强化和确使人们对一个健全的社会所必不可少的道德规则的遵守”。[2]并不是社会主义核心价值观的所有内容都进入法律体系，只是

---

〔1〕［荷］鲍琳·韦斯特曼：《法律手段与法律目的》，赵波译，载《学习与探索》2006年第3期。

〔2〕［美］E·博登海默：《法理学：法律哲学与法律方法》，邓正来译，中国政法大学出版社1999年版，第379页。

其中的一部分。法律只与人类生活的一部分（主要是物质利益方面）有关。对人类生活中更多、更大的领域，法律最多也只是勉强涉及。“我们应当警惕以法治的名义不合法地追求主要的社会目的”。[1]并不是所有的“道德的法律强制”都是正当的，道德有其固有的调整范围，某些道德领地，法律不得随意进入。在维护法律独立性的前提下，法律体系各要素间的关系越协调，法律对社会的贡献就越突出。实际上，法律原则就是为核心价值观等法外因素进入法律而设置的转化程序。法律原则既是法律的构成要素，又体现着社会一般道德意识和道德标准。许多法律原则都具有社会公理的属性，像诚实信用、公序良俗等社会公理已被写入制定法中，就成为法内原则。假如不是彻底否定实在法的法律属性，“非实定的法律原则”的评价就需要在现行法律秩序的框架之内来展开。法律原则的阻隔功能，可以防止法外因素的不当进入，维护法律体系的独立性。无疑地，只看到法律原则的联系功能，而没有看到其阻隔功能，就会导致法外的政治、经济、文化、道德等的价值可以不经过严格的过滤、中介，避开严格的法律程序，轻易地就进入法律的地盘。所以，法律原则就承担着阻隔法外因素进入、维护法律自治性的职能。[2]

四、核心价值观入法的方式

2016年12月9日，习近平在中共中央政治局第37次集体学习时指出：法律法规要树立鲜明道德导向，弘扬美德义行，立法要体现社会主义道德要求，要把社会主义核心价值观贯穿其中，使社会主义法治成为良法善治。要把实践中广泛认同、较为成熟、操作性强的道德要求及时上升为法律规范，引导全社会崇德向善。法律是底线的道德，也是道德的保障。要加强相关立法工作，明确对失德行为的整治。对突出的诚信缺失问题，既要抓紧建立覆盖全社会的征信系统，又要完善守法诚信褒奖机制和违法失信惩戒机制，使人不敢失信、不能失信。进路决定出路。社会主义核心价值观入法，在方式上要仔细掂量、正确选择。

第一，加强重点领域立法。中共中央办公厅、国务院办公厅印发的

---

〔1〕［英］约瑟夫·拉兹：《法律的权威：法律与道德论文集》，朱峰译，法律出版社2005年版，第199页。

〔2〕刘风景：《法律原则的结构与功能》，载《江汉论坛》2015年第4期。

《关于进一步把社会主义核心价值观融入法治建设的指导意见》指出："深入分析社会主义核心价值观建设的立法需求，把法律的规范性和引领性结合起来，坚持立改废释并举，积极推进相关领域立法，使法律法规更好体现国家的价值目标、社会的价值取向、公民的价值准则。"立法机关应坚持问题导向，集中力量搞好社会诚信、社会公平、社会文明、生态文明等重点领域立法。（1）加强社会诚信立法。加快完善体现权利公平、机会公平、规则公平的法律制度，依法保障公民权利，维护公平正义。不断完善社会主义市场经济法律制度，加快形成保护产权、维护契约、统一市场、平等交换、公平竞争、有效监管的体制机制，促进社会诚信建设。（2）加强社会公平立法。加强和改善民生立法、推进社会治理体系创新方面的立法，完善教育、劳动就业、收入分配、社会保障、医疗卫生、扶贫济困、社会救助、婚姻家庭和妇女儿童、老年人、残疾人合法权益保护等方面的法律法规。（3）加强社会文明立法。注重把一些基本道德规范转化为法律规范，把实践中行之有效的政策制度及时上升为法律法规，推动文明行为、社会诚信、见义勇为、尊崇英雄、志愿服务、勤劳节俭、孝亲敬老等方面的立法工作。（4）加强生态文明立法。不断完善有效约束开发行为和推动绿色低碳循环发展的生态文明法律制度，推动人与自然和谐发展。

第二，提高立法质量。民主立法科学立法，就是社会主义核心价值观入法的体现。法有恶法与良法之分，良法是法治的前提。良法有实质标准与形式标准。良法的实质标准，包括法律应保护自由、维护平等、体现公平正义、制约国家权力、尊重和保障人权等，这是法治的灵魂。良法的形式标准是指法律制度在形式上所具有的优良品质，包括逻辑严谨、简明扼要、明确易懂、不溯及既往等。要做好法律的立改废释工作，把社会主义核心价值体现到法律文本之中，形成有利于培育和践行社会主义核心价值观的法律保障。通过民主科学的方法制定法律，保证法律准确地反映社会中绝大多数人的意志。〔1〕合规律性、合目的性、合科学性的良法，是社会主义核心价值观入法的重要保证。随着民主立法、科学立法的深入推进，立法质量不断提高，社会主义核心价值观入法将更加顺畅、有效。

第三，健全立法机制。传统法学大都仅研究从法律中获得具体法律判决

〔1〕 刘风景：《核心价值观建设的法治之维》，载《中国社会科学院研究生院学报》2015 年第 4 期。

的过程，至于如何正确立法的程序与方法则不予涉及。“在我们的法理学中，法律效力被追溯到法律通过这一事件和时刻而不是整个议会程序，准确地说只是因为，在法律通过之前的协商程序里，许多东西不能被看作该制定法的一部分。”〔1〕实际上，科学的立法机制与程序对提高立法质量至关重要。健全立法起草、论证、协调、审议、表决机制，是社会主义核心价值观入法的抓手。立法机关应根据社会主义核心价值观入法的需要，编制科学的立法规划、立法计划，科学选择立法项目。强化立法论证，讲足讲透核心价值观入法的理由和方式。明确法律与其他社会规范、社会手段的分工。法是调整社会关系的重要方法，但不是唯一方法。除法律外，还有政策、纪律、道德、公约及其他社会规范，还有经济、行政、思想教育等手段。面对各种社会关系，不能陷入“法律万能论”的误区，要仔细区分、准确评估，采用成本最低、效果最佳的调整手段。法案的审议、表决，要深入群众，倾听人民群众的呼声，了解他们的价值诉求，收集人民对法律善恶评价，并制定出更好的法律。

第四，完善立法备案审查制度。要确保制定的法律都是良法，首先要有事先的实现机制，通过民主科学的方法制定法律，保证法律准确地反映社会中绝大多数人的意志；其次还要设置事后的纠错机制，通过立法审查制度，及时地对违反宪法、上位法规定的法律法规进行修改或废止。检视当下我国立法的现状，可发现现行法律法规体系之中，与社会主义核心价值观要求不相适应的法律规定不在少数。例如，不咬人、只吓唬人的“稻草人”“纸老虎”条款，平时不起作用但随时会给人增加义务责任的“休眠”条款，弹性模糊的“橡皮筋”条款，相互间冲突矛盾的“打架”条款，阻碍中央立法实施的“梗阻”条款，妨碍深化改革的“绊马索”条款，含有立法地方保护主义内容的“主客场”条款，等等。对此，需要加强立法备案审查制度，建立健全法律法规定期清理机制，依照法定程序及时修改和废止，确保良法的形成与维护，完善中国特色社会主义法律体系。

第五，加强立法工作队伍建设。“更为明智及有效地使用立法这一工具就要求对工具自身有更多的了解。就像工匠必须了解他所使用的木材性质和其工具的功能和局限一样，立法者也必须了解全部立法程序和立法技术，即立

〔1〕［美］杰里米·沃尔德伦：《法律与分歧》，王柱国译，法律出版社2009年版，第51页。

法学。"[1]在我国，立法工作队伍是实现社会主义核心价值观入法的重要主体，提高立法工作队伍素质也是把社会主义核心价值观融入法治建设的题中应有之义。“立法是为国家定规矩、为社会定方圆的神圣工作，立法人员必须具有很高的思想政治素质，具备遵循规律、发扬民主、加强协调、凝聚共识的能力。"[2]社会主义核心价值观入法，光有良好的愿望还不够，还需要提高立法工作人员的素质，有足够的立法能力做保障。

结　语

社会主义核心价值观入法，不仅关乎法治建设的成败，也关乎社会主义核心价值观自身建设的成败，更关乎中国特色社会主义的成败，是一项只许成功不许失败的伟大事业。“所谓的无价值或者价值中立的法、司法和法理学就仿佛一只风向标，只能随着各自所处的时代的统治者摇摆不定”。[3]社会主义核心价值观入法的意义固然重要，但要避免各种各样的“直入”“乱入”“滥入”，应按照法律程序，以法治思维和法治方式予以推进。在当代中国，立法机关应以社会主义核心价值观统摄各项立法、统摄立法的全过程，应加强重点领域立法，提高立法质量，健全立法机制，完善立法备案审查制度，加强立法工作队伍建设。

社会主义核心价值观入法，有助于实现科学立法，提高立法质量，完善法律体系。法律是治国之重器，良法是善治之前提。社会主义核心价值观入法是社会主义核心价值观融入法治建设的第一步，接下来还需要将其融入执法、司法、守法各环节之中，做到严格执法、公正司法、全民守法，才能真正实现把社会主义核心价值观融入法治建设，促进国家治理体系和治理能力现代化建设。

---

〔1〕［美］罗伯特·塞德曼：《开展立法学研究 适应时代需求》，吴伟译，载《中外法学》1990年第3期。

〔2〕习近平：《加快建设社会主义法治国家》，载《求是》2015年第1期。

〔3〕［德］伯恩·魏德士：《法理学》，丁晓春、吴越译，法律出版社2013年版，第405页。

从社会主义核心价值观看当代中国法治理论的应有品格

黄　涛*

摘　要　培育和践行社会主义核心价值观是新时期中国共产党人为了凝聚民族的价值共识提出的战略任务，将社会主义核心价值观融入法治建设，是坚持依法治国和以德治国相结合的必然要求。社会主义核心价值融入法治建设，不仅体现在一系列具体的制度设计和组织建设方面，而且更重要的是需要对当前理论界流行的法治理论进行反思和总结。当代中国以个体权利保障为核心的传统法治理论不能充分吸纳社会主义核心价值观融入法治建设的需要，当前的法治理论亟待建构一种将共同体价值和个体价值相互融合起来的新的权利观念，以更好地回应社会主义核心价值观提出的要求。

关键词　社会主义核心价值观　法治建设　价值个体主义　共同体

社会主义核心价值观的提出有着鲜明的时代背景，党的十八大报告明确提出，倡导富强、民主、文明、和谐，倡导自由、平等、公正、法治，倡导爱国、敬业、诚信、友善，积极培育和践行社会主义核心价值观。十八大报告是在“加强社会主义核心价值体系建设”的部分提出这一“积极培育和践行社会主义核心价值观”的倡导的。这 24 个字是新时期中国共产党人对于社会主义核心价值体系的内核的理解，这 24 个字概括了社会主义核心价值体系的基本性质和特征。

自社会主义核心价值观提出之后，理论界开展了丰富的研究，尤其是关

* 黄涛，男，华东政法大学法律方法研究院副教授。

注核心价值观在具体的政治社会生活领域中的体现，积极探究将社会主义核心价值观融入当前的政治社会生活的各个领域之中。尤其是在党的十八届四中全会提出全面推行依法治国的基本方略之后，将社会主义核心价值观融入法治建设成为当前理论和实践工作的重点和要点。2016年，中共中央办公厅和国务院办公厅印发了《关于进一步把社会主义核心价值观融入法治建设的指导意见》。《意见》明确提出，“社会主义核心价值观是社会主义法治建设的灵魂。把社会主义核心价值观融入法治建设，是坚持依法治国和以德治国相结合的必然要求，是加强社会主义核心价值观建设的重要途径。”对于理论研究者而言，这无疑是思考当代中国法治理论的指导性原则。一旦将社会主义核心价值观引入当代中国已经发展形成的法治理论之中，就会给当前的法学法治理论研究带来全新的视野，这就是使当代中国法治理论从对于个体权利和形式法治的强调转向对于权利的社会主义原则和法治的实体价值的强调。这一法治观念的转变不仅能使我们清晰地看到社会主义法治理论同西方自由主义法治理论的根本差异，而且也能使我们清晰地看到当前中国法治理论应该具有的内在品格。

一、当代中国法学界法治理论发展概况

自20世纪80年代初期有关人治与法治的大讨论以来，当代中国法治理论和实践的发展已历经30多年时间。迄今为止，我们已经形成对于法治的一些规律性的看法。从总体上看，法治理论的研究者们大致从三个角度来讨论法治：第一个是从规则的角度，认为法治意味着普遍规则的治理，强调法律规则不同于政策或其他类型的规则。作为法律规则的规则应该是普遍的，不能是针对特殊个体的立法；应该是公开的，不能够秘密立法；应该是稳定的和明确的，这样就不至于被误解，等等。第二个是从价值的角度，认为法治的核心是个体权利的保障，是对公权力的约束。第三个是从国家形态的角度，认为法治是国家机关依法办事，是法院依法行使审判权。在国家组织法中赋予司法机关以一定的权威，从而使之成为公民权利的守护者。[1]

就目前的理论发展状态而言，法治是与普遍规则的治理、与个体权利的

---

〔1〕 黄涛：《论自由主义法治与社会主义法治》，载《法律方法》2016年第19卷。

保障和公权力的约束联系在一起的。这种对于法治的看法，是在 20 世纪 80 年代后期逐步发展起来的，并且伴随着 90 年代以来市场经济的发展和全球化过程而得到发展和完善。在理论界对于法治的认识方面，越来越与当代世界的一般法治理论相一致，这一法治理论的核心内容是对于法治的一般特征的阐释，其中尤其以 1959 年国际法律学家大会发表的《德里宣言》中所阐释的有关法治的三项内容为典型，（1）立法机关的职能在于创设旨在维护各项人权的立法。（2）行政机关要在接受法律约束、不滥用行政权力的同时，有效地维护社会秩序、保障经济发展。（3）公正的司法程序、独立的司法机关、自由的职业律师群体相结合，确保司法公正。〔1〕

当代中国的法治严格来说是形式主义的法治，也就是说，当代法治理论的核心在于遵守规则，法治被视为普遍规则的治理，法律至上因此成为当代法治的核心要义。这一点几乎已经成为当代中国社会在法治观念方面的共识。即便在法学理论研究中，我们也看到，对于法治理论的关切也更多的是与遵守特定的规则联系在一起的，法治的标准实质上源自于是否存在一系列具有特定品质的规则。如今研究法治的学者们仍然热衷于援引 20 世纪下半叶以来最富影响力的西方学者拉兹和富勒对于法治的界定。拉兹将法律应当可以预期、公开且明确，法律应该相对稳定、不应频繁修改，特别法应该受到一般规则的指导作为法治的内容，其核心正是规则的品质。与之类似，富勒强调法律的一般性、公开、可预期、明确、无内在矛盾、可遵循、稳定性和同一性，并且将这些源于法律规则的内在品质称之为“法治的内在道德”。〔2〕

遵守规则的目的在于保障个体权利，权利的保障被视为法治的价值核心。以权利为中心的法治是当代中国法治理论的基本常识，法治因此在某种意义上可以称之为权利法治或人权法治。这种权利法治或者说人权法治同上述普遍性的法律规则的治理联系在一起，认为普遍性法律规则的目的与核心在于人权保障。在过去 30 年来的法治理论的发展之中，我国法治理论的发展越来越同个体的权利保护关联起来。当代中国的法治理论首先是同民主联系起来，民主与法治是 80 年代法学的一个核心命题，但自 20 世纪 80 年代后期权利理论在当代中国被提出和传播，尤其是在上世纪 90 年代初期人权理论的发展以

〔1〕 转引自张恒山主编：《党政干部法治教程》，中国人民大学出版社 2017 年版，第 20 页。

〔2〕 ［美］富勒：《法律的道德性》，郑戈译，商务印书馆 2005 年版，第 52 页。

来，当代中国的法治理论越来越强调将权利融入法治理论之中。权利或者人权的保障成为上世纪90年代至今中国法治理论中最为根本性的特征，权利理论中蕴含的尊重个体的自由选择，尤其是尊重个体的差异化的财产需求的原理，对于90年代以来社会主义市场经济的发展产生了巨大的助推作用。

最后，从法治的国家形态或者组织形态方面来看，当代中国的法治理论越来越强调司法权在实现权利保障过程中的积极作用。在众多国家机构之中，唯有司法权才是直接同规则的实施相关的。司法机关是实施法律的专门机关，因此，强调法律规则的治理的法治理论当然会重视司法权的运作。正是在这个意义上，中国社会对于法治的强调始终是与司法改革同步的。十八大报告中明确提出“进一步深化司法体制改革，坚持和完善中国特色社会主义司法制度，确保审判机关、检察机关依法独立行使审判权、检察权”，此后大规模的司法改革开始展开，员额制、监察制成为当前司法改革中的重要举措，这些都是为了进一步完善司法权的社会主义属性，更好地发挥司法在权利保障和公权力制约方面的效果。

综上所述，当前法治理论的核心内容可以概括为三个方面：第一是形式法治，即强调普遍规则的治理，强调法律与政策，法律与其他社会规则的区别。第二是权利保护，强调个体的尊严，强调个体的合法权利不应受到损害。第三是权力制约，强调公权力在法定轨道上行使，强调对公权力的监督。这三个方面，加上党的领导这一根本性的原则，表达了当代中国社会对于法治的基本理解。在过去的30年间，法学理论界围绕着这三个特征，对于当代中国的法治理论与实践做了积极的探索。

二、当代中国法治理论的内在困境

在过去30年间发展形成的法治理论，在某种意义上也是当代中国社会，尤其是20世纪80年代到90年代中国社会经济发展的反映，是马克思主义法学理论中国化的直接产物。80年代的中国社会急需生产力的发展，要实现四个现代化，要大幅度地提高生产力，这就需要“改变同生产力发展不适应的生产关系和上层建筑，改变一切不适应的管理方式、活动方式和思想方式”，需要“一场广泛、深刻的革命”。[1] 以权利保障为核心的法治理论无疑是一场深刻的法治思想方面的革命，在此之前，法治被视为统治阶级运动的工具，个体的权利在这种统治阶级工具论意义上的法治观中毫无地位，而且被视为资产阶级的具有欺骗性的口号加以批判。以权利保障为核心的法治，强调个体在政治社会经济生活中的积极价值，重视利益的个别化和个别化利益的增长，以促进市场经济的发展。当代中国的法治研究者们正是在一种新型的社会主义权利本位说的基础上发展和提出一套全新的法治理论来的。[2] 这一法治理论符合十一届三中全会做出的“把全党工作的着重点和全国人民的注意力转移到社会主义现代化建设上来”的伟大决策。并且，这一法治理论也伴随着20世纪80年代以来中国社会的思想和价值观念的发展。这是一个主体性的时代，个体的利益、资格、主张、权限和自由开始在政治法律生活中得到尊重。

然而，在经历20世纪90年代轰轰烈烈的市场经济建设之后，这一以保护个体权利、约束公权力和遵守规则为中心的法治理论开始面临一系列的内在问题。这其中面临的最为重要的问题主要体现在如下几点：

首先，对于规则层面的法治的强调，使当代法治理论的研究走上了倡导形式法治的道路。认为仅仅凭靠遵守字面上的规则就可以实现法治，从而将关注的重点置于立法层面，强调在立法方面制定出全面的、具有广泛覆盖面的法律制度，事无巨细地对社会生活层面的各种行为进行调整。随着市场经济的发展带来的各种综合性的社会问题，例如环境污染、失业等各类问题的出现，此前的行为规范越来越无法调整各种新型的社会关系，这就进一步促使了这种强调立法的法治思维的蔓延。工业化和技术化带来的风险社会的发展，更是加剧了这种立法中心主义的法治思维模式。

对于规则层面的法治的强调，也使法律人的关切重点转向如何在具体的个案中适用规则。裁判的过程被视为一个逻辑性的适用规则的过程，这个逻辑性的思维之外的对象则被排斥在法律裁判的过程之外。实际上，这就造成

[1] 《中国共产党第十一届中央委员会第三次全体会议公报》，载《改革开放以来历届三中全会文件汇编》，第5页。

[2] 张文显：《从义务本位到权利本位是法的发展规律》（1990），《“权利本位”之语义和意义分析——兼论社会主义法是新型的权利本位法》（1990），载于张文显《权利与人权》，法律出版社2011年版。

了法律同丰富的社会生活之间的紧张。逻辑上封闭的法律规则无法积极地面对丰富的社会生活，尤其是无法回应人们在道德生活中的追求，法律与道德越来越趋向于一种紧张的关系之中。

其次，将个体权利的维护视为法治的核心要义，尽管符合20世纪80年代到90年代中期以来中国社会发展的内在逻辑，也适应经济社会发展的总体趋势，但在中国社会进入到90年代后期，尤其是进入新世纪之后，越来越与社会发展的内在轨迹和要求不合拍。中国自20世纪90年代中期之后，进入到一个被社会学学者描述为“断裂社会”的状态。“断裂社会”的最突出体现是经济社会发展的失衡，尤其是体现为“在一个社会中，几个时代的成分并存，互相之间缺乏有机的联系”。[1]经济社会发展带来了一系列的环境问题、失业问题、道德滑坡问题。在这个时期，随着经济社会的深入发展，个体实现权利的成本也越来越高，而对于个体权利的强调也造成个体与个体之间合作性的丧失。在社会生活层面，越来越强调一个合作的或者博弈的社会，而这种合作性如何在中国社会重建起来，成为进入新世纪以来中国社会的一个重要的道德和政治问题。[2]

以个体权利的维护为中心的法治理论显然无法充分回应这个问题。甚至在很大意义上，以强调利益的个别化和个别化利益的增长为核心的权利理论阻止而非促进了社会合作形式的出现。在法学理论研究中，一度有学者在反思这种法治理论对中国社会造成的消极影响。在法治理论的研究中，出现了一种不是以权利及其维护为中心，而是以义务及其承担为中心的法治理论，主张不是权利本位，而是义务优先。并且，开始反思权利为中心的法治模式，谋求使权利和权力统一起来，提出个体权利应该和国家权力具有一种有机的内在联系。除此之外，对于人权与和谐的内在关系的思考，使得一部分学者试图在中国传统文化中寻找新的法治理论的出路。这些都绝非偶然，而可以视为在新的社会背景下法治理论研究者做出的内在反思。

在进入新世纪之后，法治的国家形态方面也出现了新的变化。如果说之前的法治理论强调的仅仅是司法机关消极行使司法权的话，那么这一时期最大的变化是强调司法的能动性。能动司法作为一个严肃的法学理论问题的出

〔1〕 孙立平：《转型与断裂——改革以来中国社会结构的变迁》，清华大学出版社2004年版，第115页。

〔2〕 孙立平：《重建社会——转型社会的秩序再造》，社会科学文献出版社2009年版。

现，在一定程度上反映了自20世纪80年代末期以来流行的法治理论的不足。能动司法意味着，法治必须具有一种内在的建构共同体秩序的能力。司法不应该是消极的，而要积极地回应个体权利的内在要求。党的十八大以来，司法改革成为全面推行依法治国的重点，对于当前的司法活动来说，司法仍然并不限定于消极的权利维护者的姿态。

这些在20世纪90年代中期以来在政治、经济、社会发展过程中出现的新现象，如果从传统法治理论的框架出发是无法给出充分解释的。曾经一度，在当代中国的法治理论和实践之间出现了紧张和脱节的现象。新的社会现象的出现意味着传统的法治理论自身具有内在的理论困境，法学理论的发展具有时代性，当代中国的法治理论因此需要及时地加以更新。

三、法治的价值与社会主义核心价值观

从根本上讲，在当前法治理论研究的过程中，存在的最关键的问题是法治的价值理念的问题。这是一种以人权的保障为核心的法治观念。这一法治观念最早是在20世纪80年代后期确立起来的，在当时中国法学理论研究领域一本著名的讨论法治的著作中，明确将法治视为一个“具有可操作性、价值性的概念”,[1]法治的价值一般从形式和实体两个角度来进行研究。所谓法治的实体价值，指的正是以权利保障为核心的一系列观念，具体来说，是权力受到制约的状态，是个体自由的法律保障，是权利义务的合理分配。而法治的形式价值，则主要强调的是普遍性原则、可操作性原则以及法律的至上性原则，这些原则主要是从法律规则必须得到遵守以及能够得到遵守的角度强调的法治价值。在当前的法治理论研究中，尽管出现了法治评估这样一些新的课题，但对于法治的认识主要还是从价值的角度出发的。在理论界盛行的法治理论中，法治的价值主要还是围绕着个体权利与自由的维护来获得认识和得到表述的。

自1949年新中国建立以来，个体的权利与自由经过艰难的发展过程，经过对于资产阶级法权的猛烈的政治抨击，最终才在20世纪80年代整个政治生活和社会主义建设任务的转向中得到肯定，并在接下来成为90年代中国当

[1] 王人博、程燎原：《法治论》，山东人民出版社1998年版，第103页。

代市场经济发展的积极因素。这是自20世纪90年代发展迄今的当代中国法治理论为何要将权利保障作为核心要素的关键性原因。然而，个体的权利与自由作为一种价值，只是社会主义价值观的一个要素，这个要素因特定时期的历史发展而成为社会主义价值观的重点。强调个体的自我发展、保障个体的合法利益，是20世纪80年代后期以来当代中国社会具有共识性的价值。然而，伴随着20世纪90年代后期以来中国社会的发展变化，这一观念显然已经无法充分适应社会主义法治观念的要求。换言之，我们需要从理论上去寻求当代中国法治理论的更新，需要反思这种单纯侧重于个体自由选择的价值观是否能够充分地适应当代中国政治经济社会的发展。

侧重于个体自由选择的法治价值观，在哲学上反映了一种价值个体主义的出场。对于当代中国社会来说，这种价值观的出场有积极的意义。具体来说，这种价值个体主义"打破了传统社会以共同体道德价值为判断价值主体的伦理状态，将个体从共同体价值的桎梏中解放出来，并赋予个体自由与独立的权利"。[1] 我们不能仅仅将这种对共同体价值的打破视为一种资产阶级的价值形态，相反，它表达的是在政治法律生活中个体的出场和生长过程。这就是首先个体作为一个个体被树立起来，只有这个个体得到承认，才能发挥他的积极性；只有尊重和重视这个个体的感受，才能了解个体的真实需要。对于这样一个真实的个体的承认，就为经济与社会的发展提供了积极的主体。健康的经济与社会的发展必然要依赖于一个真实的、有着各自不同的利益和价值追求的个体。

然而，当这个个体从共同体价值的桎梏中摆脱出来之后，当这个个体在20世纪90年代的经济社会中得到磨炼之后，当这个个体进入价值领域之后，我们也看到，这种价值的个人主义解构了社会道德价值共识的公共基础。之所以如此，是因为这个具有自主选择权利的个体，认为价值仅仅是个人的事务，"当价值个体主义把价值局限在私人领域内时，'个体'的经验成为评判一切价值的衡量标准，人们开始放弃公共生活，而将所有精力放在不可被干涉的私人领域"，如此一来，个体与共同体之间的关系就被割裂开来，"个体成了没有公共生活背景和公共生活参照的'孤家寡人'，公共生活就此衰落，

[1] 石寅：《价值个体主义背景下道德价值共识的重建——兼对社会主义核心价值观出场的哲学解读》，载《云南社会科学》2016年第1期。

社会道德价值共识的公共性基础也在价值个体主义走向‘个体崇拜’的过程中被消解了”。〔1〕

上述评论可以视为对20世纪90年代以来中国社会价值观的一种哲学性的归纳和理解，伴随着对个体权利和自由选择的认可，20世纪90年代以来的中国社会开始出现道德滑坡现象。我们不能仅仅从“商业社会必然带来堕落”这种庸俗的伦理学角度看待20世纪90年代中期以来出现的道德滑坡，而应该看到，这其实是价值个体主义带来的对共同善的消解。一旦个体成为价值选择的中心，共同体对善的追求就成为个体选择的一个选项，没有人强制个体做这样的选择。不仅如此，在价值个体主义的视野中，一切强制性的共同善都是外在的和压制性的，是个体可以拒绝的，这是从价值的个体主义出发得到的必然结论。从这个意义上，我们就可以理解，为何部分法治理论的研究者要对以权利为核心的当代法治展开猛烈的批评，“在我们面对整个社会实际上普遍以不守规则、轻蔑诚信、拒绝履约、崇尚暴力、欺侮弱者为荣时，我们必须回头审视我们所主张的法学原理和法律基本概念为这种个人任性文化的流行起到了什么样的推波助澜作用。”〔2〕

社会主义核心价值观并非无的放矢，而是新时期中国共产党人在价值共识领域做出的探索。2013年，中共中央办公厅印发了《关于培育和践行社会主义核心价值观的意见》。《意见》明确指出，社会主义核心价值观是新时期中国共产党人“面对世界范围思想文化交流交融交锋形式下价值观较量的新态势，面对改革开放和发展社会主义市场经济条件下思想意识多元多样多变的新特点”，提出的“凝聚全党全社会价值共识做出的重要论断”。这里所说的世界范围内文化交流交融交锋形式下的价值观较量的新态势，以及改革开放和发展社会主义市场经济条件下思想意识多元多样多变的新特点，正是社会主义核心价值观提出的背景。

我们要更深刻地理解执政党文件中作出的叙述。实际上，世界范围内文化的交流交融交锋也好，思想意识多元多样多变也好，反映的都是当代中国社会个体价值选择的自由。正是因为赋予个体价值选择的自由，才有世界范围内的文化的交流、交融和交锋，才有思想意识的多元、多样和多变。在某

〔1〕 石寅：《价值个体主义背景下道德价值共识的重建——兼对社会主义核心价值观出场的哲学解读》，载《云南社会科学》2016年第1期。

〔2〕 张恒山：《法理要论》，北京大学出版社2009年版，前言第2页。

种意义上，正是20世纪90年代以来中国社会改革开放获得的成就，才使当代中国人变得更开放，赋予个体自由的价值选择，意味着我们今天个体的发展有了较之以往更大的空间。但与此同时，多元多样多变的思想意识和文化方面的交流交融交锋，也使整个社会层面的道德共识趋于瓦解，并且在文化交流交融交锋中出现了“价值观的较量”，而在思想意识的多元多样多变中也可能走向价值观的迷失。

《意见》进一步指出，“积极培育和践行社会主义核心价值观，对于巩固马克思主义在意识形态领域的指导地位、巩固全党全国人民团结奋斗的共同思想基础，对于促进人的全面发展、引领社会全面进步，对于聚焦全面建成小康社会、实现中华民族伟大复兴中国梦的强大正能量，具有重要现实意义和深远历史意义。”社会主义核心价值观的提出，是进入新世纪以来当代中国共产党人在面对思想意识的多元多样多变和文化交流交融交锋的情形下，为了凝聚社会的道德共识做出的选择。社会主义核心价值观，在本质上是马克思主义在意识形态领域指导地位的体现，这一核心价值观符合当前社会发展的一般规律。

社会主义核心价值观从国家、社会和个人三个层面作出了价值规范，正如《意见》中明确表述的，“富强、民主、文明、和谐是国家层面的价值目标，自由、平等、公正、法治是社会层面的价值取向，爱国、敬业、诚信、友善是公民个人层面的价值准则”，不同于20世纪90年代中国法治理论的倡导者们强调的个体价值，十八大强调的社会主义核心价值观实现了个体与共同体在价值层面的平衡。

在对于社会主义核心价值观的表述中，个体的权利成为社会层面价值取向中的一环，自由、平等、公正、法治这些表达个体权利要求的要素成为社会主义核心价值观第二层次的内容，在这里，个体的权利同平等、公正、法治这些当代法治理论中强调的制度性价值联合出场。不仅如此，在个体的自由与平等之外，社会主义核心价值观吸收了更多的人类共同的价值，考虑到了个体在自由发展过程中的其他价值需求。这主要体现在，在个体层面，不仅仅强调权利，也强调个体的道德义务和责任，在强调权利保障的同时，也倡导爱国、敬业、诚信和友善作为价值准则，强调共同体生活对于人类生活的积极价值，表达了一种生活在属于我们自己的，并且个体之间和谐共处的共同体中的理想。

由此可以看出，社会主义核心价值观的三个层次其实表达了个体与共同体相互协调、共同发展的理想图景，只有在这个理想图景中，个体才能得到完善发展。并且，这是一幅体现了社会主义原则的理想图景，它的核心不仅是个体权利，而是将个体权利的要素纳入到一个富强、民主、文明与和谐的共同体的框架之内。有论者如此评价说，“社会主义核心价值观三个层次相互依存、相互促进，构成一个严密的完整的价值体系。个人道德层面的价值是义务性价值需求，是生活、工作与社会交往中自然产生的价值需求。制度性层面的价值是权利性需求，是一个人安身立命、自由发展的价值保障。如果个人与制度层面的价值顺利实现，共同体满足了个人的自由、权利要求，个人承担了对共同体的责任和义务，那就是共同体层面的价值实现，是一个富强、民主、文明、和谐等价值得到最大程度实现的良好状态。”〔1〕

四、当代中国法治理论的应有品格

社会主义核心价值观是当代中国共产党人在新世纪的经济社会背景下，为了凝聚社会道德共识做出的选择，是马克思主义价值学说在当代中国的发展，是当代中国社会道德意识培养的基本原则和内容。“党的十八大从国家、社会和公民三个层面对社会主义核心价值观的高度凝练和概括，从理论层面彰显了国家、社会、公民的基本价值目标及其内在逻辑，从现实层面反映了我国国家建设、社会治理与公民培育的基本价值取向及其时代诉求”。〔2〕社会主义核心价值观也明确地体现在新时期中国共产党人对于社会主义法治原则的理解和表达中。党的十八届四中全会《关于全面推进依法治国若干重大问题的决定》不仅提出了“建设中国特色社会主义法治体系，建设社会主义法治国家”这一全面推进依法治国的总目标，而且提出了中国特色社会主义法治建设过程中必须遵循的五大原则，即“坚持中国共产党的领导”“坚持人民主体地位”“坚持法律面前人人平等”“坚持依法治国和以德治国相结合”“坚持从中国实际出发”。《决定》中所提出的“依法治国和以德治国相结合”原则正是社会主义核心价值观的体现。

〔1〕 虞崇胜、叶长茂：《社会主义核心价值观与人类共同价值》，载《中共中央党校学报》2016 年第 4 期。

〔2〕 苗瑞丹：《社会主义核心价值观融入问题探析》，载《科学社会主义》2016 年第 4 期。

社会主义核心价值观是新时期中国共产党人为了凝聚时代的道德共识提出的一系列道德原则。这些道德价值不仅体现了人类追求的共同价值，而且体现了中华民族在自身的生存和历史发展过程中形成的道德规范和道德意识，而考虑到依法治国是治国理政的基本方略，社会主义核心价值观当然应该融入当代中国的法治建设中去。《关于培育和践行社会主义核心价值观的意见》明确指出，“要把社会主义核心价值观贯彻到依法治国、依法执政、依法行政实践中，落实到立法、执法、司法、普法和依法治理各个方面。用法律的权威来增强和践行社会主义核心价值观的自觉性。”《关于进一步把社会主义核心价值观融入法治建设的指导意见》进一步明确要“推动社会主义核心价值观入法入规”，强调要“用司法公正引领社会公正”，要“弘扬社会主义法治精神”，在《意见》中提出了一系列具体的建议和措施。2017 年 4 月 13 日，中央宣传部、中央政法委召开了贯彻落实《关于进一步把社会主义核心价值观融入法治建设的指导意见》的电视电话会议，在这次会上，中共中央委员、中央书记处书记、中宣部部长刘奇葆强调，将社会主义核心价值观融入法治建设是汲取中华民族传统治国智慧的当代选择，是坚持依法治国和以德治国的必然要求，是推进国家治理体系和治理能力的现代化的客观需要。〔1〕

无论古今中外，只要我们稍微了解一点政治思想史，就会知道，价值共识同样是支撑一个共同体存在与发展的重要力量，并且这一价值共识反映了一定时期的生产力与生产关系发展的特征。社会主义核心价值观反映了中国共产党人对于进入新世纪之后的中国人的内在价值需求的把握，这是在世界范围内意识形态较量和市场经济条件下思想意识多元化的背景下，为了巩固马克思主义在意识形态领域的指导地位和彰显社会主义价值原则做出的战略部署。在 20 世纪 90 年代以来的市场经济发展过程中，个体的价值得到了极大的张扬。在市场活动中，个体的利益和诉求得到了尊重，利益的个别化和个别化利益的增长成为市场经济条件下个体的主要追求。然而，在此过程中，价值的个体主义也在兴起，这种价值的个体主义强调个体的自由，在促进市场经济发展的过程中起到了观念上的巨大推动作用，但同时也打破了传统社会和社会主义本身倡导的一系列集体价值和道德关切，造成了个体自由与道

〔1〕 许安标：《扎实推进社会主义核心价值观融入法治建设》，载《人民日报》2017 年 4 月 14 日第 4 版。

德价值共识的对立，认为个体是一个能够对价值进行自由选择的个体。因此，在价值判断方面，个体享有自身的自主性和独立性。在此基础上形成的法治理论适应了一定时期的历史与社会发展，但这一理论在20世纪90年代以来的社会经济发展过程中，不能充分地应对经济社会发展带来的一系列问题。

如果仅仅停留在传统法治理论的框架之内，就不能很好地理解社会主义核心价值观对法治建设提出的要求。中国法学理论研究者应该反思之前的法治理论模式中预设的前提和理论框架，也就是说，要反思一种仅仅建立在个体权利基础上的，以约束公权力为核心内容，以强调遵守法律、法律至上为基本路径的法治观念。在这种法治理论的框架下，依法治国和以德治国之间的联系无法得到充分地、内在的说明，这种以权利保障为核心价值追求的，以法律至上为主要实现路径的法治观念，无法内在地接纳更广泛的价值追求。当代中国法治理论亟待一种理论和思维方式的革新，即将社会主义核心价值观融入现有的理论框架之中。考虑到社会主义核心价值观的实质是个体与共同体之间相互协调的发展，对于现有的以个体权利为保障的基本价值的法治理论来说，就需要谋求一种新的权利观。社会主义法治理论亟待确立一种能将个体权利保障和社会共同道德意识结合起来的新的权利观。

社会主义核心价值观中表达的个体与共同体相互适应、共同发展的观念，应该成为当代法治理论更新与发展的指导原则。新的权利观必需要考虑到社会主义核心价值观提出的具体要求，将社会层面的权利需求同个体责任的承担和对共同体命运的关切联系起来，新的权利观必需不能仅仅是在价值个体主义的立场上形成的，一旦将社会主义核心价值观融入当代法治理论的价值观内部，我们就需要倡导一个不是以个体的利益、资格、主张、权限和自由为唯一关切的个体，而是要倡导一个权利共同体。在这个权利共同体中，个体不仅关切自己的利益得失，享有行动的自由，而且拥有高尚的情怀，尊重他人的行动自由，尊重他人的利益，这是一个在经济上富足，关心自己的完善人格，同时也关切他人的完善人格，热心公共生活的个体。培养出抱有这样的价值关切的个体，是社会主义核心价值观融入法治建设的最终目的。只有培养出具有这样的价值关切的个体，当代中国的法治建设才能获得最终成功。因为只有这样的公民，才会真正地遵守法律，并且在对于自己的利益和自由选择的关切之外，关心他人乃至于整个共同体的命运。

从这个意义上讲，社会主义核心价值观融入法治建设，就为当代中国法治理论的研究者们提供了理论上的指引。当代中国的法治理论必需反思以个体权利保障和约束公权力为价值核心的法治理论框架。法治绝非只是个体权利的保障而已，或者说，单纯个体权利的保障还不是社会主义原则的充分体现。如何将社会主义核心价值观与权利保障内在地联系在一起，是当代中国法治理论在未来一段时期的发展中必需认真对待的问题。而这就要求，在法治的核心要素，也就是权利的内部融入一种共同生活的要素，从而为社会主义核心价值观进入法治观的内部提供通道。必需超越个体主义的权利观，如果仅仅在个体主义的权利观的基础上，就无法吸收和容纳体现共同体生活价值的社会主义核心价值观。与此同时，法治也绝非只是简单地遵守法律规则，仅仅从法律至上的角度来看待法治，无法体现出社会主义法治理论的应有品格。

将社会主义核心价值观融入法治建设，为我们反思当代中国特色社会主义法治理论的应有品格提供了指引。如果说个体权利是法治理论的核心的话，那么对于社会主义法治理论来说，这一关于法治理论的核心的认识尚不充分，社会主义法治理论所要维护的不仅是个体的权利，而是生活在社会主义中国这一伟大的政治共同体中的个体的权利。我们不能仅仅抽象地关切那个具有自主选择能力的个体，而是要着力于培养一种关心他者、关心共同体自身的完善和发展的个体，关心那个将个体和共同体的发展和完善紧密地联系在一起的个体，这是社会主义法治理论的应有关切，也是社会主义核心价值观融入法治建设的内在需要，更是它在根本上有别于西方自由主义的权利理论的应有品格。

结　　语

社会主义法治是一种高于资本主义的更高级的政治文明，之所以如此，是因为社会主义法治的内在生命是社会主义价值体系。因此，建设社会主义法治国家，就必须将社会主义的价值体系融入社会政治过程中，在全社会培育和确立社会主义核心价值体系。[1]社会主义核心价值观首次明确地提出了社会主义核心价值体系的内容，提供了全面推进依法治国的价值引领，提供

[1] 岳德常：《法治建设与社会主义核心价值体系》，载《政治学研究》2007年第1期。

了全面推进依法治国的思想基础。将社会主义核心价值观全面融入法治建设，需要在具体制度和操作上将社会主义核心价值观融入法治国家、法治政府、法治社会的全过程，融入科学立法、严格执法、公正司法、全民守法各环节，将社会主义核心价值观的要求体现在宪法法律、行政法规、部门规章和公共政策之中。不仅如此，对于当代中国的法学理论工作者来说，还应该将社会主义核心价值观融入法治理论的反思和构建之中，从而才有可能构建出一种属于中国当代学者独特贡献的中国特色社会主义法治理论。

专题研讨　法治与法律文化

“道隐无名。夫唯道，善始且善成。”无论是特定历史阶段的野蛮复仇制度，抑或是现代国家治理中的法律，都建立在道德的基础之上，只是说，对道德的思考越是深沉和持久，心中对它的赞叹和敬畏就会越历久弥新。中国传统国学也体现了这样一种泛道德主义理念。它强调人的本性是善良的，公权力是可以信任的，一切社会问题都是道德问题，一切学问都是为了表述道德要求，解决社会问题的主要方法是道德意识的增强。但是，“当道德变成一种表演，就是作假，就会变成各种形态的演出，就会让最没有道德的人变成最有道德的人，语言和行为开始分离。”比如，曾以道德治世为名的明末，文官集团中就出现了阴阳二性的乱象，那些行政官员在庙宇朝堂以及民众面前强调忠、孝、仁、爱，内部间却私相授受。更甚，古代蒙古在历史上短暂地产生过复仇制度，复仇不仅成为私人或团体之间利益冲突的私力解决方式，更是部落首领统一和征服过程中发动战争的借口和鼓吹军事行动的口号。这样看来，从野蛮到文明，从个体到社会，这种顺序相承的历史发展与协调中，法律以一种怎样的姿态追求现世的治理价值显得非常重要。“法律是显露的道德，道德是隐藏的法律。”因此，法律与道德相结合，是将道德的精华部分内化于法律之中，实现从崇拜公权力向适度的警惕防范权力、从提倡义务优先向法治提倡的权利优先、从“天人合一”向“天”“人”适度相分、从内倾文化向适度外倾文化、从重视内心体验向重视科学实验和论证的转变。

国学中的法律文化

郝铁川 *

摘　要　近代以来，反思中国传统文化的功与过始终是一个不绝若线的学术热点问题。尽管国学的内容非常丰富复杂，但核心是儒学。对待国学和儒学的态度，往往是一个国力大小的投射。国学要想与现代法治有机结合，能够为现代社会服务，必须实现三大转化：一是国学要从崇拜公权转向适度地警惕防范权力，二是国学要从提倡义务优先转向法治提倡的权利优先，三是国学要从“天人合一”向“天”“人”适度相分、从内倾文化向适度外倾文化、从重视内心体验转向重视科学实验和论证等转变。我国古代的《三字经》《千字文》《女儿经》《弟子规》等经典儒学著作中，都包括丰富的法律文化，需要当代认真研究与反思。

关键词　国学　法律文化　《三字经》　《千字文》　《女儿经》《弟子规》

一、《三字经》中的法律文化

明代著名理学家吕坤说：“初入社学八岁以下者，先读《三字经》以习见闻，读《百家姓》以便日用，读《千字文》以明义理。”在民国时期，“三、百、千”发行量惊人，著名教育家陶行知说：“中国现在销行最多的书是什么？就我所观察还是《三字经》《千字文》《百家姓》《大学》《中庸》

---

* 郝铁川，男，上海文史馆馆长，华东政法大学教授、博士生导师。

《论语》《孟子》。"近代尚且如此，古代对此类蒙学读物的重视则肯定是有过之而无不及。

（一）性善论基础上的德治论

中国古代与西方不同，大体是在对人性和权力信任的基础上坚持"礼治"和"德治"，或曰"德主刑辅"。这和儒家的性善论密不可分。先秦儒家对人性为恶、为善是有争议的，孔子对此没有明说，孟子方明言人性为善，但荀子主张人性为恶。后世性善论似乎占据主流地位，而对性善论传播贡献最大的，当数《三字经》。它开宗明义就说"人之初，性本善。性相近，习相远。苟不教，性乃迁。"《三字经》作者（相传是宋元之际宁波大学者王应麟）在这里实际上是综合了孟子和荀子的人性论思想，孟子道性善，荀子言性恶，但荀子在性恶后面马上来了一句"其善者伪也"，就是说，虽然人性起初为恶，但经过礼义教化等后天的人为努力，是可以由恶变善的。既然认为人性本善，那就必然主张治理国家当以"德治"为本。"德治"的核心是实行教化，所以，《三字经》大量内容用来宣传重教和重学。关于教化，《三字经》突出家庭和老师的责任：家庭教育方面成功的例子是"昔孟母，择邻处。子不学，断机杼。窦燕山，有义方。教五子，名俱扬"。老师成功培养优秀弟子的例子，《三字经》未举，但最后强调了"养不教，父之过。教不严，师之惰"。在强调学习的重要性方面，《三字经》主要讲了三点：一是指出人不学习，就无法成为人："子不学，非所宜。幼不学，老何为？玉不琢，不成器。人不学，不知义。"二是学习要刻苦耐劳，虽穷犹不忘学、虽老犹不忘学，《三字经》举例来说："昔仲尼，师项橐，古圣贤，尚勤学。赵中令，读《鲁论》。彼既仕，学且勤。披蒲编，削竹简。彼无书，且知勉。头悬梁，锥刺股。彼不教，自勤苦"，"如囊萤，如映雪。家虽贫，学不辍。如负薪，如挂角。身虽劳，犹苦卓。苏老泉，二十七。始发愤，读书籍。彼既老，犹悔迟。尔小生，宜早思。"三是读书的顺序是先读"经"、次读"子"、再读"史"："经既明，方读子""经子通，读诸史。考世系，知终始。"不知何故，《三字经》没提"集"，是否"子""集"难以截然分开？

（二）"三纲五常"是社会的核心价值观念

中国古代需要处理的最基本的关系是人与人的关系，所以不少学者称中国传统文化为"伦理""人伦"文化。"三纲五常"是中国古代的核心价值观念，也是中国古代立法和司法的指导思想。正如《唐律疏议》开宗明义所言："德礼为政教之本，刑罚为政教之用。"《三字经》重点论述了"三纲五常"，它说："三纲者，君臣义。父子亲，夫妇顺。""曰仁义，礼智信。此五常，不容紊。"《三字经》按照"三纲五常"的观念叙述历史的演进，对不符合君臣大义的历史更替皆用"篡""争"等字眼，如"至孝平，王莽篡""魏蜀吴，争汉鼎"。学者一般认为"三纲"强调卑幼服从尊长，"五常"则强调在此基础上相互仁爱。所以，《三字经》说："父子恩，夫妇从。兄则友，弟则恭。长幼序，友与朋。君则敬，臣则忠。此十义，人所同。"它还举例说，"为人子，方少时。亲师友，习礼仪。香九龄，能温席。孝于亲，所当执。融四岁，能让梨。弟于长，宜先知。首孝悌，次见闻。知某数，识某文。"

（三）家庭以父子纵向关系为主轴

费孝通先生在《乡土中国》一书中深刻地指出，西方家庭自古以来以夫妻横向关系为核心，而中国古代以父子纵向关系为核心。因此，前者容易强调爱情、平等，后者容易重视传宗接代义务和尊卑。《三字经》要儿童记住的就是按照传宗接代要求而来的"九族"关系："高曾祖，父而身。身而子，子而孙。自子孙，至玄曾。乃九族，人之伦。"这样，"不孝有三，无后为大"的观念就容易树立了。

（四）学而优则仕的文人理念

余英时先生曾经指出，西方知识分子的理念和中国传统士大夫不同，前者强调独立、批判，后者强调批评性地参与和建设。因此，中国几千年之所以文明薪火相传不尽，就在于知识分子"穷则独善其身，达则兼济天下"，以积极的角色促进社会发展。这与孔夫子提倡的"学而优则仕"理念不可分割。《三字经》强调了这一点："幼而学，壮而行。上致君，下泽民。扬名声，显父母。光于前，裕于后。"它体现了古代士大夫"知行合一""学以致用"的特色。

《三字经》比较可贵的是，它在阐述三纲五常时，没有把君臣、父子、夫妻等伦理关系单向地绝对化，如"君叫臣死，臣不得不死""父要子亡，子不得不亡"；在阐述人人都要学习时，没有歧视女性，因为它列举了"莹八岁，能咏诗。泌七岁，能赋棋""蔡文姬，能辨琴。谢道韫，能咏吟"等女性例子，冲出了"唯女子与小人难养也"的藩篱。

二、《千字文》中的法律文化

《千字文》是古代以至民国初期流行最广的儿童读物，在传播中华法系的法律理念方面作用甚巨。《千字文》的原名为《次韵王羲之书千字》，是用来教授儿童基本汉字的一首长韵文。它是一篇由1000个不重复的汉字组成的文章。据说是南北朝时期的梁武帝（502年—549年）为其公主练习书法而委托周兴嗣（469年—521年）创作的。《千字文》有句无篇，章法比较松散，今人一般依据清人汪啸尹纂辑、孙谦益参注的《千字文释义》的说法，将《千字文》分为四个部分。从第一句“天地玄黄”开始，至第三十六句“赖及万方”为第一部分。这一部分主要阐人类历史的起源。先说“天地玄黄，宇宙洪荒。日月盈昃，辰宿列张。寒来暑往，秋收冬藏”等自然界现象的产生，再说人类“始制文字，乃服衣裳。推位让国，有虞陶唐。吊民伐罪，周发殷汤”的早期历史。最后指出治国的原则是教化优先：“化被草木，赖及万方”。从第三十七句“盖此身发”开始，至第一百零二句“好爵自縻”为第二部分。这一部分重在讲述人的伦理准则。在个人修身上要“克念作圣”，“女慕贞洁，男效才良”，讲究诚信；在孝亲方面要珍惜父母传给的身体，早起晚睡，让父母冬暖夏凉；在报效国家上要“学优登仕”，移孝作忠；夫妻之间要“夫唱妇随”，兄弟之间要“同气连枝”，待人接物要注意身份等级，“乐殊贵贱，礼别尊卑”。第一百零三句“都邑华夏”开始，至第一百六十二句“岩岫杳冥”为第三部分。这一部分主要表述从政可以封妻荫子、建功立业、光宗耀祖。例如，当大官可以进京城，看到“宫殿盘郁，楼观飞惊”，可以参加朝廷宴会，遍览皇家所藏图书，可以“户封八县，家给千兵”“世禄侈富，车驾肥轻”“策功茂实，勒碑刻铭”。从第一百六十三句“治本于农”开始，至第二百四十八句“愚蒙等诮”为第四部分。这一部分内容芜杂，通常被认为是讲述“君子治家处身之道”，但也不尽然。例如，按照“达则兼济天下，穷则独善其身”的原则，从政者如果遇到耻辱等不被所用等危险，就应及时隐退，“殆辱近耻，林皋幸即”（知道有危险耻辱的事快要发生，还不如归隐山林为好），并且耐得住寂寞，“索居闲处，沉默寂寥”。要耕田纳税，传宗接代，延续香火。大体而言，《千字文》是以《大学》中的“八目”——“格物、致知、诚意、正心、修身、齐家、治国、平天下”为主线展开论述的，表现出来的法律思维主要有：

第一，“圣君贤相”的人治论。中国古代不像西方崇奉基督教的国家那样，认为只有上帝“全知全能”，人类犯有“原罪”，需要上帝拯救，“人治”没有合理依据。中国古代认为人性本善，“有治人，无治法”“徒法不足以自行”，理想的统治格局是“圣君贤相”。《千字文》说“吊民伐罪，周发殷汤。坐朝问道，垂拱平章”（安抚百姓，讨伐暴君，有周武王姬发和商君成汤。贤君身坐朝廷，探讨治国之道，垂衣拱手，和大臣共商国是），“俊乂密勿，多士寔宁”（能人治政勤勉努力，全靠许多这样的贤士，国家才富强安宁），即反映了追求“圣君贤相”格局的思想。

第二，行孝尽忠的人生理想。中国古代不像西方崇奉基督教的国家那样，把灵魂得救、皈依上帝作为人生终极目的，而是以在人间行孝尽忠、光宗耀祖为人生最高境界。《千字文》说“资父事君，曰严与敬。孝当竭力，忠则尽命”（供养父亲，侍奉国君，要做到认真、谨慎、恭敬。对父母孝，要尽心竭力；对国君忠，要不惜献出生命），“学优登仕，摄职从政”（学习出色并有余力，就可做官，担任一定的职务，参与国家的政事），即反映了行孝尽忠的思想。

第三，尊卑严明的礼治原则。中国古代不像西方崇奉基督教的国家那样，认为人人在上帝面前都是一样的儿女，相互之间都是兄弟姐妹。中国是重视人文伦理的礼仪之邦，以“三纲五常”为核心理念，“三纲”重等级，“五常”重亲爱，力图在差别对待中寻求和谐。《千字文》说“乐殊贵贱，礼别尊卑”（选择乐曲要根据人的身份贵贱有所不同，采用礼节要按照人的地位高低有所区别），“上和下睦，夫唱妇随。外受傅训，入奉母仪”（长辈和小辈要和睦相处，夫妇要一唱一随。在外面要听从师长的教诲，在家里要遵守母亲的规范）。“诸姑伯叔，犹子比儿”（对待姑姑、伯伯、叔叔等长辈，要像是他们的亲生子女一样）。“孔怀兄弟，同气连枝”（兄弟之间要非常相爱，因为同受父母血气，犹如树枝相连），即反映了尊卑与友爱相结合的纲常礼教思想。

第四，德主刑辅的刑治论。中国古代不像西方崇奉基督教的国家那样，认为人类具有“原罪”，法治源于防恶，而是认为人性本善，后来有的变恶，因此要“德主刑辅”。《千字文》说“何遵约法，韩弊烦刑”（萧何遵循简约刑法的精神制定九律，韩非却受困于自己所主张的严酷刑法），“诛斩贼盗，捕获叛亡”（对抢劫、偷窃、反叛、逃亡的人要严厉惩罚，该抓的抓，该杀的杀），即反映了“德主刑辅”的思想。

与《三字经》相比，《千字文》所言的君臣、父子、夫妻、兄弟、朋友等“五伦”关系是一种单向的尊卑服从，而非相对的双向尊重。这大概是因为《千字文》是周兴嗣以臣子身份而奉梁武帝的命令之作，不敢继承先秦儒家的五伦相对主义的理念。

与《三字经》相比，《千字文》强调当官要能进能退，在“退”上更加用力。例如，“节义廉退，颠沛匪亏”（气节、正义、廉洁、谦让的美德，在最穷困潦倒的时候也不可亏缺），“性静情逸，心动神疲”（品性沉静淡泊，情绪就安逸自在；内心浮躁好动，精神就疲惫困倦），“索居闲处，沉默寂寥”（离群独居，悠闲度日，整天不用多费唇舌，清静无为岂不是好事），“求古寻论，散虑逍遥”（想想古人的话，翻翻古人的书，消往日的忧虑，乐得逍遥舒服），“欣奏累遣，戚谢欢招”（轻松的事凑到一起，费力的事丢在一边，消除不尽的烦恼，得来无限的快乐）。这大概是作者周兴嗣以臣子身份向梁武帝表明自己“但问耕耘，不问收获”的恬淡之心吧。

三、《女儿经》中的法律文化

《女儿经》把女性的一生分为出嫁前和出嫁后两个阶段，分别阐述了女性出嫁前和出嫁后应遵守的人与人关系方面的言行规则，出嫁后的内容是重点，贯穿《女儿经》的一根主线是其文末明言的“遵三从，行四德”，“三从”是未嫁从父、既嫁从夫、夫死从子；“四德”是妇德、妇言、妇容、妇功。“三从四德”的核心就是一个字：顺，即顺从。用法律思维观之，就是义务本位，女性一生都要做个义务人。这和《圣经·旧约》中歧视女性的观念大体相似，而和《圣经·新约》中的男女平等观念有所不同。《旧约》凸显男权，轻视女性：在《创世纪》中，夏娃首先违反上帝教导，受蛇（魔鬼化身）引诱，吃知善恶树上的果子，然后又引诱亚当吃，以致人类背上“原罪”，这有点类似中国古代的“女祸论”。《旧约》还规定：“你（夏娃）必恋慕你丈夫，你丈夫必管辖你。你应该全心全意为了丈夫，他应该管辖你。”到了《新约》时代，提倡一夫一妻制，男女具有一定的平等。因此，《女儿经》的法律思维主要是：

第一，女性出嫁前要顺从父母、哥嫂。《女儿经》对此说道：“女儿经，仔细听，早早起，出闺门，烧茶汤，敬双亲”“父母骂，莫作声，哥嫂前，请教训”。女儿没有向父母、哥嫂提出不同想法的权利。

第二，女性婚后要孝敬公公和婆婆。《女儿经》对此说道：“出嫁后，公姑敬”（“公姑”是指公公和婆婆），“事公姑，如捧盈”（如同捧着装满了水的容器，要小心伺候），“公婆言，莫记恨”（对公婆的话不能记恨）。儿媳没有向公婆提出不同想法的权利。

第三，女性婚后要顺从丈夫。《女儿经》虽然主张妻子可以劝说丈夫为善，如“（丈夫）出仕日，劝清政，抚百姓，劝宽仁”，但如果丈夫不听，妻子也要顺从。例如，《女儿经》说：“夫君话，就顺应，不是处，也要禁”（丈夫说得对，妻子要听从；说得不对，妻子要忍受），“丈夫说，莫使性”（对丈夫的话，不要使性子），“夫君怒，说比论，好言劝，解愁闷，夫骂人，莫齐逞，或不是，陪小心，纵怀憾，看你情，祸自消，福自生”（丈夫发怒时，妻子不要火上洒油。丈夫骂人时，妻子不要跟着一块逞强。如果是丈夫不对，妻子则要向人家赔不是。纵然对方有理，也会看在你的面子上不闹了，祸消福生了）。

第四，女子婚后要教育好子女。《女儿经》对此说道：“有儿女，不可轻，抚育大，继宗承，或耕耘，教勤谨，或读书，莫鄙吝，倘是女，严闺门，训礼义，教孝语，能针业，方成人，衣服破，缝几针，鞋袜破，被人论，是不是，自己寻，为人母，所当慎”。这就是说，对儿子要让其读书耕田，光宗耀祖；对女儿要让其遵守闺阁礼仪，擅长针线活。

第五，女性婚后如果无子，要鼓励丈夫纳妾。《女儿经》对此说道：“最不孝，斩先脉，夫无嗣，劝娶妾，继宗祀，最为切”，这表明女性的重要使命之一是为丈夫延续血脉，传宗接代。

第六，女性婚后要努力维持家族成员之间的和谐。一是妯娌间要尊卑有序（妯娌们，要孝顺），有什么不妥的话语和事情，也要隐忍，不要吵架，免得让公婆不安、邻居耻笑（妯娌多，都一心，本等话，莫生瞋，同茶饭，莫吵分，一闹嚷，四邻听，任会说，非为能，吵家的，个个论，公姑闹，不安宁）；二是对伯母和婶子之间的事情，一定不要插言、传话，否则会引起她们不和（姆婶事，决莫言，若闻知，两参商），对伯伯和叔叔之间的事情，也不要多言（伯叔话，休要管）；三是如果自己的孩子和别人的孩子吵架、打架了，要批评自己的孩子，不要注重他们之间谁对谁错（孩童闹，规己子，是与非，甚勿理）；四是对小姑子和小叔子要注重迁就，因为他们尚且年幼（姑儿小，莫见尽，叔儿幼，莫理论）；五是对仆人不要苛刻，也不能放纵，（奴婢们，也是人，饮食类，一般平，不是处，且宽忍，十分刻，异心生，若太宽，便不逊）。

第七，女性婚后要注意维持好邻里关系。中国向来认为“远亲不如近邻”，对邻里关系非常重视。《女儿经》对此说道：“邻居人，不可轻”，关键要做到不嫌贫爱富：“我家富，莫欺贫”，“他家富，莫眼热”；不媚尊欺卑：“分（辈分）尊我，固当敬，分卑我，也莫陵”；不斤斤计较：“些小利，莫见尽，论彼此，俗了人，学大方，人自称”。

第八，女子婚后如果操持家务，则要注意完粮纳税、服从官府法令、远离诉讼官司。《女儿经》对此说道：“里长到，不可瞋，留饮酒，是人情，早完粮，得安宁”，对基层官吏不可鄙视，要热情招待，早点完粮纳税。否则，“略不逊，讼自起，公差到，悔则迟”，行为违法了，官司缠身了，衙役来抓了，后悔莫及了。

虽然《女儿经》总体上是宣传封建道德和法律的核心“三纲五常”，不合乎今日人权浩浩荡荡之潮流，但其中也有一些与今日社会文明契合的若干理念。例如，吃饭的时候不要大声说话：“凡笑语，莫高声”“动匙箸，忌声响”，这一点恰是不少今人做不到的；无论贫富贵贱，都要给予起码的尊重：“奴婢们，也是人”“我家富，莫欺贫”“他家富，莫眼热”“分尊我，固当敬，分卑我，也莫陵”，这一点恰是今日纠正一些“仇富”“欺贫”之风所需提倡的；买卖要公平，不可短斤少两：“升斗上，要公平，买物件，莫亏人”，这一点恰是今日打击传销、假冒伪劣邪气所需弘扬的。这表明中国古代既有冷酷的尊卑关系，又有温情脉脉的仁爱关系。孔子的核心思想是“礼”和“仁”，前者强调尊卑贵贱，后者强调人际相爱（当然是“爱有等差”）。他是想以“仁”缓和“礼”的森严对立，使社会既有秩序，又有温情。这样，我们就更加理解了《共产党宣言》的话：“资产阶级在它已经取得了统治的地方把一切封建的、宗法的和田园诗般的关系都破坏了。它无情地斩断了把人们束缚于天然尊长的形形色色的封建羁绊，它使人和人之间除了赤裸裸的利害关系，除了冷酷无情的‘现金交易’，就再也没有任何别的联系了。”

四、《弟子规》中的法律文化

《弟子规》（原名《训蒙文》），是中国传统的启蒙教材之一，作者是清朝康熙年间的秀才李毓秀，后经贾存仁修订改编而成为《弟子规》，共360句、1080个字，三字一句，两句一韵，和仄押韵，朗朗上口。其内容采用《论语》“学而篇”第六条“弟子入则孝，出则悌，谨而信，泛爱众，而亲仁，行有余力，则以学文”的文义，全篇先为《总叙》，然后分为《入则孝》《出则弟》《谨》《信》《泛爱众》《亲仁》和《余力学文》七个部分，分别阐述弟子在家、出外、待人、接物与学习上应该恪守的守则规范。《弟子规》里的“弟子”不仅仅是指小孩，而是指圣贤之人的学生。《弟子规》中的法律思维主要包括以下几个方面：

（一）年轻人负有善待老人的义务

我国宪法第49条第3款规定：“父母有抚养教育未成年子女的义务，成年子女有赡养扶助父母的义务。”第4款规定：“禁止虐待老人、妇女和儿童。”《弟子规》强调子女要善待老人，“冬则温，夏则凊，晨则省，昏则定”，夏天子女要在睡前帮父亲把床铺扇凉，冬天寒冷时要为父亲温暖被窝。早晨起床之后，子女应该先探望父母，并向父母请安问好。下午回家之后，要将今天在外的情况告诉父母，向父母报平安，使老人家放心。“亲有疾，药先尝，昼夜侍，不离床”，父母生病时，煎好的药汤子女要先尝尝，子女应当尽心尽力地照顾；父母病情严重时，子女更要昼夜服侍，不可随便离开。但儿女对父母也不需要盲从，“亲有过，谏使更，怡吾色，柔吾声。谏不入，悦复谏，号泣随，挞无怨”，认为父母有过错，子女要和颜悦色、柔声低气地进谏，即便是父母不听，打骂自己，也无怨无悔。

（二）一言一行都要遵守尊卑有别的礼制

中国古代强调“德礼为政教之本，刑罚为政教之用”，“礼”始终具有道德和法律两种属性，《唐律疏议》即有“凡理不可为而为者，杖责八十”的规定，这里的“理”，包括礼教在内。“礼所以别贵贱”，这是礼的实质。《弟子规》细致地描述了各种场合尊卑有别的礼节仪式，一举一动要长者为先：“或饮食，或坐走，长者先，幼者后”；不可直呼长者的名字：“称尊长，勿呼名”；在长者面前站或立皆听长者之命：“长者立，幼勿坐，长者坐，命乃坐”；路遇长者要赶紧趋前问候，长者无语时，幼者恭立一旁：“路遇长，疾趋揖，长无言，退恭立”；与长者说话，声音要不高不低：“尊长前，声要低，低不闻，却非宜”。

（三）要按照礼仪养成良好的生活习惯

在古代，生活习惯属于礼仪的一部分，不受国法即受家法的约束。《弟子规》言及的生活习惯主要有：一是要讲究个人卫生。以前只说农业社会没有卫生习惯，但读了《弟子规》会觉得不尽其然。“晨必盥，兼漱口，便溺回，辄净手”。二是要衣着朴素洁净：“冠必正，纽必结，袜与履，俱紧切”“衣贵洁，不贵华”。要和别人比德才学艺，不要和别人比衣服饮食：“唯德学，唯才艺，不如人，当自砺。若衣服，若饮食，不如人，勿生戚”。三是饮食要均衡适量：“对饮食，勿拣择，食适可，勿过则”“年方少，勿饮酒，饮酒醉，最为丑”。四是一举一动要端庄大方，不要吊儿郎当，桀骜不驯：“步从容，立端正，揖深圆，拜恭敬”“勿践阈（不要踏在门槛上），勿跛倚（不要斜靠某物上），勿箕踞（不要两腿叉开蹲或坐），勿摇髀（不要摇晃大腿）”。

（四）要有爱人之心

中国古代没有今日立足于个体的人权理念，但有立足于人类的人道主义思想。“凡是人，皆须爱，天同覆，地同载”，对待奴婢也要“慈而宽”。不要嫉贤妒能：“人所能，勿轻訾”。不要嫌贫爱富：“勿谄富，勿骄贫”。《弟子规》讲的仁爱，没有跳出“爱有差等”的窠臼，它认为“同是人，类不齐。流俗众，仁者希”，对不“仁”的人则不必爱之。

（五）要尊重别人的财产权、住宅权和某些隐私权

古人非常注重打击盗窃罪，这就从一个方面尊重了人的财产权和住宅权。《弟子规》说：“用人物，须明求。倘不问即为偷。借人物，及时还，后有急，借不难。”到别人家里，先要问主人家里是否有人，主人问“是哪位”，要报上自己的名字，不要简单地答曰“我”，让主人还是不知道究竟是谁：“将入门，问孰存。将上堂，声必扬。人问谁，对以名。吾与我，不分明”。无论是从别人手里得到东西，还是把东西给予别人，都要分得清清楚楚：“凡取予，贵分晓”。对人的某些隐私不要揭示：“人有短，切莫揭；人有私，切莫说”。

当然，《弟子规》里也有一些很难为现代社会接纳的观念。例如，“丧三年，常悲咽；居处变，酒肉绝”，父母去世后要守丧三年，经常伤心痛苦。守丧期间夫妻要分居，不吃肉、不饮酒。这在激烈竞争的现代社会，三年什么也不做不符合现实。“物虽小，勿私藏”，现在小孩子都知道隐私权，日记私藏而不示人。

五、国学与现代法治的对立与转化

近代以来，反思中国传统文化的功与过始终是一个不绝如缕的学术热点问题。美籍华裔学者杜维明曾经感叹过，很多国家在处于落后、试图振兴的时候，都要弘扬自己的传统文化，以鼓舞民族的信心和勇气，如西欧的罗马法复兴和文艺复兴。可中国的“五四”前辈们却奋力呼喊“打倒孔家店”，无情批判中国的传统文化，这让他困惑不解。我国台湾学者林毓生则指出，这是因为中国学者具有“借思想文化以解决问题”的传统思维方式造成的。本文认为，尽管国学的内容非常丰富复杂，但核心是儒学。对待国学和儒学的态度，往往是一个国力大小的投射。国家强大了，人们就会对自己的传统连带热爱；如果国力弱小了，有时候就会埋怨自己的祖先和传统文化。因此，文化是个舞台，支撑这个舞台的还是一个国家的政治、经济、军事等一系列的硬实力，文化是软实力，离不开政治、经济、军事等硬实力的支撑。

（一）国学总体上与现代法治是对立的

第一，国学体现的是泛道德主义理念，现代法治强调法律至上。“泛道德主义”的基本含义主要是：人的本性是善良的，公权力是可以信任的；一切社会问题都是道德问题；一切学问都是为了表述道德要求；解决社会问题的主要方法是道德意识的增强，人人都要努力成为道德境界极高、超出常人能力的君子、圣人。如果说在欧洲中世纪，所有的学问都是“神学的婢女”，那么在中国长达几千年的封建社会里，所有的学问都是“道德的仆人”。文学方面要“文以载道”“诗言志”，法律方面要“德礼为政教之本，刑罚为政教之用”“德主刑辅”，军事学方面要建设“仁义之师”，经济学方面要“重义轻利”，天文学方面要证明“天人合一”“天人感应”，等等。国学虽然范围很广，但核心是儒学。与西方中世纪一切学科都是为神学论证不同，中国儒学从汉代经学到宋明理学，再到清代乾嘉考据之学和今文经学，它们事实上都是在以略有不同的方式来表达、论证道德。在泛道德主义理念的影响下，中国封建社会厉行“德治”或“德主刑辅”。它们的主要方法，一是树立榜样。比如在农村设立各种各样的牌坊，朝廷经常赐匾于“忠孝之家”，褒扬忠臣、孝子、贞妇等，让大家去学习。二是重视教育。兴办私塾、官学，政府编撰或确定道德方面的教材，如“四书五经”，同时允许民间自编道德教材，如《三字经》《弟子规》《女儿经》等。三是制定礼节仪式，中国号称“礼仪之邦”，有官方制定的礼仪，也有民间沿习的礼仪。“礼所以别贵贱”，礼仪的实质是封建道德的仪式化。四是制定乡规民约和家训。五是建立一些道德评议制度，如朝廷的谏议制度、皇帝起居注制度，民间的乡举里选、品评人物等。

现代法治的基本理念与泛道德主义是不同的。泛道德主义假定人的本性是善良的，公权力是可以信任的；现代法治则假定人的本性是靠不住的，容易为恶的，不受制约的公权力最容易为恶，绝对的权力，绝对的腐败。泛道德主义认为一切问题都是道德问题，都要通过道德意识的增强来解决。如果道德不能解决，就用刑法来解决，泛道德主义和泛刑主义密切配合，民法的调整方法被排挤在社会纠纷之外，或者说民法无法得到充分的发展；现代法治道德和法律既有联系，也有区别，各有优点，各有不足，因此不能互相代替。而解决社会纠纷的终极手段是法制，法制手段中首先是民法，其次是刑法。泛道德主义鼓励人们做专门利他而不利己的君子、圣人；现代法治不要求人们必须做利他而不利己的君子、圣人，也不允许人们做损人利己的小人，要求人们做一个利己不损人的中人，中人标准是法治底线。泛道德主义要求人人自觉履行奉献义务而不考虑自身利益，社会就会“大同”；现代法治认为人人都去自觉履行奉献义务是不可能的，应该按照尊重权利的原则，处理个人与集体、国家的关系。属于自己的正当权益，要捍卫、争取捍卫，不“为权利而斗争”，就是成全一些人的特权。国家可以为了公共利益来要求社会个体放弃一些权益，但要给予社会个体合理的补偿。

第二，几千年来的国学说到底是为了维护中国封建社会的核心价值观念“三纲五常”，现代法治坚持法律面前人人平等，人权、自由为本，民主、法治为用。

中国封建社会的核心价值观念是“三纲五常”，即君为臣纲、父为子纲、夫为妻纲，仁、义、礼、智、信。“三纲”是强调君臣、父子、夫妻之间绝对的支配与服从的关系，体现的是权力本位；“五常”则是强调在绝对支配与服从关系的基础上，提倡大家要和谐、亲爱。“三纲”冷酷，“五常”温情，“大棒加胡萝卜”。与国学不同，而现代法治以人权、自由、平等为本，民主、法治为用。民法是“万法之母”，是现代法律体系的基础法。而民法就是一部人权的宣言书，是权利法。权利的实质是尊重人的自由选择。严复的《论世变之亟》对中国传统文化落后性的批评非常到位，他说，西方近代之所以和中国古代不一样，最关键的在于“自由不自由异耳”。他还说：“中西事理，其最不同而断乎不可合者，莫大于中之人好古而忽今，西之人力今以胜古；中之人以一治一乱、一盛一衰为天行人事之自然，西之人以日进无疆，既盛不可复衰，既治不可复乱，为学术政化之极则。”“断乎不可合”虽然过于武断，但差异却是千真万确的。我建议盲目推崇国学（不对国学进行去伪存真、去粗取精）的人士，重温一下近代进步思想家严复、孙中山、陈独秀、李大钊等对传统文化的批评与反思。西方历史上没有中国封建社会“三纲五常”的理念，即便是有，也远没有中国久远和顽固。古代希腊有自由人（当然不包括奴隶）平等、自由的理念，以致雅典公民不愿意做警察，认为警察是损害人的自由的。古希腊不少城邦、特别是雅典具有重视民主的传统。古罗马除了重视平民的自由、平等之外，更比希腊重视法治。欧洲中世纪从 12 世纪开始（或更早），民主（城市、教会、贵族内部等都存在一定的选举）、法治（如 1215 年英国《大宪章》）的成分日益壮大，14 世纪以降的文艺复兴、宗教改革、启蒙运动，在西方普及了人权、自由、民主、法治等理念。这些都是马克思主义经典作家做过明确阐述的不易之论。

第三，国学立足于人的“心学”，是直接调整心理、思想的学问，而现代法治是调整人的行为的规则，它不搞“思想侦查”，而只是通过调整人的行为而间接调整人的内心。

虽然我们把南宋理学家朱熹的哲学叫作客观唯心主义，但朱熹虽然“道问学”，最后仍落脚“尊道德”，回到人的内心塑造上。汤一介先生认为中国传统文化的特征是天人合一、情景合一、知行合一，一切学问都归结为心学。有学者把中国的文化叫作“内倾文化”，特点就是不重视论证，不重视实验，重视直觉，重视刹那间的感受和灵感。表现在法制领域就是大搞“腹诽罪”和“谋反”之类的没有行为也可定罪的“思想犯”，在审判中推崇费孝通概括的、靠直觉思维和内心体验的“看相式”审判方式。

现代法治是一种“外倾文化”，强调程序正义，以看得见的方式实现正义。举证在法庭，质证在法庭，辩论在法庭，说理在法庭，判决在法庭。为了辩论就要讲究分工，公安、检察查证是否有罪，辩护人、律师查证是否无罪或罪轻。程序是各种力量的博弈，最后产生公正，这就是外倾文化。

中国的内倾文化容易忽视程序法、程序正义，容易残害人的内心自由，明清时期的诸多“文字狱”就是典型事例。

（二）国学和现代法治对立的根源

第一，中国自然经济的历史特别长，西方市场经济的历史特别长，两种价值观念不一样。德国思想家恩格斯在《家庭、私有制和国家起源》里面讲过，古希腊古罗马发生了三次社会大分工，一是农业和畜牧业的社会分工，二是农业和手工业的分工，三是手工业和商业的分工，这三次分工产生了独立的商人阶层。中国奴隶社会没有产生这三次分工，只有农业和畜牧业分工，没有独立的商人阶层，是自然经济。自然经济的小农社会，导致国学总体上推崇专制，讲究贵贱；而商人社会总体上讲究平等、自由。马克思说过“商品是天生的平等派”。现代法治推崇的法律面前人人平等，根源于商品面前人人平等。

第二，国学产生于熟人社会，法治产生于陌生人社会。熟人社会讲人情，陌生人社会讲规则。中国人生活在以家族为核心的差序格局的大小圈子里，不同的圈子实行不同的规则，缺乏一个普遍遵守的公共规则，所以梁启超、费孝通都说中国人过去有私德、无公德。陌生人社会互不相识，没有多少人情可讲，只能靠法治规则维持秩序。人们重视以契约的方式实现自己的意志自由，契约关系就是法律关系。现代社会是流动社会，是陌生人为主的社会，现代法治根源于此。

第三，国学产生于中国封建专制社会，容易把人视为实行纲常名教的工具，所谓“饿死事小，失节为大”。现代法治产生于人民当家做主的民主社会，民主和法治密不可分。没有民主的法治实质上是人治，根源于民主基础的现代法治才能做到法律面前人人平等。

国学和现代法治的对立，说到底是因为它们产生于不同的社会、政治、经济条件。

（三）国学怎样与现代法治相结合

时代性决定了儒学总体上是与现代法治对立的。国学要想与现代法治有机结合，能够为现代社会服务，必须实现三大转化：一是国学要从崇拜公权转向适度地警惕防范权力。只有这样，我们才能树立正确的现代公法理念。尊重公权力和防范公权力要并行不悖，如果只想“朝为田舍郎，暮登天子堂”“学而优则仕”，而不注意从制度上和胆量上抗衡公权力的滥用，那专制主义就容易发生。现代法治既要防止无政府主义，又要防范专制主义。二是国学要从提倡义务优先转向法治提倡的权利优先。只有这样，我们才能树立正确的现代私法（民法）理念。权利是做人应有的尊严、利益、自由的资格，如果没有这种资格做前提，就被要求去尽奉献义务，那与奴隶、会说话的工具还有何区别？在私有制社会，权利不靠恩赐得来，如同《国际歌》唱的那样：“要创造人类的幸福，全靠我们自己。”邓小平同志说过，我们要提倡无私奉献，但我们也要清醒地看到，无私奉献，少数人可以做到，多数人做不到；一时可以做到，长期做不到。自己不去捍卫自己的合法权益，公平不会或很难自动送上门。三是国学要从“天人合一”向“天”“人”适度相分、从内倾文化向适度外倾文化、从重视内心体验转向重视科学实验和论证等转变。只有这样，我们才能树立正确的现代程序法理念。程序法落实了，那些“归去来兮”“真凶暴露”式的冤假错案才能避免。这三大转化的实质就是解决儒学如何从“内圣”开出一条“外王”（即如何和民主法治相结合）之道，这恰巧是近代以来的新儒家们没有真正回答的问题。

儒学实现三大转变转化是需要下列条件的：一是必须坚定不移地实行市场经济。市场经济是权利经济、平等经济，自然经济和计划经济都是“官本位”经济。二是必须坚定不移地实行法治。遇事讲规则、讲程序，破除“圈子文化”。三是必须坚定不移地推行以选举、罢免为核心的民主政治。民主包括许多层次，但最核心的是选举权和罢免权。实践早已证明，儒学是可以转化的。儒家很重视“礼”，所以这里就以礼节仪式为例，推进中华民族优秀礼节仪式化的现代化，需要把握三个问题：

第一，只要和现代生活不冲突的礼仪，都可以保留。比如，中华民族礼仪传统中的热情、责任、敬老精神，它们和现代生活没有什么抵触。中国对宾客有接风宴，还有饯行宴，宴请伴随载歌载舞，喝酒通过酒令让客人参与其中，想方设法让客人吃得高兴。而西方祝酒仪式结束后，基本上就是自斟自饮，人情味不足。西方婚礼中的男女誓词体现的都是男女双方当事人之间的婚后责任，与国家社会无关，与父母双亲无关。而我们中国一般的婚礼誓词是男女双方要“一拜天地，二拜高堂，夫妻互拜”，这里的天地实际是指国家社会，高堂是指父母双亲，这表明夫妻双方不仅要有互爱责任，同时对国家社会、父母双亲也负有责任。中国敬老，一般40岁之后要开始举办寿诞礼，春节要回家与老人团聚，春节早晨要对长辈行跪拜礼，第一碗饺子要送给家中辈分最高者。而西方人从不愿说自己年龄，也没有敬老活动。在注重礼仪的科学性方面，西方的亲吻礼还不如中国的揖让之礼讲卫生。西方的见面握手之礼容易互相传播疾病，没有多少科学性。而中国古代人们日常见面既要态度热情，也要彬彬有礼。比如一般性的打招呼，在传统上行拱手礼。这些礼仪都做到了身体部位互不接触，有效防止疾病传播，比西方亲吻、握手等礼仪要科学。

第二，要注意借鉴现代西方礼节仪式中的科学、平等、人权精神，有些东西可以直接拿过来为我所用。例如，在饮食方面，西方人实行分餐制，中国人实行共享制，事实证明，分餐制是讲卫生、防治疾病传染的良好方式，不分餐的共享制是病从口入的重要渠道。次如，美国老师上课的基本习惯是把一堂课分为两半节：上半节，老师提出问题或该课的内容；下半节，老师让学生围绕问题进行讨论，由学生自由发言。老师会肯定每一个学生的表现，然后提出自己的观点或结论。再如，美国人十分讲究“个人空间”。谈话时习惯于两人的身体保持一定的距离，一般是在120至150厘米之间，最少也不得小于50厘米。行走于街巷时，不得窥探别人院落，更不得未经许可进入私家宅院。

第三，融通古今中外，推出具有时代性、民族性的中华礼仪。例如，在饮食礼仪方面，西方人的分餐制较科学，中国人的共餐制较有人情味，结果演进下来，现在就出现了有自用筷、有公用筷；或一人两双筷，一入自己口，一用夹菜肴；小菜共用，其他菜分食，等等，这些礼仪吸纳了中西饮食礼仪之长，体现了中国人的智慧。西方人说没有三代培养不了一个贵族，国学要成功地创造性地转化，适应现代生活，也需要几代人的努力。法治国家和法治社会是无法分割的，两者须比翼齐飞。

古代蒙古的复仇与法律 *

王炳军 **

摘　要　12 世纪到 13 世纪初的蒙古处于部族到国家的过渡阶段，社会组织结构急剧变化，以血缘为基础的氏族结构已经瓦解，以征战和掠夺财富为目的而构建的以千百户制和怯薛制为主体框架的封建组织逐步形成。随着铁木真军事、宗教和政治上的成功，进行社会控制的手段也由“自愿—合作”型的盟誓转变为“命令—服从”型的札撒。古代蒙古的复仇在统一过程中作为发动战争的借口，它不是帝国形成的动力或目的，也不是法律的起源。

关键词　古代蒙古　复仇　盟誓　札撒

复仇是所有民族在前法制社会都曾存在的社会现象，是个人或共同体得以生存的必要手段。随着社会的发展，复仇逐步社会化，并受到一定的限制，尤其是出现政治组织和法律以后，复仇逐步被禁止。具体到复仇与法律的关系，日本学者穗积陈重认为复仇是法律的起源，复仇被法律限制、取代的过程就是私力公权化的过程，也就是法律形成的过程。苏力认为复仇是一种高度分散执行的社会制裁或控制机制。他在论文中先是十分谨慎地认为“可能通过考察复仇来重新理解法律的起缘”，后来就十分坚定地推导出复仇产生国家和法律的过程：逐步扩大的群体为了确保对外实施复仇和对内防止引发复仇，就成立专门的机构进行组织、动员和协调，于是推动“公权力的萌芽”，并最终形成“中央集权的公权力为中心的治理制度”。[1] 两位学者主要选择

* ［日］穗积陈重：《复仇与法律》，曾玉婷、魏磊杰译，中国法制出版社 2013 年版，第 2 页。

** 王炳军，男，华东政法大学博士研究生。

〔1〕 苏力：《复仇与法律》，载《法学研究》2005 年第 1 期。

法律已经产生的社会史料讨论法律起源，穗积陈重使用的曾我兄弟、日野阿新丸、赤穗义士等复仇案例发生在日本战国时期，尽管法制松弛但早已产生，苏力文中也明确指出赵氏孤儿的故事发生在已经有了某种公权力的晋国之内，而非发生在权力高度分散的初民社会[1]。用法律产生后的社会史料论证法律起源于复仇，似乎过于勉强。更为值得注意的是，两位学者选择的都是儒家思想主导下的社会，而儒家思想对于复仇持纵容的态度。穗积陈重选择的日本战国时期，是中国唐代文明主导的社会；而赵氏孤儿事件虽然发生在战国，记录该历史事件的史家是汉代的司马迁，但创作元曲剧本的是元代的纪君祥，在先秦史料本身缺失的情况下，史家的记录难免洋溢着浓浓的儒家气息，更不要说身为儒者的元代剧作家的想象和构思会在多大程度上体现儒家思想。与之相对，古代蒙古社会对于复仇与法律关系的研究有其独特的价值。13 世纪初期的古代蒙古是没有儒家思想影响，也没有统一的国家公权力和法律的社会，其复仇又是怎样的状态呢？它的法律是如何形成的？复仇与法律又有怎样的关系呢？本文拟通过《元朝秘史》《史集》《世界征服者史》等史料及相关学者论著对上述问题进行思考，并在此基础上对已有的研究结论进行检验和反思。

本文研究的对象是古代蒙古社会的复仇与法律的关系，时间上主要聚焦于 12 世纪和 13 世纪初蒙古高原从部族走向统一国家的历史阶段。从社会形态和结构来看，蒙古诸部虽然在地理和文化上有一定差异，但在社会形态和结构上基本一致。

一、古代蒙古社会

蒙古高原历史上先后出现过强大而持久的匈奴、突厥、鲜卑和回鹘等游牧帝国，其政治中心大都在哈剌和林即斡难河、土剌河和克鲁伦河三河源头附近。唐末，乞尔吉思的黠嘎斯将回鹘从蒙古高原中心地带驱逐到“东突厥斯坦”，却没能在蒙古高原形成稳定的游牧民族政权。至此，蒙古高原出现权力真空，诸多种族和部落竞相迁徙至此。蒙古人的先祖就是在此期间，从贝加尔湖畔的森林迁徙到蒙古草原。唐末到 1206 年蒙古统一的 350 多年间，蒙

[1] 苏力：《复仇与法律》，载《法学研究》2005 年第 1 期。

古高原整体上处于混战状态。虽然辽曾经在高原中心地带设置权力机构进行统治，但后来撤离，金朝基本上没有在蒙古高原核心地带设置过权力机构。辽、金政权对蒙古高原采取政治上压迫、经济上掠夺的间接统治，使得各部族相互冲突、彼此牵制。蒙古高原部族内部氏族之间，部族与部族之间，部族与辽、金政权之间一直处于错综复杂的战乱之中，形成长期的“天下扰攘，互相攻劫，人不安生”的乱局。[1]

经济上，随着蒙古高原与汉地、西域贸易的发展，外部文化和铁器传入，推动了草原生产力的发展。古代蒙古出现私有制，牧户家庭拥有牛羊、帐幕、车辆、简单的生产工具等私有财产，并且将自己的畜产都烙上标志。早在铁木真第12世祖脱罗豁真伯颜时，他有“一个家奴后生，名孛罗勒歹速牙勒必。又有两个好骟马，一个答驿儿马，一个孛罗马”[2]。游牧经济的经营方式已经由氏族社会早期的古列延游牧方式，转变成以阿寅勒及个体牧户游牧经营占主导的方式。

观念上，在12和13世纪的蒙古高原实现统一并对外征服是人心所向。首先，草原各部想早日结束“大金家”的外部压迫和部族间的内部混战。金朝颁行“强取逐步羊马法”对蒙古高原进行科敛，[3]还“每三岁遣兵向被剿杀，谓之减丁”。[4]其次，草原游牧经济非常单一和脆弱，依赖自然气候。《后汉书·匈奴列传》中记录匈奴“连年旱蝗，赤地数千里，草木尽枯，人畜饥疫，死耗太半”的自然灾难，在蒙古草原是不断上演的。干旱、冰冻、水灾、瘟疫等灾难对于游牧经济都是致命的，所以对定居农业经济的依赖性要求游牧民族必须与中原定居民族进行贸易或对之掠夺。中原地区存在强大政权，游牧民族必须组建“超部族政体”，才能实现财富掠夺。[5]宗教文化上，古代蒙古信奉萨蛮教，当草原上的英雄人物让草原民众确信他获得“长生天”的支持而征服天下时，就能够点燃民众内心构建帝国实现劫掠财富梦想的狂热心理。萨蛮教教义认为万物有灵，死亡不过是存在形式的转换。[6]

---

〔1〕 佚名：《元朝秘史》，齐鲁书社2005年版，第168页。

〔2〕 佚名：《元朝秘史》，齐鲁书社2005年版，第4页。

〔3〕 周良霄、顾菊英：《元史》，上海人民出版社2003年版，第46页。

〔4〕 元代史料丛刊编委会：《元代史料丛刊初编·元代史书》（二卷），黄山书社2012年版，第273页。

〔5〕 萧启庆：《内北国而外中国：蒙元史研究》（上册），中华书局2007年版，第6页。

〔6〕 杜文忠：《审判与早期法的历史演进》，载《民族研究》2004年第3期。

信奉萨蛮的蒙古人以战死为荣，耻于病死，他们视战争之日为新婚之夜，把枪刺看成是美女的亲吻。[1]

在政治、经济、文化因素的共同作用下，12、13 世纪的蒙古社会结构正经历着深刻的变革。古老的氏族联盟被冲击、打散，社会组织在分解的同时也在进行重新组合，蒙古高原先后存在大大小小的诸多部落联盟，比较强大的有乞颜部、泰亦赤兀部、克烈部、塔塔儿、蔑儿乞、乃蛮等部族主导的部落联盟。这里以乞颜部组建的舍不勒联盟、1189 年铁木真联盟和 1206 年的帝国为例，描述和分析社会组织的逐步演变。

（一）舍不勒联盟

最早的强大的蒙古联盟应该是海都时期的联盟，但史料缺失，已经难以知晓其具体情况。舍不勒联盟是乞颜部和泰亦赤兀部主导的尼伦部联盟，其同盟关系蔓延至蒙古诸部。舍不勒的联盟是以血亲、姻亲和拟制血亲为基础的联盟。正如拉施特在《史集》中指出："在舍不勒汗做蒙古汗时，大多数乞牙惕部落都是出自他的氏族。蒙古尼伦诸部都是他的堂兄弟，而其他蒙古分支，其中各支在他之前的就以自己专有的名号著称，全都是他的叔伯和祖辈，由于与他有亲属关系和友谊而被看作他的朋友和同盟者，一有袭击和不幸事件，他们就会成为他的协助者和保卫者。"[2]舍不勒联盟范围是乞颜部、尼伦部和其他蒙古分支。这里的"其他蒙古分支"也就是尼伦部以外的迭列蒙古部，至少有札剌亦儿、弘吉剌等诸部。札剌亦儿部是乞颜部和泰亦赤兀部的永久性属部。弘吉剌部是乞颜部的通婚部族，两者是长期稳定的"亲家"。舍不勒联盟是一个由乞颜部主导的非常广泛的同盟，联盟先后首领为舍不勒、俺巴孩、忽图剌。这期间联盟没有实质的变化，也保持一种较强的实力，称雄一方。

舍不勒联盟具有较强的传统氏族联盟特征，联盟以血缘关系为基础，联盟首领由联盟会议即忽里勒台大会选举英雄人物为联盟首领。前任首领可以指定继承人，但必须经忽里勒台大会通过。联盟首领只是在征战、围猎和宴飨三个大事上具有组织和指挥的权力，其他方面对各成员部族没有直接的权力。比如，忽图剌时期，也速该帮助王罕从其叔父手中夺回部众时，忽图剌

---

〔1〕［伊朗］志费尼：《世界征服者史》，何高济译，内蒙古人民出版社 1980 年版，第 90 页。

〔2〕［波斯］拉施德：《史集》（第一卷），余大钧、周建奇译，商务印书馆 1963 年版，第 170 页。

是不赞同，但也速该并没有听从他。当时的联盟以盟誓为基础，基本都能遵守盟誓，在祭祀、围猎、征战、复仇中都能统一行动。

（二）1189 年的铁木真联盟

舍不勒联盟在忽图剌时期盛极而衰。忽图剌之后，实力较强的泰亦赤兀部因内讧丧失凝聚力，联盟由乞颜部也速该巴阿秃领导。随着也速该被塔塔儿人毒死，联盟彻底分崩离析。此时，氏族组织已经悄然改变。古代蒙古社会组织由于频繁战争及阶级分化，氏族遂演变为血缘成分不尽相同、阶级互异的复合组织，其中有世拥统治权的贵族——那颜、被统治的平民及俘自他族的奴隶，更有他族投奔而来的“伴当”。[1]这些“伴当”仅为主君个人的附庸，而不属于氏族全体。伴当平时为主君操劳家务，战时则领军出征，具有魅力的主君往往拥有为数众多的伴当。冯承钧也指出，当时的部族因为“牧”“猎”“劫”“战”等事的变迁，分合不常，甲部落中常有乙丙丁等部落的人。[2]在分化组合后，主要的社会组织以大氏族的形态存在，符拉基米尔佐夫称之为“克兰”。比如，泰亦赤兀部是由作为主部的泰亦赤兀部、与泰亦赤兀结盟的属部、作为其世袭奴隶的部族、部族贵族的众那可构成，其中属部、奴隶部又有自己的属部和那可。[3]

铁木真在历尽劫难后在王罕的扶持下于 1189 年成立乞颜部联盟。联盟以尼伦部为基础，由乞颜部主导。从联盟十三翼之战时的兵力构成来看，铁木真的 13 个圈子之中有 12 个尼伦部和札剌亦儿部。札剌亦儿部在海都时期就成为尼伦部永久性的隶属部族。12 个尼伦部中，有 8 个是舍不勒为始祖的乞颜部。1189 年的同盟在实际构成上是乞颜部的联盟，相对于舍不勒联盟，不仅仅是联盟范围和成员氏族数量的大大减少，更为主要的是成员氏族之间的关系已经迥然不同。在金朝的打击和高原部族内战的持续下，基于血缘关系产生的联盟的凝聚力远远不能够维系联盟的稳定。乞颜部各贵族尽管选举铁木真为首领，但内部暗流涌动。舍不勒长子后裔主儿勤部的撒察儿和泰出、忽图剌的儿子阿勒坛、捏坤太师的儿子忽察儿、铁木真的叔祖即舍不勒的幼子脱朵延吉儿帖，都依仗身份更为高贵并不将铁木真放在眼里。之所以推举

〔1〕 萧启庆：《内北国而外中国：蒙元史研究》（上册），中华书局 2007 年版，第 3 页。

〔2〕 冯承钧著：《成吉思汗传》，漓江出版社 2014 年版，第 7 页。

〔3〕 ［苏］符拉基米尔佐夫：《蒙古社会制度史》，刘荣焌译，中国社会科学出版社 1980 年版，第 117 页。

铁木真为首领，是因为铁木真与王罕的父子同盟关系，借此可以避免强大的克烈部的打击。

部族联盟首领本来仅仅在统一征战、围猎和宴飨中具有指挥权，早期联盟中铁木真的这些权力也很难有效执行。在宴会上，主儿乞人公然羞辱铁木真的厨子。在对塔塔儿的战争中，乞颜部诸贵族不听从铁木真战前统一要求的命令。另外，部族之间的联盟关系更为松散和脆弱。在与札木合的十三翼之战中，铁木真的军队“被札木合推动”后退。“推动”一词足以显示此战并非你死我活的残酷厮杀，而札木合没能乘胜追歼铁木真，正是因为两者阵营中的部族你中有我、我中有你，联盟首领的权威进一步降低，联盟赖以存在的盟誓失去先前因宗教禁忌而产生的敬畏心理，从而难以约束部众。

（三）1206 年的帝国

1206 年立国时的社会结构明显发生变化。铁木真的那可和投靠铁木真的实力派贵族成为主导者。最显著的变化就是尼伦部和黄金家族以外的乞颜部的影响力大大减少。铁木真的竞争者和没有追随他的人都被消灭或边缘化。最典型就是主儿乞的撒察儿、泰亦赤兀的塔儿忽台、乞颜部的阿勒坛，甚至铁木真的叔父斡赤斤。这个联盟的权力分配不再是以血缘的远近为基础，而是以对成吉思汗的忠诚和统一过程中所建立的功勋为条件。平民甚至奴隶出身的答刺罕，因对铁木真有救命之恩或者提供关系其集团生死的军事情报而晋升为贵族。铁木真的那可因忠诚或功勋而成为千、百户长或万户长，最终的结果是异已被消灭，所有的那可和贵族成为黄金家族的家臣，他们的氏族都称为黄金家族的属部，无条件服从黄金家族的命令。

支撑帝国的主体框架是怯薛组织和千百户组织。该框架的构建起始于 1203 年进攻乃蛮，在统一过程中逐步扩充和革新，于 1206 年成熟。怯薛组织和千百户组织相互交织，以维护成吉思汗的权威为中心而紧密结合。怯薛主要由千、百户长的子弟入质组成，成员经培养后，可以任命为千、百户长，也是千、百户长的培养摇篮。怯薛组织是帝国的权力中心，而千百户是执行机构。千户长、怯薛与大汗形成紧密相连的利益共同体。怯薛成员在千百户之上，而又惟大汗马首是瞻。这样，大汗登上权力之巅，形成内部的“命令—服从”关系，最终构建了大汗一人主导，以黄金家族为核心，有怯薛和千百户为依托的，对全体部族平民和奴隶进行专制的封建社会组织。

二、古代蒙古的复仇

13世纪初的蒙古处于文明门槛前的野蛮阶段，杀人、抢劫是英雄行为。正如历史学家志费尼所记录的："他们有些人把抢劫、暴行、淫猥和酒色看成豪勇和高尚的行为。"[1]孛端察儿虏获帮助过他的几十户兀良合人，也速该抢走篾儿乞人迎娶到半路的媳妇，铁木真因食物纠纷杀死异母弟，这些都是古代主持《史集》编纂的或《伊利汗国宰相》蒙古各部司空见惯的现象。符拉基米尔佐夫（1884—1931）也认为，在这种不断的斗争和侵袭的时代，杀人者并不被视为一种犯罪的行为，斗争乃是贵族部落组织和无法律的必然产物，也是一切蒙古幕帐中的惯例。[2]拉施特（1247—1318）指出："（蒙古）部落（塔塔儿）以好动刀子驰名，他们由于缺乏协商精神和粗野无知，彼此毫不客气亮出刀子和马刀来。在那个时代，他们还没有现今存在于蒙古人中间的法律（札撒），他们天性中充满仇恨、愤怒和嫉妒。"[3]与塔塔儿一湖之隔的蒙古部在习性上自然不会与塔塔儿人有太大的差别。古代蒙古是崇尚英雄的时代，以健啖、嗜杀为荣。舍不勒以饭量闻名，忽图剌以手如熊爪能将人折为两截而著称。[4]铁木真的名字就是也速该用来记录杀死塔塔儿将领的功绩，与匈奴单于用月氏王头颅做酒器异曲同工。古代蒙古杀人不是犯罪，复仇也只是一种生活习惯。

（一）复仇的阶段划分和缘起

古代蒙古复仇可以大致分成三个阶段。第一阶段是忽图剌联盟之前，血缘氏族联盟是社会的主要构成单位，包括血亲、姻亲和拟制血亲关系的氏族。血缘联盟是复仇的主体或对象。在莫拿伦和其六子遭受札剌儿部的屠杀之后，纳臣和海都率领姻亲部族进行复仇。舍不勒妻族弘吉剌部人合剌一里忽的义兄弟赛因的斤被塔塔儿部萨蛮治疗身亡，弘吉剌人杀塔塔部萨蛮，引发塔塔儿部报复。舍不勒的儿子们帮助弘吉剌部，导致乞颜部同塔塔儿人之间的敌对和战争。这个阶段仍然存在血族复仇，可以推导之前的复仇血族以复仇为

---

〔1〕［伊朗］志费尼：《世界征服者史》，何高济译，内蒙古人民出版社1980年版，第23页。

〔2〕［苏］符拉基米尔佐夫：《成吉思汗传》，余元盦译注，上海三联书店2007年版，第16页。

〔3〕［波斯］拉施特：《史集》（第一卷），余大钧、周建奇译，商务印书馆1963年版，第168页。

〔4〕［瑞典］多桑：《多桑蒙古史》，上海世纪出版社集团2006年版，第35页。

主。成吉思汗在征服塔塔儿后，亲族共议："塔塔儿有杀咱父亲的仇怨，如今可将他男子车辖大的尽诛了，余者各分做奴婢使用。"[1]第二阶段是忽图刺同盟解体到铁木真统一诸部。该阶段以"克兰"组织为社会构成主体，氏族的血缘逐步淡化，追求各自的利益成为共同体的基础。尽管成员所在的同盟可能为其提供庇护，但复仇对象一般限于凶手及其直系血亲。铁木真在向泰亦赤兀部、蔑儿乞部复仇时仅仅杀死其首领及其子孙。"成吉思汗将泰亦赤兀的阿兀出把阿秃儿子孙杀尽，将百姓囚禁起来。"[2]第三阶段是1206年蒙古统一之后，因结束了利益多元的混乱局面，整个蒙古被整合在一致对外进行征服和掠夺的帝国组织内，冲突减少，复仇自然也减少。同时，帝国对复仇进行干预和限制，在其征服范围内，通常做法是将复仇对象交给复仇者处理，对于没有归附的征服对象则仍然采用野蛮的血族复仇。

从复仇的缘起来看，古代蒙古的复仇可以分为四种类型：一是夺取部众。部众是古代蒙古贵族的生存基础，夺取部众被视为深仇大恨。也速该死后，泰亦赤兀夺走其部众，年幼的铁木真及家人被抛弃。铁木真母子时刻不忘"泰亦赤兀兄弟的仇未报"。二是杀人。札木合因其弟被铁木真那可杀死而发动十三翼之战。铁木真向主儿乞开战的直接原因是其"老小营"的百姓被"主儿乞将五十人剥了衣服，十人杀了"。[3]花刺子模屠杀铁木真商队并拒绝引渡凶手引发蒙古西征。而铁木真、王罕对塔塔儿和金的复仇缘于父祖被塔塔儿毒杀或送金木驴杀死。三是夺妻。抢亲是古代蒙古的一个习俗，自然会引发大量类似的复仇。乞颜部与蔑儿乞的仇恨始于此。也速该抢了蔑儿乞人的媳妇，三姓蔑儿乞人抢走铁木真的新婚妻子。四是侮辱，侵害名誉。通过语言或行为轻慢、侮辱或挑衅。乃蛮部首领太阳汗的母亲古儿别速蔑视鞑靼百姓"歹气息""衣服黑暗"。太阳汗说："咱去将他每弓箭夺来。"这些言行在蒙古部引发强烈反响。正如铁木真异母弟别勒古台所言，蒙古战士视弓箭重于生命。"若生时被人将弓箭夺了呵，济甚事？男子死呵与弓箭一起，岂不好？"蒙古由此对乃蛮开启战端。[4]另外，察合台对术赤，不里对拔都，都因言语上的冒犯而结仇，导致欲决斗或被交给对方处死。蒙古部萨蛮阔阔出

[1] 佚名：《元朝秘史》，齐鲁书社2005年版，第92页。
[2] 佚名：《元朝秘史》，齐鲁书社2005年版，第82页。
[3] 佚名：《元朝秘史》，齐鲁书社2005年版，第70页。
[4] 佚名：《元朝秘史》，齐鲁书社2005年版，第121页。

与铁木真幼弟斡赤斤争百姓引发冲突，强迫其下跪，后斡赤斤与阔阔出决斗。

（二）复仇的形式

从复仇的形式看，部族向国家过渡时期的蒙古高原复仇形式多样化。部族间的复仇有血族复仇、同态复仇、血亲复仇等形式，部族内的复仇方式主要为决斗。符氏认为："古代蒙古人中也发现有氏族复仇制度，而且这制度已处于衰落的阶段。不过，可以看到，当时蒙古人把复仇当作一种时代相传的义务，复仇所针对的不一定是当事人，但只限于他的亲属或子孙。"〔1〕符氏这里提到"氏族复仇"即指血族复仇。而"只限于他的亲属或子孙"的复仇则是血亲复仇，说明复仇已经由血族复仇演变成血亲复仇。同态复仇也有存在。也速该抢走蔑儿乞人的妻子，蔑儿乞通过抢走铁木真新婚妻子孛儿帖实现复仇。三姓篾儿乞部中之一的首领脱黑脱阿说："夺要诃额伦的仇，已将铁木真的妻拿了，那仇也报了。"〔2〕另外，铁木真制定的怯薛管理规则中明确规定掌管护卫的官人不得对所管的人擅自惩罚。"不依我言语，将所管的人用条子打的依据教条子打他，用拳打的依据用拳打他"〔3〕体现了同态复仇的思想观念。部族内部个人之间的仇恨主要通过决斗的方式解决，比如别勒古台与不里孛阔、斡赤斤与阔阔出都是以决斗的形式复仇。到访过蒙哥朝的欧洲教士的游记中也有决斗的相关记录，"至于他们的法律，你须知道，当两个人聚斗时，没有人敢干涉，哪怕父亲也不敢帮助儿子。"〔4〕

（三）复仇的限制

古代蒙古存在诸多的复仇限制。通常，小孩、妇女原则上不在复仇对象之列。即便有世仇，乞颜部在杀塔塔儿时，依然以"车轴高"的男性为限。铁木真逃避三姓蔑儿乞人追捕，脱黑脱阿逃避铁木真的攻击，都是不顾妻子的安全，这是因为蒙古习俗中复仇是不杀妇女的。当时部族力量决定于人员的多少，而女性作为生育者与人员多少直接相关。其次，将复仇对象的部族俘虏为世代奴隶，不予杀死。尼伦部对札剌亦儿部复莫拿伦之仇时，杀死直接责任人外，将札剌亦儿部沦为尼伦部的属部。

〔1〕［苏］符拉基米尔佐夫：《蒙古社会制度史》，刘荣焌译，中国社会科学出版社1980年版，第86页。
〔2〕佚名：《元朝秘史》，齐鲁书社2005年版，第46页。
〔3〕佚名：《元朝秘史》，齐鲁书社2005年版，第153页。
〔4〕耿昇：《柏朗嘉宾蒙古行纪·鲁布鲁克东行纪》，何高济译，中华书局1985年版，第219页。

在蒙古基于特定的文化环境，通常弱者会受到一种特殊的保护。在铁木真为摆脱泰亦赤兀部的关押，向锁儿罕失刺求助时，他的两个儿子沈白和赤老温说："雀儿被龙多儿赶入丛草去呵，丛草也能救性命。草尚能如此，咱每行来的人，不能救他呵，反不如丛草。"结果，他们冒着"险些将我断送的烟消火灭"的风险，救助了铁木真。[1]窝阔台死后，皇后脱列哥那监国，报复镇海和牙老瓦乞。两人都逃到窝阔台儿子阔端处寻求庇护。在被要求交出两位逃犯的时候，阔端回答："为了逃避鹰隼的利爪而寻求掩护的小鸟赖青草而获救，他们逃到我这里来，如果我交出他们去，这本来有碍信义与宽厚之道。"[2]这种对复仇的限制是因第三方的保护。第三方不介入复仇冲突，只是出于公平和对弱者的同情，为弱者提供暂时的保护。这有点类似于提供避难地的复仇限制。

有待考证的问题是13世纪初期的蒙古是否存在偿命金的方式替代复仇。窝阔台提到的成吉思汗札撒中所规定的汉人和色目人的命价，应该是赎命金，即战争或死刑中的赎金，并没有直接的史料可以证明有偿命金。基于对复仇的放纵和元代对复仇的法律认可，基本可以认定古代蒙古并没有偿命金的法律规定。

三、从盟誓到札撒

铁木真1189年联盟最初是按忽图刺的联盟模式建立的。正是忽图刺帝国的昔日辉煌激起他的复国雄心，但蒙古高原的环境已经发生巨大变化。以血缘和盟誓为基础的古老氏族规则已经失去应有的约束力，自由那可和实力派贵族成为联盟中重要但桀骜不驯的力量。

那可是个人追随他们认为能够为他提供安全保护和光明未来的实力派贵族，成为他们的侍从。追随者即为那可，被追随的贵族为领主。符氏认为那可是为领主解决军事、家务及其他问题的自由战士，那可一般都是在氏族发展过程中，从氏族游离出来的贵族，也包括非贵族的富人和少部分的平民。[3]

---

〔1〕 佚名：《元朝秘史》，齐鲁书社2005年版，第36页。

〔2〕 [俄] 巴托尔德：《蒙古入侵时期的突厥斯坦》（上），张锡彤、张广达译，上海古籍出版社2007年版，第543页。

〔3〕 [苏] 符拉基米尔佐夫：《成吉思汗传》，余元盦译注，上海三联书店2007年版，第16页。

实力派贵族，则是指独立拥有自己“圈子”的贵族，他们有时不依附其他人而独立放牧、围猎和征战。比如合答斤部和撒兀惕部，他们不依附于札木合、铁木真或王罕，而是自己独立经营，偶尔侵扰金国边境，劫取财富。有时他们会明智地选择对自己有利的联盟，比如阿勒坛、忽察儿、主儿乞等选择与草原最强大的王罕结盟的铁木真为首领。这些独立贵族往往通过盟誓缔结或加入联盟，但实际上这种联盟只是一种合作关系。正如符氏所言的匪帮联合，目的是进行征服和抢劫。[1]进入同盟的独立贵族独立管理自己的“圈子”，其周围又有他们自己的那可和盟友，只是在特定的事项上听从联盟首领的安排。对于逐鹿蒙古草原的霸主的竞争者来说，有效管理和利用这两股社会力量是一个重要而棘手的问题。

（一）盟誓

自由那可和实力贵族通过盟誓的方式聚集在联盟首领周围。盟誓是一种古老契约，在古代蒙古普遍存在，可分为四大类型。

第一类是缔结贵族个人之间的安答或父子同盟关系的盟誓，这种同盟关系可称为安答式同盟。在动荡纷扰的蒙古草原上，每个贵族都有若干个安答类似的盟友以相互援助，王罕和也速该的安答关系帮助王罕在争夺克烈部继承权的斗争中多次获胜。铁木真和札木合自幼为安答，在孛儿帖被三姓蔑儿乞掳走后，札木合起兵协助铁木真报夺妻之仇。这种盟誓也可反复约定。铁木真与王罕的父子联盟关系具有代表性。铁木真将孛儿帖新婚时为公姑准备的一件黑貂鼠袄子献给王罕，借其父也速该与王罕的旧谊结盟。王罕欣然接受，并答应：“你离了的百姓，我与你收拾；漫散了的百姓，我与你完聚。”[2]两者形成父子同盟关系。在王罕遭到乃蛮猛将可克薛兀卜剌黑袭击，铁木真派四杰救援。两人再次结为父子盟，又起誓：“多敌人处剿捕时一同剿捕，野兽行围猎时一同围猎，若有人离间呵，休要听信，亲自对面说了方可信。”[3]

第二类为拥立部族首领的盟誓。阿勒坛、忽察儿、撒察别乞众人拥立铁木真为乞颜部首领时说：“立你做皇帝。你若做皇帝呵，多敌行俺做前哨，但掳得美女妇人并好马都将来与你；野兽行打围呵，俺首先出去围将野兽来与

〔1〕［苏］符拉基米尔佐夫：《蒙古社会制度史》，刘荣焌译，中国社会科学出版社1980年版，第130页。
〔2〕佚名：《元朝秘史》，齐鲁书社2005年版，第41页。
〔3〕佚名：《元朝秘史》，齐鲁书社2005年版，第98页。

你；如厮杀时违了你号令，并无事时坏了你事呵，将我离了妻子家财，废撇在无人烟地面里者。”而铁木真对之的对应誓言内容为：“我将百姓的许多马群、畜群、帐幕、女子、孩子都取来与你们。在草原狩猎时，我为你们整治通道，构筑围场，并把山兽赶到你们方面去。”〔1〕这是以防御、围猎、征战掠夺为目的的，以血缘为基础的具有氏族联盟特征的联盟，而联盟的基本规范就是盟誓。

第三类盟誓是贵族与那可之间的主从关系的盟誓。那可向贵族宣誓效忠，贵族对其忠诚予以接受的盟誓。博尔术是铁木真最早的伴当，因幼时帮铁木真夺回八匹骟马时表现的忠诚和勇敢，铁木真起事之初便召唤来做伴当。虽然史料没有记录两人之间的盟誓，但基于两人曾经的生死合作，铁木真的“召唤”和博尔术的“到来”已经事实上构成两人的盟誓行为。秘史中记录了木华黎、者蔑勒以及哲别等人与铁木真的盟誓。者蔑勒自幼就被其父许诺为刚出生的铁木真的那可，在铁木真起事时，者蔑勒又重复了当初的誓言，即“教与你备鞍子开门子”。四杰之一的木华黎作为铁木真那可是起誓“教永远做奴婢者。若离了你门户呵，便将脚筋挑了，心肝割了。”〔2〕哲别是泰亦赤兀部贵族的那可，在战败后投靠铁木真。哲别承认自己阔亦田之战中曾射杀铁木真战马，并立誓：“如今皇帝教死呵，止污手掌般一块地；若教不死呵，我愿出气力，将深水可以横断，坚石可以冲碎。”〔3〕成吉思汗认为他忠诚不隐讳，可以做伴当。铁木真灭克烈部时，王罕的那可合答黑把阿秃不忍心王罕遭受擒杀而血战三日，欲教他走得远些，败后归附时起誓：“如今教我死呵，便死，恩赐教活呵，出力气者。”〔4〕铁木真认为他忠诚勇猛收为做伴。

第四类盟誓是部族间为组建共同进攻或防御而组建的临时联盟而起的誓言。铁木真联合王罕逐步强大，与金夹攻塔塔儿，随后灭主儿乞，蒙古其他部落深感不安，先后结成联盟以求自保。合塔斤等 11 部聚会商议立札木合为君，“杀马设誓”〔5〕具有临时性，战毕解散。

盟誓以宗教信仰或者共同的习俗为基础，有着特定的仪式，比如安答之

〔1〕［苏］符拉基米尔佐夫：《蒙古社会制度史》，刘荣焌译，中国社会科学出版社 1980 年版，第 130 页。

〔2〕佚名：《元朝秘史》，齐鲁书社 2005 年版，第 45 页。

〔3〕佚名：《元朝秘史》，齐鲁书社 2005 年版，第 81 页。

〔4〕佚名：《元朝秘史》，齐鲁书社 2005 年版，第 115 页。

〔5〕佚名：《元朝秘史》，齐鲁书社 2005 年版，第 75 页。

间交换信物，部落联盟之间要杀牲饮血，约定盟誓内容。盟誓是依靠宗教信仰上的冥罚产生的心理畏惧和现世的联盟给予的献祭或流放等处罚双重作用产生约束力的。在氏族走向瓦解之际，社会动荡不安使民众对宗教上的神的信仰产生动摇，而在割据林立的草原随时可以逃脱，寻求其他部族联盟的庇护。因此，盟誓实际上构建的只是“自愿—协作”式的同盟关系，很难得到遵守。

在当时特定的历史环境下，部众可以自主选择领主或者说部落首领。当时，蒙古人有一个共同的价值观——追随英雄。当那可或实力贵族发觉他所追随的贵族不是其心目中的英雄或者有违其愿望时，他就可以带着自己的部众和毡帐、牛、羊等物离开，或选择单独放牧或选择追随新的英雄。[1]例如，照烈部本来追随扎木合，铁木真为笼络照烈部，在围猎时故意将猎物赶到照烈部那边，得到实惠的照烈部就归附了铁木真，但后来又离去。符氏也认为那可或氏族部属可以自由地选择离开。[2]也速该死后，铁木真的叔祖脱朵延选择离开，并说“深水干了，明石碎了”。[3]而蒙力克作为也速该的托孤之臣也选择离去。在铁木真重振乞颜部后，蒙力克重新归附，也没有被责难，甚至获得尊重和封赏。世袭奴隶也可以离开自己追随的贵族，比如从铁木真处逃到王罕处的脱斡邻勒，他是屯必乃与察剌孩所虏为奴的后代，也离开铁木真投靠王罕。

（二）札撒

在盟誓这种传统社会规范失去效力时，如何为追逐现实利益而集结在一起的部众组建成一个稳定的有凝聚力的集权组织呢？铁木真选择强力维持传统盟誓的同时，创立新的规则规范同盟关系。铁木真在童年的不幸遭遇中目睹族人的背叛，在其成为部族首领后，决定将“自愿—协作”的同盟组织打造成“命令—服从”的中央集权的政治组织，将具有短暂性和脆弱性的同盟关系打造成永久性、牢固性的身份关系。

首先，赏忠惩叛，维护盟誓体现的社会秩序。铁木真利用强力维护联盟盟约的履行，对背叛者进行残酷的惩处，首当其冲的是主儿乞部。主儿乞是

---

〔1〕 蒙古典章法学与社会研究所编：《〈成吉思汗法典〉及原论》，商务印书馆2007年版，第15页。
〔2〕 ［苏］符拉基米尔佐夫：《成吉思汗传》，余元盦译注，上海三联书店2007年版，第15页。
〔3〕 佚名：《元朝秘史》，齐鲁书社2005年版，第32页。

舍不勒乞颜部的长支，比铁木真高贵，且其氏族是“有胆量有力气刚勇能射弓的人”组成，在攻占中无人能敌，自然不服铁木真的领导。铁木真在征服主儿乞杀其首领撒察别乞和泰出时，是以“自说的言语不曾依”为由。这里不是以复仇，而是以维护盟誓的名义惩罚背叛者。[1]另一方面，倡导那可对领主的忠诚。即便那可背叛铁木真的敌人来投靠自己，也严惩不贷。曲出背叛克烈部的桑昆前来投靠铁木真，铁木真杀死曲出，而奖励反对曲出背叛行为的其妻子。札木合的五个那可将札木合捆绑并送交铁木真，也被以背叛主子的名义杀死。那些忠于领主的铁木真敌人的那可，受到铁木真的礼遇和重用，比如克烈部王罕的那可合答黑把阿秃力战铁木真为王罕逃走争取时间，受到铁木真的认可。泰亦赤兀部塔儿忽台手下的巴阿邻部纳牙父子，没有将塔儿忽台绑送给铁木真，得到铁木真的赏识。纳牙因护送忽兰受到猜忌时说：“我只一心侍奉主人，凡外邦得的美女好马，要献于主人，除此之外，别有心呀，便死。”[2]纳牙因对铁木真忠心可鉴，立国后被封为万户。

其次，创立征伐和战利品分配规则，并严格执行。在与察阿安塔塔儿四种对阵前发布军令：若战胜时，不许贪财，既定之后均分。若军马退动至原排处，要翻回力战，若至原排处不翻回者斩。对阿勒坛、斡赤斤、忽察儿等违反军令抢夺财物的，命令哲别、忽必来尽夺其所得财物。[3]铁木真让速不台征脱黑脱阿儿子时制定了行军规则：爱护马匹。“你越高山，涉大河，可趁军每的马匹未瘦，行粮未尽时，先要爱惜，路间不可轻易围猎。若要围猎做行粮呵，也要斟酌着。”“若有违号令者，我认得的，便拿将来。不认得的，就那里典刑了。”[4]正如志费尼在《世界征服者史》中指出：“他给每个场合制定一条法令，给每一个情况制定一条律文；而对每种罪行，他也制定一条刑罚。”[5]

另外，创新组织，完成从契约到身份的转变。征乃蛮前，铁木真将军马数了，立千百户牌子头，又设80个宿卫的人，70个做散班，建立千百户制度和怯薛制度的雏形。[6]在1206年立国时，铁木真授开国有功者95千户，千、

---

〔1〕佚名：《元朝秘史》，齐鲁书社2005年版，第70页。
〔2〕佚名：《元朝秘史》，齐鲁书社2005年版，第131页。
〔3〕佚名：《元朝秘史》，齐鲁书社2005年版，第90页。
〔4〕佚名：《元朝秘史》，齐鲁书社2005年版，第136页。
〔5〕［伊朗］志费尼：《世界征服者史》，何高济译，内蒙古人民出版社1980年版，第28页。
〔6〕佚名：《元朝秘史》，齐鲁书社2005年版，第123页。

百户长主要来自追随铁木真的那可和实力派贵族；进一步完善怯薛组织，于各官人并白身人儿内，选择有技能身体壮的做怯薛歹；通过一系列的训言和命令，将草原各部族编入千、百户组织，千、百户的贵族和百姓都对大汗和上级绝对服从。正如志费尼所描述的，一个统帅10万人马的将军犯了错，大汗只需派一名普通士兵就可按规定的方式处罚他。如果要他的头，就割下他的头，如要金子，就从他身上取走金子。[1]人们只能留在指定的百户、千户或万户内，不得转移到另一单位，也不得到别的地方寻求庇护。违反此令，迁移者要处死，收容者也要受严惩。[2]

从盟誓向札撒过渡的过程，也是那可、实力派贵族转变为黄金家族家臣的过程，由此缔造了结构严密、高度统一的国家组织，同时也建成令世界为之战栗的战争机器。

四、蒙古复仇与法律的关系

古代蒙古的法律称为札撒，其法律渊源可以分为铁木真的命令和传统习惯约孙。铁木真统一蒙古诸部、建立国家过程中先后颁布的各种命令是法律中的创制部分，是顺应历史潮流对社会发展新需求的法律回应，也是法律中的变革和主导力量。约孙是古代蒙古社会的传统习惯，因被铁木真认可并作为法律规则予以实施时，就成为札撒的组成部分。它是对传统社会规范的继承。无论是札撒中的命令部分还是约孙部分，能够成为法律，都以铁木真依靠军事、宗教力量取得政治上的成功为前提，公权力是札撒产生的基础。古代蒙古复仇与法律的关系表现在两个方面：一是复仇在公权力产生，也就是铁木真政权产生过程中的作用；一是复仇作为古代蒙古社会的传统习惯，转化为札撒。

复仇是私人或团体之间利益冲突的私力解决方式，在铁木真统一和征服过程中，起到发动战争的借口和鼓动军事行动的口号的作用。铁木真与蔑儿乞、泰亦赤兀、塔塔儿之间的冲突是为了报夺妻、夺取部众或杀父之仇。随着铁木真力量的壮大，从致力于争夺统治权之时开始，复仇仅仅是掠夺财富

〔1〕［伊朗］志费尼：《世界征服者史》，何高济译，内蒙古人民出版社1980年版，第33页。
〔2〕［伊朗］志费尼：《世界征服者史》，何高济译，内蒙古人民出版社1980年版，第34页。

为目的进行征伐的借口。德国思想家恩格斯曾经就野蛮人掠夺财富的心理有过经典的描述："邻人的财富刺激了那些视财富的获得为人生主要目标的人的贪欲。他们是野蛮人，在他们看来，抢劫要比生产来得容易些，甚至于光荣些。战争以前本来仅为了报仇或拓展受限制着的土地才被使用的，到了现在，遂专为从事抢劫而使用，且成为正当职业。"[1]用以表述铁木真的征服是再恰当不过的。复仇不是铁木真游牧帝国成立的动力，征服和掠夺才是他想要的。这不仅是铁木真的梦想，更是整个草原的需求。复仇仅仅是进行征服和掠夺所使用的口号或旗帜。蒙古帝国大汗贵由给罗马教皇的信或许能够说明一定问题。针对教皇对蒙古人质疑屠杀那么多的人，特别是基督徒，波兰人、摩拉维亚人和匈牙利人，贵由的回答："因为他们不服从天神的旨意及成吉思汗、合罕的命令，而设谋杀害了我们的使者，因此天神命令我们消灭他们，并把他们交到我们手里。"要知道杀使者的仅仅是花剌子模的一个诸侯而已，与波兰人、匈牙利人又有什么关系呢？这充分暴露了铁木真所缔造的蒙古帝国的掠夺本性，而复仇仅仅是掩盖其侵略的"遮羞布"。也就是说，复仇不是帝国形成的动力，在帝国形成中的影响微乎其微。

复仇本来是一种个人或共同体制裁伤害行为的私刑，但它不可避免地受到古代蒙古传统习俗的制约而社会化，其社会化具体表现为复仇相关主体范围的缩小和复仇方式的逐步理性化。古代蒙古复仇经历了血族复仇到仅限于直系血亲的血亲复仇，到决斗为主的复仇方式。立国前的英雄时代，杀人不为罪，复仇光荣；立国后的蒙古，复仇者依附主权的黄金家族，并得到主权者信任后，主权者会将其仇人交其处理。与其说是主权者对复仇的限制，不如说是帮助同盟者复仇。我们所说立国后的复仇限制是相对于血族复仇而言。复仇应该是依靠习惯来处理，决斗依然存在，得到法律认可。当蒙古人四处征服并疯狂屠城时，怎么可能禁止复仇呢？甚至在元代，深受中原文化影响的蒙古统治者依然从法律上认可复仇。在铁木真的大札撒中明确规定决斗，显然这是解决纠纷尤其是复仇问题的重要方式。据蒙古学专家考证，大札撒第三条规定了禁止介入他人争斗，所以复仇是作为古代蒙古的传统习俗被铁木真采用，并吸收到法律中的。

---

〔1〕 中共中央马克思、恩格斯、列宁、斯大林著作编译局编译：《马克思恩格斯选集〈家庭、私有制与国家之起源〉》（第四卷），人民出版社1995年版，第13页。

蒙古立国后没有“禁止复仇”。大断事官的职责中，属于审判权范围的只有盗窃、诈伪和家族财产分配。[1]铁木真给予失吉秃忽秃：“如有盗贼诈伪的事，你惩戒着，可杀的杀可罚的罚。百姓每分家财的事，你科断者，凡断了的事，写在青册上，已后不许诸人更改。”法律的任务是对各种利益进行分类，在一定范围和程度上进行承认并通过司法和行政进行有效保障。[2]法律对各种利益的保护是有先后和轻重缓急的。对于铁木真为代表的主权者来说，怯薛制度、千百户制度是决定黄金家族安全、征服其他部族、夺取战利品的关键。其次，盗窃、诈伪、财产分配是关系政治组织利益的重要事项，影响其统治秩序。相比之下，复仇这一私人关系无疑就是“细故”而已。并没有迫切需要提到规范之列，依然由传统社会规范进行调整。苏联东方学家巴托尔德在《七河史》中指出，铁木真的札撒是“蒙古公法”。[3]这提醒我们，大札撒只是构建蒙古帝国主要框架和基本关系的粗略的根本法而已。关于复仇有关的私斗的规定，也就是将传统习俗纳入到法律范围很可能是在窝阔台到蒙哥时期的事情。

古代蒙古复仇与法律关系的演变过程是从法律对复仇的放纵、法律限制一定程度地认可。作为社会规范的复仇，与法律始终并存。札撒对决斗的肯定以及元朝法律对复仇予以适度认可，只是法律对传统习俗的借鉴和吸收。尽管古代蒙古的法律与复仇有着并行、吸收和替代的过程，但复仇与法律始终是两套不同的解决同类冲突的规范。复仇是属于法律来源的社会规范的内容，它不是法律的主导部分，更不是法律的精华所在。法律是起源于社会，能够主导社会发展力量的理念支配下的规则。习惯法起源于习惯，但引领时代发展的法律总是起源于社会发展潮流适应的思想和理念。从古代蒙古法律与复仇的关系来看，我们的法律并非起源于法律，而是主权者在政权形成过程中发布的一系列涉及军事、经济和政治的命令。

---

〔1〕 佚名：《元朝秘史》，齐鲁书社 2005 年版，第 139 页。

〔2〕［美］庞德：《通过法律的社会控制》，沈宗灵译，商务印书馆，2010 年版，第 41 页。

〔3〕［俄］巴托尔德：《七河史》，赵俪生译，中国国际广播出版社，2011 年版，第 45 页。

道德济世

——评《万历十五年》

王　静*

摘　要　黄仁宇的《万历十五年》以人物列传的方法为读者谱写了一出以道德治世为名的明末悲剧，由此揭开了中国传统社会以道德作为主要统治手段的本质，以及修习儒家经典的文官才是帝国真正的统治者。本文系统阐述了明末道德治世的方式和文官集团的阴阳二性及其成因。本文认为规制官僚集团阴阳二性，首要是敢于承认人性的私欲；市场经济和网络空间是培养现代依法治国的上好土壤；道德可以与法律共同成为治世方式，但必须在现代法治的框架之下，绝不能两手并重。

关键词　万历十五年　文官集团　道德　法治

一、《万历十五年》到底是何奇书?

此书实乃万历十五年的年鉴。作者黄仁宇（1918－2000）采用人物列传的方法，分述七章（第四章“活着的祖宗”，主线是申时行）为读者呈现了一出明末悲剧。

在这场“戏剧”中，领衔主演为万历皇帝、前后两位首辅（张居正和申时行）。主演海瑞、戚继光、李贽，这三人分别是文官集团中秉持绝对儒家道德的文官代表，被文官集团排斥、欲重整明王朝军事的武官代表以及具有典

* 王静，女，华东政法大学博士研究生。

型文官集团阴阳二性特点、终生向天求索但却落得一生矛盾的文人。配角诸如嘉靖皇帝、隆庆皇帝、司礼监太监冯宝、吏部尚书张瀚等，无一不是“大人”……这些聚光灯所及的人物，哪怕号称秉持天道的皇帝，位极人臣的首辅，其实统统都是木偶、摆设罢了，帝国的真正统治者是灯光所未及的明帝国的两万余名文官——他们居于幕后，黑压压的一片，如迷雾中的一群野兽。你虽看不真切，但却感受得到其强大的威力，不由觉得窒息、恐怖，然而你却无力改变，无处逃脱，只能任凭处置，所以更感绝望。

这部残酷戏剧的剧本，名叫“道德”。《万历十五年》这本书到底讲了啥？简而言之可归纳为两个字：道德。

传统中国社会是典型的一元结构，即道德主宰人世的种种。《万历十五年》的一大奇处，就是其以史学的视角、文学的表述为读者讲述了一个精彩的故事，并透过这个故事为我们剖析出了明王朝制度上的种种弊病，揭开了传统中国社会的内在样貌。

故事从1587年说起，论干支为丁亥。这一年四海升平，与往年无甚不同，所以作者黄仁宇谓之“A year of no significance”。而这一年，放在整个历史长河上来看，又是极significant的：这一年，葡萄牙人开辟新航路已近100年；这一年，尼德兰的商品经济已经非常发达，并取得了民族的独立；这一年，西班牙舰队准备全体出动征伐英国。而明帝国的这一年，万历皇帝不再怀揣励精图治的理想；这一年，是张居正死后被清算的第五年；这一年，申时行在首辅位置上苦苦平衡文官集团和皇帝间的关系；这一年，海瑞在苦闷中去世，戚继光在贫病交加中死去（万历十五年十二月十二日），李贽对耿定向的攻击做出回应（第二年他即剃度出家）。读完此书方可知，这些表面看来无甚关联的事件，实则关联紧密且盘根复杂。明帝国中各个人物的荣辱、坎坷均是时代的产物。他们性格各异，欲励精图治者有之，欲力挽狂澜者有之，看透了官场门道谨慎行事者有之，崇尚儒家之道近乎失了人情者有之，务实者有之，矛盾者有之，然而他们又殊途同归——统统落了个悲怆苍凉的结局。而他们的悲怆境遇让人不免慨叹，身在危檐之下，纵有绝世的本领，亦难以逃脱。风雨欲来，大厦将倾，纵有万千豪情，也难匡扶社稷。

二、文官集团

自洪武皇帝朱元璋四处征战终于打下了大明王朝这份基业起，到 1572 年 9 岁的万历皇帝正式登极，大明王朝已经历经了 204 年。当然，彼时谁都不会料知 72 年后江山便将易主。

洪武皇帝初创家业时，为总揽权力，废除延续了 1000 多年的丞相制，皇帝集权至有明一朝终结。然而，政事众多，皇帝就需要助手。这助手有二，一是只对皇帝负责的司礼监秉笔太监，二是内阁大学士。司礼监的太监接受过良好的儒学教育，其职责是把各地上奏来的特别繁冗的、具有固定格式的，常常引经据典、微言大义而不直言其事的文书研究明白，择取重点，转呈给皇帝批示。内阁大学士则来自于翰林院，他们均是研习孔孟朱熹之道的佼佼者，其主要职责是票拟。本来内阁只是皇帝的秘书机构，但由于没了宰相又和皇帝关系紧密，所以内阁逐渐成了行政的中枢机构，因而内阁大学士有近似于宰相之功能。然而，内阁大学士若想平安在任，至关重要的是取得文官集团的信任。所以，首辅实际上并非皇帝个人利益的代言人，而是全体文官的代表。如若和全体文官的利益相悖，那么就会落得个万劫不复的境地，严嵩、徐阶、高拱、张居正皆是例证。若问全体文官的利益是什么？答曰：阴阳相和，少事，独大。

阳，指的是全体文官集团齐尊的孔孟之道，谓之仁爱，谓之达则兼济天下，谓之拯救苍生于水火之中，谓之敬天法祖，谓之去私。阴，指的是人性中固有的利己成分，谓之做官即是为了名利，俸禄之外，还要瓜分、私相授受。阴阳调和的表现即是在庙宇朝堂以及民众面前表现出其“阳”的一面，强调忠、孝、仁、爱、信、义、和、平；内部则私下满足“阴”的需求，名利钱财不在话下。

少事，指的是懒政。政务处理全按固有的规矩来，不要与时俱进，不要因时改革，哪怕明知税收、户籍制度存有重大问题，也不愿意去沾染触碰。因为这些具体的技术性的问题需要引进通晓其中关窍的专门人才，如若改革，势必要另立标准再取一部分人，且这部分人的地位还不能同于传统意义上地位低下、俸禄极低的“吏”，所以其官职通道的存在对全体文官而言便是巨大的威胁。更重要的是，倘若做如此的改革，就势必要更改旧制度，一改往昔的拖沓行事、效率低下之风气与制度。读孔孟之书且已然在旧制度中松散惯了的官僚需要做到专业化、技术化、精确化，且其间隙油水还不如眼下得来容易，所得利益也势必折损，那么他们当然不愿意如此。所以，我们看到张居正虽以雷霆万钧之势行改革之举措十年，却因整个文官集团的表面迎奉、实际不配合，新政最终成了泡影。

其实，懒政这一点和文官独大的意思是相通的。读书人读的是孔孟朱熹之道，其选拔标准是四书五经的掌握程度，这与执掌具体技术性事务的吏和执掌军事的将、士均有所不同。历代皇帝所受教育来自于文官，论知识，论观念，论亲密程度，吏和将便均没有了话语权，且越来越成熟、强势的文官集团也绝不允许这些人掌握话语权。

文官集团用"道统"将皇帝的思想和行动牢牢地绑缚起来，皇帝的一言一行都必须在这样的"道统"中存续才有合法性和合理性。万历皇帝初登基时，刻苦攻读圣贤经传，被迫和自愿地放弃了各种个人的兴趣爱好，希冀通过克己复礼，成为一代明君。然而，在1582年张居正死后遭弹劾被清算家产时，他才知道原来这位平常对皇帝要求严格、常常以圣贤道理教育皇帝的人，竟然富庶到超乎他想象的程度。在后来的岁月里，经过立储事件，万历皇帝更加深刻地了解到了文官集团的阴阳二性。可惜他虽看透了这点，却无力改变，所以他选择了消极行事——关于各地地方性事务的折子照批，但是文臣缺位不补，堵死了官员取得功名利禄的通道，以此断了文官集团的黄粱美梦。

看透文官集团阴阳二性的还有他的祖父嘉靖皇帝以及万历珍爱的臣子申时行。与张居正施以文官集团的强大改革压力不同，申时行压根不打算像张居正一样——指望以一己之力提升整个文官集团的行政效率，改变整个官场懒政、贪婪的风气。申时行的理想图景是调和好文官集团的阴阳二性，少生是非，做到"贤者有所依止帚。而不肖者犹知忌惮"；[1]同时，使皇帝和文官集团的关系平衡、和谐，彼此相安无事，国家机器照例运转，社稷太平。

然而，他的苦心经营同样没有换来同僚的理解，他被骂作昏庸迂腐。最终他因次辅许国公开了他与万历皇帝的一封通信而彻底失去了文官集团的信任而不得不辞去了首辅之位。张居正担任首辅时也遭遇到了各种弹劾，如著名的"丁忧事件"，但他每每都能因皇帝的信任平安无事。然而，他的"平

〔1〕［明］陈子龙等编：《皇明经世文编》（第380卷），中华书局1962年影印版，第10～11页。

安”早已成为刺死张氏一族的匕首。他在世时尚无大碍，可以继续以雷霆之势实施他的改革举措，而当他撒手人寰，他的施政要义便统统作罢，他的家人、族人则统统遭殃——在他死后仅仅数月，一场腥风血雨的弹劾即出现。所以，皇帝也好，首辅也罢，都难以成为抵挡整个文官集团的堤坝，文官集团的威力可见一斑。

洪武初年，文官人数只有8000，而到万历一朝，文官集团的数目已逾两万。文官集团经过200多年的发展已然成熟，他们懂得盘根错节，懂得如何培养亲信，甚至懂得如何培养皇帝。文官集团心目中的明君是没有自我的，是以文官集团的意见为意见的，越是没有自己的意见、私欲又倚仗文官集团的君主，就越是他们心目中的明君。然而，整个文官集团却又是实实在在无能的。甚至到16世纪末，他们尚不能改变旧的杂乱的税收制度，做到税的统收统发；卫所制度200年不变，没有统一的后勤机构，甚至文人执掌的军队本身亦是摆设。如倭寇围攻南京事件，堂堂12万常备军形同虚设，六七十人的倭寇如入无人之境。

三、道德治世

那么，低能的文官集团如何统治这庞大的帝国呢？答曰：道德。

“道”指的是事物的结构，表示万物的有序性；“德”指的是事物的内在属性，表示万物的生生不息；道是德的存在形式，德是道的存在依据，两者合二为一构成事物的统一性。[1]郑玄在《周礼注》中写道：“在心为德，施之为行。”在中国早期文化的发展中，“德”字的出现及德的观念发展对于中国文化精神气质的发育具有相当重要的意义。[2]

道德表现在行为上即是伦理规范，符合伦理规范的行为来自于内心所确信的道德，由内而外化作对伦理秩序的遵守，从而达到整个社会的和谐完满。道德表现在法律上即是礼法，“核心是三纲五常，精髓是仁与义，法律上是情

〔1〕 张中秋：《原理及其意义：探索中国法律文化之道》，中国政法大学出版社2010年版，序言第2页。

〔2〕 陈来：《古代宗教与伦理：儒家思想的根源》，北京大学出版社2017年版，第338～346页。

与理，亦即仁爱与正当。”[1]所谓正当即是根据不同身份而构成的差序。所以君君、父父、子子，幼尊于长，妻妾听命于夫，在复杂的关系网中，按照伦理秩序，各安其位，各司其职。

中华文明自周朝提出“以德配天”，到汉朝中期董仲舒开启以德释法，再到唐朝法律道德化的高峰，可以说中华文明的道德性是皇权治世的主要手段。到明帝国，相较于唐、宋，更加倚重道德的教化。其中一个重要原因是朱元璋建国初期施行了“打土豪”运动，大地主数量锐减，社会主要以自耕农为主。自耕农为主的社会缺乏培植法律的空间，治理社会的办法主要是依照道德评论是非善恶。倘若村民间有了纠纷，不涉及人命的案件可在申明亭里由族长依照伦理道德调和解决；涉及人命官司需到官府的，行政官员所依据的法律是伦理法，并且司法裁判也要依着天理人情断案，而这天理人情不外乎伦理道德。

在中国传统社会中，道德是至高无上的，它不仅是行政、立法、司法的原则，而且可以代替如上部分。即使是行政领域中纯粹技术性的问题，也与道德密不可分。[2]黄仁宇在《万历十五年》一书中指出：万历一朝的立国以伦理道德为根本。[3]

法国思想家孟德斯鸠在《论法的精神》中说，中国的立法者把宗教、法律、习俗和风尚融为一体，所有这些都是伦理，都是美德。与宗教、法律、习俗和风尚有关的训诫就是人们说的礼仪。[4]

儒家强调修身成仁，通过内在的道德修为达到外在行为符合伦理规范。同时，证明事物存在的办法是事物之间具有关联性，强调关系的和谐，强调君子的至高境界是无我。西汉史学家司马迁评价儒家的经典时写道：“礼以节人，乐以发和，书以道事，诗以达意，易以道化，春秋以道义。”[5]司马氏一语正如庄子所言：“诗以道志，书以道事，礼以道行，乐以道和，易以道阴阳，春秋以道名分。”[6]在专制社会里，德首先表现为皇帝的道德品行和规

---

[1] 张中秋：《原理及其意义：探索中国法律文化之道》，中国政法大学出版社 2010 年版，序言第 2 页。

[2] 黄仁宇：《万历十五年》，中华书局 2017 年版，第 46 页。

[3] 黄仁宇：《万历十五年》，中华书局 2017 年版，第 92 页。

[4] 孟德斯鸠：《论法的精神》（上卷），许明龙译，商务印书馆 2009 年版，第 325 页。

[5] 《史记·太史公自序》。

[6] 《庄子·天下》。

范，称为政治道德。然后推及所有人。[1]受教于儒家之道的士绅，包括皇帝，都在不同程度上成为这种观念的执行者，并且作为道德榜样供世人学习效仿。自周公“法人则象”以来，设立道德榜样就成了道德统治中极为重要的手段。也正因如此，文官集团才必须保持其“阳”的一面。当然，这只是原因之一。除统治的需求之外，“阳”的一面也成为文官之间不可或缺的黏合剂，只有具有阳的一面的读书人（除去阉人）才具有正统地位，因而才代表着天道，才具有最为正统、最为正义的话语权。政治权力所不及的乡村，则每年设两次乡宴。开宴时，族长会申明伦理道德并斥责失德之人，对屡教不改的还可以报请地方政府将其发配至边疆。另外，村里还设有旌善亭，用以表彰道德榜样以供群众效仿。明帝国之所以如此倚重道德，另一个原因是自身政治制度的不健全。正如本书所述的，在申时行看来以道德力量作为施政的根本，关键在于防止坏事发生，而不是琐屑地去解决问题。

四、言史鉴今

自古言史可鉴今，我们所见的历史，亦在我们的当下。此书所揭开的明朝社会样貌不禁让人深思现代社会中文官集团的阴阳二性也许依旧存在，只是阳的内涵已经被新的内容所替代。然而，人性中的阴的部分，即私欲，却是亘古不变的，否则人类也不会从氏族社会进入到阶级社会。从《万历十五年》中可见，一项改革仅凭一己之力绝不可能实现，官僚体制在统治中实际处于中枢的位置。倘若阴阴二性的文官集团竭力维护其既得利益，权力金字塔最顶端的人亦无可奈何。阴阳二性的威力如此之大，却并非不可打破。倘若大大方方地承认、正视人性的私欲，将阴放到阳光下，将行政纳入财税制度中、司法体系下，认可、凝聚共同价值观，少喊些口号，效果更好。另外，张居正十年高压式的改革，为何最终只更改了局部，未能涉及体制呢？黄仁宇认为，张居正的失败之处在于他的改革是自上而下的，而下层的问题没有解决好的时候就要求增进行政效率，必然是缓慢的、有限度的。如果限度过高还会使得整个文官集团因为高压而分裂，而纠纷聚焦在一起，具体问题又会上升为道德问题。依据此，笔者认为若想政策施效于全国，除了确保铲除

---

[1] 参见陈来：《古代宗教与伦理：儒家思想的根源》，北京大学出版社2017年版，第340～346页。

抑或限制文官集团的阴阳二性之外，还需要从制度，尤其是底层官僚制度处着手改革，使之能够与目标经济制度和社会需求相互匹配。

其次，中国偏好做“面子工程”有其深切的历史、文化、制度等原因。如中国的历朝历代一样，万历一朝的治理，礼仪也起着巨大的作用。以皇帝为例，其有一系列的礼仪必须要去完成：按照礼仪受群臣朝拜，按照礼仪接受经筵，按照礼仪祭拜祖先，按照礼仪入土为安，诸如此类。难道他不知这是形式化吗？难道他不厌烦繁冗的礼仪吗？[1]其中一个原因是，皇帝统治的合法性来源于天意，而天意又需要通过亿万臣民的信念体现出来。各种仪式就是明确和巩固这种天意观的必要存在。这天意即是儒家所说的道德。礼仪除了是一个人道德的体现之外，还表现着一种诚意，外在形式到位了，工作也就到位了。礼仪除了可以使团体成员达到内心确认、明确身份等级之外，还可以起到宣示、教化的作用。因为诚意到了，且形式到位了，就可达到立为榜样、教化群众的目的。然而，教化群众凭的是施教者实实在在的内心确信，且不能失了人情而强推于众。所以树立榜样是有必要的，但这种榜样绝不是施教者和受教者都仅仅视为口号化的外在形式，其内涵也绝不是舍小家为大家、为天下而无我。道德内涵应注重公益，但不能失了人性、灭了人欲，陷入明阳暗阴的虚伪中去。偏好做“面子工程”的另一个原因是，形式本身就是实质。这是因为传统政治体制决定了各级官员均是对更高的权力拥有者负责，而上级不会透过表面看到内里，所以只要形式做得足够让上级满意，那么便达到了实质的效果。

再者，市场经济、信息技术的发展是培植法治的上好土壤。黄仁宇认为万历年间，中国并没有向资本主义经济进展，因而也不可能培育出现代法治的雏形。黄仁宇认为，资本主义是系统的、有组织的，资本主义的流通方式正如德国伟大思想家马克思在《资本论》中所论述的，是C－M－C模式，即商品（Commodity）交换为货币（Money），货币再交换为商品。货币是商品流通的媒介，也是一种公共制度，它把原来属于公众的权力授予私人。私人资本积累愈多，它操纵公众生活的权力也愈大。同时，商业资本又是工业资本的先驱，商业有了充分的发展，工业的发展才能同样地增进。这是欧美资

[1] 按《万历十五年》所述，万历皇帝在执政早期已经意识到礼仪琐碎繁杂。然而，他依旧照例不改，以此作为明君的职责，表率天下。

本主义发展的特征。中国的传统政治既无此组织能力，也绝不愿意私人财富扩充至不易控制的地步，为王朝的安全之累。[1]所以，万历一朝乃至中国所有朝代，都不可能在皇权专制的政治条件下以及小农经济为主的经济社会里发展出商品经济。而我国目前已经进入市场经济，它是比商品经济更高级的社会形态。市场经济社会由彼此陌生的理性人所组成的旨在通过自由意志完成商品、服务等客体交换的大型市场社会。市场经济的内在属性要求法律面前人人平等，要求法律对个人财产权予以确切认可和保障，要求每个公民都有选举权、言论自由权等政治性权利，要求公权力按照程序运行，不得以非法的方式干预民权，要求法律构建一套完整的私权保护体系，明确公权力的边界使私权有独立发展和运行的空间。而信息技术的发展将人类带入了网络[2]——一个人人平等的可实现信息即时跨国界传递流通的技术性空间。网络成为人类迄今为止最接近民主、平等的空间，联合国、欧盟、部分主权国家以及跨国企业、人权组织正展开合作大力确认、保障、呼吁网络权利。目前，已经有不少保护网络权利的国际性条约[3]和指令，并且部分国家已经通过国内立法的形式确保公民于网络中的权利。[4]网络将是 21 世纪民主、平等意识的孵化器。

最后，笔者就书中重点所论的道德结合现代社会中法律予以一重点论述。著名法学家梁治平在《法辨》中指出："道德与法律的特殊结合实在是理解中国古代法的关键所在。"[5]黄仁宇认为中国 2000 年来，以道德代替法制，至明代而极，这就是一切问题的症结。[6]道德和法律的问题不论在东方还是西方都争议不断，各学派各持观点。例如，启蒙主义刑法思想主张罪刑法定主义，认为法与宗教、道德必须严格加以区分，要使法律脱离宗教，也要划清合法性与道德性的界限，排除基于身份的不平等处罚，法律面前人人平等。而自然法学派就认为法律不能脱离于道德，否则就丧失了评价法律正义与否

---

[1] 黄仁宇：《万历十五年》，中华书局 2017 年版，自序第 3 页。
[2] 本文所说的网络指的是 Internet，即基于 TCP/IP 协议建立的拥有公共网址的大型互联网络。
[3] 例如，2016 年 7 月 1 日，联合国人权委员会第 32 届会议通过了 A/HRC/32/L.20，这意味着网络权利的促进、保护和享有成为其正式条文（32/13）。
[4] 例如，《希腊宪法》在 5A 条第 2 款明确了所有人都有权利参与到信息社会中，国家有义务促进信息的创造、交换、传播和获取。
[5] 梁治平：《法辨》，广西师范大学出版社 2015 年版，第 237 页。
[6] 黄仁宇：《万历十五年》，中华书局 2017 年版，自序第 4 页。

的标准。

以今天法理学的视角来看，法律规范的是外部行为，是国家认可，由权力机构保证实施的规范体系。而道德规范的是人的内心情感和动机，所表现的外部行为只能靠社会舆论予以限制。所以，庞德认为法律是法律，道德是道德，两者是两码事，不能同而为一。但问题是，不论是道德范畴还是法律范畴，表现出来的其实都是行为，那么应该如何来区分某种行为是道德还是法律的范畴？

事实上，西方直到18世纪末，道德与法律依然混淆。西方历史上，法律与道德分分合合，关于法律与道德的辩论非常之多。[1]西方法律史上，道德和法律分分合合的过程推动了法律的发展。正如美国法学家庞德所言："法律制定必须完全符合道德的倾向，道德理念随之进入法律理念的进程，以及将没有法律制裁内容的道德转化为有效的法律制度。"[2]因为道德的介入使得法律更有效地回应了社会需求。1960年英国法官德夫林勋爵（Lord Devlin）同实证派法学家哈特（H. L. A Hart）进行了一场著名的论辩。前者反对将同性恋行为排除出罪，以防止社会道德的堕落。后者则主张厘清道德强制以法律的方式执行的理由。但是哈特的出发点和归宿点不是"法律与道德分离"这一命题，而是民主社会中个人自由的维护。[3]在当时的英美社会，法律对道德的强制执行并非例外情形。德夫林相信，维系社会存在的不是政治理念，而是道德。因此，社会有权以强制性手段保护其道德，通过立法惩治不道德的行为，通过国家权力保障社会道德是合理的。他认为："既存的道德对于社会福祉而言，就像一个好的政府那样是必须的。社会崩溃往往内因多于外在压力。不存在一般性道德的社会往往就会崩溃。历史也表明，道德联结的松弛往往是社会走向分崩离析的第一步。因此，社会采取与维护政府或者其他根本性制度相类似的步骤去保持其道德法典的做法是正当的。"[4]哈特不同意德夫林的看法，他认为这种假设不能成立。他反驳道：德夫林的说法是建立在虚假的假设之上的，用来拒绝社会变革的"道德保守主义"。[5]

---

〔1〕黄源盛：《法律继受与近代中国法》，智胜文化事业有限公司1996年版，第267页。

〔2〕庞德：《法律与道德》，陈林林译，商务印书馆2015年版，第44页。

〔3〕熊毅军：《论现代西方法理学的三大论战——基于古今之立场的审视》，山东人民出版社2009年版，第56~64页。

〔4〕［英］哈特：《法律、自由与道德》，支振锋译，法律出版社2006年版，第89页。

〔5〕［英］哈特：《法律、自由与道德》，支振锋译，法律出版社2006年版，第48~51页。

英国政治思想家密尔（John Stuart Mill）在其著作《论自由》中从公民自由出发，探讨了社会所能合法地施用于个人的权力的性质和限度。他的结论是："对于文化群体中的任一成员，所以能够施用一种权力以反其意志而不失为正当，惟一的目的是要防止对他人的危害。"他的这项论断至今仍是自由主义政治法律理论面对的主要议题。到20世纪，美国当代法学家罗纳德·德沃金（Ronald Dworkin）认为法律应该为道德服务，〔1〕但随即受到诸多质疑。主张法律和道德分开的，主要是为了基于形式理性的法的确定性与自治性，进而保障个人权利。强调法律应合于道德者，则希望明白解释法律所依循的政治、道德，保证法的正确和完整性。

法律是当代世界政治本体论的关键层面。〔2〕而中国传统法律文化中的法律与西方语境下的法律有诸多不同，其中最为明显的不同之处就在于中国的法律是以道德为原则的法律。以至于长期以来，西方学者并不承认中华传统的法律为法律，古代中国人具有法律观念。例如，美国学者络德睦说中国缺乏法律的观念并非是由当代全球舆论首创。法国汉学家葛兰言（Marcel Granet）在1934年称："从任何角度看，中国人的秩序观念中皆不包含法律观念。"〔3〕说"法律"是舶来品，可能要伤国人的自尊心，但这是事实。〔4〕在中国古代，法并不是那种超越的法（Transcendent Law），也不是政府的法（Government of Law）。在后者中，法是高尚而不可侵犯的，它对于所有人一视同仁，体现了非人格化的公正的准则。〔5〕中国文明似乎不大可能产生对法类似于古希腊先哲式的理解，尤其是古希腊著名思想家亚里士多德对法的观念进行过的哲学分析：法是作为一个权利和义务的体系，本身就具有道德的力量。在中国，这种对法的认知从来没有产生过。从前轴心时代到轴心时代，中国文化演进的突出特色是人文性和人间性，它的理性更多的是人文的、实践的理性，其理性化主要是人文实践的理性化，这在春秋时代更为明显。国

---

〔1〕［美］罗纳德·德沃金：《身披法袍的正义》，周林刚、翟志勇译，北京大学出版社2010年版，中文版序言。

〔2〕［英］络德睦：《法律东方主义：中国、美国与现代法》，魏磊杰译，中国政法大学出版社2016年版，第1页。

〔3〕［英］络德睦：《法律东方主义：中国、美国与现代法》，魏磊杰译，中国政法大学出版社2016年版，第11页。

〔4〕梁治平：《法辨》，广西师范大学出版社2015年版，第33页。

〔5〕［英］牟复礼：《中国思想之渊源》，王重阳译，北京大学出版社2016年版，第99～100页。

学大师梁漱溟认为中国文化是道德代替宗教，著名哲学家李泽厚认为中国人在生活中体现了实用理性，其根源皆在此。而尤当指出的是，这种人文实践的理性化，并不企图消解一切神圣性，礼乐文化在理性化脱巫的同时，珍视地保留着神圣性与神圣感，使人对神圣性的需要在文明、教养、礼仪中仍得到体现。礼乐文化所提供的这种文化结构及其功能，是很难用现代社会学的分化观念加以衡量的。[1]

不过，也有学者认为中国的法律传统是在特有的文化历史背景中产生的，有其独特的价值。与其为此责备儒家，还不如更现实地说：正是由于缺少那种法律发育的前提，孔子和他的追随者们才能竭力创造伦理规范，培养强烈的社会意识，这才是保护社会和个人的力量。[2]例如，孟德斯鸠肯定了中国的道德，他说中国的政体大获成功，原因就在于一丝不苟地遵守礼仪。中国人在年轻时学习礼仪，此后又用一生来实践礼仪。文人教授礼仪，官员宣扬礼仪。事无巨细，礼仪无所不在。所以，只要找到了一丝不苟地遵奉礼仪的方法，中国就可以治理得非常好。[3]民国学者薛祀光所著《中国法系的特征及其未来》一文，明确提出中国法系的优点在于法律与道德接近，本质特点是法律和道德的同一性。[4]

自清末变法以来，中国传统道德式样的法律逐渐消解，直到民国六法全书的建立标志着中国法律完全参照了西方的法律体系。虽然 1949 年以后，大陆摒弃了六法体系，但以苏联为模式的法律以及改革开放之后以英、美、德为模板所构建的法律均是西方式的法律，相较于民国时期的立法更西化。直到 2011 年时任全国人大常委会委员长吴邦国宣告中国法律体系已经形成，我们看到当今的中国法律中，传统法制中的伦常条款几近于零。此处除去弊端不谈，这至少给予了我们充分与世界进行法律讨论的基础。

在现代依法治国的背景下，我们应当承认道德是法律的蓄水池，法律应当保持其开放性。至于道德和法律的边界，笔者认为，成为法律的，就应该以法律予以裁决，在司法裁判中可以在说理部分将道德作为法理基础的一部分，但是绝不能仅仅以道德的是非善恶予以笼统的评价。当今社会治理的手

---

〔1〕 陈来：《古代宗教与伦理：儒家思想的根源》，北京大学出版社 2017 年版，第 15 页。

〔2〕 [英] 牟复礼：《中国思想之渊源》，王重阳译，北京大学出版社 2016 年版，第 100 页。

〔3〕 [法] 孟德斯鸠：《论法的精神》（上卷），许明龙译，商务印书馆 2009 年版，第 325 页。

〔4〕 薛祀光：《中国法系的特征及其未来》，载《社会科学论丛》1928 年第 1 卷第 4 期。

段是多元的，道德的、法律的、习惯的均应施用，然而手段的多样性也应分清主次，法律优先。

书中最后说：“当一个人口众多的国家，个人行动全凭儒家简单粗浅而又无法固定的原则所限制，而法律又缺乏创造性，则其社会发展的程度，必然受到限制。即便是宗旨善良，也不能补助技术之不及……因此我们的故事只好在这里作悲剧性的结束。”历史与当今有着千丝万缕的联系，但愿万历十五年的悲剧性故事永远不会重演。

主题论文 法治与法律修辞

法律修辞如何对待情感

——以认知科学为进路

徐梦醒 *

摘　要　法律与情感并不是泾渭分明的，法律判断无法杜绝情感的作用。修辞是主体以言说进行情感表达的主要机制。修辞与情感具有统一性。法律修辞中的情感具有具身性，并且以命题态度衔接法律论辩中的心智与世界。通过认知方法能够有效分析法律修辞中的情绪感知，而以交往理性为进路，可以有效应对法律论辩诉诸情感谬误中"修辞过度"的界限。情感应当在道德哲学当中扮演相当重要的角色。法律修辞不应当将情感因素拒之门外，而应当宽容地评估其在法律话语中的积极作用。

关键词　法律修辞　情感　认知科学　具身性　交往理性

文学当中随处可见的情感表述在法律语境当中地位如何，现有的研究成果关注较少。法律修辞比通常的文学等领域的修辞更能够激发主体对规范性认同的态度，并诉诸公平正义的理性结果权衡。另一方面，法律修辞也表征一种权威性地位，"我们看到，虽然法律不像道德那样影响广泛和深入人心，但法律在人们心目中的权威地位已经扎下根来。法律人的言辞不是最优美的，但最能够影响人心。"〔1〕可以说，法律修辞与文学（或者诗性）修辞的导向是大相径庭的。因为前者实质上试图将某种价值判断蕴含的情感诉求通过理性、审慎、精炼和确定的表述得以呈现，从而彰显正义，实现规避任意；后

---

* 徐梦醒，女，湖北大学政法与公共管理学院讲师。

〔1〕 陈金钊：《法律修辞方法与司法公正实现》，载《中山大学学报（社会科学版）》2011 年第 5 期。

者则期待以丰富多彩的意境或者恰到好处的比附展现直抒胸臆或“犹抱琵琶半遮面”的情感诉求。但无论是何种进路都在一定程度上证成了法律修辞与文学修辞一样，无法脱离情感在言说乃至说服中的价值所在。

一、法律中的情感

（一）法律与情感的研究脉络

法学的研究向来以论题涉及的概念体系建构为核心，通过诉诸相关性主题与资源来诠释某些现象与事实，能够得出具备融贯性的理论“地图”或者“范式”。概念本身反映研究者思虑进程，逐步由迷惑走向清晰、从含混走向确定。他们尝试用某些具备相关性的范式来重构法律问题或者社会问题，从而最大限度上避免不确定性的同时，为特定法律结论的判定找寻理性的诠释范围。“从确定性角度来说，一个理论框架的出现，很大程度上是为了消除不确定性，它需要鉴定哪些现象属于自己的理论解释范围，而哪些则需要排除在外。这样一种框架在很大程度上是为了形成决策的需要，而解释现象则往往是其次要追求。所以详细的路径和程序，在法学研究者眼中，意味着很强的优先性，因为结构能帮助其从材料中带出（有时甚至是强行带出）理论。”〔1〕这种传统法学研究方式，远不同于心理学尝试以实验数据为基准，而规避抽象理论阐述的方式。心理学和法学之间，无论是从学科理念还是研究方法上，其实并非无法联通。但从法律修辞角度来说，正如修辞表征一种价值判断或者情绪引导的符号表述那样，法律也从来都离不开这种诉诸主体认知、态度、立场的主观权衡空间。法律强调理性和审慎的推论性思维，试图将现实建构为基于法律思维的评价对象。然而，法律人的主观性要素、认知偏见和利益诉求等因素，决定了基于结果追溯的情绪性基础，而无法避免相应内在情境的制约。情感就构成法律人主观成分之一。“事实上，法律与情感，不可能安分地在我们的生活中划地而治。相反，两者都会把各自的触角尽可能地向另一方延伸。无论是理论上还是实践中，两者的紧张关系都无法

〔1〕吴习彧、吾莹：《法律中的情感研究进路》，载《厦门大学法律评论》总第28辑，厦门大学出版社2016年9月版。

完全解决。"[1]忽略情感在法律中的应用，尤其是规避法律话语中隐含得或深或浅的价值诉求，以及伴随其中的感知与身体反应，都无法真正发掘出证成法律立场的规范性空间，因为法律修辞应对价值判定、法律结论影响利益分配、法律关系揭示人性格局。甚至可以说，割裂情感在法律中的意义，可能掩盖了理性法律决策的证成机理。

目前，神经科学领域的研究已经表明，把情感与理性作为完全对立的两极存在误区。研究数据曾清晰地表明：如果大脑皮层（特别是前额回）与情感的核心部位——皮层下神经组织之间的联结中断时，个体的任何决策行为都有困难，而且几乎总是作出不理性或者非最优的决策。[2]也就是说，人类的理性决策需要依靠情感。没有情感，人们也不能把握选择上的效用分析。[3]而法律论辩尝试将特定理念作为成立其诉求的同时，无法在认知科学层面上，彻底或者部分脱离结论效力评价的情感基础。正如有学者认为的那样，"情感有认知的功能，是因为情感的合理性建立在真信念的基础上；情感还具有评价功能，是因为情感赋予那些外在于我们的事物以价值。"[4]而且，"社会和政治判断严重依赖于飞速的直觉闪念（如托多洛夫以及内隐联结测量法所表明的那样）。"据此我们得出这样令人意外的结论，那就是法律无法脱离感情，法律与情感之间的关系依赖于人性的脆弱而相互衔接。"人的善（human good）的实现在很大程度上取决于他所不能控制的外在力量，而'情感'正是这种脆弱本性的体现。"[5]人性基于信念而形成的道德判断，从根本上左右法律话语在涉及最佳问题解决的可能方案。

（二）情感在法律中的定位

法律诉诸理性、审慎和严谨的逻辑思维，与此同时，法律根植于社会生活当中，应对现实的法律关系，处理复杂的利益纠葛。其中必然包含着涉及

---

〔1〕 吴习彧、吾莹：《法律中的情感研究进路》，载《厦门大学法律评论》总第28辑，厦门大学出版社2016年9月版。

〔2〕 参见：Damasio, Antonio R. *Descartes' Error: Emotion, reason, and the human brain.* New York: G. P. Putnam. 1994.

〔3〕 吴习彧、吾莹：《法律中的情感研究进路》，载《厦门大学法律评论》总第28辑，厦门大学出版社2016年9月版。

〔4〕 王凌皞：《法律应当如何对待情感——读〈逃避人性：恶心、羞耻和法律〉》，载《法律和社会科学》2013年第12卷。

〔5〕 王凌皞：《法律应当如何对待情感——读〈逃避人性：恶心、羞耻和法律〉》，载《法律和社会科学》2013年第12卷。

命题态度的非理性成分，尤其是诉诸情感表达的文本和言说。这是因为法律判断必然难以做到杜绝价值判断，或者立场绝对客观的状态。在心灵哲学背景下，主体对命题的认知和立场以命题内容为对象，同时还包括躯体感觉、直觉以及情感体验等内在的现象性经验。著名法学家谢晖教授认为："即使法律必然存在着理性之维，但也并不意味着它能摆脱诗性之维。在我看来，法律之于诗性，不是其拒绝与否的问题，而是其根本就无法摆脱的问题。这意在表明，诗性是法律的必要向度，尤其是当我们把法律连接到法治这个宏大而又不无自负的命题的时候，既显示了人类选择的一种抱负，也表达了人类行为的一种浪漫。经由这个词汇，可以把人们带入法治之瑰丽而生动的诗性世界。"〔1〕法律作为符号表征的意义系统，从根本上对应现实社会生活的关系网络，形成了基于权威和规范性表征的、严肃的修辞系统。法律本质上就是一种诉诸言说符号的修辞。

与此同时，情感意义的表述和传递只能通过意义符号表现出来。"我感到恐惧"和"我感到愤怒"等表述不得不依赖听者对于情绪性符号"恐惧"和"愤怒"而传递。这个过程基于学习过程、知识背景以及文化认知等差异，可能形成的"他感到恐惧"和"他感到愤怒"这些意义感知存在差异。这种差异形成的就是一种交际上的认知偏差。这种偏差一方面可以形成多元人际互动模式下的社会生活，另一方面也可能干扰甚至阻碍有效信息传递的路径。尤其是上述情感性表述，需要听者在信息接收之后重构这种情感认知，这种感知无法直接通过人际内部的互动得以完全实现，而必然要诉诸信息铺垫下的，对说者处境的感同身受，抑或"设身处地"的评价机制。（从这个角度来说，交往理性进一步推进到理性的感知互动，能够深化共情思维下的感知性与认同性共识，虽然这种共识在法律语境之下往往很难获取——这是因为双方当事人往往处于激烈的利益或者权益对抗关系当中，很难通过共情得以调和，但不能因此否认激烈对抗情绪的现实无法推进基本共识的实现，或者否认基于生活世界的道德感知和评价体系而形成的"前理解"）。"如果你真的想改变某人关于道德或政治问题的观念，你就得不分彼此地从他人的视角看待问题。如果你真的能深入地、直觉式地从他人的视角看问题，你会发现自己相应地也心胸开阔了。共情的确是正义感的解药，尽管想要跨越道德分

---

〔1〕 谢晖：《"诗性：修辞与法律价值预设——制度修辞研究之二"》，载《现代法学》2012年第5期。

歧来实现共情十分艰难。”[1]再次，有必要引入这样的考量，那就是基于同情心和爱心而就儿童和幼儿生活境遇形成的预期，可以支撑民法领域关于“代孕”合法化的问题；基于温暖亲情对应幸福和愉悦的积极情感感知，可以支撑刑法领域中公众关于辱母杀人案中于欢被判处重刑的广泛质疑甚至批判；基于对见义勇为中“利他主义”涉及的，就其能够有效推进人际社会有效运行的判定，可以支撑彭宇案在法院认定应当赔偿损失之后带来的义愤填膺。此类案例不胜枚举，但我们都能够从中体验到，理由背后都受某种道德性乃至直觉性因素的宰制，与之并行的是公众朴素的正义观和价值判断。

二、法律修辞中的情感

法律修辞从来都从理性反思的角度，探索说服过程中的理性架构、逻辑规则和情境制约。事实上，说者自身的态度、理念、认知乃至情感，这些构成论辩主体内在机制的成分一直没有受到重视。正如塞尔相信的那样，言说透过心智而得以表述，言说的博弈实质上就是心智的博弈。美国著名社会心理学家乔纳森·海特教授认为，“单个的个体思考者善于做一件事情：常常出于直觉原因寻求证据支持自己的立场。我们不应期待个人能进行良好的、开放的、追求真理的推理，特别是当他们出于自利心态或顾虑其名声之时。”[2]而涉身心智关切主体在情境中的应激反应，直觉性态度对于普遍听众来说，如果没有涉及另有意图的煽动者干扰，往往都倾向于第一反应的判断。

（一）修辞与情感的统一性

修辞是改变意念或者意识的主要机制，而严格的逻辑研究据此展开如何与听众产生共鸣。有学者认为，修辞本身诠释了情感的结构，认为“激情本身就是修辞结构。这一点在我们研究了二者的相关表达之后就显得非常明晰了。按照德曼的观点，情感会组织类比关系，组织可感知的事物与可能的事物内在状态之间的交流……一个人的情感本是‘内部’特质，现在却成为外部世界通往其他人内心的桥梁。更重要的是，一个人自己的情感也是首先通

〔1〕［美］乔纳森·海特：《正义之心：为什么人们总是坚持“我对你错”》，舒明月、胡晓旭译，浙江人民出版社2014年版，第49页。

〔2〕［美］乔纳森·海特：《正义之心：为什么人们总是坚持“我对你错”》，舒明月、胡晓旭译，浙江人民出版社2014年版，第94页。

过和其他人的交流显现出来。情感使我们相信可感知的事物表现未知的内部状况，因此情感就暗含着内部和外部的统一。在所有可以使我们相信上述的内容的途径中，德曼认为情感是‘最有效的’，一种强有力的解释性行为，它会导致叙事的终止和重复”。[1]在这种论述中，情感就是表现在外部的内心互动。

通过“观点、概念、故事和理论”等来建构世界，构成了人们可能倚重的主要信息类型。而立场或者意识的变化又离不开以下几项因素（基于策略或者目的的），即理由（理性、逻辑、类比和类型化），研究（数据的收集），共鸣（有效的回应和反馈），具体的意义重构（多样化的立场表述方式），资源和回馈（多样化的积极强化），真实世界的事件（外在鲜明的论辩情境），以及对抗（个人倾向或观点）。上述要素称为“改变理念”或者“立场的重要杠杆”。Gardner 强调个体智慧的了解对于完善和强化意识变更的说服效果，具有非常重要的价值。而个体的信念通常具有强大的力量而难以动摇，因而讨论理念的变更比实际上如此做容易得多。[2]这一点带来的启发是使法律人认识到，实践法律论辩中探索听众（尤其是目标听众）的智慧程度和认知水平的重要性。修辞对意象和方法的采用，如果不能对应听众的立场、偏好、态度或者价值观，就很难获得最佳效果。法律语境当中修辞强调的策略性说服，还应符合法律规范性与合法性要求。但这只是为话语拓展和延伸提供了相对审慎的边界，在法律规则和论辩规则的约束下，论者可以诉诸他可能采用的各种意向，使情感感知通过最恰当的方式，映射在听者的头脑当中。

（二）法律修辞中的命题态度

关于命题态度（propositional attitude）在信念—期待心理学中的意义，需要在最后整合语用论辩思维的时候，提出这是一种内在的分析路径，从法律人和当事人的命题态度整合分析，导出外在的认知语境的语用论辩分析。这是对于最后一部分探讨的进路。命题态度导向的期待场景如何与论者的具体立场对应起来？论者期待的是一种对方的信服——对应可接受性命题来求证论证的有效性，还是期待一种基于信服而形成的人际互动状态——对应命题

[1] 李增：《论保罗·德·曼情感理论和修辞理论的统一》，载《东北师大学报（哲学社会科学版）》2002 年第 6 期。

[2] David W. Worley. Where Cognitive Psychology and Rhetoric Meet. *Review of Communication*, Vol. 5, Nos 2 - 3, April - July 2005, pp. 145 ~ 148.

态度所包容的可能生活。这是值得深思的问题。“在言语交际中，说话人的情感、意图、信念等心智状态赋予语言表达式丰富的意义。负载着说话人主观意向的命题态度折射出语言、心智和世界的内在关系。”[1]理解了这个问题是从认知模式探究论证有效性，以及因循现实评估和需求对应的可接受性判定的重要前提。

（三）法律修辞的具身性

论辩并非纯粹是语言表述问题，还涉及身体感知和情绪认同的问题，也可以说是具身认知的问题。“让我们解释一下我们所谓具身行动的意思是什么。使用具身这个词，我们意在突出两点：第一，认知依赖于经验的种类，这些经验来自各种感知运动的身体；第二，这些个体的感知运动能力自身内含在（embedded）一个更广泛的生物、心理和文化的情境中。使用‘行为’这个词，我们意在再度强调感知与运动（motor）过程、知觉与行动本质上在活生生的认知中是不可分离的。的确，这二者在个体中不是纯粹偶然地联结在一起的，而是通过演化合为一体的。”[2]论辩与感觉乃至情绪并不是完全割裂和分离的关系，其中发挥衔接的就是心灵哲学中的命题态度。正是命题态度导向法律的形成，决定了法律行为中各种关系类型的模式，“我们用这样的态度来预测和解释行为，并且弄清我们自己和他人生活的意义。这些态度被融入进所有社会的、法律的、政治的和其他机构的网络之中。在信念、期望、意图不出现的地方没有任何东西是一个合同，或者一个邀请，或一次选举，或一次死刑判决。没有命题态度的归属，就不会存在任何证明、借口、赞扬或者抱怨另一个人。”[3]显然，言说意图中包含着说者的态度，日常生活中没有态度的状态是不可想象的。而相应态度当中基于价值导向、利益权衡和性格制约等，形成了或激烈或温和、或积极或消极、或强大或者弱小的情感诉求，甚至导致相应的身体感知。情绪和认知状态作为语境因素，是语用层面的概念。而从认知层面来看，论辩或者任何言说表述某种程度上都是特定感知或者感受在符号化进程之后的意义表征。而论辩有效性单纯从这些意义表征作为切入点，可能无法挖掘出内在与说者感知系统当中的意识状态，

---

〔1〕 吕宗慧：《语言哲学视域中的命题态度》，载《当代外语研究》2011 年第 2 期。

〔2〕 [智] F. 瓦雷拉，[加] E. 汤普森，[美] E. 罗施：《具身心智：认知科学和人类经验》，李恒威、李恒熙、王球、于霞译，浙江大学出版社 2010 年版，第 139 页。

〔3〕 宋荣：《当代心灵哲学中的命题态度极其内容》，载《哲学动态》2010 年第 4 期。

或者真正的命题态度。上述讨论让我们思考，论证效果是否需要从具身性角度来剖析效果认同，以及论辩结论引导行为的感知力度。所谓具身性，体现在行为选择层面，在于听者认同之后，将特定行为选择作为感知确认的身体动静，例如履行合约或者赔偿损失、接受惩罚等，这些整合特定价值认同的可能性以及无奈甚至被迫的焦虑情绪之可能，需要深入分析具身性对于当事人的影响，尤其是具身认知对于逻辑论辩的干扰意义。

具身性的例证并不鲜见。聂树斌翻案之后，聂母的反应〔1〕说明了什么问题？一种信念或者认知状态被权威机构证立，为何能够带来如此激烈的情绪反应？这是一种对论证结论的反应，还是对问题本身的反应，这种反应是否有可能在问题完善之后得以深化？另一方面，近期发生的引发公众广泛争议（注意，这里隐含了引发公众强烈激愤和讨论热情的出发点在何处，这个问题在一定程度上可能比讨论于欢是否构成正当防卫更值得法律修辞研究者反思）的辱母杀人案，我们需要明确本案当中激发于欢暴力行为的起因在一定程度上可以诠释具身认知的表象（案件情节已经鲜明地表现出某种身体接触或者身体动静，激发了于欢的肢体反应），无论这其中体现出怎样的文化基因、价值底蕴和人格因素，都能够诠释当事者在案件发生中的情绪反应，乃至大众舆论的情绪导向。深陷对本案一审判决结果的不满情绪当中，不应当是法律修辞研究者的选择。他们应该跳脱出这种情绪，在其具身感知的基础上，考量这种情绪或者感情基础对于相关案件在审判当中的影响。

三、情感在法律论辩中的定位和意义

法律的理性证立原则，决定了直觉主义或者强化道德伦理判定价值的传统影响深远。有学者认为，直觉主义元伦理学因为强调规范性陈述的非经验性，以及无法提供真实性与正确性评价标准的直白证明，也被视为无法站得住脚。〔2〕斯蒂文森的情感主义认为，应当通过道德本质的用途来影响他人，而非指称事实，从而强调其情感功能。他所推崇的规范性命题和其理由之间的关系超越了逻辑，进入心理学领域，并进而区分了理性与非理性的证立方

〔1〕“最高法再审改判聂树斌无罪 其母亲当庭号啕大哭” http：//news. youth. cn/gn/201612/t20161202_8908271. htm，2016 年 12 月 2 日最后访问。

〔2〕徐梦醒：《语用学视野下的法律论证》，中国政法大学出版社 2014 年版。

法。道德判断的非真值性决定了其效力评估是无意义的，应当转而探讨规范性命题是否得以有效证立。在德国学者阿列克西看来，[1]该理论对于法律论证的研究具有重要的意义，尽管在许多重要部分不能完全予以遵从。事实上，法律推理和法律论证的过程并非绝对的演绎推理过程，“根据大、小前提导出法律推理结论的过程，更非一个单纯的形式逻辑推演活动，而是一个包含认知、心理、情感、逻辑等各种因素的复杂思维过程。”[2]其中需要法律人将眼光在事实与规范之间往返关照，“法律适用者必须检验他面临的‘问题’是否并且怎样在法律秩序的某一个领域中得到规定。他的目光将在事实与法律秩序的相关部分之间来回穿梭。”[3]其中既包括目的和利益考量，也兼顾裁决者的自由裁量空间。

（一）认知分析对法律修辞中情感因素的诠释

符号在经验感知和逻辑分析的基础上，就不同标准、领域和依据构成了多元化符号脉络体系中的类型系统。“所有有机体都要施行的最基本的认知活动之一就是分类。用这种方法，每一经验的独特性都被转化为更加有限的一组习得的、有意义的、人类和其他有机体响应的范畴……因此，分类的基本层次看来是一个认知和环境同时得以生成的关键点。对象通过给予（afforded）方式通过身体和心智来使用这些对象。”[4]这种类型化选择是因情感、态度乃至情绪的即时引导而形成的，遵循理性思维框架的法律判断，其中诉诸的修辞和论辩技艺掩盖了论者对于特定立场的得以正常的热情期待或者冷漠回应。逃避和追寻的情绪性宰制在一定程度上衡量和导控论辩谬误的呈现几率。

（二）价值权衡蕴含的情绪性感知

情绪理解在法律修辞当中，通过利益诉求体现出来。这种利益诉求本身和身体经验相关，对于死亡和自由被剥夺的恐惧，在很多层面上可以诠释人

---

〔1〕［德］罗伯特·阿列克西：《法律论证理论》，舒国滢译，中国法制出版社2002年版，第11页。

〔2〕周舜隆：《司法三段论在法律适用中的局限性——兼论法官裁判思维》，载《比较法研究》2007年第6期。

〔3〕焦宝乾：《法律论证：思维与方法》，北京大学出版社2010年版，第153页。原载［德］考夫曼：《法律哲学》，刘幸义译，法律出版社2004年版，第183页

〔4〕［智］F. 瓦雷拉，［加］E. 汤普森，［美］E. 罗施：《具身心智：认知科学和人类经验》，李恒威、李恒熙、王球、于霞译，浙江大学出版社2010年版，第142页。

们的言说和行为。[1]对身体体验的情绪反应构成了当下法律相关问题涉及利益诉求的推论依据。可以说，情绪理解不是简单的逻辑推理过程，具身认知理论为我们反思法律修辞中通过诠释情绪信息形成的符号序列加工，提供了有效的极具启发和洞见的路径。“约翰逊认为，意象图式来自某种基本形式的感知运动的活动和相互作用，所以它给我们的经验提供了一个前概念结构。他指出，既然我们的概念理解是由我们的经验塑造的，那么我们也拥有意象图式概念。这些概念有一个基本逻辑，它将结构传递给被想象地投射的认知领域。最后，这些投射并不是任意的，而是通过隐喻和转喻映射过程完成的，而它们本身的理据则来自身体经验。”[2]身体经验为人们规避未来可能的痛苦体验、追求可能的幸福与愉悦体验带来强大动力，这也可以解释，为什么人们很难毫无偏私地遵循理性论辩规则，而更倾向于关注对自身利益最大化的可能结果，进而做出一种有效的决策方案。

从这个角度来说，即使当下的法律论辩呈现理性格局，但其中很大程度是为了满足自我偏见，或强化预期结果对自我声誉评价或者经济效果的权衡基础上实现的。[3]情感并不是毫无根据的身体感知或者毫无逻辑的应激反射，其包含着特定价值判断和意图涉及对特定事物、对象和状态的价值判断和轻重衡量。举例来说，对于特定主体来说，事物或者对象在他心中占据重要位置的时候，例如核心利益、至亲家属、终身事业等，都决定了该主体行为选择及其法律判定标准的厘定，同时也反映出这种反应当中包含的强烈情感反应。如果辱母杀人案中，杜志浩等人采取的手段并未达到极端羞辱的程度，或者他们选择的对象不是于欢的母亲，而是于欢其他关系人甚至宠物时，于欢的情感应激反应或许会随之减轻，从而可能不会造成一死多伤的后果。显然，对于大多数人甚至所有人来说，母亲这一角色通常都表征一种温婉、幸福、美好的形象，代表着生命孕育和发展的保障，同时也很有可能是最重要甚至最为神圣的角色。基于此种语境，对这种神圣形象的任何亵渎都意味着无法容忍的选择。也如有学者指出的那样，“杜志浩的猥亵行为，是对家庭

〔1〕 Martha C. Nussbaum. *Upheavals of Thought*, *The Intelligence of Emotions*, Cambridge University Press, 2001, p. 13.

〔2〕 Martha C. Nussbaum. *Upheavals of Thought*, *The Intelligence of Emotions*, Cambridge University Press, 2001, p. 143.

〔3〕 目前很多案例都体现出这一点。对此问题诠释，也可以参见波斯纳的《法官如何思考》一书。

良好性伦理的侵犯，不仅直接侵犯了作为女性的于欢母亲，而且侵犯了作为母亲的于欢母亲和作为儿子的于欢的人格尊严——后一种侵犯是一种双重侵犯。推而广之，杜志浩的猥亵行为，更是对人类家庭和谐、安宁、纯洁情感的侵犯。他的恶劣行为突破了性伦理的底线。"[1]从这个角度来说，法律事实中对于主体、状态和事物表征的形象修辞，对规范诠释的伦理空间都提供了相当充实的权衡依据。事件中形象表征的修辞、社会关系的复杂度乃至对事件基于证据的重新表述，都可能基于情感而引申出不同的选择甚至策略。情感在事实表述中的修辞空间发挥着相当重要的作用。

四、交往理性对诉诸情感谬误的重构

（一）诉诸情感谬误（fallacies appealling to emotion）

刑事审判案件中，无论是被害人还是被告的律师，通常都会试图将作为听众的法官或者陪审团引入某种情感体验当中，无论是对犯罪行为的憎恶与愤慨、对受害人深切的同情，还是对嫌疑人迫于无奈实施犯罪的理解等，这些引导性论辩言说在实践法律论证当中是得到普遍运用的方式。《剑桥心理学辞典》将情感定义为一种针对某种刺激瞬时产生的神经生理体验。这种刺激引发了生理和心理反应的互动机制，使主体明晰了与激发这种影响力的关系模式，并选择做出处理的方法。[2]情感作为非理性要素，体现了主体的某种态度、情绪、品性乃至人生观、世界观和道德观等，与其内在感受和身心体验协调一致，从而使主体通过生理评价和经验求证保有、调整或者取消针对特定对象的态度。情感要素对于论证本身的合理性影响是决定其谬误性的关键，听众的理性反思与批判力有可能受到感动、恐惧、怜悯、愤慨等情绪的影响而偏移甚至削弱，进而论证进程可能受到武断操纵，无法满足逻辑完整性与情境关联性要求。问题的关键在于，论证主体基于其系统化的心智能力（mental abilities）以及社会实践理解力，是否能够有效地处理涉及情绪感知、态度体会、经验评价当中涉及情感的理解、评价甚至操控，从而理性有效地

---

〔1〕《于欢护母案：正名、隐私权与性伦理》，载 http://wuhen361022.fyfz.cn/b/917805，2017 年 4 月 2 日最后访问。

〔2〕David Matsumoto as neneral editor. *The Cambridge Dictionary of Psychology*. Cambridge University Press. 2009, p. 179.

解决涉及情感判断问题。在此基础上，论证能够影响听众的情感起伏的限度、基于情感影响判断力以及可能选择的引导力、诉诸情感要素可能运用的辅助方式，如通过情节渲染、音调高低与语速缓急，甚至背景音乐、图片例证等，应当约束在怎样的规范性界限以内，都决定了诉诸情感的论证的谬误性程度。尽管并非所有诉诸情感的论证都被视为谬误，但鉴于其普遍性，并且涉及非理性思维模式的干涉，值得深入探讨。因为论证效果的体现和评估已经涉及论辩言说与听众之间智商与情商[1]（EI，emotional intelligence）的双重互动。

借助情感要素通常被论者用来掩盖不具备充分说服力的证据的情形。[2]诉诸胁迫（argumentum ad baculum）、诉诸怜悯（argumentum ad misericordiam）、诉诸群情（argumentum ad populum）以及人身攻击谬误（argumentum ad hominem）等谬误都可以视为源于试图通过情感要素的干涉，在需要承担证明责任，而未能给出具备足够相关性，并且充分恰当的理性求证的情况下，使听众接受其观点（需要说明的是，尽管无法否认特定案例当中，个人行为涉及的品性和道德素养与论辩效力的考量直接相关，但如果通过攻击对方品性、人格代替对其论辩言说本身的批判，就不具有诉讼程序中的合理性，并且容易使理性论辩走向激烈争吵）。诉诸情感的论证如果能够结合充分证据以及深度的论述，就从本质层面上不具备谬误性，而是能够通过其诉诸情感指涉的听众范围产生某种说服力。例如，律师斯伟江在李庄案的辩护词开头就指出："本案从侦查到起诉再到审理，程序屡屡违法，漏洞百出。俗话说，强扭的瓜不甜，强管的案子，程序上千疮百孔。程序正义犹如交通规则，如果今天江北区公检法可以这样不顾交通规则，把李庄撞回监狱，明天任何一个老百姓也可以被撞进监狱，甚至包括在座各位，谁也不能幸免。我国'文革'才过去30来年，殷鉴不远，眼下重来，岂非悲哀?"[3]

再比如，在1995年的一起肖像权案件中，辩护律师试图证明原告遭受了严重的精神损失，在辩护词中指出："两原告均是稳重、温和之人，不善于也不愿意表现和张扬自己。本来，他们的新婚安排得宁静、紧凑，但就在蜜月

[1] 情商（EI）的含义由Peter Salovey和Jack Mayer于上世纪90年代最先指出。

[2] Douglas Walton. *Informal logic : a pragmatic approach.* Second edtion. Cambridge university Press. 2008, p. 19.

[3] "斯伟江律师李庄案辩护词"，http：//www. doc88. com/p－046847492471. html，2011年4月30日最后访问。

之中即被告知肖像被侵权，平静温馨的生活立刻被打乱了。在两人各自的一员和亲友中产生了种种猜测和议论，甚至有不少误会。正因为如此，原告才倍觉气愤。新婚本是人生最幸福的时刻，但原告的美好生活刚刚开始就不得不为此事大费口舌向有关人员解释原委，并为此大伤精力直至影响各自的工作和学习，这样的精神损害难道不严重吗?"〔1〕

包括上述两例在内的诸多辩护词，以及其他相关法律论证言说中，诉诸情感论证模式通常作为辅助核心证据证明力的诠释性依据和烘托性背景。通常饱含激情的论辩在使听众产生关于对与错、善与恶、正与邪应当如何判断的启发时，这种论证恰恰具有强大说服力和批判力。听众基于反应性情感体验，通过其心理层面上激发的热情、怜悯、愤慨等情绪的瞬间反馈，信息的接纳者与传递者借此确立了一种心理甚至人性层面上的纽带，从而通过互动使受众转换为论辩情境的积极参与者。听众能够在论辩起初意图营造的情感氛围当中逐步接受实体和程序层面上的理性证明。同时，这种要求也决定了诉讼论证中借助情感要素的选择空间远远小于日常对话，尤其是成功的广告宣传中的相关情绪表达，属于"戴着镣铐的歌舞"。未经反思的情感反应可能导致论证谬误的产生。而这种谬误的判断又由于需要通过主体内心体验后的清醒辨识、剖析并检验，决定了诉诸情感谬误的断定存在困难。从法庭审理的理性批判原则着手，法律论证对情感要素的运用不应当干预、模糊、阻碍对方质疑和批判论辩依据的实质说服力和论辩模式选择的合理性程度。

（二）以交往理性化解诉诸情感方式的矛盾

情感除却通过面部表情、身体动静，通过美术、音乐等渠道和方式传递出来以外，主要依靠语言符号的意义链接形成意义之网，从而建构整体性的认知图像；对这种图景的态度内在蕴含着积极或者消极的情感反应；论证谬误对情境的强大依赖需要通过情感感知来判定。比较前文提到的辱母亲杀人案和诗意判决书这两个例子，前后激发的情感认知分别是正面的和负面的，因而对其宽容度和讨论空间都存在很大不同。人们对于那些理性标准不择，但是传递积极情感诉求的审判更加宽容，而对于证成实证理性标准（严苛的法条主义）却忽视强烈消极情感（尤其是悲伤和愤怒）的审判则极其关注，甚至可能会激发更大范围的消极情感传播。其传播的范围和速度受到对该事件评价的修辞力度和

〔1〕 孙玉成主编：《著名律师精彩辩护词》（下册），中国城市出版社1997年版，第94页。

情感渗透强度的影响。作为法律人对该问题应当抱有审慎的态度，避免偏颇任何一边，忽略了情感的制约甚至宰制力量在法律修辞中的功能与作用。

言说者如果借助具有虚假相似性的例证转移听者的注意力，就无法获得合法的效力基础，这种具有蒙蔽与诱导效果的策略性掩饰，加上情感影响力的渲染和虚构，就有可能误导听众，并回避其论证谬误彰显出来的不合理性。"考虑到识别这种隐含于多数非形式谬误中的合理性例证的难度，好的论证往往比坏的论证的特点的考究更加容易。"[1]而从方法论层面，通过这种策略性分析可以将谬误问题转换为合理性边界如何确定或者识别（identify）的问题，而这个边界本身的不清晰又将谬误的相对性认知推进到更深的层次，从而将言说目的与交往进程中的实体与程序要件结合起来。总的来说，如何有效应对情感在法律修辞中的积极与消极作用，是分析诉诸情感谬误问题的关键。情感因素内在地构成非理性因素，很有可能无法确保理性论辩程序的推进。无论是对论证话语还是文本，公诉还是答辩意见，论辩表达还是裁判陈述……其中都有可能包含相当一部分情感表达、语气渲染，遗漏疏忽、前后矛盾，刻意隐瞒、突出强调等。英国哲学家波普尔的批判理性主义的观点认为："社会是非理性的，但社会工程师的任务就在于使其理性化。日常的语言是非理性的，但使其理性化是我们的任务，至少使其保持清晰的标准。"[2]并且，主体对需求的表达未必总是建立在法律规范的要件体系当中，需要对其进行制度上的重构，并针对论辩主题进行批判性解析和辨识，从而在结合其证据和理由的基础上对其合理性进行考察。主体间性可以激发听众的理性，使其从对方灵巧、高明的话语"催眠"中苏醒，而不至于深陷对方话语形构、渲染和烘托出的深度知觉甚至情感体验，即从"感觉"走向"觉察"，从而使交往理性确保修辞论辩中对话的理性推进。

从主体间相互意图构建的关系图景的角度来看，话语者和听众之间实质上是"互为听众"并且"互为修辞者"。所以，虽然在佩雷尔曼看来，言说者试图影响的对象是"普遍听众"，但双方都在生活世界中具备交往权利。因为虽然话语是交际性的或对话性的，这种对话离不开"带有意义的主体、说

---

〔1〕 Hans Hansen and Robert C. Pinto. *Fallacies: Classical and Contemporary Reading.* University Park, Pennsylvancia State University Press, 1995, p. 316.

〔2〕［英］卡尔·波普尔：《开放社会及其敌人》，郑一明等译，中国社会科学出版社 1999 年版，第 363 页。

话者或者‘法律典籍’”，这些元素都试图控制并表述他们自己的意义。“意义是一个自我形成的属于作者的实体。”〔1〕交往理性超越了单一“听众”角色，而普遍听众作为理性的个体所组成的群体性范畴包容了这样的理念，即听众本身也是话语和修辞策略的运用者，也需要对方作为“听众”的认同。“谁要是诉诸普泛听众，他也是在诉诸自身，因为其自身也是这种听众的一员。”〔2〕对方的同意是论证成功的标志，但同时也意味着他认同了更复杂、更具逻辑性的甚至更加合理的结论的得出，这也有助于对修辞学在法律论辩领域寻求一个有效的规则之治的合理定位，促使法律主体提升自身对于话语象征性内涵的领悟，从而在论辩中有效地获取可资利用、调试或者反思与质疑的资源。

（三）诉诸情感谬误以“修辞过度”为界限

情感回应的首要分类，是积极和消极层面的。法律论辩领域中涉及的案件，通常是在发生了不可欲的权益侵害而导致，因而很难确保和积极的情感要素相关联。当然，这里也存在例外，如婚姻、抚养和继承等家事案件都涉及个体的幸福生活。在家事审判中诉诸情理感化能够有效推进社会平安和谐的建设，比如2016年6月23日南京市玄武区法院一份离婚判决书中提到“亲要见面，爱要用心。相爱一辈子，争吵一辈子，忍耐一辈子，这就是夫妻”。再如2016年12月15日，江苏省泰州市法院作出的一份离婚判决书中有“众里寻他千百度，蓦然回首，那人却在灯火阑珊处”的宋词，并写到“本院极不情愿目睹劳燕分飞之哀景，遂给出一段时间，以冀望恶化的夫妻关系随时间流逝得以缓和……”〔3〕这些表述表面上可能存在诸多学者批判的那样意味着不够严谨和过于散文化表达的问题，但事实上，这其中体现出来的就是诉诸情感的“修辞过度”问题。毕竟，法律是决定善良和公平的一种艺术。是否“修辞过度”，在于看司法审判是否把握住保障当事人合法权益的落脚点，是否从人性化的角度对当事人进行了有效的感化和教育，是否让当事人在这种修辞当中感受到重塑生活的希望。这种情感从一定程度上搭建了用

〔1〕［美］彼得·古德里奇：《法律话语》，赵洪芳，毛凤凡译，法律出版社2007年版，第111页

〔2〕［德］罗伯特·阿列克西：《法律论证理论——作为法律证立理论的理性论辩理论》，舒国滢译，中国法制出版社2002年版，第212页。

〔3〕《家事判决书不妨多些温情诗意》，载 http：//www.hebeicourt.gov.cn/public/detail.php？id＝28000，2016年12月20日最后访问。

最为恰到好处的方式化解矛盾的“共情”平台，实现情、理、法的有效结合。如果判决书或者司法论辩中达到了这样的修辞效果，就不能说是“修辞过度”。

结语：利益权衡与正义实现离不开情感分析

安提戈涅指出，法律之内，应有天理人情在。对法律的信仰本身蕴含着对法律公平正义之价值理想的追求。公平的情感诉求表征法治的精神。人的情感中包含着对社会关系评价的道德标准。甚至可以说，情感应当在道德哲学当中扮演相当重要的角色。我们有充足的理由怀疑非理性因素对法律论辩规范性的干扰，但这并不意味着我们可以忽视它。[1]从修辞与逻辑关系的角度来看，“逻辑与影响想象和感情活动的艺术不同，而通过使用比喻或压头韵的方式来应用这样的艺术，甚至可能会使人们接受逻辑。但是修辞学可能会有一种作用，即它激发一种强烈的情感。同样，逻辑也可能会有一种作用，即以平凡的语词使热情变得冰冷。”[2]隐喻的符号意义贯穿于从思维模式化倾向引导下的形式逻辑推演到模糊逻辑在生活世界语言运用规律的探索之中，而修辞则贯穿在这层层推进的人文探索和法律发展运作精髓的探求中。本文的目的绝不是为了说明情感在法律修辞当中胜过理性的作用，而是尝试通过分析修辞话语中蕴含的情绪要素为诸多行为在涉及动机、意图以及其他主观心态相关的诠释中找到更为恰当的理由或者依据。总而言之，法律修辞不应当将情感因素拒之门外，而应当宽容地评估其在法律话语中的积极作用。

---

〔1〕 Martha C. Nussbaum. *Upheavals of Thought*, *The Intelligence of Emotions*, Cambridge University Press, 2001, p. 13.

〔2〕［英］吉尔比：《经院辩证法》，王路译，上海三联书店2000年版，第7页。

论法治话语实践中法律修辞之合理性

邹　鹏*

摘　要　法律修辞是法治话语在实践中的重要形式。法治话语的应用是通过法律修辞表达出来的。法律修辞有宏观和微观两个层面。宏观上，法律修辞在整个社会公共话语体系中充当说服、协调、交流的工具；微观上，法律修辞使法律表达更加准确、全面、有效，使法律规范的内容得以实现。因此，法治话语作为法治的语言表现形式，为法治目标的实现提供有力的保障。

关键词　法治话语实践　法律修辞　宏观　微观

一、引言：话语体系、法治话语体系与修辞

语言是人类社会建立的载体和桥梁。通过语言，人和人之间可以实现沟通，从而传递信息，根据获得的信息去选择和判断。人类社会的构建几乎就是一套语言的表述，历史是通过语言表达和传承的。人类目光所及仅仅是很局限的一个领域，但人类却可以通过语言把握世界。因此，语言是人类社会的基础。认识话语和话语体系，就是认识和把握社会发展最根本的源泉。

（一）话语体系：语言建构的观念世界

话语乃是社会活动主体通过言语或者以言行事而对语言加以运用的最为基本的方式，它一般是通过具有丰富的意义负载的象征符号来表达或者传达其意图与内涵的〔1〕。话语是信息的载体，人与人之间的交流与互动是依靠

* 邹鹏，男，华东政法大学博士研究生。

〔1〕 姚建宗：《法治与公共话语》，载《吉林大学社会科学学报》2001年第1期。

话语来实现的。人们通过使用话语描述对象，构建一个语言表达的理念世界。从这个意义上说，话语对于人类社会有本体论上的意义。依靠话语，人类社会才得以建立和运行。

体系化的话语称之为话语体系。话语体系原本是语义学概念，包含诸如语素、词汇、长句、语法等概念，是反映人思维的一种外在形式。人类话语体系内容丰富，包罗万象，通常一个比较成熟的实践和理论领域都有其独特的话语体系。比如，在政治领域有政治话语体系，在金融领域有金融话语体系，在道德领域有道德话语体系等。各类话语体系一般都有比较完备的理念、术语、原则、方法等要素，通过话语体系开展本领域的实践和思考，从而维护本领域的秩序，促进本领域的发展。

话语体系是语言，语言通过口头或书面传递信息，影响人的认知。因此，话语体系是从客观世界到主观世界的衔接和通途。不论是社会的哪个领域，其很多问题和对象都是由语言建构出来，比如一些复杂的概念。话语的基础是对象的概念，语言实践主体在使用语言的过程中将自己的观点作用于特定的对象上，并约定形成共识，从而给特定的对象下了定义。这正如维特根斯坦对语言的描述一样。在诸多对象观念的基础上，话语体系可以看作是一个语境，是由语言建立的一个观念的世界。在这个观念世界中，人们利用语言交流各取所需，语言的交流体现在实践上就是社会活动。因此，观念、话语体系、社会三者通过语言衔接起来。

（二）法治话语体系：观念上的法治语境

在法治领域的话语体系称之为法治话语体系，其可以被理解为符合和趋向于法治的目标原则和体制机制，与法治相吻合、相契合，在内容与方式上有利于法治实现的话语表达[1]。法治话语体系可以理解为法治语境。语境（Context）这个概念最早由英国人类学家马林诺夫斯基（D. Mdinowski）提出，随后被引入语言学领域，进而得到学者们的广泛认同。概括地讲，语境指的是言语活动在一定的时间和空间里所处的境况[2]。法律实践主体在法治话语体系营造的语境中实现交流，彼此传递信息和想法，形成共识，解决

---

〔1〕 石东坡：《作为法治文化的言说与表达：法治话语体系初论——以法治话语体系的界定、生成与对策为对象》，载《甘肃理论学刊》2014 年第 5 期。

〔2〕 严明：《话语共同体理论建构》，复旦大学出版社 2013 年版，第 3 页。

矛盾，形成社会秩序。语言反映了法治的观念和要求，并且通过自身调整特定的社会关系，将法治的观念转到实践中去，构建法律关系，通过法律关系协调主体的权利和义务。法治话语体系在观念上表现为一个法治语境。

法治（the rule of law）并不简单地等同于依照法律的统治（ rule by law），它具有形式与实质两个维度。从形式的维度看，法治意味着存在一套法律规则，并且这套规则要得到全社会前后连贯一致的遵守和实行，此即形式法治观。从实质的维度来看，法治意味着依照法律所形成的一种良好的社会秩序，这是所谓的实质法治。[1]对形式法治来说，法律规则是其核心和主体；对于实质法治来说，法治观念是其基础和保障。不论是形式法治还是实质法治，都必须通过法治话语予以表现，通过法治话语得以实现。

法治话语体系包含了法律实践主体在法律创制、法律传播、法律实施中基于自身的法律意识，表达自身对于一定社会现象特别是法律事实的法律认知与法律评价的话语言说内容与表达方式。[2]因此，法治话语体系是法治实践的重要载体，是反映法律的主要阵地。语言必须在思想的限定范围，不能超越思想实施表达。[3]。作为法律意义的载体，民众对法律的认识和了解都是来自于法治话语。法律规则、法律概念、法律原则需要法治话语予以描述和表达。法治理念、法治信仰和法律精神则需要法治话语予以论证和阐释。营造一个知行合一的法治语境，必须依靠法治话语支撑。

（三）修辞：法治话语的说服之术

在法治话语营造的语境下，为了使民众更好地接受法律和法治，需要修辞发挥作用。修辞是一种说服性活动，这一点从其在东西方的缘起都可以得到印证。修辞是实践性的，并且是入世的，其开展有其明确的实用主义目的，追求通过修辞使表达影响他人这一目标。从西方来说，修辞实践一直是西方文化、社会、教育的一个重要组成部分。古代希腊、罗马的民主社会要求修

---

〔1〕 孙海波：《疑难案件否定法治吗——依法裁判立场之重申》，载《政治与法律》2017 年第 5 期。

〔2〕 石东坡：《作为法治文化的言说与表达：法治话语体系初论——以法治话语体系的界定、生成与对策为对象》，载《甘肃理论学刊》2014 年第 5 期。石东坡教授认为，上文定义为法律话语体系。笔者认同石东坡教授所提出的法治话语体系概念，但认为石东坡教授提出的在法律话语之中体现法治追求和正确方向的积极成分与有益部分，就可以称之为“法治话语”，此观点似乎将法治话语的范围缩小了。从石东坡教授定义的法律话语的概念来看，其也应当列入法治话语的范畴，并且是法治话语体系的重要和主要组成部分。

〔3〕 George Campbell, The Philosophy of Rhetoric, Southern Illinois University Press, 2008, p142.

辞作为一门实用艺术而产生，修辞可用于指导如何说服法庭的判官、议会的元老和教堂的听众。[1]在中国，修辞也是一种目的性比较强的实践性活动，如《周易·乾·文言》云："君子进德修业。忠信，所以进德也；修辞立其诚，所以居业也。"把修辞作为建功立业的一个必要条件，反映了修辞在社会发展中的重要作用[2]。从修辞在东西方的起源和发展脉络来看，应用性和实践性是修辞的核心内容，说服他人、获得认同是修辞的根本性目标。

鉴于修辞对于法治话语有重要意义，为了更好地运用修辞使其在法治话语体系的实践中发挥更大的作用，研究法律修辞就十分有必要。法律修辞是利用法律进行说服的系统性活动，是法治话语体系实践的重要形式。法治话语通过修辞的形式由静态到动态，在法律实践主体的表达活动中得到应用，从而从观念上的词语转化为可以言说，再转化为人的行为。人们已经形成共识，修辞不仅仅是语言上的修饰，它更重要的作用在于促进人们在思想上接受论证者提出并争取对方接受的论题。从这一意义上说，修辞是一种实用的技术和方法，它主要并不是进行文体、文采的研究，也不仅仅是一种修饰语言的艺术或者技能，而是一种说服人的手段或技术，它挖掘了语言中所蕴含的巨大力量。[3]法律修辞能够更加充分地说服民众，让法治目标得到民众的认同。法治话语体系因为法律修辞的作用而活跃起来，并且不断为法治的建设提供动力。

二、法治话语实践中的法律修辞涵义

法律修辞要求法律人站在法治的立场上通过释放法律体系的隐含能量把法律概念、法律规范、法律原则、法学原理、法律方法等构成的法律词语作为法律思维的关键词。[4]这些关键词是法律思维的核心要素，更应当在法治实践中得到反映和体现。法治话语正是体现这些关键词作用的辽阔平台和重要工具。法治话语的实践正是法律修辞的表达，法律修辞的目标正是法治话语实践的方向。

---

[1] 鞠玉梅：《关于中西修辞学传统的思考》，载《齐鲁学刊》2007年第3期。

[2] 鞠玉梅：《关于中西修辞学传统的思考》，载《齐鲁学刊》2007年第3期。

[3] 武飞：《论立法修辞的要素》，载《政治与法律》2012年第1期。

[4] 吕玉赞：《论"把法律作为修辞"理论的合理性》，载《法学论坛》2015年第2期。

(一)法治话语实践的涵义

1. 法治话语实践的定义与分类

实践是主体能动地改造和探索现实世界一切客体的活动。法治话语自身是一套系统的工具，不具备主观能动性，不存在自身能动改造和探索客观世界的可能。这里所说的法治话语的实践，是指法治实践主体运用法治话语体系开展的各项实践活动。法治实践主体通过话语和行为建设法治，其中对法治话语的运用是从事法治行为的指引和依据。一个行为是否合法，是通过法治话语所表达的法律规范来判断的。当立法表达开展时，法治实践主体就在运用法治话语，这就是法治话语在进行实践。此外，在司法审判中，当事人和法官所做的论证与裁判、行政执法过程中执法机关的依法言说都是法治话语的实践。在公权力以外的领域，诸多私人之间的权利、义务关系的约定，也是通过法治话语的实践予以确定的。因此，法治话语的实践是具有开放性、多元性和广泛性的。

法治话语的实践依据不同的标准可以进行若干种分类。根据法治话语实践所处的领域，可以分为立法领域的实践、执法领域的实践和司法领域的实践。根据法治话语实践的表达形式，可以分为解释的实践、修辞的实践两类。根据法治话语实践的主体，可以分为公权力主体的实践和私权利主体的实践等。不同的分类侧重的对象不同，但都反映了法治话语实践的基本特征：权义性、专业性、商谈性与权威性。

2. 法治话语实践基本特征

第一，法治话语实践具有权义性。权义性是指法治话语的实践与权利(权力)、义务密切相关。法治的内容是权利（权力）与义务，作为法治的话语表现形式，法治话语必然与权利（权力)、义务有着密切的联系。在实践中，法治话语往往包含着权利（权利)、义务的内容，围绕权义进行表达。可以说，权义是法治话语在实践中的首要关键词。法治话语的实践水平通过权利（权力)、义务是否得到了合理、充分表达来判断。得到较好实践的法治话语，往往对权义的表达是比较到位的。通过表达明确权利（权力）和义务，使权利得到维护、义务得到履行、权力得到指引。所以，权义性是法治话语实践最为明显的特征。

第二，法治话语的实践具有专业性。所谓专业性是指法治话语有一套独特的、专门的术语体系。法律上的术语是概念的技术化命名，是概念的形式和表象，可以认为属于一个专门词语系统中的特有的言语表达。[1]这一表达往往有其特定的含义，含义的形成是公共语境中因为传统而约定明确的。这正是法律的专业性体现。只有法律人才知道如何表达法言法语，即如何使用法治话语。法治话语的实践是法律人在言说上区别于其他行业的明显特征。要具备这样的特征，需要专门的学习和积累。而掌握了这一专门语言，也即可以从事法律行业，进入法律界这一部门。所以，法治话语的专业性是其自身独特的标志和符号。

第三，法治话语实践具有商谈性。哈贝马斯的交往理性法治观据于当代法治理论的重要位置，他通过顺应当代哲学语言转向的语用分析方法，从生活世界人们的交往实践中总结建构一个既包含历史性和现实性，又具有反思和批判性的实践理性，于是他提出了交往理性概念，强调在交往理性基础上的话语共识，通过协商和对话来达到法理的合理性。[2]交往理性的核心在于商谈，通过商谈使双方的想法和观念得到交流，从而不断换位思考，形成共识。在法治话语实践过程中，相当一部分活动都是通过商谈的形式表现的。比如在民事法律活动中，合同的签订需要商谈；在司法裁判中，对当事人双方可能予以调解；在立法过程中，立法机关需要实施公众参与，不断与法律的作用群体商谈，形成相对比较明确的共识。这些活动都是法治话语的实践，也充分反映了话语自身所属的商谈特征。通过商谈，法治话语可以构建一个各方认同的观念领域，在这个观念领域中解决权利（权力）、义务问题，从而在行为上表现为遵守法律，维护社会秩序。在现代法治国家，法治话语的商谈属性和作用往往得到比较充分的体现和发挥。

第四，法治话语实践具有权威性。权威是使法律得到实施的重要观念支撑和保障。权威，即可以促使他人基于信赖而自发接受其规范的力量。因而权威也就是建立在正当性、合理性以及必要性的基础之上的服从的制度化。权威不是进行选择的根据，而是要求服从的标准。权威与权力的不同在于其强制性必须基于社会承认，从而形成一种优越的价值，导致自发的遵循。[3]为什么法治话语可以使人服从？因为法治话语具有权威，提供令人服从的标准与共识。法治话语实践的权威性来源于其内容的合法性、合理性以及传

〔1〕 See Heikki E. S. Mattila: Comparative legal linguistics , Ashgate Publishing Limited, 2006, p103.

〔2〕 张斌峰、黄现清：《交往理性视域下的法治话语互动》，载《法学论坛》2016 年第 1 期。

〔3〕 季卫东：《论法制的权威》，载《中国法学》2013 年第 1 期。

统——公权力的权威，这一权威是被社会所承认的。因此，法治话语一经表达会起到指引和评价的效果。权威是法治话语实践产生实际效果的保证，是国家强制力的观念和行动。在权威的支持下，法治话语的实践才能有实质的意义，才能影响人的行为。这一点也成为法治话语实践最明显的特征。

3. 小结

法治话语的实践就是讲法治话语，用法治话语去影响人，从而实现法治。法治话语自身的特征，决定了其实践必须符合相关的规律和规则，运用专门的表达技巧和方法。法律的功能在于引导人的行为，但这一作用在大多数时候并不是依靠强制力的表现，而是依靠法治话语的表达。以言取效是实现法治最有效也是最经济的方式。法治的实现可以说是建立在语言的应用之上——讲法治话语就能够让人做法治行为，这比动用国家机器制裁违法行为成本要低得多。一个法治社会，恰恰是法治话语得到充分运用和彰显的社会。因此，法治话语体系自身是法治建设最核心的组成要素，其实践也是实现法治的最关键和最有效的举措。

（二）法治话语实践中的法律修辞的涵义

1. 法律修辞在法治话语实践中出现的背景

法律修辞是法治话语实践中的一个重点领域。在法治社会建设中，法律修辞是对抗肆意的权力修辞的强力工具。权力修辞就是建立在权力场中的思维与言说方式，是一种以保障权力绝对性为目的的管理方式。权力修辞是威权国家管理方式的显著特征。在这种思维中，不是没有任何法律因素，而是人们对法律的理解总朝着有利于权力的方向倾斜，权力成了法律保护的对象，而权利则具有了随时可以牺牲的品行。[1]法律成为捍卫权力的工具，成为权力得以运作的权威来源。即使权力一旦任意妄为，其形式上却还是具有合理性与合法性。这种对于权力的崇尚与认同，影响着权力享有者和被权力影响者的思维，使权力得到了强化和凸显，但权利观念却因此日渐式微。权力与法律，在它们的标准形态上，是敌对的两极。一极代表专擅的权力，不受任何行为的规律所限制。另一极代表一种社会体系，在这种体系之下，权力是

〔1〕 陈金钊：《权力修辞向法律话语的转变——展开法治思维与实施法治方式的前提》，载《法律科学（西北政法大学学报）》2013年第5期。

受到有效的制约与保证的最强的力量所限制的。[1]作为现代法治国家来说，在权利受到不断重视和保护的语境下，权力修辞的倾向和地位必须发生转向，权力修辞应当被权利修辞或法律修辞所替代。

法律修辞替代权力修辞是保障民众权利的需要。试想，如果一个社会的公共话语体系依赖于权力，任何主张都是从权力入手，那么没有权力的民众应当如何面对这一局面。中国历史上权力话语的影响和痕迹是比较明显的，即使到了今时今日，仍然存在权力修辞的印记。一些权力享有者在思想或观念上崇尚权力，仍为只要手中有了权力，就可以为所欲为，除非更强的权力出现，否则自己就具有最高的权威，将权力和权威联系在一起。这就是权力话语体系或者权力修辞对公共话语体系影响的表现。这样的格局已经延续了几千年，到了今天，我们已经意识到权力修辞的弊端时，这一情况仍然还是存在的。为了解决这一问题，法律修辞应当有所作为，其出现与不断完善是具有客观上的必要性的。

2. 法治话语实践中的法律修辞内涵

法治话语的实践为法律修辞发挥作用提供了辽阔和广袤的空间。在法治话语实践过程中的法律修辞，可以分为两个维度，宏观维度和微观维度。在宏观上，法律修辞是指一种理念和立场，即用法治话语去表达法治的观点和意图，是一种表达的思维模式和风格。在微观上，法律修辞则是完善法治话语本体表达的一种修饰文辞的技巧，与最普遍意义上的修辞学同义。法律修辞的作用通过法治话语予以体现。在法治话语实践的过程中，话语的内容发生了变化。以往的权力、层级、领导、命令等语素现在逐步变为权力、权利、义务、程序等语素。权力修辞需要逐步退出一些语境，不能再在这些语境中充当权威的声音。法律修辞作用于一些观点的表达，使表现这些观点的言说充满了法律和法治的特色和属性。这是一种修辞，通过这种修辞完善、改进、提高了言说的说服性，使人们更加认同言说的内容。

修辞行为是在语言行为意图指导下追求交际有效性的语言要素匹配行为和语言策略选择行为。[2]语言要素匹配行为指的是话语文本的修饰与改善，语言策略选择行为则是指表达方式的优化和斟酌。任何一个修辞行为的实施，

---

〔1〕［美］博登海默著：《博登海默法理学》，潘汉典译，法律出版社2015年版，第25页。

〔2〕许钟宁：《二元修辞学》，复旦大学出版社2012年版，第11页。

都是在启动以言达意、以言行事、以言取效言语交际的三个功能，任何一个修辞文本部可以依据语境作出语言行为阐释。“精兵简政”是延安抗日根据地时期民主人士李鼎铭先生向毛泽东提出来的，是一个著名的修辞文本，这是以言谏政。“和平共处五项原则”是周恩来总理代表新中国在“万隆会议”上提出来的，是以言外交修辞行为〔1〕。同样的，利用法律思维和法律方法进行思考和实践，就是法律修辞的行为。

正如修辞并不仅仅局限在文本的改进上一样，法律修辞的涵义是广泛的，包括在法律文本和法律表达两方面的完善。法律修辞的观念统摄法律文本和法律表达两方面的内容。在法律文本方面，法律修辞力争使法律文本更加精准、清晰、全面、合理；在法律表达方面，法律修辞使立法、执法、司法的开展更加具有可接受性，与法律调整的对象具有更好的衔接性与相容性。两方面内容都是法律修辞的重要组成部分。

从观念上来说，法律修辞是一套与权力修辞完全不同的观念和话语体系，其立足于法言法语，建构法治语境，使整个权力运行都符合法治要求，限制权力的滥用，维护社会秩序和民众权利。比如执法机关的执法活动，原本一些执法主体依据政府的权力，除非有上级命令，否则执法是不能更改或停止的，对于一些执法主体来说，领导的指示是执法的依据，他们的言说就体现了这样一种倾向。在法律修辞的语境中，通过法治话语的实践，运用法律规定、权利、义务、责任、申诉、抗辩、程序等词语，要求执法主体的执法过程依法开展，据法而为，在法治的影响和支持下，提高执法活动的可接受性，使被执法者能够理解并且配合执法。这正是法律修辞的用武之地。我们欣慰地看到，当代中国这样的现象越来越多，标志着我们的社会正在法治化道路上越走越稳。

3. 法律修辞的意义

权力修辞对于中国的影响极其深远，从古至今，权威、权力一直是人们服从和崇尚的对象。即使是封建社会被武力推翻，建立民主国家之后，人们发现，权力依然在法治场域中发挥主导作用。由于倡导法治政府、法治国家和法治社会的建设，以及法律体系的初步形成，人们的法律意识得到很大提升，今天的权力行使的新办法主要是指法治方式，然而管理者遇到的是不会

〔1〕 许钟宁：《二元修辞学》，复旦大学出版社2012年版，第11页。

用的问题。[1]不会用主要表现在不会说，管理者最熟悉的表达方式是上级的行政命令。这一现象当然已经在发生变化，并且越变越好，但仍然还有不小的发展空间和余地。我们应该把法治当成政治、文学、法学、经济学领域的修辞活动。也就是在人们遣词造句、文章布局和思维方式上都“把法律作为修辞”，以修饰各自领域的思维决策过程，顺应法治的要求，真正使法律成为思维过程中的法律修辞活动[2]。管理者所要表达的内容是确定的，但形式上需要做改变。权力修辞应当退隐，法律修辞应当显现。因为管理者讲出法言法语可以使民众更加认同和接受，要让民众能够理解法律。达到理解的目标是导向某种认同。认同归于相互理解、共享知识、彼此信任、两相符合的主观际相互依存。认同以对可领会性、真实性、真诚性、正确性这些相应的有效性要求的认可为基础。[3]所以，法律修辞的出现和发展是具有合理性与必要性的。

三、法律修辞的合理性涵义及其证成

（一）法律修辞的合理性之涵义

法律修辞的合理性是指在法治话语实践中，法律修辞的出现及凸显是符合话语体系发展客观规律和语境的参与者即民众的主观需求的。其合理性表现在客观性和主观性两方面。修辞活动是一种思维活动，是指对语言进行加工、修饰和调整，以达到最佳交流效果的活动；是交际活动的重要环节，要依赖语言环境，从语言体系中选择恰当的语言手段，组成适切的话语。[4]从话语体系的实践来说，其目标是为了更好地实现不同主体之间的交流。在法治社会背景下，法律修辞作为法治话语实践的一种理念和手法，能够更好地支持和表达主体的意愿，使表达的观点得到彼此的认同。

事物的存在与出现必有其合理性。法律修辞的合理性体现在对公共语境中法治观念表达的支撑、体现和完善。在公共语境中，特别是中国传统公共

[1] 陈金钊：《权力修辞向法律话语的转变——展开法治思维与实施法治方式的前提》，载《法律科学（西北政法大学学报）》2013年第5期。
[2] 陈金钊：《法律修辞方法对构建法治意识形态的意义》，载《杭州师范大学学报》2014年第6期。
[3] [德]哈贝马斯：《交往与社会进化》，张博树译，重庆出版社1989年版，第3页。
[4] 陈金钊：《法律修辞方法对构建法治意识形态的意义》，载《杭州师范大学学报》2014年第6期。

语境中，权力的主导话语权力量太大，人们的思维和行为总是习惯于遵照权力的指引行进，权力在公共语境中形成了权威性指向。但如果没有足够的约束，其可能会对社会秩序造成消极影响，损害权利。因此，法律修辞是一种约束，在公共话语体系中对权力表达进行管控和监督，限制权力肆意行使和滥用。只有法律修辞具有这样的力量，因为其具有违法制裁性，并且是根据国家强制力保证实施，体现国家意志，能够对抗权力的不当行使。法律修辞合理性体现在宏观和微观两个方面，要把握其合理性，也应当从宏观和微观两个层面入手分析。

（二）法律修辞宏观层面合理性之证成

1. 何为宏观层面

现代语用修辞理论认为，修辞是社会角色定位下的有意识、有目标的语言行为，修辞现象产生于言语交际行为之中。[1]因此，修辞并非单纯的美化言辞之活动，其在言辞之外还有丰富的社会意义。许钟宁认为，语辞美化是在追求交际有效中体现人类精神追求和精神需求的语言行为；由于言有所述、言有所为、言后有果，在社会角色背景下追求交际有效性，必然要求语境选择、语辞调整及优化组合；言语交际行为表现为语言符号编码活动，即表达活动，总体有两种行为策略，常用“零度”（常规，维系语言秩序），有时也用“偏离”（变异，推动语言发展）。[2]据此，修辞可以分为语境选择、语辞调整及优化组合等三类。笔者这里谈到的宏观层面，正是从语境选择的概念来讨论的。

当代语用修辞理论认为，语境是语言行为的背景和平台，各语言要素是语言行为的载体，语言单位的语用含义只能够在修辞语境中实现，在语用情境中推导。[3]法律修辞并不仅仅关注文本的问题，还应当关注语境的问题。马林诺夫斯基在《意义的意义》中对语境进行了阐述。他在《意义的意义》一书的补录中区分出两类语境，一是情景语境，一是文化语境，也可以说是语言性语境和非语言性语境。语言性语境指的是在交际过程中某一话语结构、篇章组织在表达某种特定意义时所依赖的前言后语和上下文环境；非语言性

[1] 许钟宁：《二元修辞学》，复旦大学出版社2012年版，第6页。
[2] 许钟宁：《二元修辞学》，复旦大学出版社2012年版，第6页。
[3] 许钟宁：《二元修辞学》，复旦大学出版社2012年版，第7页。

语境指的是在交际过程中某一话语结构、篇章组织在表达某种特定意义时所依赖的各种主客观因素。[1]修辞的功能必须借助语境才能得到充分的发挥，单纯的文本修辞难以达致有效说服的效果。

笔者认为，法律修辞的宏观层面就是法律修辞所处的非语言性语境，也即法律修辞表达过程中所依赖的文本以外的主客观因素。文本并不是反映特定意图的唯一决定性因素，文本以外的因素对反映特定意图的意义也许更大。比如在社会治理过程中，治理者是认同权力思维还是法治思维将分别营造不同的社会语境。如果治理者认为权力是表达意图最好的修辞，那么法律修辞缺乏表达的宏观语境，即使文本再精巧，也难以发挥作用。

2. 法律修辞宏观层面合理性之证成

法律修辞在宏观层面为何是合理的与正当的？从修辞的概念来看，单纯针对文本改进的内容已经不能够作为修辞定义的全部，在文本改进之外的用于改善交际效果的活动或许是修辞更加重要的内容。古希腊修辞学先驱因苏格拉底在2000多年前就已经提出言说艺术和文字艺术的区别，强调言说的能力而并不拘泥于言说的文本内容。[2]在苏格拉达看来，言说的能力比言说内容更加重要，具备强大言说能力的人往往能够更好地说服听众。对于法律修辞来说，其在宏观层面上的积极作用甚至可以比法律文本自身更加具有影响力，更加有助于提高法律的可接受性。法律修辞在宏观层面的合理性从以下三个方面予以体现。

第一，法律修辞可以影响人的观念，树立和铸牢法治意识。法治社会中，权力在法治之下，权力在权利之下，牧民式的管制被扁平化治理模式所取代。权力的谦逊、对平等身份及其对自由行为的充分认同将会成为新常态。俯视性的官员心态将难以保持，权力的傲慢也将逐步消失。[3]法律修辞的出现正是为了对抗权力修辞等观念的影响，消除权力在各类事务中引起的困境。对于国人来说，权力思维和权力理念影响太深，对于法治社会的建设产生了较大的阻碍作用，应当通过法治思维和法律修辞的观念与方法予以化解。通过法律修辞的实践，逐步使人们意识到法治的意义和作用，从而转变权力观念

[1] 许钟宁：《二元修辞学》，复旦大学出版社2012年版，第10页。

[2] 刘亚猛：《西方修辞学史》外语教学与研究出版社2008年版，第43～45页。

[3] 陈金钊：《中国社会主义法治理论体系之"法治"》，载《北京联合大学学报（人文社会科学版）》2016年第1期。

和思维，树立法治意识，认同法治意义，形成法治思维和使用法律的观念，最终建成真正的法治社会。

第二，法律修辞可以增加法律实施的效果。法律文本的质量高低和法律实施的效果相关，但法律实施自身也是法律修辞的重要组成部分。如果将法律实施看成本体，则法律修辞对于法律实施来说应当产生改进和完善作用。从语用学上讲，语言的功能分为以言表意、以言行事和以言取效，法律修辞的宏观意义主要在于更好地以言行是和以言取效。在法治权威的影响下，民众往往会认真履行法律赋予的义务，也可以更加认真地行使法律赋予的权利。法律修辞正是对于法治权威的完善，通过改进立法、执法、司法的实践环节，使民众更加信服法律，从而更加崇尚法律，增强法治权威，提高法律实施的可接受性。

第三，法律修辞对法治话语体系的完善具有积极作用。宏观层面上，法律修辞涵盖了立法、执法和司法三个维度。在三个维度的法治建设过程中，法律修辞对其的影响是通过法治话语来实现的。比如，以往立法过程中对于公众的意见重视程度不够，但随着法治建设的发展，立法工作开始关注并吸收公众意见，从而建立其立法公开相关制度。这个新制度在形式上反映为一套新的话语模式，从而丰富了法治话语体系的内容。再比如，在司法过程中的人民陪审员制度、法官论证制度等规定，都是为了完善法律实施而使用的法律修辞，在形式上将形成新的发展话语内容，从而为法治话语体系的完善和发展提供资源和素材。

3. 小结

法律修辞具有微观技艺和宏观方法两层含义，传统法律修辞的研究着重于前者，而现代法律修辞将后者也纳入研究视野并给予特别的强调，不仅提升了自身的理论深度，也挽救了发展的危机。[1]法律修辞在宏观层面的合理性是在法律文本自身之外的功能体现，是更加直接影响民众的行为。对于民众来说，文本是深奥的，但法律实施却可知可感，因而更加容易获得他们的认同或者否定。因此，法律修辞在宏观上具有充分的合理性，是实现法治的重要因素。

---

〔1〕 孙光宁：《法律修辞的两种层次及其启示》，载《法学论坛》2011 年第 6 期。

（三）法律修辞微观层面合理性之证成

1. 何为微观层面

从中国传统意义上的修辞来说，修辞原本就是关注文本的，关注文本语言的调整、修饰和美化。王希杰认为，修辞就是用各种语言手段来改善语言的表达方式，加强它的表达效果。[1]陈望道先生对修辞的界定是："修辞原是达意传情的手段。主要是为着意和情，修辞不过是调整语辞使达意传情能够适切的一种努力。"王易认为："修辞学一名美辞学，因其讲述修饰辞句而使增其美之理论也。"又说："修辞学者，乃研究文辞之所以成美之学也。"陈介白认为："修辞学是研究文辞之如何精美和表出作者丰富的情思，以激动读者情思的一种学术。"学者章衣萍指出："修辞学是研究文辞美化的一种艺术。"[2]这一观点对修辞学影响很深，至今仍有许多观点认同修辞就是针对文本的调整和美化。

微观层面的法律修辞，主要是指对法律文本的改进与完善。法律文本作为法律实施的依据，是整个法治建设的基础，高质量的法律文本可以促进法治社会秩序的形成。如果法律文本质量不高，那么连基本的表意都难以实现，何谈法治行为。法律修辞在微观上的作用主要是针对法律文本进行修饰和改进，使法律文本更加准确、合理、全面，能够充分反映立法者的意图，从而为依法行为提供依据。

在微观层面上，法律修辞更加注重法律语言的应用和实践。通过运用法律语言使法律文本更加科学。比如，在立法方面，应当运用立法技术学，提高立法质量，使立法做到词能达意、清晰明朗。在司法方面，判决书应当言之有理、论证充分，使当事人能够理解法院裁判的内容和意义。在法律方法论体系中，法律修辞学具有比较真实地展现法律实践的特征，有利于破除法律理论与实践脱节的问题，是具有启示和实战意义的一种法律操作方法。它可以从动态的视角了解法律解释的使用，并用于解决疑难问题。[3]随着法治社会建设的发展和法律程序的不断完善，法律文本的质量是在不断提高的，这也正是法律修辞在微观层面上的实践和发展。根植于法律文本的法律修辞，

---

〔1〕 王希杰编：《修辞学》，湖南师范大学出版社 2012 年版，第 2 页。
〔2〕 许钟宁：《二元修辞学》，复旦大学出版社 2012 年版，第 2 页。
〔3〕 陈金钊：《法律修辞（学）与法律方法论》，载《西部法学评论》2010 年第 1 期。

将有丰富的发展资源和广阔的发展空间。

2. 法律修辞微观层面合理性之证成

法律修辞在微观层面的合理性来自于法律文本自身完善的需求。如果法律文本的质量不高，以法律文本为依据的法律实践开展的质量也要相应受到影响。因此，作为一切法治实践活动的基础，法律文本必须是经过反复修改和斟酌，在文辞上应当具备充分的科学性，不能因为语法、表达习惯、表达风格等原因影响了法律文本的理解乃至于实践。作为微观层面上的法律修辞，其合理性体现在以下三个方面。

第一，法律文本是法治实施的基础，形式上必须具有较高的质量。没有法律条文或者法律判决，法治的实施就失去了依据。以言行事前提是首先要有言说或表达，如果法律条文不够清晰、准确，那让民众如何实施法治？因此，对于法律文本来说，自身的质量至关重要，是一切法治建设活动的起点。法律修辞必须在法律文本的完善方面提供有效的支持和保障，运用积极修辞和消极修辞的方法，在书面语言上进行修饰，使作为依据的法律能够有效地得到体现。

第二，法律文本是法律语言的应用，必须通过法律修辞予以优化。法律语言具有专业性，应当根据专门的使用规则予以表述。这一专门的规则就是法律修辞的规则。法律语言表达是一种专业性很强的活动，一些表述虽然是运用日常语言，但其整体篇章、格局、体例都有差别。要使法律语言运用精准，需要改进法律语言表达的技巧，使语言能够适应专门的话语体系，从而在这一话语体系中传达意义。要使意义传达得比较充分、有效，应当运用专门的修辞方法，这些修辞方法正是法律修辞。所以，法律修辞是确保法律语言使用得当的技术和方法。

第三，法律修辞是法律思维的体现，是确保法律文本秉持规范性立场的条件。法律修辞始终是不能脱离法律规范的，这一点正好能够回应当前司法领域的“法律规范退隐”之问题。由于受到多种思潮的影响，一些司法案件的判决开始参考法律外因素，这原本是法治发展应有之意，但在思考法律问题时，过多关注法律以外因素，忽略了法律规范因素，这对于法治建设和司法判决来说都是弊大于利的。法律修辞是以法律规范为核心的一种语言技巧，其同时是法律思维的表达，有法律修辞存在，法律文本的规范性立场就得到了支持，在表达过程中可以始终围绕规范这一概念予以体现，从而确保了法律文本的规范属性。

3. 小结

法律修辞在微观层面的应用更多的是聚焦在文本的形式与内容上。作为法律文本，自身应当具备科学性、准确性、精炼性、抽象性等特征。民众通过阅读法律文本获知法律信息，也通过理解法律文本践行法治意图。因此，微观层面的法律修辞往往是直接影响法治实践的因素。做好微观层面的法律修辞，提高文本自身的质量，不仅仅能够使法律得到更好的应用，还能够树立法律的权威，使法律让人自觉认同。善于运用法治话语去表达法治理念，用微观层面法律修辞提升法律的影响力，是实现法治的必由之路。

四、代结语：用好法律修辞，讲好法治话语

法治话语的实践需要通过一定的形式表达出来。从实践的表现来看，法律修辞是法治话语应用的主要形式。不论是宏观还是微观，法律修辞都在运用法治话语构建法治社会，维护社会秩序。把法律作为修辞不是重述法律条文的规定，而是准确地、灵活地运用法律语词表达法律思维。[1]法治话语实践正是法律思维的外部形式与表现。因此，法律修辞是法治话语体系实践的载体，不断强化法治话语在社会运行中的功能和意义。

法治话语涵盖立法、执法、司法三个维度，法律修辞同样涉及这些领域，并在每个领域发挥作用，改善相应领域的法治建设质量。通过法律修辞，讲好法治话语，使法治的理念和思维通过法治话语发挥出力量，使法治观念得到加强，法治实施得到支持，从而为法治社会的建设发声，让民众的权利和义务在话语表达中得到体现，也让政府的权力被框定在法治的轨道之上，以言说影响社会各类主体，形成稳定的社会秩序。

---

〔1〕 陈金钊：《把法律作为修辞——认真对待法律话语》，载《山东大学学报（哲学社会科学版）》2012 年第 1 期。

论辩型对话下法律修辞的听众问题探析

魏　风 *

摘　要　法律修辞是一门说服的技巧。它的运用与法律论证密不可分，在当下对抗制的法庭论证构造之下，法律修辞为控辩双方的论辩对话提供了充分的说服手段。研究法律修辞听众的问题，界定听众的分类和性质，必须借鉴历史的有益经验，以便有效地厘清法律修辞之听众的若干重要问题，为研究听众问题、增强对话说服力等问题打开思路。

关键词　法律修辞　法律论证　对话　听众　说服技艺

当下，法律修辞大量运用于司法活动之中。无论是法院的裁判还是律师的法律辩护都需要借助法律修辞，以便更好地完成各方的法律论证工作。[1]通过法律修辞的说服技艺来说法讲理，可以有效增强法官裁判的可接受性，树立司法公信力的权威。同时，律师用好法律修辞方法，将大大提升辩护发言的论证感染力，为说服法官采信己方主张奠定基础。当然，法律修辞决不可等同于普通的语言修辞学，仅仅服务于对语言辞藻的遣词造句。法律修辞是实现一个好的法律论证的重要路径。无论是古希腊、古罗马的智者法庭论辩还是到近现代的佩里尼奥兴起的新修辞学等，都较为详细地阐述了修辞之于法律论证的联系以及对彼的重要作用，为目前研究法律修辞及其听众问题提供了宝贵的历史经验。检视当下，分析法庭的诉讼结构，尤其是盛行于英美国家的“对抗式审判”，力图构建控辩双方力量和利益平衡的效果，自然相

*　魏风，男，华东政法大学法律学院研究生。

〔1〕　这里的法律论证的内涵采纳了熊明辉教授对于法律论证的观点：认为法律论证应该定义为诉讼论证，其中当包含起、应、审三方的论证活动，而不仅仅是传统的审方的审判三段论。

当重视法庭上控辩各方的实质平等对抗。对抗双方为胜诉往往需要高超的言说和表达策略，从而说服相关的听众，赢得法庭上的这场争斗。这实质上就是一种说服的对话模式，但是较普通的说服型对话更具论辩和对抗的态势。我国的司法审判改革正朝“审判中心”不断深入，控辩两造在法庭上实质论辩对抗的风气正不断养成与强化，这也为法庭论辩对话使用法律修辞技艺说服听众提供了充足的发挥场域和制度土壤。法律修辞在双方论辩对话的这个场域内最重要之功效便是说服听众。通过研究论辩对话下法律修辞听众的问题，明确论辩言说者所欲说服之听众领域，分析听众的人员构成及不同诉讼阶段的转化等重要问题，以使言说者明晰说服目标的范围，从而将听众的考虑和价值纳入修辞表达之中，实质增加说服效力。

一、法律修辞与法律论证

在汉语语言中，“修辞”被解释成：对言辞进行修饰，使之美而中听，从而感染、打动听众，产生出一种艺术效果。[1] 因语言学及偏见之故，导致人们把修辞的效用很狭隘地限制在对口语表达或文辞的修饰和升华，使辞藻华丽，愉悦读者听众之耳目。可修辞学之功效并非如此“偏安一隅”。普通修辞适用于表达、对话之中，但将修辞运用到法律论证上，便展示出一个新的视阀：法律修辞。厘清法律修辞与法律论证间的关联是探析论辩型对话下法律修辞听众系列问题之首要。

首先，需要明晰本文语境下法律论证之内涵。传统的法律论证概念过于狭窄，它的关注几乎全聚焦于裁判论证，即从审判方视角出发的司法裁判过程。但是，实践的法庭论辩除审方外，更当着重地考虑论辩的参加者：起诉方和应诉方。因此，本文法律论证的内涵借鉴于熊明辉教授主张的诉讼论证概念，是指诉讼博弈中起、应、审三方所使用的法律论证。[2] 起、应、审三方的论证都应该要纳入法律论证的周遭之内。本文所重点讨论的则是这三方中的起诉方和应诉方的论辩关系。当某人提出一项法律主张欲求他人接受这一主张时，法律论证便会在当中发挥重要的作用。沃尔顿将这一说服的过程

[1] 参见《现代汉语词典》，商务印书馆2002年版，第1416页。

[2] 熊明辉：《诉讼论证——诉讼博弈的逻辑分析》，中国政法大学出版社2010年版，第71～72页。

归结为一个对话的过程。典型的对话就是对话双方之间就某命题进行问答交流，在此基础上，沃尔顿建立起了法律论证的对话模型，这些模型规定了不同种情况对话该如何规范使用论证。其中，说服型对话是在法庭论辩中最富有意义的一种对话模式，其目的就是通过证明自己的法律主张来说服对方接受己方的法律结论。〔1〕本文的法庭控、辩论辩型对话就是以说服型对话为基础而展开探析的。我国的学者也对法律论证的对话形式有着异曲同工的见地。有学者认为所谓法律论证，是数个法律推理在理想言谈情境下的公平竞争，法律论证就是数个主体围绕一个或者数个争点在对话的状态下展开的竞争。〔2〕法庭论辩起诉方和应诉方的竞争就是为赢得官司、在遵守法律程序规则的前提之下，双方势必要通过语言或文本来联系证据属性，从而为自己的法律主张提供强有力的理由。于是，在平等对话的诉讼场域之内，双方便关切起修辞，完善、严谨自己的发言，努力说服法庭听众接纳己方的法律结论。

法律修辞在法律论证中最重要的作用是说服。面对法庭上的审判方、对方，尤其是自己，毫无疑问法律修辞就是一个说服的过程。由于司法审判最为主要的目的在于公平公正地裁判纠纷案件，从修辞的角度看，就是要说服对话各方都接受判定结果，才可以算得上是说服。〔3〕就论辩双方而言，本身就极具对抗性，言说者往往很难说服所有听众。为此，对法律修辞听众的研究需从历史角度探求先哲对于法律修辞及听众的看法，以便从中汲取相关有益经验。

二、对法律修辞听众问题的历史视阈

（一）传统三段论与古典修辞

古典修辞学的定位就是一门如何说服特定听众的艺术。“修辞学之父”亚里士多德认为修辞学是一门关于论证的学问。古希腊的法庭辩论本质上更接

〔1〕 熊明辉：《诉讼论证——诉讼博弈的逻辑分析》，中国政法大学出版社2010年版，第199～202页。

〔2〕 谢晖：《修辞与法律方法》，2014年11月30日第四届全国法律修辞学理论研讨会会议论文，载http：//blog.sina.com.cn/s/blog_65f82df70101b2v6.html，2017年9月22日最后访问。

〔3〕 杨铜铜：《作为一种说服过程法律修辞的作用场域及其限制》，载《甘肃理论学刊》2015年第5期。

近于演说争论，亚氏认为言说基本都是在做论证。因此，他的法律修辞理论亦是建立在论证的基础之上：法律修辞是一种论证者通过精彩论证达到说服特定目标听众的言说技艺。〔1〕法律论证是修辞的重要运作模式，当时的法律论证是以传统三段论为基础，其基本论证模式：通过大前提（法律规则）和小前提（案件事实）推导出结论（法律裁判）。在此构造之中，亚里士多德对论证的证明原则是建立在真前提必然推出结论的演绎推理之上，具有机械的形式性。如此一来，他便将修辞与证明分离开来，认为修辞的使用需依据于前提的真假情况。当前提为真，不需要修辞也可以必然退出结论；若前提为假，不论如何修辞说明，前提也推导不出结论。如上文所述，传统的法律论证概念是基于法律三段论的构造建立起来的审判方的法律裁判论证。那么，武断地抑制了修辞的适用，双方言辞论辩的作用也就显得微乎其微。

即便如此，法律修辞的听众问题对于法律结论仍旧十分重要。“听众是那些说话者希望用论证影响的群体”。但是在古希腊时代，法庭论辩的说服对象仅仅只是那些特定的目标听众，也即是法官和论辩对方。当时开展的学校修辞学学习，其目的就是为学生提供可以面对所有对话场域、一切的听众和其他对于论证命题的讨论，以达到对法庭论辩的自如境界。〔2〕亚氏将听众分为三个部分：普通听众、特殊听众和说话者。普通听众是指可能知晓该法律论辩的人群；特殊听众是由参与到法律论证中的人群组成；说话者则是其能够为自身的行为找到合适理由的人。〔3〕此时修辞所欲说服的听众并不要求具有专业知识和熟稔论辩修辞技巧，听众充其量不过只是论辩者发现真理的工具、没有能动作用的听者而已。

（二）图尔敏模型与法律修辞

法律三段论的局限性从其自身结构方面发现因由，而从未考虑法律论证前提的可接受性。为此，图尔敏构建了一个更加完善的法律论证框架：主张、证据事实、依据、支持、模态量词以及可能的反驳。相较于传统的法律三段论，图尔敏模型考虑到了大前提（法律规则）的可接受性，即为法律规则的真提供一个正当性支持。从“依据”和“支持”的要素分析法律规则作为大

---

〔1〕熊明辉、卢俐利：《法律修辞的论证视角》，载《东南大学学报》（哲学社会科学版）2015 年第 2 期。

〔2〕杨贝：《法律论证的修辞学传统》，载《法律方法与法律思维》，2007 卷第 3 期。

〔3〕杨贝：《法律论证的修辞学传统》，载《法律方法与法律思维》，2007 卷第 3 期。

前提推导出结论的正当性。其次，图尔敏模型包含了模态量词。这明显区别于三段论演绎推理的必然，使得论证更加合理。图尔敏也深刻地认识到修辞学不仅仅是某种利益的策略性推动，实际上在论说伦理性和审议性问题中，修辞学是合法的，也是必需的，并且开始使用修辞学来对形式论证模式展开批评。[1] 在图尔敏看来，论证内容的可接受性不仅仅由论证主题决定，还应当由听众来决定。因此，后来学者将图尔敏理论纳入修辞学方法。当然，由于非形式逻辑的兴起，对于自然语言在法律论证中扮演的角色愈加重要，修辞论证本身就是一种自然语言的论证。而对于价值证成无法通过形式逻辑得以解决，因此就需要新的理论加以应用。

（三）佩雷尔曼新修辞学对听众的划分

佩雷尔曼提出新修辞学的初衷就是为价值判断寻求逻辑辩护。由于非形式逻辑的兴起，自然语言在论证中的作用愈加重要。对于价值证成的问题，很大程度上要考虑到听众的价值，这也是形式逻辑的机械范式无法得出的证成。“辩证推理”和“听众”是佩雷尔曼新修辞学的两大重要支柱。在佩雷尔曼看来，法律修辞的听众就是“说话者在论证过程中所企图影响之人”。修辞的论证每欲继续就需要以听众的认可和接受作为前提。所有的论证都在于获得或强化听众的认同。因此，在整个论证的过程中，言说者是以听众为指向的。佩雷尔曼的新修辞学赋予了听众在论证中足够重要的地位，听众可以对对话的内容和论证、论据产生判断和决定。佩雷尔曼在其论著中对听众也进行了三类的划分：第一类是全人类。就是所谓的思维康健的正常的、理性的人。佩雷尔曼将之称为“普泛听众”。[2] 普泛听众可以说是在特定场合内的所有人群的集合库，其特殊在于当中的人是要求具有完备的知识和较高的理性。因此，普泛听众也被称为理想的听众，是言说者的一种主观的思维构造，并借此来协调自身的论据和理性，最后使得听众更加确信论辩的说服力。第二类是说话者在对话中的对方，这是特殊听众。第三类是说话者本人，就

---

〔1〕 宋旭光：《理由、推理与合理性——图尔敏的论证理论》，中国政法大学出版社2015年版，第304～306页。

〔2〕 雷磊：《新修辞学理论的基本立场——以佩雷尔曼的“普泛听众”概念为中心》，载《政法论丛》2013年第2期。

是私人进行的自我交流，以自己为听众向自己诉说的论证。[1]

结合当下的法庭论辩结构，分清对话的主要说服听众与普通听众的差异，才可以正确使用好法律修辞，实现一个好的论证的进行。

三、论辩型对话的法庭论证构造对法律修辞的影响

即使经过千百年时间的洗礼，时至今日，研究法律修辞听众的问题仍可从上文的历史经验中汲取足够多的养分。换一个角度思索，前者对法律修辞听众问题的讨论毕竟是基于各自的历史背景所提出的时代产物，其法庭论辩构造较之现代的诉讼模式相差甚远。因此，探析当下庭审中论辩对话的听众，除了借鉴有益的历史经验外，更应当立足于目前的法庭论辩框架。

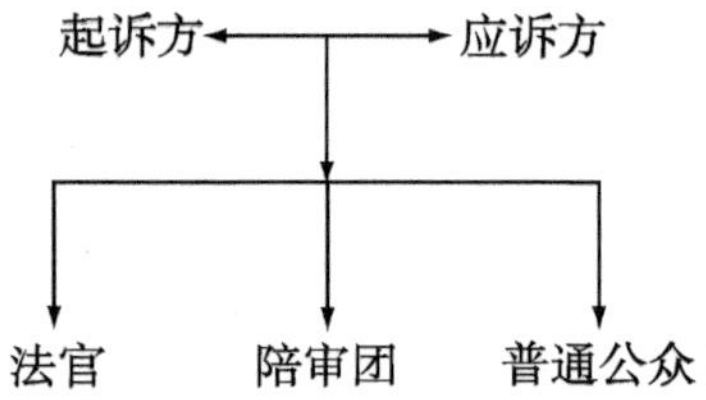

图 1

如图 1 所示，现代的法庭论证结构的宏观框架为：由起诉方和应诉方构成整个法庭论辩的支撑——起诉方提出对被告的一项说数项指控的命题，进行证成和说服。被告应诉，对起诉方的主张进行反驳和说服。这个对话的场域内还包括法官、陪审团（自然在陪审团制度的国家内）、普通公众（旁听人员或是社会公众）。听众通过起应双方的论证对话和证据材料的展示和关联等作出反应。在有陪审团制度的地域里，如果陪审团被起诉方的言说说服，则认定起诉事实成立，法官据此对被告定罪量刑。反之，若被应诉方说服，则认定起诉事实不成立，起诉失败。

分析法庭论辩的框架是为了更好地定位对话的各个参与者在法律场中的角色，明晰产生对话的缘由、参与者的目的以及整个对话的目的。如此对法律修辞对话的剖析可以为听众问题提供一些帮助。沃尔顿的说服型对话结构

〔1〕 王国龙：《佩雷尔曼新修辞学与法律论辩思想》，载《法律方法和法律思维》2008 年（第 5 辑），第 142 页。

中对话的起因存在观点上的冲突，正反双方都是从说服对方的意图出发而参与到对话之中，任一方都试图用自己的主张来说服对方并使其接受。法庭中，自然也有观点的冲突，并且控辩两造都竭力去说服审判方以接受己方主张。很明显，庭审中的论辩对话的最终目的就是为了说服。但是这也并非纯粹是说服型对话。盛行于英美国家的“对抗制审判”是对上述论辩架构的重要制度适用，其从争吵式到对抗式的审判历史演变，无不重点渗透着法庭抗辩的重要底蕴。〔1〕如此看重对话平等和控辩均衡的制度构造也为适用法律修辞进行论辩和说服工作提供了足够的活动平台。法庭的对抗无非是为了赢得诉讼，沃尔顿的说服型对话虽然可以很好地展示对话的说服目的，但是置身于对抗审判的制度框架下，却无法体现出对话双方的纯粹对抗特质。此外在法庭对话过程中，需要说服的不只是对方，还有第三方：审判方。虽然两者的本质皆是为说服而努力，可控辩双方的法庭对抗似乎更是一种论辩型对话。将论辩型对话纳入对抗制审判的制度背景下，可以更深刻地明晰对话的本质，也就为对话的法律修辞提供更多的指导：在法庭中，控辩双方的目的有且只有一个，那就是要赢得官司。这是一个针锋相对的激烈论辩，法律修辞的运用不仅要让法官听得入情入理，还要驳得对方哑口无言。这才是法律修辞应有之义。

分析法庭的论证构造是为参与论证人员分配好诉讼角色，好的定位可以使得法律修辞在使用时更加具有目的指向性，对法律修辞的听众的探析也能更加充分。

四、法律修辞指向听众的分析

听众是法律修辞的核心概念。法律修辞运用到诉讼论辩当中，就是为主张可以更具说服力，从而使听众接受。上文通过对法律论证、对话模式以及法庭论证架构等内涵的讨论为研究法律修辞的听众问题拨开荆棘。论辩型对话所欲说服的听众问题是如何使用法律修辞的关键指标。笔者下文就听众的系列问题展开讨论。

---

〔1〕［美］兰博约：《对抗式刑事审判的起源》，王志强译，复旦大学出版社2010年版，第257～260页。

（一）听众的范围探析

论辩型对话的主体是起诉方和应诉方，那么剩余在法庭上另外的人群乃至社会公众是法律修辞所要说服的听众吗？首先应当明确的是，使用法律修辞的论辩对话在对抗之中首要是为赢得诉讼，然诉讼结果的裁判则是由法官作出。那么，要说服的听众自然包括法官。在有陪审团制度的地域之中，陪审团决定案件的事实问题，毫无疑问也是需要说服的听众。其次，在论辩型对话中，言说者可能是目标听众，在另一方面也可能是论证者。举起诉方而言，他在提出法律主张之时应当要进行内心的“自我说服”，只有内在说服自己才得外显主张行为。起诉方的听众还包括应诉方和法官，而对于应诉方也不外如是。当然，上述是建立在理想的一审语境之下，结合诉讼过程的阶段性特征，现实中二审甚至是再审仍然存有诉讼论辩的可能。仍以起诉方为例，被告未被说服，对一审裁判不服，提出上诉，二审法院受理，那么此时的听众就由原本的一审法官动态转化为二审法官。若进入再审的话，也是听众的转化。因此，在讨论法律修辞听众时，需要时刻明晰听众并非静态不变的，而是会随着诉讼阶段的深入而发生动态的转化。所以，法律修辞活动不是停止固步的，修辞工作也需要不断作出调整，以说服改变着的听众。此外，周遭之外的普通社会公众究竟可否成为法律修辞的听众，笔者在下文进行论述。

（二）听众的价值及考虑是法律修辞的重要取向

法庭论辩使用法律修辞的目的在于说服，那么如何用修辞完善语言以达到说服呢？新修辞学的观点认为，论证的目标是为了保证得到听众的支持，那么总是要与影响的听众相关。言说者的对话要根据所要说服听众关心的信息和方法来修辞法律语言以获得听众最大的支持。[1] 也就是说，论辩者不得不去考虑听众的主体价值取向，搜寻偏好。

论辩型对话下运用法律修辞的最重要的听众就是法官和陪审团。但是这也仅仅是从诉讼双方的视阀中投射出的图景。考虑到说服工作，不能只是从言说者自己的角度出发，仍需要考虑听众（尤其是决定性听众）的因素。

1. 加入审判者（法官）的考虑。当论辩对话加入法官的考虑后，会使得庭审和对话变得更加复杂。以小品为例，如果在预先设计对话台词的时候考

---

〔1〕 熊明辉：《诉讼论证——诉讼博弈的逻辑分析》，中国政法大学出版社2010年版，第175页。

虑到了观众群体的需求，必定会注入公众喜好的词语作为修辞，以吸引听众。庭审作为一项法律制度，庭审的目的不是为纠纷提供论坛，而是通过诉讼过程为解决纠纷提供论坛。〔1〕在这个论坛之下，论辩双方应当要清楚法官需要什么，才可以为说服抢得先机。这个场域内，法官所需要的不仅是有说服力的论辩和理性的论证，还得提供对主张命题强有力的相关性论据支持。因为这样的对话逻辑性很强，论证的效果严谨，法官据此作出裁判结果出现差错的可能性就会小。所谓有说服力的理性论证，涉及对话时应当提供理由，不仅包括论证需要时提出理由，还应当涵盖遭受批评和质疑时回应恰当地理由，指陈论辩双方需要提供最强有力的证据来支持主张命题和反击质疑。当然，言说最好简洁精炼，最忌长篇大论、不着边际，过分使用语言修辞表达。此外，还要考虑不同诉讼阶段的法官的不同需求。一审法官更多考虑的是事实问题，而二审法官更多考虑的是法律和程序等问题。

2. 加入审判者（陪审团）的考虑。实际上，陪审团的成员也是普泛听众的一个子集，但是由于具有陪审团的身份，使其在决定对话结果方面的角色与普泛听众有霄壤之别。英美法系的陪审团是从普通公民当中随机挑选若干陪审员，委派其参加刑事案件的审理，并独立于法官就案件事实作出认定。在刑事案件中，陪审团通常会做出被告人有罪或无罪的判定。陪审团成员通常不具有专业的法律知识和背景，所以在作出事实判定的时候，完全是通过听完论辩对话后，以个人朴素的道德评价作出决定。正是由于陪审团决定的可塑性很强，控辩双方尤其是辩方律师对于陪审团的产生具有重要的影响。陪审团成员的性别、种族、职业、收入、宗教等因素都可能潜移默化地影响着判定结果，论辩双方需要凭借自己的经验和调查对陪审团成员中是否存在对当事人的偏见或不利于当事人的认定进行过滤和筛选。对于可能遇到对种族歧视很敏感的成员时，便组建对于种族问题的修辞话语，以博得陪审团的同情。这也是为什么陪审团决定具有较高风险的因由。

除了上述就法官和陪审团的职业身份考量外，在作出法律修辞时还应当考虑到这些听众的常识、观念、喜好等主观偏好。毕竟也是脱胎于普通群众，自然会受到主体自身经历和背景的浸染。

〔1〕［加］道格拉斯·沃尔顿：《法律论证与证据》，梁庆寅、熊明辉译，中国政法大学出版社 2010 年版，第 173 页。

（三）对听众价值的限度思考

法律论证从来就不是完全真的论证过程。无论是起诉方还是应诉方都不可能获得全部的证据材料，也无法全现完整案情。双方都是在一个不完全的信息环境之内进行论辩对话。因此，法律论辩是一个似真的过程。以律师为例，律师为了达到辩护的效果，各怀盘算。在明确听众范围以及听众喜好后，对症下药以修辞自己的辩护发言，构造出让听众信服和共鸣的图景。那么，听众能否抓住和识别这一点呢？作为听众的法官具有优良的法律职业能力，具有一定的判别能力。但是对于陪审团和普通的社会公众而言，是否具有一双慧眼就因水平、经验等显得良莠不齐。

上文我们讨论到关于社会普通公众能否成为法律修辞听众的问题。查阅我国这几年来药家鑫案、许霆案等引起社会巨大反响的案件，都体现着民意的身影。虽然在控辩双方论辩时并不以说服普通公众为目标，但是也不可完全否定普通听众在诉讼之中的位置。普通公众的看法可以当作论证修辞时的一种常识性参考。以上对于普通听众的评价都是从诉讼双方的视点出发，也不要忽视法官在作出案件裁判的过程也是一种说服。使用法律正当证成案件时，也应当接受民意对于司法提出的质疑和监督。（如图 2）

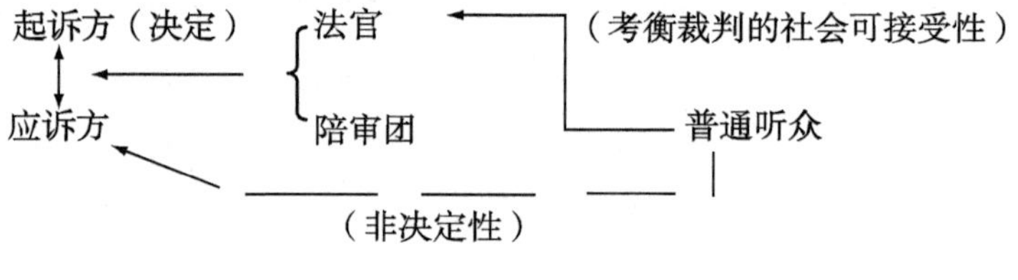

图 2

亚里士多德和佩雷尔曼对于听众范围的界定中都曾提到由普通公众组成的听众集合。于是使用修辞演说者为说服这些普通听众就势必要考虑到他们的观念和价值评判等。结合到法律论证中，普泛听众对于案件的看法也就是通常所说的对法律问题的民意。由于普通听众并不要求具备充足法律修养，与法律专业人员相比，普通听众看待同一法律问题更多地会从朴素的道德情感出发，将伦理上的善恶好坏涵摄到法律评价之中。如果仅仅从说服的目的考量，修辞是一门说服的艺术，那么修辞论证者为了说服听众就势必要去妥协、取悦于普通听众的喜好，并以此来加工、修饰论证语言，使听众悦耳。

这样的话，就是舆论在主导审判，法律的权威也将会被伦理所取代。诸如李天一案等，切不可让论辩双方为赢得诉讼而滥用民意，丑化修辞。由此看来，在一个法律论证的场域内，普通听众不能是法律论证的决定者，法律修辞论辩不以普通公众接受与否作为对话继续的导向。法律修辞论证者的论据前提须是以实在法和证据展示为前提，不得用道德的评价来代替法律的评价。[1]

五、结语

法律修辞是一门通过论证达到说服特定听众的艺术。对于法律修辞听众问题的研究要以法庭的论辩构造为基本，这样才得以确定好论辩场内的角色定位。当下我国实质对抗的审判模式正在深入发展，也为控辩双方通过使用修辞论争提供制度土壤。以法官或陪审团作为法律修辞说服的主要听众旨在让法律言说者明确听众的概念和范围，合理利用法律修辞进行论证说服工作。

---

〔1〕 戴津伟：《法律修辞的功能及隐患》，载《求是学刊》2012 年 5 月第 3 期。

法律修辞引发的争论：同类案件法律适用差异研究

——以雇员伤亡的雇主责任判例为视角

陈　迪*

摘　要　法治国家不仅要求判决结果的一致，还要求法律适用的统一，然而本文以雇员伤亡向雇主追偿判例为切入点，发现仅因新旧法律采取了近义的修辞，导致司法在判决结果一致性背后隐藏着严重的法律适用差异，这不仅在理论上违背了“同等情形同等对待”的正义基本原则，而且在实践中引发了规则失语、论证失范、诉辩失焦的司法困境，违背了法治的基本原则。究其原因，在于最高法院承担职能过多而难以专注于统一法律适用的宏观指导，法官自由裁量倾向于隐性运作而不愿对规则适用关系进行判断，审级程序由于制度供给不足而无力纠偏，导致业务性指导与法律规范效力混同、法律适用纠正与判决结果纠正程序混同。为此，应根据我国实际情况，充分借鉴同级差异上诉等通约性经验，通过转变职能使最高法院回归统一法律适用的中心职责，肯定和认可法官自由裁量使其积极判断规则适用关系，并从纵、横两个维度上强化审级制度的纠正功能与效率，以建立独立于判决结果的消除法律适用差异体系。虽然研究样本是特定类型案件，但研究的问题及其治理具有普适意义

关键词　审级制度　法院职能　自由裁量　同级差异上诉　业务性指导

如果法令没有冲突存在，或找不出有任何方式可能发生冲突时，就可以形成一个尽善尽美的共和国。

——詹姆士·哈林顿

* 陈迪，男，华东政法大学法律学院博士研究生。

法治国家要求法律具有确定性，许多人都意识到结果意义上的“类案不同判”，[1]却忽略了规则意义上的“类案不同法”，但后者也会构成对法治的冲击。在新法适用过程中，仅仅因为侵权责任法与《最高人民法院关于审理人身损害赔偿案件适用法律若干问题的解释》（以下简称《人身损害解释》）使用了语义相近的修辞，居然引发了巨大的法律适用差异。本文选取的雇员伤亡向雇主追偿判例，在判决结果一致背后隐藏着广泛的法律适用差异，反映出我国审级制度、法院职能等方面存在的问题与缺陷，必须正视其危害并及时治理。尽管研究样本是特定类型案件，但其成因探讨与规制进路具有普适意义。

一、探源：同类案件法律适用差异的现实考察

（一）存在：同判下规则的背反

侵权责任法施行前，雇员伤亡向雇主追偿的案件一律适用《人身损害解释》第十一条的无过错责任原则；侵权责任法施行后，由于该法第三十五条末句规定了提供劳务者因劳务受害的，与雇主按各自过错承担责任，导致该类案件法律适用产生了争论。争论围绕侵权责任法的“提供劳务者”与《人身损害解释》中的“雇员”展开，一方认为，两者之间是同义关系，因此根据新法优于旧法的原则，前者自然替代后者，该类案件应适用侵权责任法第三十五条末句；另一方认为，两者之间是异义关系，雇员是生产活动中的劳动者，而提供劳务者是生活活动中的劳动者，因此前者没有取代后者，该类案件仍应适用《人身损害解释》的无过错责任。以“海上、通海水域人身损害责任纠纷”为案由的类型案件在中国法院裁判文书库中有裁判文书317宗，事故发生在侵权责任法施行后且原、被告之间存在雇佣关系的判例28宗，其中一审11宗，二审17宗。

28宗判例有27宗支持了原告的诉讼请求，在结果意义上属于“类案不同法”；但它们的法条援引却有8种不同方式，仅归责原则就有过错、无过错、公平责任三种之多，在规则意义上属于“类案不同法”。这种同判下的规则剧烈背反，显示出判决结果一致背后隐藏着法律适用的冲突和矛盾。

---

[1] 最高人民法院民事诉讼法调研小组：《民事诉讼程序改革报告》，法律出版社2003年版，第175~179页。

数量	27							1
判决结果	支持诉讼请求							驳回诉讼请求
归责原则	无过错					公平责任	过错	
援引条文	《工伤保险条例》	《民法通则》第一百一十九条、《侵权责任法》十六条	《民法通则》第一百一十九条	《人身损害司法解释》第十一条	《侵权责任法》第三十五条、《人身损害司法解释》第十一条	《民法通则》第一百三十二条	《侵权责任法》第三十五条	《侵权责任法》第六条第一款

图 1：判决结果一致下的法律适用差异

（二）分布：跨区越级式的漫延

更值得注意的是，这种法律适用差异呈现出跨区域、越审级并且已经渗透司法基本单元的表征。首先是一审，在 11 宗一审判例中出现了 4 种法律适用方式，仅从逻辑外观上看，过错与无过错原则的并存就已经意味着适用错误的必然存在。

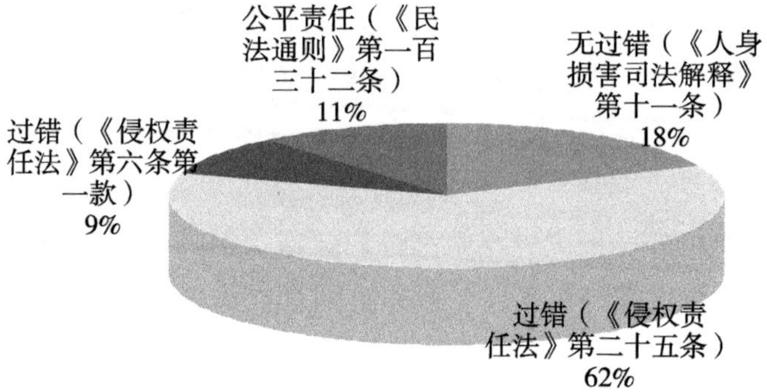

图 2：一审判例法律适用差异

其次是二审，在 17 宗二审判例中出现了 6 种法律适用方式。适用《工伤保险条例》的案件具有特殊性，但除此以外，还有 5 种不同的法律适用方式，反映出二审无法发现、纠正判决结果一致下的法律适用差异。

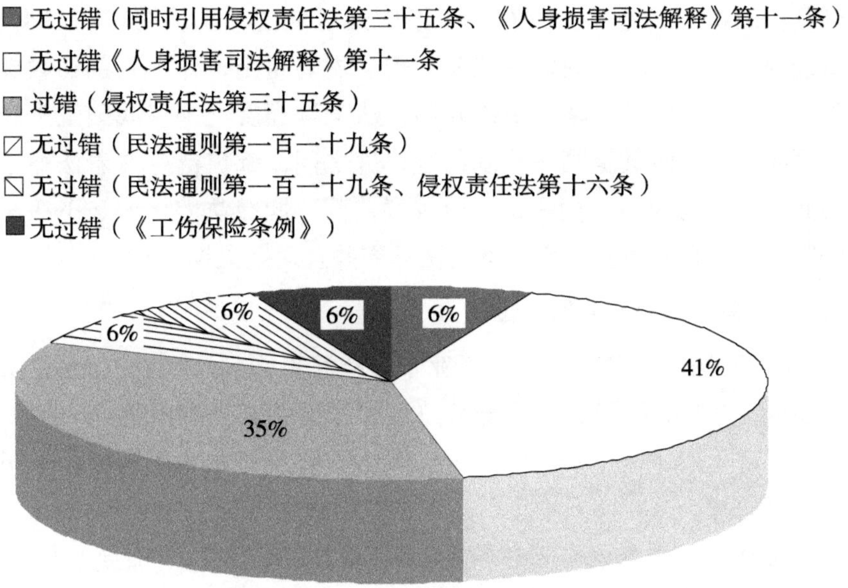

图 3：二审判例法律适用差异

此外，法律适用差异甚至存在于同一法院之中，并且同一法院适用方式可达 4 种之多，突显了司法基本单元之内的法律适用紊乱。

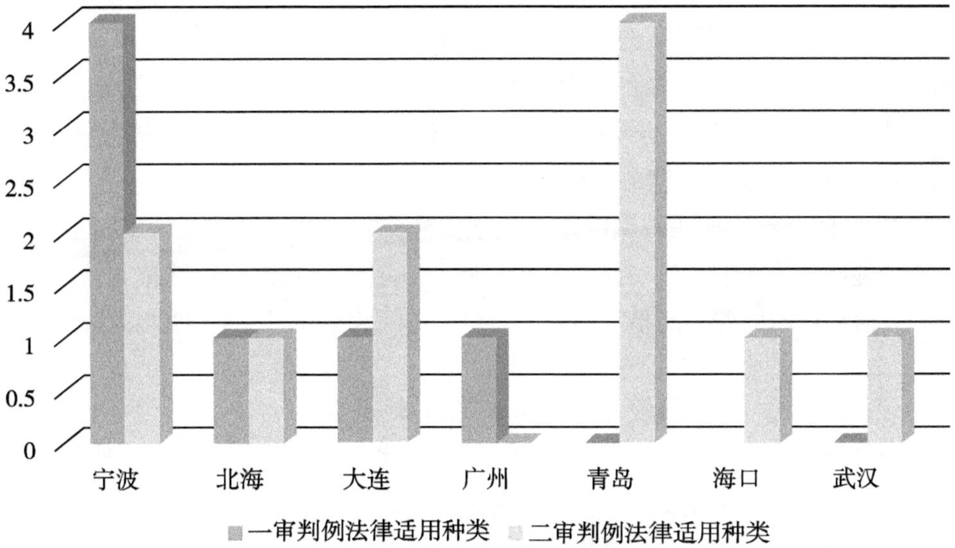

图 4：同区域判例法律适用种类

可见，法律适用差异不仅存在于不同地区之间，还从一审向二审漫延，并且渗透到司法基本单元的同一法院之内。需要指出，样本判例的案件类型并不复杂，由专门法院管辖且审级较高，从某种程度上来说我国上下级法院之间、同级法院之间甚至同一法院的合议庭之间，都广泛存在着法律适用差异。因此，可以说我国“同一法院合议庭之间、同级法院之间、下级法院与上级法院之间都存在着重重叠叠的司法冲突并且司空见惯”。〔1〕

（三）后果：理论与实践的困境

“类案不同法”的负面后果并不亚于“类案不同判”。首先，无论实体判决结果如何，“类案不同法”本身就违反了作为正义基本原则之一的“同等情形同等对待”（treating equal cases alike）要求，〔2〕损害了法的公平正义价值。更重要的是，这在实践中也引发了许多问题：

1. 规则失语。法律规范通过设定各类权利义务来约束、引导人们的行为，实现调节社会关系的目的。〔3〕“侵权责任法”第三十五条意图规范和调整的是生活中因雇保姆、家庭装修等在个人之间形成的劳务关系，〔4〕内含通过过错归责来促使保姆、家庭维修工等被雇方谨慎从业之意。而《人身损害解释》第十一条则旨在通过无过错原则督促现代大生产下的雇主恪尽安全保障义务，并通过工伤保险等制度分摊风险，〔5〕两者倡导的精神及行为导向各不相同。在雇员伤亡向雇主追偿案件中，只要适用了过错责任原则，无论其判决结果如何，都是在向雇主与社会传递“雇员伤亡只需按过错各负其责”的消极讯号，约束、督促从事生产经营的雇主加强安全保障的立法理念被抹除和篡改，规则本身沦为被任意解读的象征性符号。

2. 论证失范。司法裁判的基本论证要求是符合司法三段论，如果抛弃了大小前提的连接而直接针对结论进行判断，就很难称之为“依法裁判”。〔6〕但是，在研究样本中看到的是不同的大前提与相同的小前提，演绎出相同的结论：

---

〔1〕 傅郁林：《最高法院的职责》，载《中外法学》2003 年第 5 期。

〔2〕 ［比］马克·范·胡克：《法律的沟通之维》，孙国东译，刘坤轮校，法律出版社 2008 年版，第 209 页。

〔3〕 张文显：《法理学》，高等教育出版社、北京大学出版社第 1999 年版，第 220 页。

〔4〕 参见《中华人民共和国全国人民代表大会常务委员会公报》2010 年第 1 期。

〔5〕 最高人民法院民事审判第一庭编著：《最高人民法院人身损害赔偿司法解释的理解与适用》，人民法院出版社 2004 年版，第 174～180 页。

〔6〕 王利明：《裁判方法的基本问题》，载《中国法学教育研究 2013 年夏季论文集》，第 3～7 页。

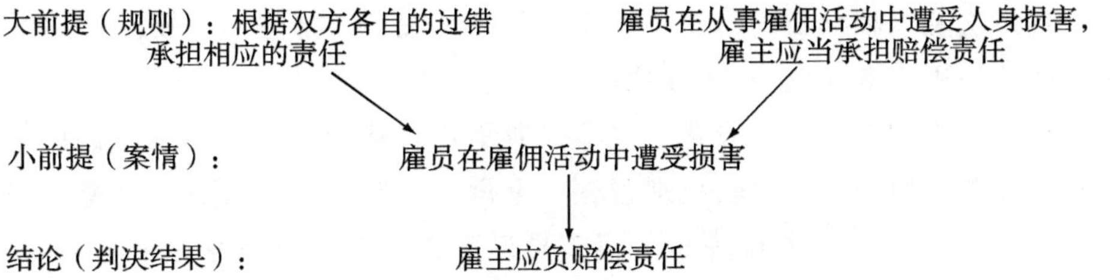

图5：法律适用差异下的论证形式

这显然违背了司法三段论的推演要求。因此，尽管能够取得判决结果的一致，但这两种推演的同时存在就已经因为违反论证的形式逻辑而伤害了司法的权威性。更重要的是，这表明司法论证活动处于失范状态。

3. 诉辩失焦。诉讼是围绕着诉讼请求和抗辩，以及因举证责任分配产生的“攻防转换”而不断推进的。[1]然而，在雇员伤亡向雇主追偿案件中，由于法律适用差异的广泛存在，常常出现原告主张适用无过错原则、被告主张适用过错原则并且均有相关判例支持的情形，导致双方的法庭辩论、举证因缺乏最基本的必要共识和诉讼预期而无法推进。法官如果行使释明权，无论选择何种规则，必然招致一方当事人的强烈质疑。因此，尽管该类案件在判决结果上保持一致，但法律适用上的差异已经在诉讼中造成了诉辩双方的话语断裂，并且使法官陷入程序推进与当事人诽难的两难境地。

二、辨析：同类案件法律适用差异的原因追问

欲治其害，先究其因，“类案不同法”现象的成因是多方面的。

（一）职能错位：宏观指导繁乱

法律体系因其内容庞杂、理解主体多元，具有发生冲突、矛盾的内生性冲动，为此各国通常由最高司法机关进行宏观指导来统一法律适用。我国立法属于简约型的法条构造，造成了所谓围绕法律的“根茎结构和多维进化”状况，[2]在全国人大与最高法院之间往来反馈的合作立法机制之中，新法颁

---

〔1〕 毕玉谦：《举证责任分配体系之构建》，载《法学研究》1999年第2期。
〔2〕 季卫东：《法治秩序的建构》，中国政法大学出版社1999年版，第163页。

行后各级法院很难判断此前的司法解释哪些失效了，哪些仍有效，[1]因此我国最高法院更应专注统一法律适用。

事实恰恰相反，我国最高法院不仅要承担司法之外数量庞大的涉诉信访工作，还要承担司法之内的级别管辖、上诉、审监和死刑复核等任务，呈现纠纷解决型的定位，消除法律适用差异反而退居非主流的职能和任务，[2]直接影响了旨在统一法律适用宏观指导职能的发挥。尤其是其中的业务性指导，[3]本应更有效率地消除法律体系内生性冲突，却因缺乏程序控制容易成为法律适用差异的外源性诱因。

以研究样本为例，最高法院在著述中明确提出雇员伤亡向雇主追偿案件要以“侵权责任法”第三十五条末句取代《人身损害解释》，[4]不仅与过往的司法实践相反，而且与立法本意相悖。事实上，这种与立法原意相悖，甚至是内部之间互相冲突的业务性指导时有发生。[5]

（二）思维抑制：法官裁量消极

对规则的理解“应按照实际上通过法律的立法者们的意图”，[6]既然最高法院著述并不符合立法原意，那么为何许多法官都选择了相信并依此裁判？

根本原因在于，法官自由裁量权得不到正式的肯认，我国立法也仅承认法院解释权而不承认法官解释权，[7]主流话语对自由裁量持排斥态度。背后原因有两个方面：一个方面是体制层面的法院组织行政化问题，在我国科层式的行政架构下，下级法院天然存在寻求上级法院指导的倾向。[8]另一个更

---

〔1〕 雷磊：《指导性案例法源地位再反思》，载《中国法学》2015 年第 1 期。

〔2〕 左卫民：《死刑控制与最高人民法院的功能定位》，载《法学研究》2014 年第 6 期。

〔3〕 我国最高法院宏观指导可分为规范性指导与业务性指导，前者具有法律效力并有严格程序控制，例如司法解释、案例指导等；后者不具有法律效力，例如最高法院著述、直接审理的案件、各类会议培训等。

〔4〕 最高人民法院侵权责任法研究小组编著：《〈中华人民共和国侵权责任法〉条文理解与适用》，人民法院出版社 2012 年版，第 259 页。

〔5〕 例如对新《民事诉讼法》司法解释第九十九条关于举证期限的理解，最高人民法院著述与 2015 年全国海事业务培训班上的观点不一。参见：最高人民法院修改后民事诉讼法贯彻实施工作领导小组编著：《最高人民法院民事诉讼法司法解释理解与适用》（上），人民法院出版社 2015 年版，第 334～337 页。

〔6〕 [美] 德沃金：《法律帝国》，李常青译，中国大百科全书出版社第 1996 年版，第 280 页。

〔7〕 王晨、杨凯：《公正底线——关于统一民商事法律适用的三种思维路径与方法》，载《法律适用》2012 年第 5 期。

〔8〕 米尔伊安·R. 达玛什卡：《司法和国家权力的多种面孔——比较视野中的法律程序》，郑戈译，中国政法大学出版社 2004 年版，第 55 页。

为重要的方面是技术层面的严格规则主义问题。严格规则有其自身价值，但我国长期将其绝对化并产生了一种错觉，即司法无权揣度和判断立法机关制定的法律，而只能像自动售货机一样扮演输入案情、输出判决的办案机器。

然而，司法的本质就是判断，判断就必然有自由裁量。于是，在司法客观需要与体制、语境的压制之间，法官惮于对规则适用关系的显性判断，而逐渐习惯于举证责任分配、个案论证等方面的“隐性运作”。[1]法官与其说是在努力追求“判决的自洽性和合理的可接受性”，毋宁说是在挣扎满足“判决的可接受性和不受追责性”。在13宗适用侵权责任法过错归责的判例中，法官正是通过举证倒置和个案论证获得了与适用无过错归责判例一致的判决结果。

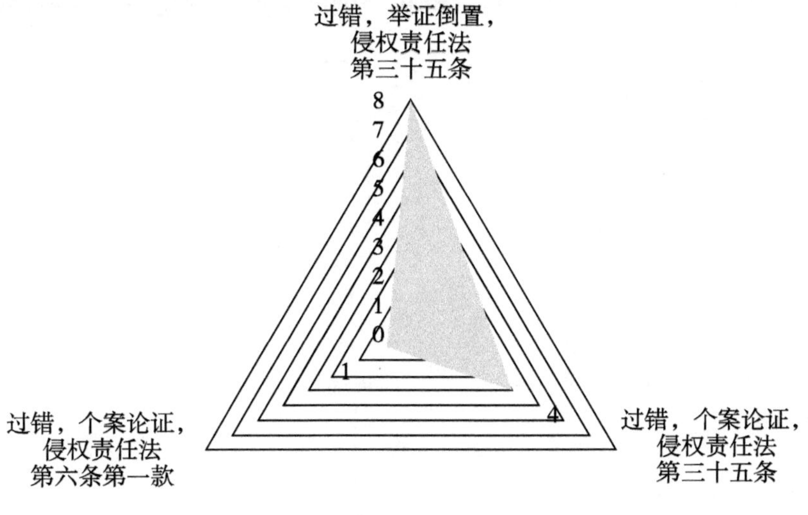

图6：自由裁量的隐性运作

自由裁量隐性运作之下，判决结果可以接受，法官也避免了评判规则适用关系可能引发的负面评价，但代价是牺牲了法律适用的统一。

（三）供给不足：审级制度疲弱

审级制度主要功能之一在于保证法律的统一适用，[2]然而对比一、二审判例可见，我国审级程序无法发现、纠正判决结果一致的法律适用差异，其

[1] 翁子明：《司法判决的生产方式——当代中国法官的制度激励与行为逻辑》，北京大学出版社2009年版，第129～142页。

[2] 章武生：《我国民事审级制度之重塑》，载《中国法学》2002年第6期。

主要原因在于制度供给不足。

从纵向看，我国审级高度同质化，强调判决结果的可接受性而忽视法律适用及论证的可接受性。例如，4 宗改判的案件无一例外主要针对赔偿数额、责任比例划分等实体问题，而未单独纠正法律适用差异。这种自塔基至塔顶价值目标、职能配置及运作方式几乎没有分别的柱型结构，〔1〕反映了法律适用纠正程序附属于判决结果纠正程序，甚至被后者侵噬的态势。

从横向看，现有审级制度缺乏发现同一法院或同一地区之内法律适用差异的能力。由于我国没有将法律适用差异作为上诉理由，当事人缺乏发掘法律适用差异的利益刺激，而上诉审理者在手段上因囿于个案审理而难以发现不同案件间的法律适用差异，〔2〕在动机上因缺乏明确的统一法律适用职责要求而几乎仅关注判决结果。

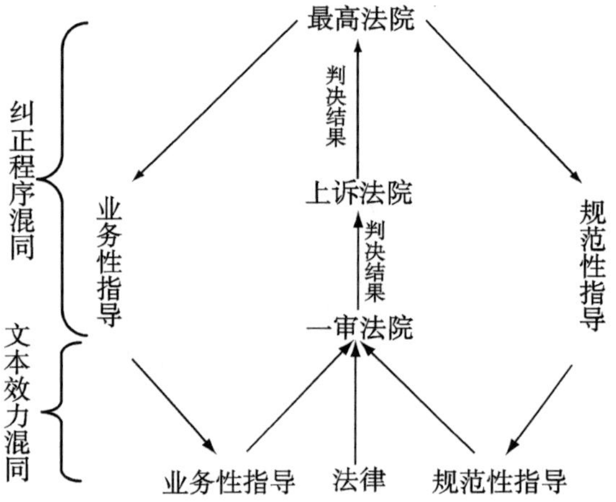

图 7：我国混同型消除法律适用差异模式

质言之，一方面由于最高法院宏观指导的繁乱和法官不敢裁量规则适用关系，使业务性指导与规范性指导、法律产生了效力混同，甚至业务性指导取代法律原意；另一方面，法律适用差异仅能够作为判决结果的附属品进入纠正程序，大量没有浮出判决结果一致性水面的法律适用差异得以存在和泛滥。

〔1〕 傅郁林：《审级制度的建构原理——从民事程序视角的比较分析》，载《中国社会科学》2002 年第 4 期。

〔2〕 江苏高院研究室课题组：《形成法官职业共同体：法律适用统一的一种路径选择——关于法律适用沟通交流机制的实证研究》，载《法律适用》2007 年第 3 期。

三、借鉴：同类案件法律适用差异的消除经验

许多国家已经建立起独立于判决结果的消除法律适用差异体系，其中的通约性经验值得借鉴和参考。

（一）精英司法：判例约束与飞跃上诉

英美法系国家受经验主义影响，更倾向于依赖法官判断而不是规则的预先制定，[1]主要通过司法精英化来消除法律适用差异，并发展出判例约束、“飞跃上诉”等特色制度。

1. 精英主义：保证司法主体的专业能力

英美法系专业法官的准入门槛高，队伍高度精简。例如，美国联邦最高法院只有9名大法官，联邦巡回上诉法院法官6到28名不等；英国最高法院也只有12名大法官，上诉法院法官仅35名；即使是一审法官，也有多年执业经验的要求。[2]因此，法律适用主体不仅专业能力较高，且在丰富的司法实践中容易塑造趋同性的思维和理念，既增强了驾驭法律适用问题的能力，又减少了因思维异质度过高而引起的适用差异。

2. 判例约束：减少适用过程的偏离可能

判例约束是指一个判决中所含有的法律原则或规则对以后的审判具有作为一种前例的约束力或说服力。[3]大陆法系也有判例，但相比较而言英美法系判例具有两个突出的特点：一是其不仅具有说服力，而且具有法律上要求后案遵循前案的约束力，而大陆法系判例一般仅具说服力；二是其效力并不限于上下级法院之间，还及于同级法院乃至于不同系统的法院之间，[4]形成了涵括整个司法网络的约束机制，降低了司法过程中出现法律适用差异的可能。

3. 上诉程序：重视法律适用的审查纠正

英美法系上诉程序极其重视法律适用差异问题，甚至超过事实问题。从程序静态链条来看，即使在上诉许可制下，法律适用差异的上诉机会依然延伸至程序最末端，即最后的专门由最高法院负责的法律审，而单纯的事实问

---

〔1〕 於兴中著：《法理学前沿》，中国民主法制出版社2015年版，第40～43页。

〔2〕 王泽鉴：《英美法导论》，北京大学出版社2012年版，第52～104页。

〔3〕 沈宗灵：《比较法研究》，北京大学出版社1998年版，第284页。

〔4〕 潘维大等编：《英美法导读》，法律出版社2000年版，第57页。

题无法上诉至最高法院。从程序动态进阶来看，法律适用差异问题可以进行“飞跃上诉”（leapfrog appeal），直接从一审上诉至最高法院。相应地，最高法院只审理涉及重大法律适用问题的案件,〔1〕而不会受理一般案件。

（二）程序控制：个案咨询与差异发现

大陆法系国家更重视规则和程序的设计，通过自上而下的最高法院宏观指导与自下而上的同级差异上诉等，形成了一套消除法律适用差异的精密系统。

1. 职能设置：宏观指导与个案咨询

大陆法系将消除法律适用差异作为最高法院主要职能并载入立法，例如德国宪法规定联邦最高法院要确保司法统一性,〔2〕法国和意大利宪法也规定其最高法院旨在保障法律的统一解释。为保证法律统一适用，欧洲国家最高法院还可以进行预防性解释,〔3〕即最高法院作为一个审判型法院可就下级法院提起咨询的具体案件的法律适用问题做出解释，其约束力仅适用于具体事项。

2. 审级制度：上诉利益与差异发现

大陆法系也设有专门的法律审级，并由最高法院负责最后把关。例如在德国，对州高等法院判决向联邦法院提起上诉的，须经州高等法院许可，但若判决与联邦法院存在法律适用差异，则必须允许。〔4〕在日本，法律明确规定最高法院受理上诉案件只就法律问题进行审理。〔5〕为发现、消除横向法律适用差异，大陆法系还设置了“同级差异上诉”制度，即一个判决无论是与上级法院还是同级法院的法律适用存在差异，都构成法定上诉理由，我国澳门地区甚至将此延伸到同一法院内的不同合议庭之间。〔6〕这实质是刺激当事人发掘法律适用差异，来弥补上诉审在跨越个案发现差异能力上的不足。

3. 方法反思：严格规则到自由裁量

大陆法系国家在极端理性主义影响下也曾错误地认为消除法律适用差异的前提是消灭法官的自由裁量权，并为此制定了数量庞大的法典和各种压制自由裁量的规则。然而，这不仅没有达到消除差异的效果，反而更增加了法

---

〔1〕何家弘：《谈最高法院的定位》，载《人民法院报》2002年8月30日。

〔2〕胡伟新：《德国葡萄牙法院案例在指导审判和保证法律统一适用方面的作用》，载《法律适用》2011年第2期。

〔3〕丁广宇：《欧洲各国最高法院保证法律统一解释的作用与机制》，载《法律适用》2007年第3期。

〔4〕齐树洁：《德国民事司法改革及其借鉴意义》，载《中国法学》2002年第3期。

〔5〕姚莉：《功能与结构——法院制度比较研究》，载《法商研究》2003年第2期。

〔6〕《澳门民事诉讼法典》第五百八十三条第二款第d)、e)项。

律适用的不确定性，并且纠正与救济更为困难。[1]这些国家在反思后终于认识到，法官自由裁量对消除法律适用具有不可替代的重要作用，于是它们不仅重新肯定和认可法官自由裁量权，还采取各种措施来保障其不受干扰。[2]

（三）模式超越：职能、程序与裁量权

两大法系消除法律适用差异的不同模式可以通过以下示意图得到更为直观的认识：

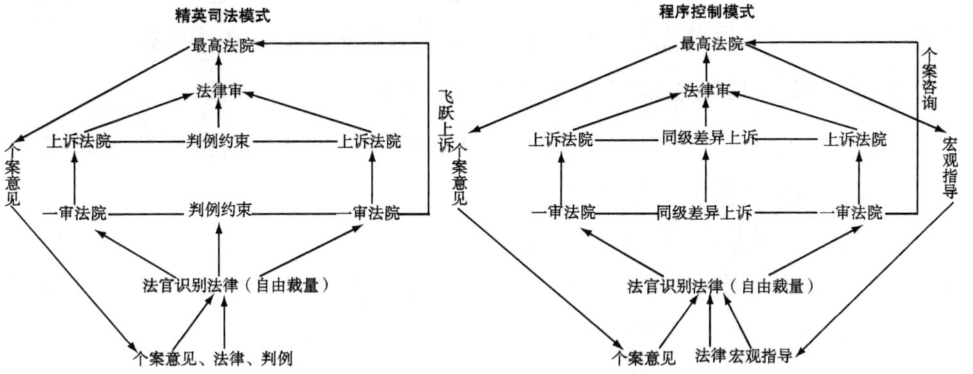

图8：两大法系消除法律适用差异模式

两种模式虽然有相对性的区别，但更多是超越地域、法系的通约性经验：

第一，最高法院应专注消除法律适用差异，一般不审理事实问题。各国都认识到，法院越大、法官人数越多，自身越容易产生法律适用差异，[3]因此普遍控制最高法院规模。即使是大陆法系的德、法等国，最高法院也只有100名左右的法官。

第二，审级制度从纵向上普遍设有专门法律审，并成为过滤上诉案件、使最高法院专注消除法律适用差异的前置性条件；从横向上通过判例约束、同级差异上诉等发现或约束不同地区或法院之间的法律适用差异，并通过飞跃上诉、个案咨询等提高消除差异的效率。

---

〔1〕徐国栋：《西方立法思想与立法史略（下）——以自由裁量与严格规则的消长为线索》，载《比较法研究》1992年第2、3号合刊。

〔2〕夏南等：《法官职业保障的欧洲标准》，载《人民法院报》2013年7月5日。

〔3〕［德］布鲁诺·里梅尔施帕赫尔：《上诉条件》，载米夏纳尔·施蒂尔纳编：《德国民事诉讼法学文萃》，赵秀举译，中国政法大学出版社2005年版，第602页。

第三，消除法律适用差异必须充分肯认而不是压制法官自由裁量。法官对不同规则文本的发现、辨识、适用，是减少法律适用差异发生的第一道防线并贯穿诉讼全过程，直接影响整个法律适用差异消除体系的运作效果。

四、治理：同类案件法律适用差异的矫正进路

正视法律适用差异的存在及危害，结合自身实际并借鉴吸收不同国家的通约性经验，是我国建立完整的消除法律适用差异体系的必然选择。

（一）转型：最高法院职能的“加”与“减”

最高法院应当从以纠纷解决、事实审理为主，逐步过渡到专注宏观指导，更好地发挥消除法律适用差异的职能。

1. “加”：顶层定位与分级协作

“加”是指最高法院应当明确把统一法律适用作为自己的中心职责，集中精力做好宏观指导工作。同时，面对全国3000多个法院、近万基层法庭以及近20万的法官队伍，在最高法院的指导下建立起各级法院协作机制是当前的现实要求。

其中，省一级法院是总领区域性职责的最佳角色。相比一审法院，省高院以二审案件为主，更有条件关注法律适用问题；相比最高法院，省高院对辖区内问题更清楚，信息反馈更直接；更重要的是，随着省级以下法院的统一管理改革，省高院将更有能力承担消除辖区内法律适用差异的任务。因此，省高院应当成为辖区内的“区域最高法院”，形成最高法院宏观指导、省高院总领本辖区、各级法院各负其责的统一法律适用协作体系，并在条件成熟时以立法形式载入法院组织法。

2. “减”：任务减负与“规模瘦身”

“减”的一方面是指“减负”，纠纷解决职能的过分发挥会消减其他职能的实现程度，[1]而我国经济、文化发展不平衡超过了任何一个改革样本国家，因此更应对级别管辖制度进行修改，把纠纷解决逐步移交下级法院，除涉及普遍性的法律适用问题外，最高法院不再承担具体个案的审理。另一方面是指“瘦身”，即缩小最高法院的规模，我国最高法院法官进入门槛过低，队伍规模过于庞大，不仅无法保证普遍较高的专业能力，而且容易因适用主

〔1〕 左卫民：《最高法院若干问题比较研究》，载《法学》2003年第11期。

体过多而引发更多的法律适用差异。对此，应结合员额制改革逐步提高最高法院进入门槛，精简法官队伍。

此外，还应建立起规范的业务性指导流程。第一，建立起上下畅通并具有自我校正能力的审判实践意见反馈渠道。雇员伤亡雇主责任的法律适用差异问题早已引起各方关注，缺乏的只是有效反馈并及时调整的机制。第二，鉴于最高法院著述等业务性指导的很多观点并不必然会上升为规范性指导，今后可考虑改用国家法官学院等名义发布。第三，明确业务性指导的效力为“参考”，以区别于法律以及规范性指导的效力，指导意见成熟后再上升为司法解释或指导案例。

（二）正名：法官自由裁量的“扬”与“抑”

只有承认法官自由裁量正当性及其地位，合理划定规范与限制的边界，才能真正实现消除法律适用差异的目标。

1. “扬”：地位承认与职业发展

“扬”，是要尽快改变过往片面强调严格规则，导致法官不敢评判规则适用关系的做法，转而公开肯认法官自由裁量权并予以合理激励。有研究表明，法官裁量论证充分与否主要取决于是否有制度激励而非法官个人素养的高低，[1]即使我国是成文法国家而难以授予法官“规则之治”的荣誉，但也要体现说理充分与否的差别，使法官不仅仅满足于个案的纠纷解决。因此，应加强法官档案建设，对在裁判文书中充分论述且积极消除法律适用差异的，记入档案并作为法官业绩考核的一个重要指标。

同时，由于科层制的组织体系中，下级法官过度依赖上级指示的原因之一在于上级法院的人事影响力，今后法官晋升及职业发展应更多交给不具行政隶属关系的第三方进行。目前，多地探索的法官遴选委员会是一个较好的选择。

2. “抑”：边界厘定与问责后果

“抑”，是指合理划定法官自由裁量规范边界，避免法官因行政上的过度追责而盲从上级指导。对此，应明确法官责任仅限于已经经过确认的贪污受贿、徇私舞弊、枉法裁判行为，除此以外的所有正常履职行为，无论引起上诉改判还是审判监督程序，都不得引起追责或负面评价。法官问责体系应进一步细化为两种性质、三种后果：一种性质是对于故意实施的枉法裁判行为追究刑事责任；另一种性质是并非故意而只是因业务水平所致的错误裁判行

〔1〕 苏力：《判决书的背后》，载《法学研究》2001 年第 3 期。

为，其中，对一般过失不予追究，对造成严重后果或多次过失的予以弹劾。

（三）增能：审级制度设计的“纵”与“横”

我国审级制度应从静态的程序链条上增强消除法律适用差异的功能，并从动态的程序进阶上提高消除差异的效率。

1. “纵”：法律审级与个案飞跃

在纵向上，增加专门法律审的“半个审级”。一方面，我国同质化的两审制度无力应对一审法律适用差异问题；另一方面，从样本判例的二审改判来看，目前二审还需要纠正赔偿数额计算等较为简单的事实错误，难以轻言缩小二审审理范围，因此应增加专门审查法律适用问题的审理层级。所谓“半个审级”是指该法律审采取上诉许可而非上诉权利制，[1]即当事人在二审后可专就法律适用差异提起上诉，但由二审法院决定是否准许；不予准许的，当事人可就不予准许的裁定提起上诉。这并不是“三审终审制”，其功能在于消除法律适用差异而不是当事人权利救济。

同时，还应注意提高纠正效率。在我国，虽然有案件批复与提审等制度，但不足以成为与飞跃上诉等相似的制度载体，对涉及普遍性法律适用差异问题的个案，应开通飞跃上诉的“绿色通道”。该制度不同于提审，针对的是未生效案件而非生效裁判；也不同于案件批复，不需要沿着上下级法院逐级上报。具体而言，审理法院（无论一、二审法院）具有启动权，可就具普遍性法律适用问题的案件向省高院申请上报最高法院审理；省高院具有审查权，审查确具此类问题的案件则上报最高法院；最高法院具有决定权，视问题重要性及是否形成成熟的解决意见而决定是否受理。

2. “横”：同级差异与纠正效力

在横向上，应允许案件当事人就其他判例与本案在同一问题上的法律适用差异作为法定上诉理由。法律适用差异常发生在横向的不同法院乃至合议庭之间，设置同级差异上诉制度有利于刺激当事人发现差异的利益冲动，增强上诉程序跨越个案发现法律适用差异的能力。

需要指出的是，由于法律规则的抽象性、滞后性及法官思维异质等，法律适用差异性不可能绝对消除，[2]并且出于法的安定性和裁判权威性的维

---

〔1〕 黄国昌：《民事诉讼理论之新开展》，北京大学出版社2008年版，第433~435页。

〔2〕 孙海龙、高伟等：《法官职业思维对统一法律适用的作用》，载《人民司法》2007年第15期。

护，法律适用差异的纠正一般不发生溯及既往效力，即其目的在于将来时的维护法律适用统一，而非现在时的权利救济或过去时的挑战判决既判力。

至此，初步形成最高法院专注宏观指导，法官裁量规则适用关系，审级程序能够发现、纠正法律适用差异并设有个案飞跃等便捷通道，功能与效率并具的独立于判决结果的消除法律适用差异体系。

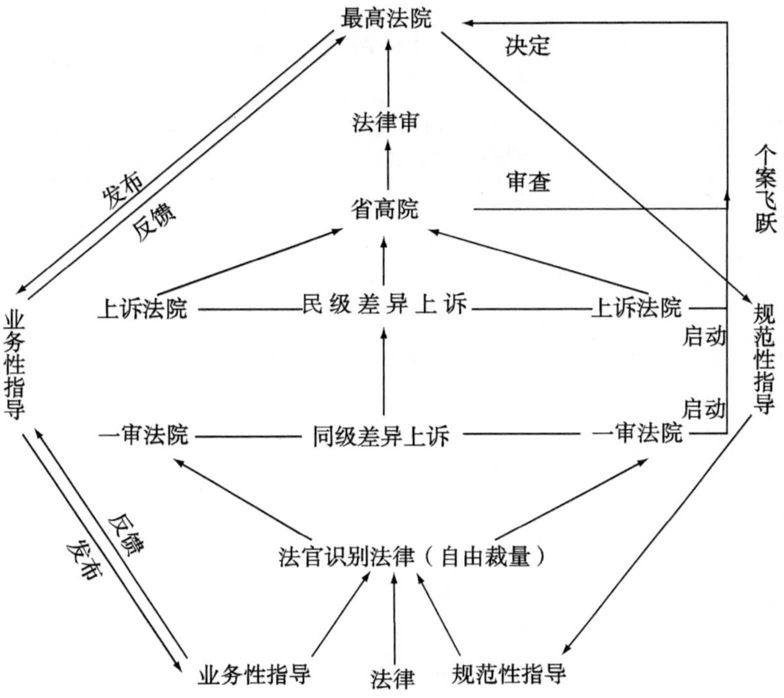

图 9：矫正后的消除法律适用差异体系

结语：局限与展望

法律适用与判决结果共同构成同类案件相同处理的主要内涵，前者却常常因个案纠纷的解决或当事人利益得到填补而被忽视。因此，本文论题的提出本身就已经不无裨益。而且，独立研究这个问题有助于我们获得与过往不一样的视角，例如对最高法院业务性指导的检视，对法官自由裁量习惯于隐性运作的反思，以及审级制度的改进等。必须承认的是，本文在研究样本上具有一定的案件类型局限性，在研究进路上偏重制度设计而疏于对裁判者主体因素的分析，在研究范式上未能建立起评价、指导消除法律适用差异的理论框架，这些都有待今后进一步研究和深化。

附表 1：样本判例信息检索

序号	案号	标题	审判法院
1	（2013）琼民三终字第108号	王德礼与陈修学海上人身损害责任纠纷上诉案	海南省高级人民法院
2	（2013）鲁民四终字第97号	刘靖铭与曲光旭海上人身伤害赔偿纠纷上诉案	山东省高级人民法院
3	（2013）鲁民四终字第95号	丛丕良等与王志刚海上人身损害赔偿责任纠纷上诉案	山东省高级人民法院
4	（2013）鲁民四终字第40号	×××与×××海上人身损害赔偿纠纷上诉案	山东省高级人民法院
5	（2013）鲁民四终字第37号	刘晓东与王鹏海上人身损害赔偿纠纷上诉案	山东省高级人民法院
6	（2013）鲁民四终字第15号	×1某与×2某等海上人身伤亡损害赔偿纠纷上诉案	山东省高级人民法院
7	（2013）鲁民四终字第8号	韩某等与刘某海上人身伤亡损害赔偿纠纷上诉案	山东省高级人民法院
8	（2013）鄂民四终字第15号	某公司与薛某等通海水域船员工伤赔偿纠纷上诉案	湖北省高级人民法院
9	（2012）浙海终字第109号	林某与罗某等海上人身损害责任纠纷上诉案	浙江省高级人民法院
10	（2012）浙海终字第48号	陈某与胡某海上人身伤亡损害赔偿纠纷上诉案	浙江省高级人民法院
11	（2012）甬海法事初字第47号	周某诉王某海上人身损害责任纠纷案	宁波海事法院
12	（2012）甬海法事初字第40号	叶某诉杭州××海运有限公司海上人身损害责任纠纷案	宁波海事法院
13	（2012）甬海法事初字第31号	周某诉宁波××集装箱海运有限公司海上人身损害责任纠纷案	宁波海事法院
14	（2012）鲁民四终字第149号	×1某与×2某等海上人身伤亡损害赔偿纠纷上诉案	山东省高级人民法院
15	（2012）辽民三终字第690号	邱洪斗与王新海上、通海水域人身损害责任纠纷上诉案	辽宁省高级人民法院

续表

序号	案号	标题	审判法院
16	(2012) 辽民三终字第683号	刘士友与孙昌富海上人身损害赔偿纠纷上诉案	辽宁省高级人民法院
17	(2012) 辽民三终字第18号	王忠玉与吴海峰海上人身损害赔偿纠纷上诉案	辽宁省高级人民法院
18	(2012) 桂民四终字第22—24号	黄永等与陈永庭、谢荫周、蓝文全等海上、通海水域人身损害责任纠纷上诉案	广西壮族自治区高级人民法院
19	(2012) 大海事初字第43号	田××等诉张××海上、通海水域人身损害责任纠纷案	大连海事法院
20	(2012) 浙海终字第50号	李某2与周某海上人身损害赔偿纠纷上诉案	浙江省高级人民法院
21	(2011) 浙海终字第123号	陆海波与广西防城港荣发船务有限公司海上人身损害责任纠纷上诉案	浙江省高级人民法院
22	(2011) 甬海法台事初字第43号	李偎娥等诉潘爱芳等海上人身损害责任纠纷案	宁波海事法院
23	(2011) 甬海法台事初字第8号	李治足诉台州市瓯华医化物流有限公司海上人身伤亡损害赔偿纠纷案	宁波海事法院
24	(2011) 海事初字第18号	杨×诉李××等通海水域人身损害责任纠纷案	北海海事法院
25	(2011) 广海法初字第373号	杨某诉钟某等海上人身损害责任纠纷案	广州海事法院
26	(2011) 广海法初字第287号	李某等诉博罗县某总公司石湾公司等通海水域人身损害责任纠纷案	广州海事法院
27	(2011) 大海鲅事初字第2号	郑沾武诉李顺文海上人身损害赔偿纠纷案	大连海事法院
28	(2010) 甬海法事初字第54号	苟洪源诉欧后顺海上人身伤亡损害赔偿纠纷案	宁波海事法院

*搜索时间：2014年12月19日，经筛选后的裁判文书为一、二审生效裁判，系列案件合并计算为1宗。

**改判判例分别是（2013）鲁民四终字第8号、（2012）浙海终字第109号、（2012）辽民三终字第18号、（2011）浙海终字第123号。

附表 2：样本判例的法律适用、论证与判决结果

<table>
<tr><th>序号</th><th>援引条文</th><th>归责原则</th><th>举证责任倒置</th><th>个案解释</th><th>对应判决</th><th>数量</th><th>判决结果</th><th>数量</th></tr>
<tr><td>1</td><td>侵权责任法第三十五条、《人身损害司法解释》第十一条</td><td rowspan="5">无过错</td><td rowspan="6">无</td><td rowspan="6">否</td><td>（2013）鲁民四终字第40号</td><td>1</td><td rowspan="6">支持诉讼请求</td><td rowspan="6">27</td></tr>
<tr><td>2</td><td>《人身损害司法解释》第十一条</td><td>（2013）鲁民四终字第97号、（2013）鲁民四终字第95号、（2013）鲁民四终字第37号、（2013）鲁民四终字第15号、（2012）浙海终字第48号、（2012）辽民三终字第690号、（2012）辽民三终字第683号、（2011）甬海法台事初字第8号、（2011）海事初字第18号</td><td>9</td></tr>
<tr><td>3</td><td>民法通则第一百一十九条</td><td>（2012）鲁民四终字第149号</td><td>1</td></tr>
<tr><td>4</td><td>民法通则第一百一十九条、侵权责任法第十六条</td><td>（2013）鲁民四终字第8号</td><td>1</td></tr>
<tr><td>5</td><td>《工伤保险条例》</td><td>（2013）鄂民四终字第15号</td><td>1</td></tr>
<tr><td>6</td><td>民法通则第一百三十二条</td><td>公平责任</td><td>（2011）甬海法台事初字第43号</td><td>1</td></tr>
</table>

续表

序号	援引条文	归责原则	举证责任倒置	个案解释	对应判决	数量	判决结果	数量
7	侵权责任法第三十五条	过错	倒置		（2013）琼民三终字第108号、（2012）甬海法事初字第47号、（2012）甬海法事初字第40号、（2012）大海事初字第43号、（2011）浙海终字第123号、（2012）浙海终字第50号、（2011）大海鲅事初字第2号、（2010）甬海法事初字第54号	8		
			无	是	（2012）辽民三终字第18号、（2012）桂民四终字第22—24号、（2011）广海法初字第373号、（2011）广海法初字第287号、（2012）浙海终字第109号	5		
8	侵权责任法第六条第一款				（2012）甬海法事初字第31号	1	驳回诉讼请求	1

＊（2012）甬海法事初字第31号判例载明该案原告已经通过劳动仲裁获得了工伤保险待遇和双倍工资，因此驳回其诉讼请求更多是为了避免原告重复受偿。

＊＊二审裁判不改变援引条文的，援引条文以一审为准；改变则以二审为准。

法律与文学的“琴瑟和鸣”

杨 颖 *

摘 要 法律与文学交汇“缘”来已久，20世纪70年代欧美法学家发起的“法律与文学”的学术运动，使二者之“缘”越发深厚。文章认为通过对文学的发掘重构法律的人文之韵乃是当今时代抵抗法律之技术理性的重要方法；立足文学的想象与移情，推进法律的“想象性重构”，抛却对法律的工具性偏执；文学作品有一种神秘的能力，文学中的“感性想象”可与法学之“理性分析”在很多方面达成“琴瑟和鸣”。文章认为，我们在学科故步自封的路上“别走得太远，以致忘了当初如何出发”。

关键词 法律 文学 法律方法

法律、文学，在很多人看来，似乎是两条平行线，几乎不存在相交的可能！美国法学家波斯纳曾在1988年写就《法律与文学——一场误会》一书，是时，其在不遗余力地证明着“法律”与“文学”相交相遇是“一场误会”。的确，法律之“水”与文学之“火”怎好交融？对于科班出身的法律人看来更是如此，法律之深邃理性与文学之天马驰骋的感性怎能联系在一起，生拉硬扯，只会是误会一场，哪怕是露水姻缘也只能充斥满心的尴尬。毕竟，法律之“生涩概念”“僵化条文”是强化优美言辞、朗朗上口的文学所不容的，而文学之虚构、之想象也是务求实际的法律所不容的。

法律与文学是不是真的是“误会一场”，其实，在19世纪法国伟大的军事家、政治家拿破仑的《法国民法典》里，它们便曾巧妙地融合在一起，从

* 杨颖，女，重庆邮电大学外国语学院副教授。

军事家的自豪来看：“我的光荣并不在于赢得了40场战役，因为滑铁卢一役就使得这些胜利黯然失色。但是我的民法典却不会被遗忘，它将永世长存。”这部备受后世关注的法律为何会如此？其精妙就在于法典的重心与风格，丢弃了法律人独有的生涩概念，关注的是现实生活，注重的是言辞造句，强调的是法律表达要经得起外行人的批评，能让受教育程度不高的普通公民读懂。文学家司汤达就说过大致这样的话，即一个作者要使自己的文风改善与文句具有韵味，请每天回家读一下民法典的条文。在意大利法学家维柯看来：古代法学大部分都是诗性的……古罗马法则是一篇严肃认真的诗歌。〔1〕强调“一场误会”的美国联邦上诉法院法官波斯纳在十年后再版时，态度悄然变化，前后的角色转变表明“这场误会”是“美丽”的。在笔者看来，法律应有文学之韵，文学也应有法律之美。

一、“法律与文学”那场运动的“缘”

法律与文学真正结“缘”，源于一场20世纪70年代欧美法学界发起的学术运动。波斯纳曾指出，“法律是一门历史悠久的学科，然而自20世纪60年代以来，其学科自主性在美国逐渐走向衰落。”〔2〕也许是出于学科自身的发展，交叉学科的研究开始蓬勃兴起，出于成为常规科学的法律经济学及其所代表的“科学主义”法学的反驳，解决因强调理性而导致的法律更多地向民众展现“刚性”的问题，法学家们发起了这场学术运动。著名法学家苏力先生以“孪生兄弟的不同命运”来对比“法律与文学”及“法律与经济学”的发展迥异状况，虽然都在学科中扎下根来，但是前者始终被质疑，而后者却得到了更多的共识。

学科交叉研究，本身即是一个学科的纵深发展或者说范围的拓展，更是在找寻不同学科间的共性，让学科间在共舞中共赢而不是侵蚀相互领地。有学者指出，无论是法律与经济学的交叉，还是法律与文学的交叉，都是旨在解决法学自身自恰性或自主性的不足以及传统法学研究思维的单一与刻板之弊端，不过是药方不同罢了。也许法律与经济学都在强调理性、强调技术，而文学却更多地指向感性、强调情怀之故，法律与文学的交叉远不如它们来

〔1〕［意］维柯：《新科学》，朱光潜译，商务印书馆1989年版，第563页。
〔2〕沈明：《法律与文学：可能性及其限度》，《中外法学》2006年第3期。

得更为自然、正当。法律与文学这场学术运动尽管是应对所谓的法律“科学主义”，改变“维理性是大”的过度“形式理性化”法学研究传统，解决法律刚性问题，但也是在寻找法律与文学之间的共性。

法律与文学，从根本上都是在探讨人类如何更好地生活的问题，都以人类的正义为基本指向。法律通过规则定分止争以实现人类的正义，文学通过对人性的艺术洞察、对灵魂的艺术拷问来实现正义；法律是管理规制人性中的冲突，文学刻画描写人性冲突，它们无一例外，都是尊重人性，在价值取向上趋同。英国剧作家爱德华·邦德一语中的地指出：“所有剧院、所有戏剧和其他许多形式的目标都是正义。我认为，这正是人性所追寻的。后现代作家的任务……应当是重述当今的世界，重塑我们所处环境下正义的含义。”〔1〕

有学者指出法律与文学之发轫于古希腊哲学家柏拉图，〔2〕即柏拉图认为文学和立法属于同一种类，都是人类思想的构成物，是言语意义上的构造物，一个理想的法条表达了最高的悲剧形式，最为崇高的与完美生活的戏剧化，一个社会的制定法应该是伟大的文学作品。柏拉图《国家篇》中还有将诗人从城邦中驱逐的描述，似乎在隐喻法律领地与文学的不容，文学是外在于法律的，它们发生关系是有前提性要件的。柏拉图的这两种看法也对应着法律与文学在后世的研究走向，这也许也是法律与文学研究纵深呈现矛盾状态的渊源所在。

20世纪70年代发起的那场法律与文学的运动，不仅仅使法律与文学更加清晰地进入学界的视野，不仅对柏拉图的观点进行了拓展，更是深化了美国法学家威格摩尔（John Henry Wigmore）通过对法律共同体开列《法律小说书单》进行有益教化与启发的思想，还进一步推进了美国法学家卡多佐基于文体学建立法律与文学关联的思想，经历了20世纪80年代的“解释学转向”，法律与文学的研究基本上形成四个亚领域：文学中的法律（law in literature）、作为文学的法律（law as literature）、通过文学的法律（law through literature）和有关文学的法律（law of literature）。〔3〕这四个领域基本上就是法律与文学

〔1〕 Bond, Edward. Modern and Postmodern The atres, interview with Ulrich Koppen , New Theatre Quarterly 50, 1997, p103。

〔2〕 刘星显：《基于关系视角的法律与文学研究》，吉林大学2012年博士学位论文。

〔3〕 苏力：《在中国思考法律与文学［J］. 法学前沿（第五辑）》，法律出版社2003年版，第58~59页。

研究的核心内容，也使法律与文学的交融进入一个新的领域，可以说“缘”日渐深厚。

二、“法律与文学”的“人文之韵”

尽管说法律与文学都是围绕“人”的具体建构。近代以降，随着科学主义与技术理性的喧嚣而来，法律作为一种制度性建构，为了强化和宣扬其客观性和说理性，其很快便表现出与技术化或形式理性的结合，通过技术铸成确定性，划定行为之界限，由“法言法语”之类的“技术性术语”构成特有之法律职业共同体，通过“法言法语”建构规则群，或者叫法条群，通过冷峻的算计，行动上精确的步骤，解决现实生活中的实际纠纷，实现着技术性的社会控制。在技术理性与科学主义的光环下，法律在这个表面的虚像的特别装点之下也在不可避免地扭曲着其内在的实像。对此，美国哲学家乔姆斯基曾作出这样的论断：置身于论证与反驳的竞技场，处理着技术可行性与策略，把玩着脚注与引证，只接受某些议题辩论的正当性，有人已失掉了人道。〔1〕的确，在这个过度追求理性的时代，法律似乎居于庙堂之高，在技术理性上越走越远，与“科学主义”愈来愈近，离世俗越来越远，甚至在民众看来，已“曲高和寡”，甚至成为权力实现的工具，法律的权威在得到工具性“彰显”的同时却在现实生活中“每况愈下”。技术理性的过度反映到现实的日常生活，则是过度追求物质利益，法律共同体中律师开始“唯金钱至上”，法官追求形式合理，而人们的心灵则会逐渐滑向荒芜。如果这种状况延续，可能会导致另外一个后果，即司法远不如“信访”来得亲切，毕竟在那里还有“人情”可以说道说道。

当然，贸然的断定法律或者法律人失去人道还为时尚早，但局限于“法言法语”的学科知识体系的发展瓶颈早已呈现。“它们既枯燥无味又老生常谈……在一个日渐狭小的信徒小圈子里传诵。更为糟糕的是，它正面临着变成哲学上不受待见的狭隘知识的危险，因为我们正在远离着那些思想资源——它们能够帮助我们理解法律的概念和法律上的争议，而不是我们自己的概念和争议。”〔2〕上文也

〔1〕［英］雷蒙德·瓦克斯：《读懂法理学》，杨天江译，广西师范大学出版社2016年版，第15页。

〔2〕Jeremy Waldron, “Legal and Political Philosophy” 转引自［英］雷蒙德·瓦克斯：《读懂法理学》杨天江译，广西师范大学出版社2016年版，第3页。

指出，法律与文学的学术运动也是解决法律自洽性不足之问题，法律与社会生活的日常知识相比，尽管属于一种非常不同的知识体系，但其不能脱离日常生活、社会条件，法律必须在广泛的社会思想资源中寻求更多的发展空间，正如美国学者亚伯拉罕所指出的那样："对一名被要求审核一个有关宪法的问题的法官来说，他除了要熟悉关于这个问题的专著，还需懂得一点阿克顿和梅特兰、修昔底德、吉本和卡莱尔、荷马、但丁、莎士比亚和弥尔顿、马基雅弗利、蒙田、拉伯雷、柏拉图、培根、休谟和康德。因为在这些知识中，每一种都有助于解决摆在他面前的问题。"[1] 所以，不能把法律仅仅作为一整套的规则体系，还是一种"活生生的社会过程"，法律人应超越狭隘的观察水平，应该理解到靠法律汇编和实施法律的机关是不可能确保一个平静而安宁的寰宇。除了技术理性之外，还必须充分考虑其价值理性。"我们并不认为不学法律的人就基本上不懂法律，只要不是涉及法律的程序和手段，几乎每个成年人都知道很多涉及法律的东西，都把握了相当知识足以讨论和阅读它。实际上……许多优秀的涉及法律的小说和戏剧都出自法律从业者，这并不是什么巧合。"[2]这个论断进一步证明着法律不能局限于"法言法语"的狭隘圈层。

法律从不缺少人文关怀，有道是"法律无外乎人情"、法律源自社会的"常识、常理、常情"，法律是最低限度的道德等论断便是如此。中国法学会副会长张文显指出，"人文精神是现代法律产生和不断改革的强大动因……人文精神在法律中的含量是法制文明和社会进步的重要标志。"[3]问题不过是在技术张扬的时代背景下，在功利主义喧嚣的场景下，法律的人文精神被摧残。法律与文学的运动，通过学科交叉，通过文学来重构法律的人文精神不啻是一种好的方法。理查德·威斯伯格指出：文学文本可以为法律蕴含的各种人文精神与伦理价值提供最恰当的描述空间。法律或法理通过文学文本描述升华，人们可以形象生动、通俗易懂地获取法律制度乃至法律自身所具备的理念属性的洞见。文学文本中法律特征的描述与表达，可以说是借助文学

[1] [美] 亨利·J·亚伯拉罕：《法官与总统——一部任命最高法院法官的政治史》，刘泰星译，商务印书馆1990年版，第42页。

[2] [英] 韦德·曼塞尔，贝琳达·梅特亚德，艾伦·汤姆森：《别样的法律导论》，孟庆友等译，北京大学出版社2011年版，第3页。

[3] 张文显：《市场经济与现代法的精神论略》，载《中国法学》1994年第6期。

来理解和解释法律。通过对法律诗性化的阅读，则是通向人类自我理解的途径。“法律与文学”运动的发起人詹姆斯·伯艾德·怀特在《法律想象：法律思想和表述的属性研究》中指出，“文学名著为法律的各种人文价值提供了最好的伦理描述。”〔1〕他还说：“文学能够……增强一个人的同情心，复杂化一个人的自我和世界的意义，人性化在我们文明中占支配地位的理性算计形式。”〔2〕总之，在法律与文学的交融中重构法律的人文之韵乃是当今时代抵抗法律之技术理性的重要方法。

三、“法律与文学”想象的“不谋之合”

人与动物的差别，不仅仅在于直立行走，更在于人还能够思考、能够想象未知。法律与文学都是人为的建构，都是人思考、想象的产物。不过，法律作为为人的行为定尺度的建构，它内在的需要建立起相对统一的衡量标准，为人们的行动提供统一规则，为人们的生活提供稳定的预期，达成一种相对稳定的结构。浩若烟海的成文法便是要达至这一目的，在这种驱使下，其客观理性的强化在所必然，这也是法律实证主义之所以一直在法律研究领域占有重要地位的因素。

人之“想象”的能力在英国湖畔诗人之一的柯勒律治〔3〕看来，它是“一股活跃力量，并且是人类所有感知的主要代理人”。“想象”给予人类有意识的认知，它是“在有限思维中对于无限自我的永恒创造行为的复制”。想象可以使人敏锐地感知社会的细枝末节，法律是对已知社会关系的一种制度性反应，但这种反映如果缺失了基本的“想象”，就无法解决科技发展、技术进步带来的诸多问题，比如试管婴儿、克隆、外太空等问题，而且日常生活

〔1〕 White, James B. The Legal Imagination : Studies in the Nature Legal Thought and Expression, Boston: Little, Brown & Co. , 1973, p134,

〔2〕 James Boyd White. " Law and Literature" : No Manifesto, in James Boyd White, From Expectation to Experience: Essays on Law and Legal Education, The University of Michigan Press, 1999. p. 55。

〔3〕 柯勒律治除了是一个浪漫主义诗人之外，还是一个著名评论家，他对于当时特殊的社会、宪制、法律以及国际问题给予了犀利的评论，除了著名的散文作品《论宗教与国家的宪制》（*On the Constitution of the Church and State According to the Idea of Each*，第一版，1830），还著有《席边漫谈》、《研读制造业童工状况专门委员会听证会会议记录后的建议》、《论针对罗伯特·皮尔勋爵法案原则的反对声音》（1818 年）、《S. T. 柯勒律治对罗伯特·皮尔勋爵法案之基础的论证》（1818 年）等。

的纷繁变化也使法律常有滞后之感，现实生活中存在着许多法律尚未细致考虑到的多样性，如房屋70年产权之后的问题、小产权房问题。社会关系的发展总是一再突破立法者为人们创制的行为模式，而这些都需要法律共同体有充分的“想象力”才能应对。故而，想掌握最高形式的真理，只靠理智之人的寻常理解力是不够的。探索这些宇宙之谜，需要更高层次的、直觉的洞察力。

柯勒律治认为，统治国家的人应该拥有政治想象，他们的理解在理性的启迪下才能够充分了解现实的政治世界。[1]换个角度来理解，则意味着法律共同体应有“统筹全局的能力”，应有对世界的充分想象。但是，法律人往往拘泥于现有之法律规范，特别是对科学主义、形式理性及法律技术化的崇拜，再加上严格依法办事的基本思维模式，几乎未给法律保留足够的想象空间。尽管如美国著名法学家昂格尔所言“通过法律分析进行合理重构的道路是开放的”，但是路漫漫其修远兮。借用科学家爱因斯坦的话，“想象力比知识更重要。”古人的“观乎人文，以化成天下”在这个时候则是多么的迫切，文学之感性想象，作为知识建构，文学文本中对利益进行着重组，对公众困惑进行着解答，对人类理想进行着描绘。理想国、乌托邦是哲人对未来的想象建构，“有限公司”不仅仅是法律拟制，更是法律想象的现实发明，而文学家们“在树木中寻找声音；在奔流的小溪中寻找书籍；在乱石中寻找布道；在每一样事物中……寻找美好”同样扩充着理性与知性共构的空间。

“想象”和重要知识的感知密不可分，也就意味着诗人或者艺术家、文学家比法律共同体拥有着更加非凡的敏感性，更有可能获得对事物真正属性的真知，而这可能是缺乏想象力的科学家所无法企及的。艺术家可能拥有超乎常人的视界，能够感知万事万物中内在的神性。不仅如此，诗歌或者艺术可能是表达这种视界的更好途径。法国学者布律尔指出，“类似巴尔扎克这样的小说家可以为我们提供在法典中所不能找到的法律现实的某些情况。”[2]在文学家作品中，“想象”不是空穴来风，其来源于生活，又高于生活，也许有人会质疑文学家之“想象”多为虚构，而法律尽管“总比生活节奏慢半拍”，但法律“想象”是基于具体之问题来得更为真实。尽管所言有理，但我们如

---

〔1〕［美］卡莱欧：《柯勒律治与现代国家理念》，吴安新等译，华东师范大学出版社2015年版，第42页。

〔2〕转引自陈艳风：《“文学中的法律”非美丽的误会》，载《中国社会科学报》2012年5月21日。

何解释读者尽管知道文学“想象”是虚构，为什么他们在阅读时会欢庆、会痛苦、会流泪？其实，法律何尝不是，人们为何会选择相信法律？法律也并非解决问题与冲突的“独木桥”！针对此，柯勒律治指出：自愿放弃怀疑。也就是说，在作者和读者之间，类似于法律和民众间，存在一个社会契约：我们同意接受文本的设定或法律的规定。可以说，法律与文学完成了另一种意义上的竞合。

文学之“想象”视野更为开阔，其使用之手法也更为多元，而这可帮助法律共同体通过扩大想象力来增强“移情”〔1〕的能力，为法律的“想象性重构”〔2〕抛却对法律的工具偏执提供有益进路。有学者指出，文学中的法律故事不仅是法律的一种叙事，也是一种批判。在笔者看来，它不仅仅是考量法律背后的良心，更在于建立起面对繁杂社会的“开放的道路”！有学者指出：“只有饱含了理性和想象的法律，才是有血有肉有生命有性灵的活法良法，而非枯燥冰冷空洞的纸上条文!”〔3〕在法律与文学的交汇中，所有公民都应该想象法律与文学的空间并谈论它们，以使其成康庄大道。

四、“法律与文学”的“琴瑟之和”

“法律的生命是艺术，是与他者在语言中创造意义的艺术。”〔4〕文学亦然，法律与文学从根本上都是运用言词的艺术，而且都是强调言词更加通俗易懂的艺术。法律不仅仅是法律共同体的法律，文学作品也不仅仅是作者的自言自语。如苏力所言，一个民族的生活创造了它的法制，而法学家创造的

〔1〕“移情”是文学中通常使用的一种方法，是站在他人的角度上理解问题，通过同情理解和感同身受似的体验来完成。根据琳恩·亨德森（Lynne N. Henderson）的研究，移情有三层基本含义：（1）感受他人情感；（2）理解他人经历或处境，既有情感又有认知的理解，这种理解通常将自己放入他人位置而获得；（3）通过亲身体验他人痛苦而采取的行动。前两者为认知途径，第三种为行动的催化剂。见：Lynne N. Henderson. Legality and Empathy, Michigan Law Review, Vol. 85, 1987. p. 1579。

〔2〕法律不缺少想象，也不能够抛却想象，想象是为了更好的建构。“想象性重构”是波斯纳基于法官遇到模糊的法条，但又不能请示立法者，也没有查明立法目的和背景之资料的前提下如何进行“造法”所设想出来的方法，就是运用想象和移情，站在立法者的角度上对其立法加以解释。参见［美］波斯纳：《法理学问题》，苏力译，中国政法大学出版社 2002 年版，第 45 页。

〔3〕谢可训：《法律中的想象》，载《人民法院报》2012 年 7 月 13 日。

〔4〕James Boyd White. Heracles´Bow: Essays on the Rhetoric and Poetics of Law. The University of Wisconsin Press, 1985. p. xii。

仅仅是关于法制的理论。法律与文学作品都来源于民族生活。法律要面对普罗大众的，法律要公开地面对普罗大众，如果法律条文、法律言词用语晦涩，让人难辨、难懂，那么又如何推进法律的被信仰进程。在当下，法律拒绝神秘，法律要建构起看得见的信仰，要建构起普通民众都认同的普世的法律意识，这就要求法律作为指导人行为的基本规范，要让人更清晰理解才能在内心认同然后达致信仰。有的学者提出，法律要以接受九年义务教育的受教育者就能理解为基本底线。法律作为对生活规则的抽象规范且应用于生活的语词建构，真正实现法律融入日常社会生活中，则必须把握法律言词不能超出普通见识的范畴〔1〕。日本法学家穗积陈重指出，“法律文章语句之变迁，实可推测一国人民法的社会力之觉醒，而法文之难易，又可标示国民文化之程度。难解之法文，为专制之表征；平易之法文，为民权之保障，故法律之文章语句，每随社会之进步，由难而易，因而法之认识可能性，亦与文化同时增进。”〔2〕文学也是运用言词的艺术，文学作品要面对读者，唯有让读者诞生，作品的价值才能呈现，毕竟文本的阅读活动就是读者与文本的对话，法律文本也好，文学文本也好，必须通过文本的基本元素——言词，构建起与读者易于沟通的桥梁，价值才能创造出来。应该说，文学对文字的敏感、对文字的推敲是最为擅长的，毕竟好的文学就是要把最恰当的文字放在最恰当的位置，古人“僧推月下门”与“僧敲月下门”的细微琢磨，应用于法律一点都不过，“破门而入”与“敲门而入”不仅仅是一种意境，更重要的是在特定的场景下这种情节甚或会改变一个案件的走向。正如文学作品的作者产生了文本，而读者产生意义，同样法律共同体缔造法律，而法律的意义要从法律的广泛受体中产生。这就要求法律人要从文学的精于字句推敲上汲取智慧，要从文学作品注重言词应用细节中获取营养。“对于文字的敏感，对于细节之意义的把握，仍然是法律家必备的能力之一。事实上，英美法先例制度中的‘区分技术’，在很大程度上，需要的就是对细节的把握，对细节之意义的阐明；至于英美式判决书之写作，更要求对文字的驾驭。”

法律与文学还都是讲故事的艺术。对故事的结构把握、人物创造、主题深化，对叙事技巧的灵活运用，在故事中进行情感的表达、情绪的宣泄、浪

〔1〕 法国历史学家基佐认为，普通见识是人类的特征，词的通常意义来自普通见识。见［法］基佐：《欧洲文明史》，程洪达等译，商务印书馆1998年版，第7页。

〔2〕［日］穗积陈重：《法律进化论》，黄尊三等译，中国政法大学出版社2003年版，第224页。

漫的想象，等等，这些都是文学作品应有之义，缺失了这些，文学也不成其为文学。故事强调矛盾冲突，无矛盾冲突很难成就故事，法律领域常常是矛盾冲突集中的地方，很多真实的案例被作家们所关注、演绎成具体的作品，这构成了法律与文学的直接联系。事实上，法律也是强调叙事的，“法律发展只有通过叙事才能得到理解”，[1]这意味着通过还原场景自然呈现案件发生之前因后果，通过“理性对话”实现整体性理解。由于无法还原客观真实，案件本身更加倚重于证据事实，法律将这些证据事实或者“案情碎片”进行有机整合，无论是“故事语法”还是语言建构，无论是因果关系的考量还是动机的叙述，都是依托对证据事实的融贯性分析、技术性解剖。其目的都是把案件本身的来龙去脉通过叙事或描述的形式展现在法庭之上，展现给原被告双方甚至更多的群体，通过叙事将断裂的每个情节融汇成一个全景式的事件。如果说庭审是一个说理叙事的融汇过程，而依法的裁判则是对案件故事说理叙事的合理终结。可以说，在法律的框架下呈现着各式各样的故事，也在叙说着这些故事之中的情与理。有的学者甚至指出，法律是一个故事——如果在这里将法律与文学的情绪加进来的话（也许这样更为准确），那么这个陈述句就变成：法律仅仅是一个故事而已；法律只不过是另一个故事罢了；法律哪里仅仅在某些方面“像”文学，法律根本在所有方面“是”文学！法律与文学都还关注叙述的技巧和写作的风格，让语言更纯净准确，让情感更生动地表达，让情绪更淋漓尽致地宣泄，让故事更有效地洞察人性、拷问灵魂、展现意义。西方的“法官造法”，或者说针对疑难案件形成伟大判例的司法意见书，几乎无一例外都是通过文学手段的伪装把法官个人的意志与信念暗中输入并“强加”给案件当事人以及社会。

人们都是解释性地生活着。正如学者所言，社会科学不是纯粹描述的问题，它在深层上讲是阐释性科学。[2]法律与文学，说到底都是以文本的形式呈现，而文本要想获得理解，需要依托于解释，以此才能让各自的话语体系更为彰显。没有解释，法律只能是僵死的教条而已；没有解释，文学也不可能有“一千个哈姆雷特”的意境。柯勒律治认为，真正的方法会使人类对现

---

〔1〕［英］韦恩·莫里森．法理学：《从古希腊到后现代》，武汉大学出版社2003年版，第461页。
〔2〕［英］韦恩·莫里森．法理学：《从古希腊到后现代》，武汉大学出版社2003年版，第417页。

实的理解变得全面、统一并且富有动态性。[1]解释是一个较好的方法，有助于人类对现实生活的理解。法律与文学之所以紧密联系还在于“二者都涉及解释、叙事、阅读、书写、表达，都是语言、故事、人类经验的交汇之所，作为特定文化世界的话语共同体的语言可以将二者统一起来”。[2]美国法学家德沃金法律解释理论的灵感就源自连环小说这种文学体裁，也足以看出文学之于法律的意义。

五、结语

美国社会学家华勒斯坦指出，每一个学科都试图对它与其他学科之间的差异进行界定，尤其是要说明它与那些在社会现实研究方面内容最相近的学科之间究竟有何分别。[3]法律与文学这两个不同的学科也都在捍卫着自身的自主性、独立性，我们无意强调法律与文学学科交叉的合法性所在，但是学科知识体系的“话语垄断”却让人忧虑、令人担心，学科内部的自说自话不能够形成足够强大的话语力量，假若无视其他学科的发展，无视社会生活的变迁，或许连自身的自主性、独立性都会受到挑战。以此延伸并深入到各自的教育教学体系，在培育职业群体过程中，我们进入到经院式教学范式，这其实已使得我们的话语范围越来越狭窄，如法律过度的技术化、工具化缺陷。有学者提出：我们有足够的理由怀疑一个缺乏艺术直觉能力和反思能力的人是否有从事司法操作的才华。[4]这不振聋发聩吗？其实，英国浪漫主义民主诗人雪莱的名言“诗人是这个世界未被承认的立法者。”告诉我们法律与文学都是人的创造物，在创造上，“人”最有发言权，而不是把之先行类别化，尽管细分也是一种进步，但却告诫我们也不应拘泥于学科囹圄，毕竟生活是真实的存在，是整全而非分裂，学科理论的建构不能脱离生活之真，又有所差异，但是在差异的路上，在学科固步自封的路上“别走得太远，以致忘了当初如何出发”。

---

〔1〕［美］卡莱欧：《柯勒律治与现代国家理念》，吴安新等译，华东师范大学出版社 2015 年版，第 33 页。

〔2〕刘星显：《法律与文学的关联模式论》，载《社会科学战线》，2011 年第 2 期。

〔3〕华勒斯坦等：《开放社会科学：重建社会科学报告书》，刘锋译，三联书店 1997 年版，第 32 页。

〔4〕丁国强：《法律分析与文学审视》，载《人民法院报》2013 年 9 月 16 日。

文学作品有一种神秘的能力，文学中的“感性想象”能够抵抗冷峻的“理性分析”，使人更为完整，使生活更趋美好。且不言美国法学家威格摩尔（John Henry Wigmore）坚信小说阅读对法律共同体有着不可替代的教化与启示作用，可将法律人塑造为有教养群体，就连认为法律与文学的交汇完全是一场误会的美国法学家波斯纳也在强调文学之于法律人的意义，认为文学能够造就道德感强的人，能够造就富有洞察力和敏感的人，文学能够使人深刻，使人高贵，而这些仅仅通过法律专业训练是无法得到的。可以说，法律与文学的结合拓展了法学与文学各自的研究范围，不仅给予文学理论参与法律对话的理由，也给予法律理论理解文学文本的合法性。

法律解释与意图

——基于开端的隐喻

杨铜铜 *

摘 要 正如哲人把真理带入语言一样，立法者通过语词构造把意图带入法律文本。法律解释既能解蔽意图，亦能遮蔽意图，需要认真对待法律解释话语。如何在固定话语的字里行间探寻真意，把握法律适用的“开端”，实现书本语言向实践的转换，是法律解释的主要任务之一。法律文本作为文本的一种形式，与文学文本具有某些共性，解释法律文本其实就是法律适用的“开端”。将法律解释比喻为开端，就是想借助开端这一喻体重新认识法律解释这一主体，指出法律解释相对于法律适用的重要意义。并不是只有开端才产生意义，但是开端与意图相连，必然会产生意义。开端是产生意图的第一步。开端既是书写，也是思考；一个开端既是创造，也是一种批判活动。法律解释的过程包含对文本更为具体意图的探讨，意图是发现文本意义的渊源，意图是价值的表征。

关键词 法律解释 文本含义 意图 开端

“开端”是一种行动，与活动领域、思维习惯、有待实现的条件相关的处理或指向“存在于书写之中”或者“由于书写而产生”的特殊事物。文本作为发现“开端”或者揭示“开端”的场域，在现代书写里承担着一个特殊的过程。[1] 正如哲人把真理带入语言一样，立法者通过语词构造把意图带入法

---

* 杨铜铜，男，华东政法大学法律方法论专业博士研究生。

〔1〕［美］爱德华·W. 萨义德：《开端：意图与方法》，张乐天译，生活·读书·新知三联书店 2014 年版，第 41~42 页。

律文本。从理论上讲，法律的生命“开端”于颁布或者拟制性的生效时间，但书本上的法律是静态的，法律的生命不在于逻辑而在于经验，法律实施效果的好坏在于执行者理解与适用，有法律适用就有法律的理解与解释活动，法律解释的历史同法律存在和发展的历史同样久远，[1]法律的意图或目的只有在一个个案件中才能予以彰显。从法律适用的角度看，解释法律是法律适用的“开端”。法律解释既能解蔽意图，亦能遮蔽意图，需要认真对待法律解释话语。法律解释具有价值导向性，法律解释的过程包含了意图竞争。无论是文本决定论、原意决定论，还是解释者决定论，解释的过程涉及肯定与否定法律文本意图的形式。实际上，“开端”不仅是小说家所面临的现实问题，也是“叙事理论、文本分析和小说研究最重要论题之一”。[2]文本是通过文字固定下来的话语，[3]解释必然要立足文本，而每个叙事文本都有自己的开端，如何在固定话语的字里行间探寻真意，把握法律适用的“开端”，实现书本语言向实践的转换，是法律解释的主要任务之一。因此，何为开端、为什么要开端及如何开端成为本文研究的重点。

一、何为开端

法律与文学是缘起于20世纪70年代北美与英国法律界的西方故事，其力图打破传统法学研究模式，以致形成了一场不容小觑的学术运动。[4]当我们把探寻的目光投射到悠远的历史深处，来重新审视“法律”与“文学”的关系时，却发现自它们产生之时就融合纠缠在一起，具有浓厚的“血缘”关系。[5]“开端”在叙事文学中具有重要的地位，它是理解、解释文本故事的起点，更是引导读者进入文本的表现形式。法律文本作为文本的一种形式，与文学文本具有某些共性，理解解释法律文本其实就是法律适用的“开端”。

（一）法律解释是法律适用的“开端”

开端是一个哲学概念，是一个时间点不同结构性理解。在英语中，“be-

---

〔1〕 张志铭：《法律解释概念探微》，载《法学研究》1998年第5期。
〔2〕 尚必武：《叙事开端：从“头”说起的艺术》，载《外语与外语教学》2011年第2期。
〔3〕 [法] 保罗·利科：《从文本到行动》，夏小燕译，华东师范大学出版社2015年版，第148页。
〔4〕 刘显星：《法律与文学研究——基于关系视角》，社会科学文献出版社2014年版，前言第2页。
〔5〕 刘显星：《法律与文学研究——基于关系视角》，社会科学文献出版社2014年版，第1页。

ginning”既是名词，又是分词，词性区分主要是在时间的定位上。一个指向“start”，意为“出发”，开始着手行动的起点，第一个阶段、第一次行动等，从时间的顺序上看，是从此点开始发展一系列的行动或事件；另一个指向“origin”，即去创立或唤起存在……为建立一个起源，蕴含优先原则，倾向于一种先验存在的创立观点，从此生发思想与行动。〔1〕哲学意义上，哲学的本质就是对开端的追寻与思考，是关于哲学本己的问题。〔2〕正如胡塞尔所言：“哲学本质上是一门关于真正开端，关于起源，关于万物之本的科学。”〔3〕在希腊文中，“arche”视为开始、本原。Arche 从动词 archein 发展而来。Archein 在希腊文中就有开始与统治的双重含义，arche 作为西方哲学基本概念也就有双重含义。一是指开始、开端、起源或本源，另一方面又意味着领导、支配和统治（后又从中演变出原则、根据等含义），使开端具有了物理的、历史的或存在论的本原，以及与法则有关的原则，人或神由之展开统治，权威、社会秩序由之施行，秩序由之出发而被给出——法则学的原则。〔4〕

在著名文学理论家萨义德看来，开端既是行为的对象，又是思考的对象，只要语言处在使用当中，它们必将始终相连。相对而言，“beginnings”是一主动行为方式，而“origin”是一种被动含义，比如“X 是 Y 的起源，开端性的 A 引致了 B 的发生”。起源是关于神学的、神秘的以及有特权的属神活动，而开端是世俗的、人造的以及不断得到检验的人们活动。〔5〕与“origin”相比，“beginnings”更侧重人为行动，一种人们主动开启起点的过程，人为设定的“优先”或“在先”位置，并且人为设定本身就包含着引导、领导或统治之意，以此为开端，继而引发后来之事，因此，“beginnings”更契合“开端”之意。从时间上看，开端着眼于开始（头）、优先、在先，是开启后来之事的起点；从逻辑上看，后来之事必然与开端相关联，两者存在内部结构的逻辑关系。因此，开端是一个事件，以某种方式引发的主动行为，并以此使我们期待更多的行动，用于理解解释某一问题或者文本之行为取向或意图。

实际上，因为“开端”本身就是一种“隐喻”，我们将法律解释视为法

〔1〕 余杰：《开端叙事学》，中国社会科学出版社 2015 年版，第 45 页。
〔2〕 朱刚：《开端与未来——从现象学到解构》，商务印书馆 2012 年版，第 2 页。
〔3〕 ［德］胡塞尔：《哲学作为严格的科学》，倪梁康译，商务印书馆 1999 年版，第 69 页。
〔4〕 朱刚：《开端与未来——从现象学到解构》，商务印书馆 2012 年版，第 4～5 页。
〔5〕 ［美］爱德华·W. 萨义德：《开端：意图与方法》，张乐天译，生活·读书·新知三联书店 2014 年版，第 16～22 页。

律适用的"开端"是基于"隐喻"的认识论。相比而言，法律解释相对于法律适用的过程，哲学意义上的"开端"较为平实，但人为实践意义上的"开端"较为浓厚。在法学研究中，许多法律现象都是通过某种隐喻来表征的，它是"法学家为了理解或解释某一法律问题（本体）而借用其他领域的概念（喻体），以实现从其他知识领域到法律领域的意义转换的思维活动，是法学中常用的定义方式或认知方式。"〔1〕比如，我们将法律原则比喻为法律的"窗户"，是想通过打开"窗户"使法律与外界相联系，又能通过关闭"窗户"使法律与外界相区隔，为我们生活营造惬意的法律世界。按照喻体的不同，法律隐喻可以分为意识类、行为类、物品类及状态类法律隐喻。意识类隐喻主要是指借助其他认识来对法律语义进行替代与转换，比如法律目的、法律精神及法律灵魂等。行为类隐喻主要是指通过人的行为来认识法律，比如"洗黑钱""揭开公司的面纱"等。物品类隐喻是指通过外在客观事物来描述法律现象，比如"毒树之果""保护伞""口袋罪"等。状态类隐喻是通过外接事物状态形容法律现象，比如"日落立法""兜底条款""包裹立法"等。〔2〕

将法律解释视为法律适用的开端属于行为类隐喻。法律适用包含了诸多过程，法律解释、法律推理及法律论证等都是法律适用的内在过程。从时间上看，面对一个法律文本或者法律规则，只有明确了其具体含义，才能开始适用，建构法律推理的大前提；从逻辑上看，明确的法律规范含义不仅能使法律推理有效进行，还能简化法律论证的负担，通过法律解释释明的法律规范能够提供一个确定性前提，使法律解释结果与裁判结果之间构建逻辑关系，防止因不确定性前提引发裁判不确定性现象。可以讲，法律解释是解释者有意的行为方式，它是将读者优先引入法律文本分析的一种方式。

（二）法律解释与意图相关

法国著名哲学家利科指出，所有的文字都是对某种先前说出言语的补充。〔3〕当我们面对法律文本意欲获取意义时需要从以下几个角度进行思考：（1）立法者是在接受什么训练，以什么为基础开始创作的；（2）立法者是围

---

〔1〕 刘风景：《法律隐喻学》，中国人民大学出版社2016年版，第3~4页。

〔2〕 刘风景：《法律隐喻学》，中国人民大学出版社2016年版，第5~7页。

〔3〕 [法] 保罗·利科：《从文本到行动》，夏小燕译，华东师范大学出版社2015年版，第148页。

绕着什么主题、怎样的论题开始创作的；（3）立法者是在哪里开始的，是重新创制某一领域还是对以前领域的延展；[1]（4）立法者是通过怎样的形式予以表达的，是通过定义概念还是采用原则性规定，抑或是主要通过操作性规范；（5）立法者是在怎样的社会背景或语境下着手创作的；（6）立法者意欲通过所立之文本达至何种法律效果或社会影响。这些方面都是制约法律文本生成的因素，同样也是解释者在解释文本时需要考量的因素。因此，法律适用的"开端"远非我们想得那么简单。

在法律解释所涉概念体系中，存在着法律解释意图（intention）、文本含义或意义（meaning）、法律解释目的（purpose）、法律解释的价值（value）等不同概念。《现代汉语词典》指出，意图是希望达到的某种目的的打算，意义是语言文字或其他信号所表示的内容，目的是想要达到的地点或境地或想要得到的结果；[2]而价值是法律解释后所涉及实现的效果等，目的与价值具有相似性，但目的更为具体，价值更为抽象。我们认为，法律解释含义或意义是法律文本的直接体现；意图具有行为取向性，通过意图解读出文本的含义或意义，并将其运用到司法过程进而达至法律解释的目的或价值。这其中，意图是确定文本含义及解释目的的桥梁。

其实，无论是我们进行文本分析还是进行法律解释，指定一个开端时，"通常包含了指定一个继之而起的意图。"[3]开端是产生意图的第一步。"一个文本本质上似乎不是对其他任何东西的一种表达，而就是它自己——一个带有高度具体的、专门的问题的文本。"[4]对文本的解读，始于我们对法律文本自身所表达意义的怀疑，是对法律文本"已说"与"欲说"的探讨。并不是只有开端才产生意义，但是开端与意图相连，必然会产生意义。在法律解释中，文本自身的定位、文本与其他解释资源的关系、文本作者、文本读者等因素都影响着文本意图的揭示。尽管文本本身也意味着一种意图，但该

---

〔1〕［美］爱德华·W. 萨义德：《开端：意图与方法》，张乐天译，生活·读书·新知三联书店 2014 年版，第 23 页。

〔2〕中国社会科学院语言研究所词典编辑室：《现代汉语词典（修订本）》，商务印书馆 2001 年版，第 1496、1496、904 页。

〔3〕［美］爱德华·W. 萨义德：《开端：意图与方法》，张乐天译，生活·读书·新知三联书店 2014 年版，第 21 页。

〔4〕［美］爱德华·W. 萨义德：《开端：意图与方法》，张乐天译，生活·读书·新知三联书店 2014 年版，第 30 页。

意图并非解释者所需要之意图，文本意图存在被修正与废止之风险。

从开端的类型来看，法律解释涉及不同开端类型。罗马尼奥洛将之分为形式开端与概念开端。形式开端又分为：（1）话语开端，主要指文本的开端或章节的开端，主要存在于话语层面，从结构上看，话语的开端可能是叙述文本的前几行，或者章节的前几页或开始几行；（2）时间开端，指文本最先叙述的时刻，主要是在故事层；（3）因果开端，主要存在于情节层面。概念开端主要侧重探讨作品的主题或对开端与起源概念的理论化。[1]前者侧重过程是一种动态开端，而后者相对静止是学理角度的静态分析。如果将法律文本视为一部作品，那么作品最优先位置的法律原则，可以视为整个法律文本的开端。法律原则包含了立法目的、立法原则及整个法律文本所欲规范的意图、范围与目的，是理解法律文本的起点，它主要指涉话语开端。而具体到某一个法律规则时，整个法律文本可以作为解读该规则含义的一种参照性因素，并非起决定性作用，因为法律规则的适用必须立足语言本身，对文本语言的阐释，其实就是把作为整个文本开端的原则及作为规则个体所欲规范之目的引入规则解释，它更多指涉时间开端或因果开端。

从开端的特质上看，法律适用的一个阶段向另一个阶段的转换过程，其实就是研究一个开端是什么或应该是什么的理念进而对继后阶段施以影响的转换。开端既是书写，也是思考；一个开端既是创造，也是一种批判活动。对文本分析来讲，要么肯定文本所表达的意图，要么否定意图。而对法律文本解释来讲，法律解释总是带有意图倾向性，要么固定文本已表达之意图，要么改变其意图。尽管法律文本要求稳定性与安定性，但并非任何情况下都不允许创造，克制下能动已是法律解释的姿态；法律文本的可预测性和正义性要求解释者本身应具有批判性思维，在特定情况下应该具有改变文本意图之权利，并具有改变后加以适用之效力。意图的产生多源于对文本语言的批判。如果将解释者视为自动售货机，那么解释者本身就没有存在之必要。法律解释是一种主动性行为，具有意义指向性，解释的批判性思维特质能将那些虚化的、无法理解企及的，不具有实践性的意图重新拉回我们的生活视阈。只有通过批评、否定及重新创制文本意义才能转化为价值，因为当我们鉴别和欣赏某一对象时，发现意义并不等于发现价值，意义只是说明我们在对象

〔1〕 尚必武：《叙事开端：从“头”说起的艺术》，载《外语与外语教学》2011年第2期。

中发现了某种东西，无法引发我们好恶之评价，只有当这一现象使我们产生留恋与反感时，才产生价值。

从开端的条件看，意图由开端指定，但开端需要具备某些先决条件。要想开端，首先需要具备开端之欲望。开端是一种有意识行动，针对叙述文本，要想推动情节故事发展及衍生秩序，进而引导行为，需要针对某一主题进行思考。思考过程涉及读者与作者之间通过固定下来的话语进行的交流，也就是理解解释文本的过程，是将文本语言向实践转化的过程。正如我们理解的，法律一经通过，制定机关就已脱离对语言的控制——法官接管它们，开始解释它们并塑造它们的含义，以便它们很好地符合法律的其他部分。〔1〕因此，开端要有可能性，需要有开端的权力。与文学作品相比，法律适用的开端更具有特异性。法律文本的规范性与权威性所欲塑造的秩序在一定程度上限缩了开端的多样性。当然，不同主体对法律文本存在相异理解，是常态，但这并不意味着所有的理解解释都具有权威性与终局性。法律解释的独断性指明法官是法律解释的权威主体，法官具有法律解释的权力。最后，开端必然会衍生出故事结果，开端、情节与结尾构成了一部作品的完整形式。对于法律适用来讲，法律解释的结果会引入解决案件事实的过程，法律解释是建构逻辑推导的大前提。抛开司法裁判的过程，读者对法律文本的解读也会产生某种意义进而判断行为合法与非法，实质上也是适用法律的一种形式。

二、为什么要开端

对意图的怀疑始于对文本的阅读。文本位置的优先性并不是判断开端位置的可靠依据。〔2〕开端受话语层、故事层、语境分析或研究的影响，开端、戏剧化场景、高潮与结尾等形式决定着对一个文本的整体把握。司法实践中，适用某一法律规则，有时并非仅针对解释该规则自身，该规则与上下文、整体、其他法律部门或整个法秩序结构的关系都成为影响解释的因素，并且法律解释自身具有塑造权威与反权威的特性，需要认真对待开端话语。

---

〔1〕［美］沃尔德伦：《法律与分歧》，王柱国译，法律出版社2009年版，第218页。

〔2〕余杰：《叙事开端：结构与解构》，载《江西社会科学》2010年第12期。

（一）开端具有实践及认知性功能

文本的含义，常采用语词定义形式实现，对文本意义的揭示也只能以分析文本为开端，追问文本的开端其实就是追问设定这种开端时的依据，意图是根据的最直接表现形式。开端是一种主观、主动行为方式，它也是一个思维框架，一种工作，一种态度，一种意识，它具有创造性与批判性特征，也具有实用性及理论化之功能。〔1〕

通常认为，法律解释具有价值导向性，法律解释过程所包含的各种价值倾向影响裁判效果达成。换言之，法律解释的过程包含了对文本更为具体意图的探讨。意图是发现文本意义的渊源，意图是价值的表征。对文本意义的揭示包含肯定、否定之形式。肯定意味着法律文本自身已然表明含义就是理解解释的含义，无需加以修饰或修正，这印证法律解释的明晰性原则，清晰明确的法律反对解释，解释意味着文本含义的增添或减损，文本自身所载明的含义就是法律适用的起点。否定之形式包含创造与批判。创造又包含两种形式，一是对文本意图自身的修正，改变就意味着不纯正创造。文本意图与解释者意图不相吻合，以文本意图为开端所引致的裁判结果不是解释者所欲之结果，而欲得到解释者期待的效果，必然要通过对文本的阐述突破文本禁锢。另一种情形是法律文本缺位，即存在法律漏洞时，需要解释者根据事实存在，从整体或体系上把握法律适用过程，人为创造意图，进而衍生文本，根据所创之文本展开解释。相比于前者，后者更具有不确定性，根据意图所确定的文本，自身合理性存在被怀疑风险，从整体上看也存在违反文本整体意图的可能。因此，尽管解释者拥有开端之权力，但并非表现为开端之效果。我们可以将法律漏洞的解释问题视为法律适用的纯正开端。

相比于创造意图之活动，批判作为一种思维活动，是创造活动思维的前提。正是基于对文本的批判才会衍生出意图，生产出价值。杜威认为，价值是不可定义的，但是可以进行批判，价值是抽象化、终极化、主观化不稳定的形式，需要通过具体化、概念化或定义化的意图予以表现。〔2〕我们可以在对文本分析与理解中发现新的意义，进而定义该意义，也可以在对文本的批

---

〔1〕［美］爱德华·W. 萨义德：《开端：意图与方法》，张乐天译，生活·读书·新知三联书店2014年版，第15页。

〔2〕燕连福：《批评是价值哲学的真正开端》，载《世界哲学》2011年4期。

判中重新确定意义，创造新的意图，进而在之后的法律适用过程中发展出文本不曾涉及的价值。甚至可以通过批判价值产生必须具备的条件及价值产生的各种效果，逆向重新界定文本意义。现如今法社会学思维路径就是这种形式，通过批判文本所产生的社会效果进而重新发现法律含义。批判作为否定文本意图、创造新意图的形式，是法律解释不可或缺的一种思维形式。

开端能够引导读者进入故事层的功能说明其具有实用性价值，“就像我们读一个艰涩的文本，思考从哪里开始可以理解它，或者作者是从哪里开始，为什么从这里开始的时候。”〔1〕我们常讲，认识法律文本总是从文本字里行间开始，但它却并不排除历史因素的考察，甚至有些情况下，语境因素具有解读文本意义的决定性地位。法律解释在法律适用过程中的优先位置影响着紧随其后的推理、论证过程。开端的功能体现在“立契”，一是作者与文本结构之间，二是作者与读者之间。立契对文本结构来说，是为行动或情节的展开提供起点，建立叙述序列参照系；对读者来说，是为作品的解读提供逻辑和动力基点，建立阅读期待；对作品的创作来说，涉及作家的创作想象方向、视阈，以及某种想象的乌托邦蓝图设计等。〔2〕对于法律解释来讲，开端意味着解释者与文本之间的立契，主要指解释者对文本意义的揭示，或者肯定，或者否定文本意图，无论是肯定还是否定都是建立解释与结论之间的某种合理期待。法律解释就是为整个法律适用过程定下基调，为文本含义提供可兹参照的序列，并将解释意图在裁判结果中予以展现。

与开端的实用性功能相比，开端同样具有理论化或认识论功能，“就像我们问一般的开端是否有独一无二的认识论特征或者认识论表现的时候。对每个作家而言，开端意味着开始了某段与一个指定的出发点相连的过程。即使开端被压制，它也总是（有很少的几个例外）引发下文的第一步。”〔3〕如同我们认为事物存在必然有其充足理由律，习惯于将某类事物理解为某一类型化事物，人为地将事物（件）发展划分为不同的阶段予以认识，也如同认识一个历史事件时总是津津乐道于该事件发生的导火线、推进过程及事件结尾

〔1〕［美］爱德华·W. 萨义德：《开端：意图与方法》，张乐天译，生活·读书·新知三联书店 2014 年版，第 15 页。

〔2〕余杰：《叙事开端：结构与解构》，载《江西社会科学》2010 年第 12 期。

〔3〕［美］爱德华·W. 萨义德：《开端：意图与方法》，张乐天译，生活·读书·新知三联书店 2014 年版，第 15 页。

一样，“开端”实际上就是“化段”，是我们认识事物的一种逻辑方法。之所以将法律解释视为法律适用的开端，就是因为法律适用的过程也是分阶段的，每一个阶段都有相对独立的特征与功能，缺乏任何一个阶段都不能引致结果的发生。将法律解释比喻为开端，就是想借助开端这一喻体重新认识法律解释这一主体，指出法律解释相对于法律适用的重要意义。尽管有时开端并不那样明确，但它却实实在在存在。

（二）文本的模糊性是影响开端的障碍

利科认为，文本在读者与作者之间制造了双重遮蔽。我们通常假定读者处于交谈者的位置，文字则处于说话和言说者的位置，实际上，写—读关系并不是说—写关系的一种特殊情况，这不是一种交谈关系，也不是一种对话关系，文字把书写行动与阅读行动分开，在书写中读者缺位，在阅读中作者是缺席的，而唯一没有缺席的是用文字固定下的话语，理解解释话语是沟通作者与读者的桥梁。〔1〕解释始于对文本载明文字的阅读，阅读视作者缺位，因为文字是一种与言语类似、与言语平行的运作，一种取代言语甚至可以说是遮挡言语的运作。〔2〕

开始阅读，首先要知道开始什么。语言既是研究的媒介又是研究的对象——因为开端有一种首先位于语言之中并与语言有关的意义。〔3〕清晰无歧义的文本可以成为肯定作者意图的原因，可以作为直接开端，即文本不是怀疑意图的开始，文本是引发继后时间的开始，任何解释都可能是对文本意图的直接威胁。一个好的开端之所以能够与结尾建立逻辑关系，就是因为开端是明确的，拥有明确指引性，不具有可辩驳的可能性。但文本是作者固定话语，作品一旦形成，作者就脱离文本语境，文本与读者建立了直接关系，使文本具有了语言学意义上的缺陷。“模糊性以及因模糊性而产生的不确定性是法律的基本特征。虽然并非所有的法律都是模糊的，但是在不同的法律制度中必然包含了模糊的法律。”〔4〕模糊性带来了法律规范意图的旁落，导致法

〔1〕［法］保罗·利科：《从文本到行动》，夏小燕译，华东师范大学出版社 2015 年版，第 149 页。
〔2〕［法］保罗·利科：《从文本到行动》，夏小燕译，华东师范大学出版社 2015 年版，第 150 页。
〔3〕［美］爱德华·W. 萨义德：《开端：意图与方法》，张乐天译，生活·读书·新知三联书店 2014 年版，第 68 页。
〔4〕［美］蒂莫西·A. O. 恩迪科特：《法律中的模糊性》，程朝阳译，北京大学出版社 2010 年版，第 1 页。

律权利义务规定的不确定性，不确定性是影响法治成为可能的因素。法律语词存在意义的核心区域与边缘地带，法律解释其实就是解释语词的内涵及外延的过程，人们在使用“模糊性”一词时有时并非针对语词或概念，而是针对语词的使用而言的，文本意图的缺位只是影响理解的因素。因此，语言本身的模糊性可以成为制约开端的因素，但不是无法开端的因素。

实际上，很多场景在解决法律语言的模糊性时创造了意图式开端。“文本只有当其不再局限于抄写先前的话语，而是当它以书写字母刻写话语的意义时，它才是一个真正的文本。”[1]尽管强调，法律文本应该尽量使用精确语言，否则不同解释会导向多元秩序，违背法治的可预测性价值，但法治毕竟是以简约应对复杂的一种治理模式，越精确的语言可能越无法规范复杂的社会现实，对文本保留适当的模糊性，也是立法者制定文本的必须策略，评价性概念、概括性条款及法律原则具有不可取代的作用。“即使是一种解释性法律理论，它必须承认法律中的不确定性源自与法律判决相关的各种考量的模糊性。”[2]在确定模糊性文本时，总会产生评价性因素，基于各种因素的权衡具体化为一种意义，进而引导法律解释的过程，此时可以视为文本与叙事的中断，需要解释者努力将两者关系进行重新衔接，为法律文本制定一个意图，继而有效地指引嗣后的法律适用阶段。文本语言本身就是一个区分工具，不同语言形式引致不同的行为后果，只是法律确定性要求相似情况相似判决，同一行为不同裁判结果会导致法治秩序建构的失败，因此即便是模糊的法律语言，也需要具有相似的解释结果，拥有相似性开端。

（三）对文本意图的解读影响法律权威

“话语不仅具有一种指称，而且具有两种指称，它与语言之外的实在性，即这个世界与整个世界相关；而且它通过特定的程序同样指向说话者本人，这一程序仅仅在句子因而在话语中发挥其功能。”[3]作为固定话语的法律文本，它一方面通过实践与人类生活紧密相连，实现书本上法律向行动中法律

---

〔1〕［法］保罗·利科：《诠释学与人文科学：语言、行为、解释文集》，孔明安等译，中国人民大学出版社 2011 年版，第 107 页。

〔2〕［美］蒂莫西·A. O. 恩迪科特：《法律中的模糊性》，程朝阳译，北京大学出版社 2010 年版，第 204 页。

〔3〕［法］保罗·利科：《诠释学与人文科学：语言、行为、解释文集》，孔明安等译，中国人民大学出版社 2011 年版，第 130 页。

的转换，另一方面在转换的过程中又需兼顾文本制定主体所寄予的意图，关注适用者与接受者之间的关系，这也是作为法律的文本与作为文学文本的区别。当我们阅读《红楼梦》时，基于不同角度，可能解读出不同的意义，每一种意义都可能影响着故事情节的发展，与结尾相关。比如，从现存《红楼梦》的版本着手，产生了"版本学"；以小说的人物为主线，产生了"曹学"及"秦学"。而法律文本的规范性要求只能存在一个文本形式，所有的解读都应该始于文义，并且立法者作为集体理性的存在，要求解释者个人理性应服从民主原则，因为法律解释涉及宪法权力分配问题。

因此，开端意味着与过去历史的决裂可以从两个角度进行解读。一是开端意味着优先、最先，是开始，"开始意味着为天下先，意味着第一次开启了一个与其他进程之间没有连续性的进程。"〔1〕开端意味着与历史相区别，意味着一种全新的开始。二是开端意味着主体的转换。文本一旦固定，作者就与文本相脱离，对文本的解读与适用转为读者，读者对文本的解读同样具有权威性，但读者对文本的解读并不意味着要脱离作者制定文本时的语境，完全脱离制定时的语境可能无法解读出作品的原意，因为有时候作品的原意对于理解作品具有不可替代的地位。在对法律文本进行解释时，通常采用后一意义，法律解释并不是与过去没有区别，恰恰与文本制定的历史性因素具有紧密联系，只是作品的解读主体是解释者。在个体理性与集体理性权衡中，集体理性可能更具有权威性。

法律解释是认可性权威。"开端包含了逆转、转向，包含了一场引得我们关注兴趣日增的长期运动的建立；则是一个能赋予权威的开端，对它的继后者而言，它构成了一种'认可'行为。"〔2〕开端赋予了权威，开端意味着有权并且具有影响继后者的效力，基于开端所产生的事件也需要予以认可。法律是一种人造权威，相比于神造权威，它具有专业性、规范性及可操作性，是一种能够影响人们生活的秩序性权威。并且，这一权威内含意图取向性，一种包含愿景的行为期待性。法治国家要求法律规则的治理，要求法律首先要具有完备性、明确性、稳定性、安定性、规范性、可预测性及权威性等特

〔1〕［美］爱德华·W. 萨义德：《开端：意图与方法》，张乐天译，生活·读书·新知三联书店2014年版，第59页。

〔2〕［美］爱德华·W. 萨义德：《开端：意图与方法》，张乐天译，生活·读书·新知三联书店2014年版，第65页。

征。遵守法律规则是法律适用者的内在道德，因此要求对法律文本的解释不应具有随意性。不是所有的解释都在遵守法律的权威，也不是所有的解释出的文本意图都与立法者意图相吻合，如何协调解释者意图与立法者意图是法律解释不可回避的问题，也是导致法律解释被质疑的原因之一。

特别是，开端与秩序相关，法律解释涉及法律秩序的建构问题。依照法律文本含义进行解释符合立法者原意，同一规则同一含义是法治国家期待的秩序。但文本意图存在与解释者意图及立法者意图差异性特征，不是所有的文本都能表现立法者意图，也存在文本意图与解释者意图不相协调的现象。开端不是一成不变，法律解释也并不意味着千篇一律。社会多元化发展、意识形态变迁也迫使着叙述样式不断革新，趋向不稳定及多元性，这正说明叙述形式存在的意义，"而叙述开端的多种存在样态正是叙述形式被迫变化的一种表征"。〔1〕法律的可预测性具有局限性，法律并不能规制所有的社会行为，因此法律解释对规则内涵与外延的限缩与扩张在一定程度上也能应对复杂社会现象。特别是在存在法律漏洞的情况下，法律解释所带来的裁判结果本身就对继后的裁判提供先例，提供一种重复秩序引导。

三、如何开端

开端的重要性，不仅要在形式上引人入胜，不能重复老套路要经常出新，而且要从整体结构上把握其关键性作用。开端实际上是以多种角度来建构和而不同的世界，理解这些变幻莫测、复杂难懂的现实世界与人生。〔2〕开端从时间上看具有优先性，从历史上看具有开创性，它不仅将读者引入文本分析，还在某种情境下创造用于重复的秩序。法律解释之所以重要，并不仅仅在于相对于法律适用过程处在开端的位置，更在于法律解释的结果影响着司法裁判的过程，影响着社会秩序的建构。并且从结构上看，法律解释揭示文本含义或创造意义的过程是透过表象系统的各种实践、现象、活动，在它们相互关系中的意义再生产，对整个法律秩序功能的发挥具有重要意义。因此，如何进行法律解释这一开端则显得尤为重要。

---

〔1〕 余杰：《开端叙事学》，中国社会科学出版社2015年版，第7页。

〔2〕 余杰：《开端叙事学》，中国社会科学出版社2015年版，第6页。

（一）法律解释应该重视修辞方法的功能

“每一部小说都可视为一套话语系统，有着独特的语境，不同的言语行动，不同的沟通指向。但这一系统如何作用乃至产生效果，则有赖于修辞。”〔1〕从语言学角度讲，“开端”本身就是一个修辞。我们把理解解释事情（故事）的起点、开头拟制为“开端”，目的就在于赋予这一概念全新含义，用于深化认识与指导实践。把法律解释相较于法律适用过程的优先性比喻为“开端”，就是用“开端”这一具体化、形象化的喻体来理解法律解释，把法律解释比喻为文本叙事的开端也是一种修辞。文本的开头、故事的开始及叙述的开端，三者并不完全吻合，开端只是在话语系统中寻找那个承接下文的关键点。相对于一个完整的叙述文本，开端本身对于整个文本结构来讲就是虚构的，我们只是为了描述故事的不同阶段人为地为其划归起始阶段，以期通过“开端”来推动故事情节的发展。叙述什么以及如何叙述其实都纠缠着话语层、故事层及意义层。作为话语层、故事层及意义层的载体文本只有融贯三者才具有意义。修辞作为一种方法就是通过对言说者语言的修饰让我们清晰认识某一个点或阶段具有“开端”之意义。

从文本语言上看，法律文本相较于文学文本，因规范性要求多采用消极修辞方法，避免因积极修辞使用产生语言的不确定性与意义的多样性。“法言法语”是法律文本的语言修辞风格，彰显语言准确、鲜明、质朴与庄重之感，排除华而不实的积极修辞方法。但是从法律解释的角度看，法律解释过程有时并不排除积极修辞方法的使用。积极修辞能够产生情感共鸣，进而引导听众接受解释，服从裁判结果。上海一中院审结的全国首例由代孕引发的监护权案即以围绕着“儿童利益最大化”原则展开说理，意欲围绕这一原则引发感情共鸣，实现裁判的可接受性。从修辞的技巧来看，文学作品主张微观修辞，注重修辞格使用，而法律文本强调宏观修辞使用，它要求法律解释时应该留意其他解释资源、解释者所处语境、听众所处语境及社会秩序要求等因素。我们所熟知的胚胎案中，二审法院认为，上诉人与被上诉人共同享有监督权和处置权。理由是在我国现行法律对胚胎的法律属性没有明确规定的情况下，综合该案实际，应考虑以下因素确定胚胎的相关权利归属：一是伦理，二是情感，三是特殊利益保护。该案被学者认为是一份标志人伦及情理胜诉

〔1〕 余杰：《开端叙事学》，中国社会科学出版社 2015 年版，第 69 页。

的民事判决，二审裁判理由关于情感部分的论述无疑是二审判决书中的华彩乐段，充满了人伦情理之卷，使许多法官看到，在中国的民事判决还可以这样充满情理地书写裁判理由。[1]该案是一种创设性开端形式，把法律本没有规定之情形，通过引入其他资源达至与法律裁判相似的效果。尽管法律解释始于文本，但并非所有的解释都要终于文本。法律解释需要借助形式化外部法律体系提供的概念规则，还需要实质化的内部体系提供意图、目的及价值体系，借助外部体系多用形式化消极修辞，而涉足内部体系实质性考量则需要借助积极修辞方法。

尽管法律解释的结果可能意味着与文本的“决裂”，拥有反传统、反文本权威的指向，但这种反叛要想获得认可与执行，必然要借助修辞方法。“开端是制造和产生差异的行为。”[2]我们之所以对“泸州继承案”耿耿于怀，原因就在于裁判者对现有法律规则的反叛，通过采用法律原则进行判案。我们惯习的裁判思维是从法律规则入手，在存在完全可以涵摄案件事实的规则面前，不应该出现“规则逃逸”现象，而该案则突破惯习思维，从公序良俗原则入手。可以讲，尽管该案创设性开端是对以往裁判的反叛，但却很难起到开端所具有的引领秩序的作用，因为“开端”本身就存在问题。从宏观的视角看，法律解释是对法律文本的整体把握，是对解释话语的独断，作为沟通作者与听众的言说者的法官，能否用语言实现说服，取决于言说者修辞技巧的运用，语言威慑、商谈式对话、独断性结论、感情式渲染等都可视为修辞技巧。修辞的目的在于说服，特别是新修辞兴起以来，解释者注重聆听不同听众的感受，法律解释也有往商谈理性发展的趋势，说服成为法律解释理论与实践化追求的方向，法律解释趋向由合法性向正当性方向发展，这说明立法者意图或文本原意已不再成为影响法律文本含义的决定性因素，解释者意图占据法律解释的高地。比如，我们常用“禁止将血洒路上”“禁止机动车进入公园”来例证文本含义的荒谬，意在通过法律解释废止荒谬解释结果。但是废止文本含义需要论证。在传统领域，修辞、论辩及逻辑视为传统论证的主要形式。随着新修辞学的发展，修辞的地位得以提升，修辞方法的使用对

[1] 杨立新：《一份标志人伦与情理胜诉的民事判决——人的体外胚胎权属争议案二审判决释评》，载《法律适用》2014年第11期。

[2] [美] 爱德华·W. 萨义德：《开端：意图与方法》，张乐天译，生活·读书·新知三联书店2014年版，第16页。

于获得可接受性解释结论、弥补法律与社会之间的“裂缝”扮演着重要角色。

（二）意图位序决定了法律解释方法的选择

“开端的重要性还在于能够从方法论意义上让我们可以更好地了解这个世界和自身的存在，为什么我们需要这样那样的开端，它的形式与内容意义都需要做出新的探索。”[1]开端本身可以视为一种方法，用于认识定位，但如何产生认识或生产意图，则依赖于开端的方法。如文本开端一样，法律解释并非是一种自发状态，而是解释者基于特定规则的一种自觉状态。正如福柯认为的那样，书写服从于话语形成的规则，对书写固定意义的文本的解释当然也服从于某类经验性准则。

在维科看来，开端尽管是一种行动，但并非有皆准的纲领性方法。[2]一个被限定的领域，与人所处的语境都是影响开端的因素，但无论何种开端，其实都由“先见”开始，“先见”是率先进行解释的直觉。“无论我们要说明任何事件、任务，必须借助以往‘先见’（伽达默尔），只是，通过想象把一定数量的适当知识加以组织，以便形成一个具体的‘形象’来传情达意。”[3]对于法律解释来讲，“先见”是解释者脑海中系统法律知识的潜在认知，法律解释的直觉就来自于“先见”。基于先见能够根据案件的事实迅速检索到所需适用的法律规范，基于这种先见能够对法律规范所蕴含的意义有一个初显性认知，基于这种先见能够大体上判断适用该法律规范所形成的推理结果，基于这种先见可以对裁判结果的社会效果进行权衡判断。法律解释的过程就是对这种先见的正确与否的判断过程，要么予以确认，要么予以废止。

如果说“先见”为法律解释率先提供感觉，那么解释方法则直接为法律解释提供思维指引。法律解释实质上也是一个思维过程。因为开端不具有唯一性，开端本身就是一个试错过程，法律解释同样也不具有唯一性，所有对文本含义的解读都是一种可能。只不过法律解释是一种根据法律进行思维及有关法律思维的特殊形式。相比于文学诗性思维，法律解释是一个更为理性、具有实践倾向的思维形式，它受各种解释规则限制与引导。与开端一样，法律解释具有认识法律文本含义及应用文本的双重功能。但无论是认识文本含

[1] 余杰：《开端叙事学》，中国社会科学出版社2015年版，第7页。
[2] [意] 维科：《新科学（下）》，朱光潜译，商务印书馆1989年版，第531页。
[3] 余杰：《开端叙事学》，中国社会科学出版社2015年版，第7页。

义还是实践文本含义，都需要方法。法律解释方法是法律解释的思维准则，每一种解释方法所展现的姿态、适用的场景及具体适用要求都具有差异性，决定了法律解释结果的多样性，裁判结果的不唯一性。如何进行抉择需要解释者依据法治所需立场进行有意识地选择。法治是一种意识形态，也是一种人为秩序建构，只有那些确定且明确的意义才能引导重复性秩序形成。尽管法律解释存在立法者、解释者及文本等多种主体，但是不同主体所倡导的意图具有差异性，文本意图与立法者意图是一种相对客观的意图，是一种以文本为载体的可视意图，具有直接思维引导性，而解释者意图多为能动性解释，任何因素的变化都可能带来意图的改变，是一种极不稳定的意图表现。

因此，文本意图具有优先位序。开端的多样性始于对文本意图解读的不一致性，法律解释结论的不唯一性始于所采用解释方法对意图主张的相异性。作品自产生之后，作者就脱离叙述语境，对文本开端的选择属于读者主观能动性过程，既可以站在作者角度进行想象性重构，又可脱离文本语境束缚进行自我创造。但对于法律解释来讲，“如果没有歧义，任何解释都不应该与法律文件中明确的语词相反”“离开法律文本的解释是危险的解释”。〔1〕法律解释要求以文本为起点，依托文本含义进行解释，即首先应该以文本意图为取向性结果，文本意图在法律解释中具有优先解释位置，相应的文义解释方法具有优先适用的次序。但是不同的法律解释方法取向不同的意图，意图的多样性影响着解释结果的同一性。因此，法律解释必须受各种解释规则的限制，比如专业含义解释规则、常义解释规则、字面解释规则。

立法者意图具有次优位序。“如果只是考虑了法律文件的字面意思，那么对此就只是获得了肤浅的理解”“立法者的声音是活生生的声音，它将法律适用于事物却不拘泥于文字”，并且“对法律文件最好也是最可靠的解释方式是根据立法意图进行解释”。〔2〕可以讲，立法者意图处在次优位序。与小说等叙述文本解读一样，开端并不具有固定的位置，固定位置的文本也并不一定是文本的开端。开端是一个影响文本解读的关键点，小说文本的正副标题、文本的整体结构设置等都影响开端确定。法律解释也一样，文本含义并不一定真实文本所欲表达之意图，文本意图的最终确定有时需要进行体系性思考，

〔1〕 孙笑侠：《西方法谚精选：法、权利和司法》，法律出版社2005年版，第81页。
〔2〕 孙笑侠：《西方法谚精选：法、权利和司法》，法律出版社2005年版，第93、82、87页。

需要体系解释方法，有时需要历史性考察，需要根据立法过程所遗留下的立法资料确定立法意图，需要历史解释方法。

当然，解释者意图有时也需要考量。当一文本被搁置久了，文本自身所创造的时代已与现实意境相脱离，以当时语境来解释文本的现代含义，还是以现实语境解读当时含义，需要我们认真对待。也存在这样的情形，文本本没有表达该意义，但是根据现实需要，需要在文本中解读该意义。法律文本也一样，法律文本一旦制定就与社会紧密联系，当法律文本颁布时间久远了，文本自身含义以及立法者意图可能已不符合现实语境，再用不切实际的法律文本规制现代生活，难免会出现僵化和不可接受性。那么，在法律文本既不废止又没有修改的情况下，解释者就应当发挥能动性，用自己的解释意义取代文本意义，或者在不存在文本含义的情况下直接创造某种意义，用解释“缝合”法律文本与现实的“裂缝”。此时，目的解释方法便是最常使用的解释方法。目的解释方法是一种价值权衡性方法，它将各种目的或价值在解释的时候予以考量，通过实质性价值判断确定文本的意义，使活的法律文本继续存在。只是我们应该注意，目的解释方法是一种创造性解释方法，经常采用目的解释方法会张扬解释者主观能动性，并且基于不同价值的考量会产生不同的解释结果，即便是相似案件，不同的解释者因考量因素的差异也会导致裁判结果的差异性，相似案件相似判决的法治愿景难以保证，法治秩序也难以形成。

制度修辞：我国迅速接受审判权制度之构建

卢　莹*

摘　要　审前羁押是刑事诉讼中最为严厉的一项强制性措施，处于羁押状态的人在面对国家公权力时，个人权利得不到很好的保障。因此，各国赋予被羁押者一系列权利以应对公权力可能带来的各种侵害，迅速接受审判就是其中之一。本文试通过对国际刑事司法中相关规定的介绍，明确该权利的具体内涵，分析确立该权利的重要性，并结合我国司法现状对在我国确立该权利提出一些看法。

关键词　迅速接受审判　价值内涵　制度修辞

引言

公正的实现离不开程序，正当程序则是实现公正的最佳修辞方式。经由正当程序获得的司法裁决不仅结果上具有说服力，获得民众的普遍认同与接受，更重要的是在司法程序中通过抑制国家公权力实现人权保障。在司法程序中，处于羁押状态的犯罪嫌疑人或被告人的权利是第二次世界大战后国际社会关注的焦点之一。除了《世界人权宣言》和联合国《公民权利和政治权利国际公约》对此有原则性的规定外，仅联合国大会通过的相关国际性规范文件至少就有八个。此外，欧洲、美洲和非洲都制定了人权公约，这些公约就被羁押者的权利问题都有较多规定。在这些国际准则的影响下，各国国内

---

* 卢莹，男，华东政法大学博士研究生。

法对关于在押犯罪嫌疑人或被告人的权利方面的立法和司法互相借鉴，不断改革，趋向完善，形成了较为系统的权利保障体系。[1]

保障未决羁押状态下犯罪嫌疑人、被告人的基本权利是法治国家的重要标志之一。通常来说，处于这一阶段的人往往已有一定证据显示其与犯罪案件有密切关联。因此，对其采取人身强制性措施在情理上似乎并无不妥。但是，正如公正的实现需要程序予以保障一样，倘若不能运用一定的司法程序维护未经定罪的犯罪嫌疑人或被告人之权利，对于这一群体来说有失公允，更可能致使裁判结果失去公正基础。因此，正当的司法程序不仅要追究犯罪嫌疑人、被告人的刑事责任，也要保障其基本权利。只有这样，才能使裁决结果正当，使接受审判的人及相关人士信服与认同。

在保障未决羁押状态下的犯罪嫌疑人、被告人的权益体系中，迅速接受审判的权利得到各法治国家国内法的一致确认。大陆法系国家严格限制未决羁押的期限并对羁押实行定期复查制度，英美法系国家也在保释之外明确规定开始审判的期限，这些都是出于保障这一权利的需要。尤其是英美法系国家，通过宪法或成文法、判例法对该权利加以确认及保障。法治国家之所以确认该权利，其目的是在追诉活动中，被羁押者的刑事责任问题尚未最终确定，为了防止被羁押者在审判开始前由于刑事责任长期处于不确定状态而受到不合理的长期羁押，将由于刑事追究给他们带来的焦虑不安和担心降到最低限度，减少由于长期推迟审判而损害被羁押者自我保护能力的可能性。[2]因此，对处于限制自由状态的犯罪嫌疑人或被告人尽快予以裁决，是一种法治精神的体现，反映了正义与人道的内涵。

一、迅速接受审判权的现状及反思：制度修辞的不足及其探讨

（一）当前我国立法及司法实务概况：制度修辞的不足

法律的事实有效性往往并不是基于某种理——不论这种理是正义、理性、规律、利益还是力量，而是基于某种信念，基于人们对法律是正义的、理性的、符合规律的、反映人们权利和利益的以及具有强制力后盾保障的等等修

〔1〕 孙长永：《探索正当程序——比较刑事诉讼法专论》，中国法制出版社2005年版，第133页。
〔2〕 孙长永：《探索正当程序——比较刑事诉讼法专论》，中国法制出版社2005年版，第141～142页。

辞的依赖[1]。因此，法律是一种制度修辞，通过这种修辞能够获得更大的认同，从而能够更好地获得实施与实效。被羁押者迅速接受审判的权利是一种法律权利，也是一种制度修辞。充分发挥这一制度的修辞意义，能够使判决获得更多的认同。这一修辞的缺位或不足，对于整个审判活动的正当性与合理性都可能产生负面影响。

具体到我国的司法实践中，被羁押者迅速接受审判权制度仍然是相对不足的。这一有效的制度修辞方法并未得到很好的使用。理论上，虽然英美法系与大陆法系就羁押的分类、称呼有所不同，但就审前羁押而言可以概括为在法庭审理前，为保障诉讼顺利进行，经法官或者其他授权行使司法权的官员审查并决定，对逮捕的犯罪嫌疑人予以关押、暂时剥夺其人身自由的一种例外性强制措施。与西方法治国家不同的是，在我国羁押并不是独立的强制措施，其没有与拘留、逮捕相分离，而是融合在一起，作为拘留、逮捕的自然延续。实践中，羁押现象十分严重，并且作为一种经常性而非例外性的措施在适用着。

2004 年我国出台的宪法修正案新增了“国家尊重和保障人权”这一概括性规定，表明了国家对人权的最基本态度，但并没有涉及具体的人权内容。同时，宪法第 37 条规定了公民的人身自由不受侵犯。至于人身自由被合法剥夺的被羁押者权利，宪法并没有迅速接受审判的相关规定。至于刑事诉讼法，2012 年我国在修订该法时，在第 2 条刑事诉讼法的任务中增加了“尊重和保障人权”，与宪法规定相类似，这里的“人权”也是较为宽泛的概念，并没有特别指向。

我国刑事诉讼法规定了侦查阶段的羁押期限，规定了侦查、审查起诉、第一审程序、第二审程序的期限，但并没有就犯罪嫌疑人、被告人被羁押的总时长作确切规定，因此实际上这个期限的总长度受刑事诉讼法所规定的各个不同诉讼阶段的期限控制。如果一起刑事案件的各个诉讼阶段都是在一般情形下进行的，审判前被羁押的期限最长为 3.5 个月。如果被告人被羁押直至法院作出最后判决，此时的总期限则为 5 至 8.5 个月。当然，这是普通的情形，刑事诉讼法同时规定了例外情形。只有在这些条件下，办案的期限能

[1] 谢晖：《论法律制度的修辞之维》，载《政法论坛》2012 年第 5 期。

被延长，而且延长办案期限需要按法律程序经过批准。[1]实践中，有关机构会适用例外情形以便于延长办案期限，而且羁押期限的延长仅由检察机关单方面以行政化的方式决定，甚至在某种情况下由侦查机关自行决定。[2]另外，检察机关对公安机关侦查或自行侦查的案件，在审查起诉中，发现证据不足、事实不清时，还可以退回补充侦查，如此犯罪嫌疑人被羁押期限将会更长，这与迅速接受审判的精神是相违背的。

我国现行刑事诉讼法中规定，犯罪嫌疑人、被告人和他们的法定代理人、近亲属或辩护人可以对非法延长强制措施向公安机关、检察机关或法院提出异议，并要求释放或改变强制措施。从中可以看出，该规定只涉及非法延长羁押期限的程序事项，至于羁押理由是否合法之类的实体因素并没有涉及。同时，法律规定审查异议的主体并非是法院，而是由作出羁押决定的机关进行复查。虽然该条规定中提及向法院提出申诉，但这并不意味着法院有权监督侦查机关羁押措施是否合法，而只是法院有权审查自己作出的适用强制措施的决定。

另外，依据我国国家赔偿法的相关规定，对确有错误的逮捕和拘留由国家赔偿，但其限制是：如果没有犯罪行为或者没有证据证明犯罪嫌疑人已经实施了犯罪，但是嫌疑人已经被逮捕或羁押才可提出赔偿的请求。对于被羁押者因长期不能交付审判而导致的人身自由被剥夺的情形并不在国家赔偿之列。

（二）迅速接受审判权缺位之原因探讨

我国法律在形式上未确立迅速接受审判权制度。虽然法律规定体现了迅速查明案件事实的理念要求，但法律条文却未做出相对可操作性的规定。这一情形的出现存在理念和制度设计两方面的成因。正是因为受到诉讼理念的影响，同时受制于当前的刑事诉讼基本架构，迅速接受审判权才未能在我国得到很好的实施。

1. 理念方面的成因

国际上通常对于诉讼羁押的最长期限规定是不超过12个月。但根据我国相关法律规定，犯罪嫌疑人的诉讼羁押期限实践中最长可以达到13.5个月再

〔1〕参见《中华人民共和国刑事诉讼法》（2012年），第154、156、157条。

〔2〕《刑事诉讼法》第158条规定：在侦查期间，发现犯罪嫌疑人另有重要罪行的，自发现之日起重新计算侦查羁押期限；犯罪嫌疑人不讲真实姓名、住址、身份不明的，侦查羁押期限自查清其身份之日起计算。

加37天，要比国际通行的标准长得多。这一制度设计来源于我国刑事诉讼法立法和实践的理念，即法律首先是为了查明案件事实、惩治犯罪，因此整个法律制度都是围绕这一理念而构建的。我国长期以来存在着重打击犯罪轻人权保障的现象，这在修订前的刑事诉讼法的立法宗旨、任务及具体制度程序中仍多处保留其阴影，并导致司法实践中产生司法不公的情况。[1]这一问题引起了实务界和理论界的广泛关注，立法者在修订法律时做出回应，对部分法条内容加以调整，但查明事实和惩治犯罪仍然是刑事诉讼的首要目标。

2. 实践方面的成因

实践中，我国长期形成了以“侦查为中心”的司法实践模式，以获取犯罪嫌疑人的口供为取证的首要任务。在惩治犯罪理念的驱动下，很多案件都是根据口供认定犯罪事实，导致侦查阶段刑讯屡禁不止、冤假错案层出不穷，尤其是涉及重大、疑难、复杂案件时，若对犯罪嫌疑人的羁押时间不足，极可能不利于对案件事实的准确把握。为更好地查明事实、惩治犯罪，立法对整个诉讼周期给予了比较大的空间，让侦查机关能充分收集证据、查明案情，使犯罪行为受到应有的制裁。尽管充分查明事实在某种意义上也能保障无罪的人不受法律追究，但相较而言，公权力本身所具有的扩张性使得国家机关在审前阶段更多地会侵害犯罪嫌疑人的自由和权利，这不仅体现了以“侦查为中心”的诉讼制度设计，也再一次折射了重打击犯罪的传统理念。

二、迅速接受审判权的内涵简析：理论及域外经验

（一）迅速接受审判权的内涵

迅速接受审判的权利是被羁押者，即受到刑事指控者的一项权利，参考域外司法判例及国际公约的相关内容，笔者认为该项权利的内涵可以概括为以下三方面：

1. 任何人一旦被羁押，享有在合理时间内接受审判的权利。

根据刑事诉讼的基本原则，任何人在未被定罪前，都应推定其是无罪的，不应限制其权利。但为了保障诉讼活动的顺利进行，在诉讼进程中，当符合

〔1〕 陈光中，刘林呐：尊重和保障人权：不仅仅是一项基本原则，资料来源：http：//www.aisixiang.com/data/51465.html，2017年11月23日访问。

特定的前提条件时，须限制犯罪嫌疑人或被告人的自由，避免可能出现的逃逸或其他影响诉讼进程的风险。据此，犯罪嫌疑人或被告人须被依法羁押，但羁押是限制人身自由、侵害人身权利的严厉措施。因此，一旦犯罪嫌疑人或被告人处于羁押状态，则羁押期间必须合理，不得过长，这是基本人权内涵的体现。

实践中，“在合理时间内”具体如何界定是一个难题。国际性文件对此并没有明文规定，因为要确立一个所有缔约国都能接受的合理时间长度的国际标准是非常困难的，一些国家规定了审前羁押的最高期限，但是绝大多数国家并未作相关规定。联合国人权事务委员会指出“审前羁押应当是例外，并尽可能的短”，其在若干具体案件中对是否违反《公民权利和政治权利国际公约》所规定的原则作出了评论，但是它的幅度很大，从3个月至8年，具体取决于每起案件的各种不同情况。联合国防止歧视和保护少数小组委员会在1982年通过了一个决议案，在其中建议说：（被羁押者）应在被羁押的3个月内接受审判。相对而言，欧洲人权法院并不趋向于确立一个固定的审前羁押的长度限制，而是趋向于在作出判决时衡量各种因素，在司法行政的利益和保护被告人的人身自由以及被推定无罪的权利间进行平衡。[1]总体来说，虽然不同国家、地区对“合理时间”的理解和规定存在差异，但基本都明确羁押期限须在合理范围内，从而为犯罪嫌疑人、被告人相关权利保障提供了法律上的依据。

2. 追诉机关和法院负有保证被羁押者不迟延接受审判的义务。

追诉机关和法院作为国家机关，是国家公权力的代表，而被羁押者作为个人，其权利能否最终实现，很大程度上取决于公权力的“配合”。对国家机关克以义务，控制公权力，避免公权力肆意滥用，犯罪嫌疑人或被告人的合法权利才能得以维护。然而，实践中经常存在立即审理很可能对控辩双方都不利的情况，即存在迟延的正当性。例如，辩护律师需要时间准备、证人证言需要时间去收集等，但迟延是否合理就应视情况而定。在*R. v. Askon* 案件中，加拿大最高法院列举了决定一项迟延是否合理时应考虑的四个因素：(1)迟延的时间长短；（2）迟延的理由；（3）被告可能提出的弃权；（4）对被告来说是否有可质疑的偏见。正如法院所指出的，这个“无理”迟延的概念绝大多

〔1〕 岳礼玲：《〈公民权利和政治权利国际公约〉与中国刑事司法》，法律出版社2007年版，第55页。

数情况下取决于具体的个案分析。迟延时间越长，就越难将其合理化，并且如果迟延是由控方所导致，那么就应以被告方利益为重。[1]

3. 被羁押者该项权利受到侵害时，享有依法获得救济的权利。

有权利必有救济，因此依据一些国家国内法的相关规定，为切实保障被羁押者迅速接受审判的权利，若法院最终认定被羁押者的此项权利受到侵害，必须对被羁押者提供必要的救济。有的国家采取减轻刑罚的形式，例如瑞士；有的国家采取撤销指控的形式，终结诉讼程序，例如美国。美国法律认为，如果被告人获得迅速审判的权利受到侵犯，唯一可能的救济就是有偏袒地驳回诉讼（dismissal with prejudice），[2]即排除在任何法庭以同一诉讼理由重新提起诉讼。大陆法系国家，各国通常也认同被羁押者权利救济之制度。日本法律虽然没有明文规定违反迅速接受审判原则应终结诉讼，但在高田案件判例中承认了以违反迅速审判为由中止程序的做法。该判例认为：“（1）宪法第37条第1款，是承认对于每个刑事案件，可以采取非常救济手段中止审理的规定……（3）发生违反保障迅速审判条款的事态时，做出相当于免诉的判决。”[3]德国学者认为，仅仅因为侦控或司法机关希望能将尚未找到的证据找出来便长期搁置案件，是违反法治国家原则的。如果这种拖延超过了可以忍受的限度，就应以终止诉讼进行制裁。这一观点得到了德国联邦最高法院的认同。[4]

此外，在国际性人权文件中，依据《公民权利和政治权利国际公约》的相关规定，被羁押者若不能在合理时间内接受审判，可以向其所在国的法院提出申诉，并要求赔偿，但是若申诉成功，却没有获得赔偿时，被羁押者可以向人权事务委员会提出获得赔偿的请求。《欧洲人权公约》也有类似的规定。总的来说，各国对于被羁押者权利救济之正当性已经形成共识，在实践中实施了多种形式予以保障。

（二）域外及国际人权公约中的相关规定

国际刑事司法准则宗旨的核心要求和侧重点在于保障司法公正，维护人

---

〔1〕江礼华、杨诚：《外国刑事诉讼制度探微》，法律出版社2000年版，第308页。

〔2〕［美］阿尔希·里德·阿马：《宪法与刑事诉讼》，房保国译，中国政法大学出版社2006年版，第178页。

〔3〕［日］田口守一：《刑事诉讼法》，刘迪等译，法律出版社2000年版，第15页。

〔4〕［德］克劳思·罗科信著：《刑事诉讼法》，吴丽琪译，法律出版社2003年版，第150页。

权。在刑事诉讼中，保障被羁押者的基本权利成为维护人权的重点，而其人身自由权更是核心，因为在所有人的权利中，自由权被认为是最古老和最基本的权利之一。有研究表明，早在800多年前的中世纪，人的自由权就被写在宪章中。这一权利在主要的国际和地区人权文件中都有所规定。〔1〕审前羁押则是国家追诉机关在侦查、起诉阶段对犯罪嫌疑人采取的剥夺其人身自由的强制措施，是最严厉的刑事诉讼强制措施。作为控方的国家追诉机关有国家强制力作后盾，处于明显的优势地位，因此，为保障被羁押者的人权、减少其因长期羁押产生的精神不安，赋予处于弱势地位的被羁押者迅速接受审判的权利显得十分必要。

迅速接受审判作为针对诉讼拖延、保障被羁押者人权的一项确保审前程序公正的手段，现已得到许多国家的普遍支持，并将此在立法中予以确认，有的国家甚至将之作为一项保障人权的宪法性原则加以规定。如在美国，联邦宪法第6修正案规定："在一切刑事诉讼中，被告人享有下列权利：由发生罪案之洲或区域的公正陪审团予以迅速的公开审判……"〔2〕加拿大《人权和自由宪章》第11条规定，一旦某人被指控犯罪，他就拥有这样的权利：在合理的时间内接受审判的权利。〔3〕日本宪法规定：任何人于法院裁判之权利，不得剥夺之。凡刑事案件发生时，被告人有受法院公平之迅速公开审判之权利。刑事程序在满足保护人权与追求真实两方面要求的同时，还要求迅速执行程序。〔4〕

迅速接受审判不仅为各国立法所规定，也为国际性及区域性人权文件所确认。《公民权利和政治权利国际公约》第9条第3款规定，任何因刑事指控被逮捕或监禁的人享有迅速接受审判的权利。区域性文件《欧洲人权公约》第5条第3款规定，任何根据本条第1款C项〔5〕遭逮捕或限制自由时，必须"不容迟延的（unverzüglich）"将之送至法官或其他法律规定授权执行法官任务者之面前。该人民有权要求法院在一"适当期间内（innerhalb angemessener

〔1〕 岳礼玲：《〈公民权利和政治权利国际公约〉与中国刑事司法》，法律出版社2007年版，第45页。

〔2〕 卞建林译：《美国联邦刑事诉讼规则和证据规则》，中国政法大学出版社1996年版，第3页。

〔3〕 江礼华、杨诚：《外国刑事诉讼制度探微》，法律出版社2000年版，第306页。

〔4〕 ［日］田口守一：《刑事诉讼法》，刘迪等译，法律出版社2000年版，第14页。

〔5〕 《欧洲人权公约》第5条第1款C项：当相对人对于过去之犯罪追诉行为存有足够之犯罪嫌疑，或确有理由足认，必须防止被告为犯罪行为或犯罪后逃逸时，可依据法律将之逮捕或限制其自由后交给管辖法院。

First)”对之判决……[1]为促使刑事司法政策合理化，其他一些国际性法律文件对迅速接受审判权也予以确认，如《执法人员行为守则》《保护所有遭受任何形式拘留或监禁的人的原则》和《联合国非拘禁措施最低限度标准规则》，这些法律文件都确认：被羁押者有权在合理时间内接受审判。[2]

三、迅速接受审判权确立之必要性分析：制度修辞补强之意义

结合上文对迅速接受审判权概念的界定来看我国当前司法现状，可以想见仍是存在一定差距的。在探讨如何缩小差距、解决这一问题前，我们应先思考的是，是否应缩小这一差距，是否有必要确立此项权利。围绕这一问题，笔者拟分析此项权利的应有价值、其获宪法确认后的价值以及向国际刑事司法准则趋进的必要性。

（一）迅速接受审判权的自身价值

如前文所提及的，自由权是最古老和最基本的权利之一，“要求自由的愿望乃是人类根深蒂固的一种愿望。”[3]当自由受到约束时会人们感到烦躁，当自由得到充分发挥时人们会感到高兴，因此，“监禁在任何地方都是作为一种刑事制裁手段而加以使用，而且用监禁作为威胁的手段也被普遍认为是威慑不法行为的行之有效的手段。”[4]

在现代社会，剥夺人的自由的权力在国家刑事司法制度中至今仍然扮演着重要的角色，这种对自由的剥夺可以是刑罚的一种手段，如监禁刑；也可以是作为诉讼顺利进行的保障措施，如逮捕和审前羁押等。有许多国家还将剥夺自由推行至准刑事司法程序，甚至作为行政措施加以运用，如对吸毒者进行强制戒毒、对精神病人进行强制医疗等。随着国际社会逐步废除死刑和肉刑，监禁刑和作为行政处罚方式的行政羁押在各国的司法制度中备受青睐，而且，目前尚没有要将作为重要的刑罚方式之一的监禁刑和保障诉讼顺利进

---

〔1〕 杨云：《延长羁押被告与人权保障——从欧洲人权法院实务论我国延长羁押的若干问题》，《台湾本土法学》，2006年4月。

〔2〕 谢佑平：《刑事诉讼国际准则研究》，法律出版社2002年版，第84页。

〔3〕［美］E·博登海默：《法理学——法律哲学与法律方法》，邓正来译，中国政法大学出版社2001年版，第278页。

〔4〕［美］E·博登海默：《法理学——法律哲学与法律方法》，邓正来译，中国政法大学出版社2001年版，第279页。

行的措施之一的审前羁押这一剥夺“人的自由”的权力有从国家权力中去除的趋势。[1]当然，这里“人的自由”只涉及“人身移动的自由”，它包括那些在刑事诉讼程序中以及其他措施中干涉人的自由的所有形式，如使用强制的措施在羁押场所关押犯罪嫌疑人、被告人或在监狱关押被判监禁刑的人，而不包括表达、集会、结社的自由等，因为后者涉及社会、经济等领域，在刑事诉讼中对这些自由并不涉及。

在追诉活动中，被羁押者的刑事责任并未最终得以确定。如果被迟延羁押，这种不确定的状态长期存在，人身自由长期被剥夺，不仅会对被羁押人的身心造成一定伤害，影响其正常的社会地位和生活关系，而且会妨碍刑罚威慑力的发挥。“惩罚犯罪的刑罚越是迅速和及时，就越是公正和有益。”“推迟刑罚尽管也给人以惩罚犯罪的印象，然而，它造成的印象不像是惩罚，倒像是表演。”[2]

在被羁押者的一系列基本权利中，迅速接受审判的权利虽然在表述上仅是简短的几个字，但事实上它保护了一系列突出的利益，包括：（1）避免审判前超期羁押的人身自由利益；（2）使不公平的指控降为最小化的精神自由和名誉利益；（3）在确保审判自身正确性不因延长指控期限而遭受破坏方面的可靠性利益。[3]迅速接受审判权保护无辜的人免受实际上的超期羁押——延长指控限制了一个人的人身自由和损害了他的名声——在他有一个公平的机会进行自我辩护之前。如果政府指控一个无辜的人，并且拒绝延缓指控，那么就必须给其接受迅速审判的权利，以便其在审判中证明自己的清白、恢复名誉和全部自由。如果政府对被告人在审判前进行超期羁押，那么法院必须保证审判自身的正确性不会因此受到破坏——就像可能发生的一名无辜的被告人被超期羁押将会导致关键的证明无罪的证据丢失那样。[4]

此外，出于诉讼经济的考虑，如果审判前程序的进行过于缓慢，不仅会损害被羁押者的合法权益，扩大社会不安定因素的影响，而且会使犯罪真相因长期得不到查明而损害刑事制裁应有的惩戒和教育作用。用迅速审判加以

---

〔1〕岳礼玲：《〈公民权利和政治权利国际公约〉与中国刑事司法》，法律出版社2007年版，第45页。

〔2〕［意］切萨雷·贝卡利亚：《论犯罪与刑罚》，黄风译，北京大学出版社2014年版，第57～58页。

〔3〕［美］阿希尔·里德·阿马：《宪法与刑事诉讼：基本原理》，房保国译，中国政法大学出版社2006年版，第173页。

〔4〕［美］阿希尔·里德·阿马：《宪法与刑事诉讼：基本原理》，房保国译，中国政法大学出版社2006年版，第174页。

限制可使诉讼成本降低，并使正义来得不至过于迟延。

（二）权利获宪法确认的价值

宪法是国家的最高法律，其他任何立法都必须以宪法为根据。从法律解释学的角度看，宪法是最高法律规范，是一切法律规范的渊源，其他法律规范都是从宪法这个“基本规范”中引申出来的。[1]因此，刑事诉讼立法也应当贯彻宪法规范的内容。

西方法治国家将迅速接受审判的权利规定在宪法中，即被视为公民的基本权利，是一个人作为个体所不可或缺的权利，国家、社会都应当给予高度的尊重和充分的保护。我国宪法规定：国家尊重和保障人权。这一规定为在刑事诉讼中保障人权提供了宪法依据。所以，确立迅速接受审判权制度是有充分的正当性、合理性与必要性的。迅速接受审判权的确立意义重大，不仅可以有效地预防和制止国家权力对公民个人权利的侵犯，同时可以引导立法机关在制定刑事诉讼法规时，进一步落实该权利的内容以及救济途径，更可以促使立法机关在尊重和保护宪法确认的这一权利基础上权衡惩罚犯罪与保障被追诉者权益，立法机关无权剥夺宪法赋予公民个人在刑事诉讼中的基本权利。

（三）向国际刑事司法准则趋进

迅速接受审判的权利为国际性人权文件确认，使得人们有理由相信在该权利上存在着一种共识，其具有普遍性，应为每一个缔约国刑事诉讼中的被羁押者所享有。正如《公民权利和政治权利国际公约》在序言中所称，各缔约国按照联合国宪章所宣布的原则，对人类家庭所有成员的固有尊严及其平等的和不移的权利的承认，乃是世界自由、正义与和平的基础；确认这些权利是源于人身的固有尊严；各国根据联合国宪章负有义务促进对人的权利和自由的普遍尊重和遵行。由此可见，国际性人权公约确认的这些权利是人所固有的，并非来源于国家、法律或造物主的恩赐，而且是来源于人自己，是人作为个体应该享有的权利。[2]法律只是加以确认和保护，而不是产生之。而迅速接受审判的权利正是这些权利中的一个，因此国家有义务承认、尊重

---

〔1〕［奥］凯尔森：《法与国家的一般理论》，沈宗灵译，中国大百科全书出版社1996年版，第124～126页。

〔2〕林劲松：《刑事诉讼与基本人权》，山东人民出版社2005年版，第76页。

之，并采取积极措施促进其实现。

国际性人权文件关于该权利的规定，也为各缔约国保障这一权利提供了统一的执行标准。缔约国有义务履行在国际性人权文件中所作的承诺。在一国加入后，对该公约的各项规定应当原则上在国内法中加以贯彻，否则将会因违背公约所要求履行的国际义务而受到国际社会的谴责。一国国内法的规定如果明显与之相抵触，则会使该国在国际上受到违背公约基本准则的批评，严重损害其国际地位和国际形象。因此，国际性人权文件极大地促进了各缔约国关于刑事诉讼的立法和实践，在国内法中贯彻国际标准已成为许多国家刑事诉讼制度改革的重点，在刑事诉讼立法中加以修改，在刑事诉讼执法、司法实践中贯彻落实之。

再者，国际性人权文件对迅速接受审判权的确认，使得该项权利可以受到国际性保护。因为在有些地区根据区域间的人权公约成立了人权法院，如根据《美洲人权公约》成立的美洲人权法院、根据《欧洲人权公约》成立的欧洲人权法院等。据考察，欧洲人权法院实际上已经成为欧盟成员国的弹性终审法院。如果各成员国法院的审判侵犯了当事人的人权，当事人在本国法律规定的救济手段已经穷尽的情况下，可以上诉到欧洲人权法院。就刑事诉讼而言，欧洲人权法院所作的判决对各成员国不仅就个案具有效力，而且成为各成员国的刑事诉讼法律渊源。在实行成文法的国家，要据此修改自己的成文法；在实行判例法的国家，则直接成为判例。欧洲人权法院不仅确保在各国国内法中已经存在的法律救济方式的有效事实，而且创制在一国国内法中并不存在的新的法律救济方式，即通过一系列判例创设了所谓的“欧洲救济”，这意味着各国法院在保障人权方面应当采取比以往更加积极的行动。[1]如此，当被羁押者迅速接受审判的权利受到侵害时，不仅可以在本国寻求救济，而且当国家没有或被认为没有尽到保障该权利的义务时，被羁押者还可以在本国之外寻求救济，这种救济本身已经超出传统的国家的界限，纳入到国际范围中，使得权利得到更大限度得保障。

我国当前因自身经济发展及其在推动全球化进程中的积极作用，被视为不容小觑的国际成员，加之我国身为联合国常任理事国之一，未来在区域性

---

〔1〕 Maria Luisa Fernandez Esteban：The Rule of Law in the European Constitution，Kluwer Law International，1999，pp. 196～197。

合作及国际事务中都将发挥举足轻重的作用。因此，我们更应用一种国际性眼光来规划、构建本国司法制度的发展走向。

四、迅速接受审判权在我国确立的可行方案：制度修辞构建之进路

通常国际性人权文件在缔约国发生效力可采取的方式有两种：一是缔约国在国内直接适用国际性人权文件的相关规定，并且确定其优先效力。例如，法国、德国都在本国宪法中明确宣布对国际法的态度，宣布遵守公认的国际法。二是先将国际性人权文件中的相关规定转化为国内法之后再具体适用。例如，英国根据《欧洲人权公约》制定了《1998 年人权法案》，其中就规定了被逮捕或拘留的人有权在合理的时间内接受审判。世界许多国家都在本国法律中将这一权利作为制度修辞的重要因素浓墨重彩地表达出来。对我国来说，也应当运用法律修辞的手法将这一权利纳入法律制度体系，进而更好地说服各方当事人认同裁判流程和结果。

结合上文就确立迅速接受审判权的必要性分析，为缩短我国当前刑事司法与国际公约的距离，改革已势在必行。正如公约所称，在刑事诉讼中，审前羁押应该是例外，而不是常态，绝大多数嫌疑人、被告人应在被释放的状态下等待审判。当然，对审前羁押的控制措施有很多，而赋予被羁押者迅速接受审判的权利就是其中之一。针对此权利，笔者认为当前我国可以采取的相关举措有：

（一）立法举措

1. 宪法中予以明确规定。正如前文所述，宪法作为根本大法，权利一旦被确认就是公民的基本权利，不仅使被羁押者迅速接受审判的权利更充分地得到维护，而且对刑事诉讼将起到良好的指示作用。

2. 为贯彻宪法中规定的迅速接受审判的权利，在刑事诉讼立法中可规定一些具体的权利予以保障，例如被羁押者启动救济程序的权利。被羁押者是刑事诉讼的一方主体，对于自身自由遭到不合理的长期限制时应有权提出自己的意见，而且异议应是向中立的法院提出，由法院作出裁定。

3. 在刑事诉讼立法中，对拘留、逮捕等刑事强制措施与羁押的概念作严格区分，划分羁押期限与案件审理期限，并且对诉讼期间的规定细致化，严格限制国家公诉机关在诉讼期间适用上的例外情形。前文已提及，被告人被

羁押的总体期限可能会无止境地延长，正是由现行刑事诉讼法规定一系列的例外情况所致，现行规定为公诉机关任意迟延诉讼、拖长被羁押期限打开方便之门。因此，为了进一步深化诉讼民主进程，有必要对审前程序的诉讼期间的例外性条款适用问题进行严格限制，使诉讼期间制度得到真正的执行。

（二）程序保障

1. 充分保障被羁押者行使辩护权。被羁押者是被追诉的人，相对于国家公诉机关而言处于弱势地位，迅速接受审判的权利在于保障人权。因此，为了防止公诉机关将没有防御能力的被追诉人迅速交付审判，利用此项权利限制被追诉人的辩护权，应对被追诉人行使辩护权期间的权利予以充分保障。对此，国际性人权文件予以确认，并提供了最低保障标准。如《公民权利和政治权利国际公约》第 14 条第 3 款规定：“在判定对他提出的任何刑事指控时，人人完全平等地有资格享受以下最低限度的保证……有相当时间和便利准备他的辩护并与他自己选择的律师联系。”同时，可以赋予被羁押者近亲属聘请律师的权利，以保障被羁押者充分地获得律师的帮助。

2. 加强司法审查。在以审判为中心的刑事诉讼制度改革浪潮影响下，我国侦诉关系、诉审关系、控辩关系进入新纪元。国外法域对限制人身自由的强制措施大多采取令状主义原则，由中立的法官依申请进行司法审查后签发令状，载明强制措施的适用对象、适用理由等，并由侦查机关具体执行之。结合我国宪法规定，我国司法机关包括人民检察院、人民法院，人民检察院作为法律监督机关，在侦查阶段应加强司法监督，在决定是否批准逮捕时应充分发挥其审查监督职能，对于出现羁押期限届满的情形亦应及时予以纠正。

3. 建立诉讼迟延的救济制度。在诉讼被不当迟延、被羁押者迅速接受审判权利受到不正当的侵犯时，应给予被羁押者一定的法律救济。鉴于国外的相关规定以及我国的实际情况，赋予法官一定的自由裁量权，在已经认定被告人应受有罪判决时，根据迅速接受审判权遭受侵害的严重性采取相应的救济措施。当侵权并不是很严重时，赋予被羁押者请求赔偿的权利。当侵权较为严重时，法院可以考虑减轻刑罚。当侵权极为严重时，法院可直接作出撤销指控、终结诉讼的决定。如此，才能促使公诉机关和审判机关严格依法办案，才能切实保障被羁押者的合法权利。

4. 国家赔偿制度的完善。当前我国国家赔偿的范围极其有限，只对实体错误的拘留、逮捕承担国家责任，而程序性错误和违法并不在赔偿之列。因此，对赔偿范围应扩大，将侵害迅速接受审判权利纳入其中，不仅对追诉机关起到警示作用，而且为被侵权者起到指示作用，提供救济途径。

（三）理念转变

在意大利法理学家贝卡利亚看来，一人在被宣判为罪犯之前，对其进行的监禁带有惩罚性，因而应尽可能短暂。否则，法官懒散，而犯人却凄苦不堪；行若无事的司法官员享受着安逸和快乐，伤心落泪的囚徒忍受着痛苦，这种对比是最为残酷的。[1]因此，在刑事案件中，处于强势地位的国家机关不能只是一味地重打击犯罪轻保障人权，重实体轻程序，司法工作人员在观念上须作转变，要有保障人权的意识，对审前羁押的适用应有正确的理解，对被羁押者的权利应有充分的认识。

1. 正确理解法律。2004 年宪法修订时增加“国家尊重与保障人权”条款，2012 年刑事诉讼法修订时在总则部分增加“尊重和保障人权”，这不是对宪法的简单重述，而是彰显了立法者对刑事诉讼改革的某些期许，是对之前司法实务中不尽如人意之处的大胆陈述，也是进一步将正当程序理念引入刑事诉讼的体现，更显示了我国在人权保障事业方面向国际刑事司法准则的趋进。

正如上文提及，在法律解释中应以宪法为本，因此司法工作人员在办理刑事案件、适用刑事诉讼法条文时，应始终将“保障人权”的理念铭记于心，理解国家宪法、刑事诉讼法在保障人权方面所做的努力，并在此基础上权衡打击犯罪与保障犯罪嫌疑人、被告人的权益。只有当符合法律明文规定的拘留、逮捕条件下，方可采取审前羁押措施，应让更多的犯罪嫌疑人、被告人处于被释放的状态等待审判。

2. 正确适用法律。法律适用的过程是将抽象的法律条文应用到具体案件的过程，我们熟知的三段论式逻辑推理即是最基本的法律适用方法之一。大前提是一般法律规定，小前提是具体的案件事实是否符合法律，结论是法律规定的相应后果在具体案件中的体现。

遵循这种法律逻辑推理，司法工作人员在决定是否采取审前羁押、是否批准逮捕、审查羁押期限是否届满时，应摒除个人的情感因素、价值判断，严格遵守刑事诉讼法的相关规定、遵循三段论推理方式，做到正确适用法律。

---

〔1〕［意］切萨雷·贝卡利亚：《论犯罪与刑罚》，黄风译，北京大学出版社 2014 年版，第 57 页。

刑事诉讼法作为程序性法则，对每一个诉讼环节、每一项司法行为都作了详实规定，司法工作人员在具体司法实践中面对千变万化的具体案情，切忌以案情复杂、犯罪行为社会危害性大、犯罪嫌疑人或被告人不配合调查、案件量大等为托辞造成诉讼迟延，损害犯罪嫌疑人或被告人的基本权益。

结　语

我国早在1998年10月5日就签署了《公民权利和政治权利国际公约》，根据我国宪法规定，一旦经全国人民代表大会常务委员会审查批准，该公约将在我国发生效力并付诸实施。在联合国制定的国际性人权文件中，该公约可谓迄今为止最集中全面地规定国际公认的刑事司法人权准则的文件。因此，只要全国人大常委会批准加入该公约，按照“条约必守”的原则，我国应当承担公约所规定的人权保障义务，而在刑事诉讼中就须贯彻公约有关基本人权的各项规定。当前，我国已经进入发展的新时代，在这样的时代背景下，作为一个法治昌明的大国、强国，必须在人权保障方面更加完善与科学。迅速接受审判权是刑事犯罪嫌疑人、被告人的基本权利之一，并且得到了诸多国家的确立，其正当性基础十分充实。我国应尽快在法律中明确这一权利，使刑事诉讼程序更趋科学、严密，通过制度修辞促使刑事诉讼的过程合理正当，诉讼结果权威有效，使民众在每一起刑事案件中感受到公平正义。

司法实践　法治与法律方法

社会学解释方法的司法运用及其限度

杨知文 *

摘　要　社会学解释方法着重于对法律社会效果的预测和社会目的的衡量，可谓法律“进化的棱镜”。由于法院所履行的司法权能之差异，社会学解释方法在司法中的运用表现为值得区分的两个方法层面，即作为法律方法的社会学解释与作为宪法方法的社会学解释。从内容与性质上看，司法运用社会学解释方法的实体理由论点可厘定为基于法规范在社会中新含义的论点、基于解释结论良好社会效应的论点和基于实现新的社会福利的论点三种形态。就转型中国的司法治理而言，案件裁判对社会学解释方法的运用具有积极意义，但其操作需受制于必要的界限，且应将法律的一致性和可预期性作为可追求的最大社会福利。

关键词　社会学解释方法　司法运用　方法层面　实体论点　转型中国的司法治理

社会学解释方法是一种着重于对社会效果预测和社会目的衡量以对法条的含义进行阐释的裁判方法。[1]尽管社会学解释方法的概念形态与内容构成是比较明确的，但整体而言，国内目前有关的认识与研究存在一些问题。一方面，对社会学解释方法的理解多局限于落实法律效果与社会效果统一之审判理念的方便手段，这在很大程度上掩盖了社会学解释作为一种独立的裁判方法的应有价值，也让这种方法的现实运用有时候被庸俗化。另一方面，社会学解释方法在司法中运用的方法层面很少获得区分，这使得人们对这种方

---

* 杨知文，男，华东政法大学法律方法研究院副教授。

〔1〕 张志铭：《法律解释学》，中国人民大学出版社2015年版，第70页。

法的把握仍处于“囫囵吞枣”的状态，使许多经典案例的司法治理意义不能凸显。同时，就裁判的正当理由而言，以社会效果和社会需求为基准及根据运用社会学解释方法的实体论点形态也值得辨别，毕竟司法者对社会效果和需求的主张理由在实际的案件中要具体表现为一定的实体论点，否则司法论证依然面临着“笼统陈述”或“一叶障目”的困境。另外，社会学解释方法的运用对转型时期的中国司法治理活动有着重要影响，对此就有必要对其运用界限和理念诉求等问题做出一定的厘定。职是之故，出于对以上问题进行回应和解决的目的，系统地从法理上展开探究社会学解释方法在司法裁判中运用的缘由、方法层面和实体论点形态，以及转型中国的司法治理对该方法的贯彻与操作等，无疑具有重要的理论和现实意义，因而也成为本文的任务。

一、社会学解释方法：法律“进化的棱镜”

把社会学方法运用到法律解释，并使其鲜明地成为司法裁判的因素，从理论上看得益于自由法学派和法社会学派的兴起。按照我国台湾学者杨仁寿的说法，“在实用法学上，社会学的解释系在自由法运动以及法社会学诞生之后，始为法学者所运用。”〔1〕一般来说，在之前由概念法学所统治的时代，司法裁判的过程过于机械，法律解释对方法的运用主要强调根据法条语法和字面惯常意义的文理解释，司法者对法律以外的政治、经济、道德等社会因素的考量被排斥在法律适用的正当性之外，而在 19 世纪末 20 世纪初的社会环境大变动中，随着经济活动等方面的自由发展，概念法学的法律观和方法论受到质疑和批判，倡导法律的社会目的与社会效益的理论和实践趋势不断加强，这成为社会学解释方法得以应用并蓬勃兴旺的重要基础。

从学说史上看，奥地利学者埃利希于 1903 年发表了《法的自由发现与自由法学》，1913 年又发表了《法社会学原理》，强调法律发展的动力源于社会，法官应自由地探求生活中的法，“此后，社会学方法被运用于法律解释，几乎成为一种风尚。”〔2〕在埃利希看来，法条并非包括全部的法，法学家会考虑到正好存在的实践需要和他基于实践的理由而感兴趣的东西来编纂法条，

〔1〕 杨仁寿：《法学方法论》，中国政法大学出版社 2004 年版，第 172 页。
〔2〕 梁慧星：《民法解释学》，中国政法大学出版社 1995 年版，第 236 页。

社会中大量存在的活法是支配生活本身的法，司法判决也给不出法律生活的任何完整的图景，社会学方法要求通过生活的切身观察来补充司法判决所获得的结果。[1]同样的，在美国法社会学派的视野中，法律是处在社会中的要素，“法律源于生活经验，应能适合社会的需要和目的”，[2]“法律的生命不是逻辑，而是经验”。[3]特别是在现实主义法理学的推动下，人们区分了“纸面的规则”和“实际的规则”，而后者是与现实的司法行为相符合的规则，是法庭的实践行为中真正的规则。[4]因此，美国法学家卢埃林就认为，忽视法律的社会效果就是忽视法律的意义，坚持对法律用效果来进行评价和分析才是有价值的，[5]而根据现实的社会效果来判断司法裁判的优劣就成为应然之事，社会的需求和效果也成了对法律进行解释和适用的一种要求。

从司法实践看，1908 年美国的穆勒案[6]是法官运用社会学解释方法的经典案例。在该案中，俄勒冈州制定了一项禁止妇女日工作时间超过十小时的法律，雇主穆勒的洗衣公司不愿意遵守这个规定，遂在提起的诉讼中主张州法违反了联邦宪法修正案所保护的契约自由，并要求联邦最高法院推翻州的此项立法。几年前的罗纳克案[7]判决当时对俄勒冈州不利，联邦法院已确认纽约州一项限定面包师最长工作时间为每天十小时的法律无效，因为州立法不能严格雇主和雇员之间签订合同的权利。不过，联邦法院最终维持了俄勒冈州立法的合宪性而否定了穆勒的诉求。在围绕案件争点的论述中，法院明确采纳了被告辩护律师基于社会调查材料所提出的理由，认为该项保护女性的立法具有不容忽视的必要性，不属于对宪法所规定的劳资之间契约自由的侵犯情形，因为生活事实表明近代产业所带来的紧张感越来越大，妇女的生理结构和特点决定了她们在工作上的劣势，长时间工作将会损害她们的健康、安全和道德，而妇女的生活不仅涉及她们自身，也与人类的繁衍息

[1] [奥] 欧根·埃利希：《法社会学原理》，舒国滢译，中国大百科全书出版社 2009 年版，第 538 ~ 547 页。

[2] 刘绪贻：《美国社会学法学的兴起与建立》，《书屋》2010 年第 6 期。

[3] [美] 小奥利弗·温德尔·霍姆斯：《普通法》，冉昊、姚中秋译，中国政法大学出版社 2006 年版，第 1 页。

[4] See Karl Llewellyn, A Realistic Jurisprudence: the Next Step, 30 Columbia Law Review, 438 (1930).

[5] See Karl Llewellyn, Some Realism about Realism: Responding to Dean Pound, 44 Harvard Law Review, 1222 (1931).

[6] Muller v. Oregon, 208 U. S. 412 (1908).

[7] Lochner v. New York, 198 U. S. 45 (1905).

相关。除了判决内容对妇女保护的意义之外，该案引人注目之处就在于法院积极运用了社会学解释方法。

一言以蔽之，社会学解释方法能够在司法中适用的基本缘由就是，法律必然也必须随着社会的进步而不断获得发展。既然如此，对法律的解释和适用就“不能仅从实定法的规定中依据逻辑的演绎来得出法的规范，应该从对现实社会的观察和分析中来酌量”。[1]这也意味着，虽然逻辑、历史和习惯在司法过程中都有它们的地位，但是“当社会的需要要求这种解决办法而不是另一种的时候，为追求其他更大的目的，这时我们就必须扭曲对称、忽略历史和牺牲习惯”。[2]如同上述案例，一个限定面包师每天工作十小时的立法被认为是对合同自愿行为的侵犯，而另一个禁止女性每天劳动超过十小时的法律则就被认为合理且必要。同样类似的裁判案例也表明，一个禁止妇女夜间工作的制定法在1907年被宣告为专断和非法，到了1915年，由于对社会上工人的调查有了更为完全的了解，一个类似的制定法就被认定为合乎情理并有效。[3]

可以说，重视社会的效果和需求是社会学解释方法在司法裁判中运用的主要价值所在。社会学解释方法引入既定法律教义之外的社会因素，在一定程度上也暗示了“法律最重要的部分包含着规则表面所说的与法院实际上所得出的结论之间的差别。”[4]因此，就法律规范意旨的探求来说，社会生活的发展变化、当下需求及其对法律运行的要求和效果尽在其中，巧妙地通过社会学解释方法在司法过程中参与、折射并配置出来，成为法律不断进化和成长的重要推动力。据此而论，社会学解释方法可谓法律“进化的棱镜”[5]，过往的制定法规范正是借助由这种“进化的棱镜”所导出的解释通过司法活动顺应了现代的条件，实现了自身的与时俱进。如果说司法行为不只是纯粹地自动地适用成文法，那么司法者在确需创造性地发展既有的成文法规则的时

---

〔1〕 段匡：《日本的民法解释学》，复旦大学出版社2005年版，第57页。

〔2〕 ［美］本杰明·卡多佐：《司法过程的性质》，苏力译，商务印书馆1997年版，第38页。

〔3〕 这两个案例分别为People v. William和People v. Schweinler Press，参见［美］本杰明·卡多佐：《司法过程的性质》，苏力译，商务印书馆1997年版，第47～48页。

〔4〕 ［美］弗里德里克·肖尔：《像法律人那样思考：法律推理新论》，雷磊译，中国法制出版社2016年版，第147～148页。

〔5〕 “进化的棱镜”之比喻取自Munroe Smith，参见Munroe Smith，*Jurisprudence*，New York：Columbia University Press，1909，pp. 29～30. 转引自［美］本杰明·卡多佐：《司法过程的性质》，苏力译，商务印书馆1997年版，第47～48页。

候，社会学解释方法就是十分必要的手段和方式。也正是通过对社会学解释方法所映射出的有关社会目的与效果等因素的思虑，既往的法律规定获得了新生，在被赋予新的蕴意的情况下保持了鲜活的生命。

诚然，社会学解释方法的运用也常被指为法官造法的行为，特别是社会学解释方法被适用于对法规范进行扩张或限缩以及漏洞填补的场合。对此，社会学解释方法具有明显的情结取向，即以能够满足社会的特定需要为考量，以实现一定的社会目的为旨归，并把社会效果建立在对实际观察与预测的基础上。如果要承认法律是实现社会目的之手段的话，那么就必须通过司法实践对法律实现社会目的能否有效地促进社会发展进行评估和校正，法律规范就有可能在法官的扩展解释或限缩解释中增加或减少含义。〔1〕可以明确的是，法律适用中的扩张解释、限缩解释以及法律漏洞填补等正是借由社会学解释方法所提供的价值诉求与理由导向来实现并获得证成的。无论如何，在制定法的解释一定不必永远保持相同的语境下，在社会变化和社会需求愿望强烈的条件下，无论解释的结果是对法条含义的修剪还是增添，抑或是经由解释的路径创造新的规则，司法者都要从社会学视角出发借助社会学解释这个“进化的棱镜”来阅读和宣布法律的意义。

所以，既然社会的概念是不断变化的，而且通常比法律变化得更快，那就得要不断地重新检视各部分法律与社会需要相适应的程度,〔2〕这一点对案件的裁判者来说自然更为重要。以法律实用主义的观点来说，如果人们同意从比较开阔的角度去理解法律，活法将成为必要的法律形式，它的实质内容就是社会纠纷在事实上怎样处理，而且当法律规范可以贯彻这个要点时才能在社会生活中产生价值。〔3〕考察社会学解释的基本内涵已经看出，当既有的法律规范与社会发展的需求和效果出现不一致和不协调时，司法者应该倾向于根据社会的现实状况来解释和阐明法律的意旨，让法律之外的一些社会因素对司法过程产生实质性的影响。〔4〕不同于目的解释方法只需确定法律条文背后的立法目的，也不同于历史解释方法要着眼于过去来判断历史上的立法

---

〔1〕 秦策、张镭：《司法方法与法学流派》，人民出版社2011年版，第89页。

〔2〕 张芝梅：《美国的法律实用主义》，法律出版社2008年版，第67页。

〔3〕 See Karl Llewellyn, The Bramble Bush: on Our Law and its Study, New York: Oceana Publication, 1930, pp. 73 ~78.

〔4〕 武飞：《社会学解释：一种“自由”的裁判方法》，载《学习与探索》2010年第6期。

者意思，社会学解释方法是通过对社会现状的考察，确定立法者面对当下的社会状况可能表达的意思。[1]由此，法律的解释和适用具有以下理念，即法律适用是社会目的实现的一个路径，而对法律的任何要素都要从社会目的和社会效果的视域进行持续的关照，要通过社会目的和效果以及它们的相互关系对法律进行评判。[2]

二、社会学解释方法运用的方法层面

基于所适用的法规范性质不同，司法通过社会学解释方法所实现的法律变革和对社会关系的秩序调整意义就有所不同。法院司法权的行使因宪法解释权限的不同也有所分野，即一般司法权与合宪审查权以及据此而区分的普通法律解释权与宪法解释权。所以，从社会学解释方法在司法实践上的适用经验和脉络看，由于审判制度自身运行机制和法院系统组织构造的不同，也由于法院借由解释方法所履行的裁判职能的差异，社会学解释方法的运用于不同的司法权能下就表现为值得分辨的方法层面，即作为法律方法的社会学解释和作为宪法方法的社会学解释。就二者区别来看，作为法律方法的社会学解释意在具体阐明法律在特定情形下的含义。而作为宪法方法的社会学解释具有更多的价值考量，其已经不仅是一种法律决定的过程，而且是一种政策形成的政治活动过程。[3]

（一）作为法律方法的社会学解释

法律方法的精义，“在于解决个案纠纷，否则将逾越一般司法权的功能界限。”[4]作为法律方法，社会学解释是一种根据社会效果确定法律条文含义的技术，即“将社会学方法运用于法律解释，着重于社会效果预测和目的衡量，在法律条文可能文义范围内阐释法律规范意义内容的一种法律解释方法”。[5]杨仁寿也认为，“社会学的解释，系以法条之文义解释为基础，当文

---

〔1〕 王利明：《法律解释学导论》，法律出版社2009年版，第373页。

〔2〕 See Karl Llewellyn, Some Realism about Realism: Responding to Dean Pound, 44 Harvard Law Review, 1222 (1931)。

〔3〕 刘国：《宪法解释方法的变革》，中国政法大学出版社2008年版，第42页。

〔4〕 王书成：《论合宪性解释》，载《法学研究》2012年第5期。

〔5〕 梁慧星：《民法解释学》，中国政法大学出版社1995年版，第236页。

义解释结果，有复数解释之可能性时，进一步地确定其涵义，使之明确的一种操作方法，须在文义解释可能之文义范围内作成，偏重于社会效果的预测及其目的之考量。”〔1〕在这个层面，社会学解释方法与文义解释、体系解释、历史解释、目的解释、比较解释等方法均属于法律解释的范畴，主要存在于普通法院适用一般法律解决案件纠纷的司法过程中。

在多数的裁判活动中，普通法院的司法行为就是致力于履行一般的司法权职能，司法者为解决诉诸法院的个案纠纷，倾向于围绕个案事实寻找和确定法律。由于一定的原因，出现对法律规范意义的多种理解是常有的事情，特别是“如果这些不同的解释结果皆来自文义解释，即都是在文义涵摄范围之内的，那么，严格说来，它们都应该是合法的解释。”〔2〕据此，作为法律方法的社会学解释与文义解释等其他法律解释方法存在一个适用顺位上的排序问题。在现有法律方法的一般框架下，文义解释是各种法律解释方法运用的出发点，在文义解释处于优先顺位的前提下，各种法律解释方法最终也都服务于法律条文的文义确定，“在这种意义上，文义解释也具有相对于社会学解释的优先性，并且，社会学解释也是旨在阐释法律条文的文义，社会学解释方法不仅要从法律文本的可能含义出发，而且最终要阐释法律的文义。”〔3〕

就此而言，在现代法治国家的制度设置和语境下，在文义解释后出现复数解释是社会学解释方法适用的前提，社会学解释方法的开展一般要发生在文义解释等方法得以运用之后，甚至“只有在绝大多数法律解释方法被运用之后，仍然无法得出合适的解释结论时”，〔4〕才可以进行。所以，在法律适用过程中，法院如果就案件裁判运用社会学解释方法也一般不会发生超越个案的普遍效力问题，大多的情形表明，经由社会学方法获取的解释论点只是支持某种裁判结论选择的理由。与其他法律解释方法相比，社会学解释方法的特点就在于，它关注的是法律文本运行所处的社会环境因素，使得法律能够与当下的社会生活直接发生作用，其“通过对可能产生的社会效果进行预测，进而对特定案件事实、事实与法律规范之间的关系进行说明和解释”。〔5〕

---

〔1〕 杨仁寿：《法学方法论》，中国政法大学出版社2004年版，第172页。

〔2〕 武飞：《社会学解释：一种“自由”的裁判方法》，载《学习与探索》2010年第6期。

〔3〕 王利明：《法律解释学》，中国人民大学出版社2011年版，第153页。

〔4〕 王利明：《法律解释学》，中国人民大学出版社2011年版，第162页。

〔5〕 崔雪丽、孙光宁：《论法律解释方法中的社会学解释》，载《燕山大学学报》（哲学社会科学版）2010年第3期。

以我国发生的多起肖像权侵权纠纷案例来说，对于在非营利时擅自使用他人肖像的行为是否构成侵犯公民肖像权的问题，社会学解释方法可以提供合理的解决。按照我国民法通则的规定，“公民享有肖像权，未经本人同意，不得以营利为目的使用公民的肖像。”从法条字面意思上看，只有以营利为目的擅自使用他人的肖像才构成侵权，如果是非以营利为目的就不是侵权。然而，在现实中，不经同意也不以营利为目的使用他人肖像的现象时有发生。根据法律的规定，此类案件的受害人权利的确很难得到保护。如果运用社会学解释方法，此类案件的裁判就具有较大的合理性，即“以营利为目的”作为肖像权侵权责任的构成要件不仅与现实生活逻辑不符，[1]而且没有考虑到社会发展的状况，特别在互联网及其技术不断普及的新时代，擅自使用他人的肖像变得更为容易，即便是不以营利为目的而使用也会对他人的生活造成不利的影响，故将侵犯肖像权的行为仅限定于以营利为目的，显然已不符合人们生活和社会发展的需要。

当然，虽然社会学解释方法的运用对法律解释结论的选择是有效的和有力的，但它也并非就是彻底而自足的法律解释方法。总体来看，在法律方法体系中，一方面，由于社会学解释方法的核心不是依据法律本身进行解释，在实际的裁判过程中，它往往需要和其他解释方法相互合作才能完成法律解释的使命。[2]另一方面，虽然社会学解释方法把对社会因素的考量引入司法过程，但它并非没有任何成文法规可资参考和咨询，即便是在对法律漏洞进行补充的场合，社会学解释方法的运用也实属未超越法律原则乃至宪法的情形。所以，社会学解释方法经常发挥的是一种辅助性论证的功能。另外，社会学解释方法的运用受制于案件的性质和法律的重要原则，这就使其于不同法律领域的适用范围上有局限性，虽然民事案件的处理可以较多地运用社会学解释，但是在刑法领域，这种解释方法就受到了严格的限定，“只有当按照通常解释获得的结果与社会的整体价值观念出现严重偏差的时候，才可以通过社会学的方法对解释结果进行调整，以适应社会的需求。”[3]

---

[1] 张红：《“以营利为目的”与肖像权侵权责任认定》，载《比较法研究》2012年第3期。

[2] 武飞：《社会学解释：一种“自由”的裁判方法》，载《学习与探索》2010年第6期。

[3] 崔雪丽、孙光宁：《论法律解释方法中的社会学解释》，载《燕山大学学报》（哲学社会科学版）2010年第3期。

（二）作为宪法方法的社会学解释

作为宪法方法的社会学解释存在于基于宪法的裁判或合宪性审查的司法活动中。在宪法适用的场合，对宪法条文的争议必然需要对宪法文本进行解释和阐明。然而，“对于宪法解释以及对它的评价判断标准都不能仅限于一般的法律思维和法律解释方法，而必须要提高到超宪法规范的社会层次。”〔1〕一般地讲，宪法解释往往具有多重的性格，宪法解释方法具有超越于一般法律解释方法的艰巨任务。一般地讲，宪法解释过程与国家的政治共同体和社会的基本价值体系有着密切的联系，几乎所有的宪法规范客观上都存在解释的空间，宪法解释思维是一种宏观的思维模式，需要从宪法价值体系的宏观角度揭示宪法的意义与内涵，而这对一般法律解释来说则不然。〔2〕因此，“由宪法在法律体系中的最高位阶性、宪法的政治性、宪法规范本身的抽象性和原则性等特征所决定，宪法解释在方法论上所受到的挑战比一般法律解释更大。”〔3〕

正是由于宪法所具有的不同于一般法律的根本法的性质，在解释并适用宪法或对一般法律法规实施违宪审查的情境下，司法者运用社会学解释方法回答的问题往往事关重大的争议，其所要实现的目标也经常是对某种社会关系的调整进行根本性的改变。这显然要求司法的主体应当是具备相当权力和权威的机构或人员，其必须具备审时度势和高瞻远瞩的姿态和气魄。也正如此，社会学解释与司法能动主义密切相关：作为与原旨主义方法论相对的宪法方法，社会学解释方法与司法能动主义都是法院在面临社会矛盾突出的状况下而提出的。司法能动主义既然本着解决问题的理念来理解宪法，强调法院积极应对社会出现的新问题，不再固守宪法条款的所谓原始含义，采纳社会学解释方法就是其题中之义。〔4〕

由此可见，在宪法适用层面上的社会学解释，不仅为宪法自身的发展提供了方便通道，更为重要的是它经常抛弃宪法制定者所处的社会关系时代，把宪法解释的目的定位于回应司法者所处的社会情势及其需要，并甚至以此改变了一般立法者或普通法院对重大社会事务的思维取向。社会学解释方法

〔1〕 顾爱平：《宪法解释的方法论辩证》，载《江海学刊》2010 年第 2 期。

〔2〕 韩大元、林来梵等：《宪法学专题研究》，中国人民大学出版社 2004 年版，第 168～169 页。

〔3〕 刘国：《宪法解释方法的变革》，中国政法大学出版社 2008 年版，第 13 页。

〔4〕 黄利红：《美国宪法的社会学解释方法及其理论源流》，载《社会科学家》2009 年第 10 期。

对宪法解释来说，它更易于让宪法发展背离原旨主义的精神，使宪法条文的意旨产生随时代而行的流变性，正所谓“一部宪法所宣告的或应当宣告的规则并不是为了正在消逝的片刻，而是为了不断延展的未来”。〔1〕就此也可以说，由于宪法解释者与制宪者处于可能迥异的社会条件下，他具备新时代的知识储备和价值认识，这就使得其不会也不愿再返回到制宪者的时代里去寻求对宪法的理解。〔2〕

这样，如同合宪性解释在司法实践中善于隐形一样，〔3〕作为宪法方法的社会学解释使宪法的理解和适用更取决于司法者所处的社会语境和政治角色，很容易成为法院撬动社会生活传统和习惯的杠杆。从历史上看，美国沃伦法院时期的重大判决基本上都是在宪法争议问题上适用社会学解释方法的结果，以 1954 年的布朗案〔4〕为例，联邦法院判决就宣称，比起宪法第十四修正案通过时，考虑公共教育必须按照它已充分发展的状况，同时种族隔离的社会和心理含义本身也发生了变化，包括一些社会学的“现代”权威依据也证明任何教育上的隔离都会造成对黑人孩子自尊心的无形伤害。〔5〕联邦法院在该案中没有按照宪法制定时的历史意图，而是把判决的重点放在公共教育的发展现状和种族隔离本身对公共教育的社会影响，通过依靠来自社会学的理由，使“隔离然而平等”的原则不再适用于公共教育领域。〔6〕

社会学解释作为宪法适用层面的方法也体现在根据结果导向的论证而进行的宪法解释之中。在此方面，即便是在欧陆国家，尽管法院的职能与英美法院相比更在于依法裁判，而如德国联邦宪法法院这样的机构在做出决定之前仍倾向于考量裁判结果的恰当性问题。他们在实践中常出现的情况是，“不是先要确定解释规则，而是先要形成解释结论，然后才能确定具体应如何适用解释规则，这就是所谓的宪法解释中的结果取向，亦称结果考量、政治后

---

〔1〕［美］本杰明·卡多佐：《司法过程的性质》，苏力译，商务印书馆 1997 年版，第 49 页。

〔2〕See David A. Strauss, Common Law Constitutional Interpretation, 63 the University of Chicago Law Review, 877 (1996).

〔3〕杜强强：《合宪性解释在我国法院的实践》，载《法学研究》2016 年第 6 期。

〔4〕Brown v. Board of Education of Topeka, 347 U. S. 483 (1954).

〔5〕［美］莫顿·J. 霍维茨：《沃伦法院对正义的追求》，信春鹰、张志铭译，中国政法大学出版社 2003 年版，第 44 ~ 46 页。

〔6〕［美］斯坦利·I. 库特勒：《最高法院与宪法：美国宪法史上重要判例选读》，朱曾汶、林铮译，商务印书馆 2006 年版，第 505 ~ 508 页。

果考察、结果评判论证、价值判断、价值考量等。"〔1〕例如，在克隆人的宪法争议案中，联邦基本法上的人性尊严条款成为从规范层面反对克隆人技术的基本理由，然而对于克隆人技术是否侵犯人性尊严的争点，几种传统的解释方法在阐述人性尊严的内涵上显得捉襟见肘时，社会后果考察的论证可成为具有说服力的宪法解释方法。这种来自社会学的解释方法所关注的重点是对现实层面影响的深刻关怀，它将眼光投向人类生活，根据客观经验预测与描述可能的后果：如果允许克隆人，人的生产就可以由特定技术来控制，那么基因筛检、胚胎选择将不可避免，进而人种优化、单一化也将不可避免，这必然将损害人性尊严。〔2〕

三、社会学解释方法运用的实体论点形态

无论是作为一般法律方法还是作为宪法方法，社会学解释方法的司法运用都是基于一定的社会效果和社会需求来构建关于法律规范解释的理由论点。从方法论上讲，"法律解释与法律适用相关联，将被视为司法裁判的正当性证明过程的一个基本环节"，司法判决对做出解释的理由需要有不同程度的展示，〔3〕故社会学解释方法在司法裁判中运用的实体理由值得从论点形态上以案件裁判为指向进行细致分析和厘定。笔者认为，从内容和性质上看，社会学解释方法所运用的以社会效果与社会需求为标识的实体理由，在司法过程中往往表现为以下三种论点形态。

（一）基于法规范在社会中新含义的论点

在实际的案件审判活动中，司法者通过社会学解释方法所要寻求的社会效果和需求，有时正是被适用的法规范在社会中的新含义。有关法概念在社会当下的新含义，包括法概念的内涵和外延在社会生活逻辑中所具有的新标准和范围，本身就构成了社会效果和社会需求的内容。在此意义上，社会学解释方法的运用强调社会的效果和需求不是把重心放在特别的结果和影响，毋宁是社会当下的语境和要求，法规范在新的社会生活环境里应该被赋予的

---

〔1〕 刘飞：《宪法解释的规则综合模式与结果取向》，载《中国法学》2011年第2期。
〔2〕 张宇飞：《人性尊严的宪法解释方法及其问题》，载《法学论坛》2009年第4期。
〔3〕 张志铭：《法律解释学》，中国人民大学出版社2015年版，第50页。

新含义就是社会的效果和需求。在这一点上，社会学解释方法其实与体系解释方法具有可共享的路径，它们都是通过语境论的方法尝试对法规范进行解释：如果说体系解释强调要按照法条的上下文脉来斟酌，考虑法律条文间的各种关联关系，"将一个法律文本作为一个整体来理解、把握和解释，而不能将之肢解化地加以理解"，那么社会学解释则是强调法律在当前社会的妥当性，要将法律条文放置在具体案件所处的当下社会环境中来阐释，就此而言，社会学解释实际上就是一种扩大的语境解释。〔1〕

基于法规范在社会中新含义的论点展现了司法者对社会生活中不断变迁的同步价值的寻求，它使得法律文本能够保持对人们生活环境的适应性，体现的是法律调整与社会关系所应有的具体的、历史的统一意义，这本身其实就是一种社会效果和需求。当社会学解释方法的运用根据这样的论点展开时，法律在适用上保持了与社会的互动，纸面上的法也就转换为行动中的法。在这其中，司法的社会效果和社会需求既是社会生活对法律的效果和需求，也是法律自身对社会生活的需求和效果，是法律对社会生活变化发展的主动回应和自我适应。从回应型法的特点看，为了使法律更多地回应社会需要，主张扩大法律相关因素的范围，正是为了让"法律推理能够包含对官方行为所处社会场合及其社会效果的认识"，使法律机构能够"更完全、更理智地考虑那些法律必须从它们出发并且将被应用于它们的社会事实。"〔2〕

以对我国法律上经常遇到的关于公序良俗的解释来说，特定群体的道德观念在不同的时期可能发生了变化，关于某一行为是否违背了公序良俗也可能会变化，引入当前社会考量因素来解释就是要使公序良俗的内涵符合当前社会的普遍认知，由此而为的裁判也会更具妥当性。〔3〕以一宗涉及两岸婚姻问题的案件为例，在该案中，邓元贞于1940年在福建与陈鸾香结婚，后自己随军队前往台湾，之后两人音讯全无。邓元贞于1960年在台湾与吴秀琴又结为夫妻并育有子女。随着两岸恢复交流和开放探亲，陈鸾香得知邓元贞再婚时向台湾地方法院提起诉讼，请求撤销邓元贞在台湾的婚姻。受理案件的台

---

〔1〕苏力：《解释的难题：对几种法律文本解释方法的追问》，载梁治平主编：《法律解释问题》，法律出版社1998年版，第48页。

〔2〕［美］P. 诺内特、P. 塞尔兹尼克：《转变中的法律与社会：迈向回应型法》，张志铭译，中国政法大学出版社2004年版，第81～82页。

〔3〕王利明：《法律解释学》，中国人民大学出版社2011年版，第150页。

中法院一审认定邓元贞构成民法中的重婚，判决撤销其在台湾的婚姻。邓元贞不服提起上诉，但二审和终审两次都驳回了其上诉，维持了原判。邓元贞继续请求再审，我国台湾地区“司法院”于1989年重新受理了此案并最终做出判决和解释，认定邓元贞与吴秀琴的婚姻不是法律上的一般重婚，不应撤销。根据“司法院”大法官解释文的阐述，“惟国家遭遇重大变故，在夫妻隔离，相聚无期之情况下所发生之重婚事件，与一般重婚事件究有不同。”〔1〕分析来看，该案释法理由显然考虑到了当时不少的特殊婚姻的存在，通过重新界定概念适应了社会的实际生活状况。

（二）基于解释结论良好社会效应的论点

包含社会学解释方法运用的司法裁判，常见的论证还建立在基于解释结论良好社会效应的论点之上。良好的社会效应作为社会效果和社会需求的表现形式通常是社会学解释方法趋于考量的主要内容，社会学解释方法强调对社会效果的预测在一定程度上也可以说就是预测不同解释结论所可能带来的社会效应。从操作的机理和步骤上看，社会学解释方法指引司法者在面临多种可供选择的解释结论时，首先假定并预测每种解释将在社会上产生的结果，然后对每种结果进行对比评价，最后采纳所预测的结果较好的那种解释，放弃预测结果不好的解释。〔2〕基于解释结论良好社会效应的论点能够使司法者在为证明其裁判结论而进行的论辩中较好地实现法律对社会的良善价值，使法律适用具有更强的正当性和可接受性。

从法理上分析，就司法的正当性基础而言，达到法律效果与社会效果的兼顾是司法活动所欲追求的理想状态，是任何裁判者都具有的美好情结。法律效果自不待言，而任何裁判都会对社会产生影响并带来可能的效果，社会学解释方法所关注的社会效果自然应是司法者在个案审判中意欲运用法律论述所要追求的、对社会更具有一般价值的良好效应。从价值论的角度看，社会效果也必定是对社会需求而言具有正价值的效果，只有解释结论所能够带来的以肯定性后果为内容的结果（多表现为好的影响、作用或效应）才是司法活动所值得希冀和实现的效果。所以，基于解释结论良好社会效应的论点

〔1〕 参见《“司法院”释字第242号解释》，载黄昭元等主编：《学林综合小六法》，新学林出版股份有限公司2005年版，第1～31页。

〔2〕 梁慧星：《裁判的方法》，法律出版社2003年版，第150页。

所展现的是司法裁判活动所能够给社会带来的正外部性,[1]这种正外部性从基本特质上回答了社会效果的内在可欲性，是支持社会学解释方法在司法中存在和适用的基本理由和表现形式。另外，司法的社会效果概念自身在修辞色彩上也是强调司法活动对社会的积极影响和良好效应，由此来说，社会学解释方法的运用所根据的社会效果就是司法裁判活动所希求的正面的肯定性后果，也正是解释结论所可能产生的积极性结果。

在司法实践中，通过诉诸基于解释结论良好社会效应的论点进行法律适用的案例较为普遍。例如，在“好意同乘”遭遇车祸要求车主赔偿的案件中，司法实务界大多会主张，车主应当对遭受损害事故的无偿同乘人给予适当补偿（不是赔偿），即便是在适用法律上的人身损害赔偿责任规则的情况时，在坚持相应的标准的前提下，也应当基于诚实信用和公平等原则平衡减轻施惠方的侵权责任，毕竟同乘人无偿受惠，判决施惠方全赔在诚实信用和伦理情感上有失妥当性。[2]实际上，这种在赔偿上适当减轻的做法也是出于对社会效果的预测，“因为如果一概过错全赔，施惠方就会不堪承受其重，会影响人们积极搭乘方便的互助积极性，反倒不利于这种绿色环保出行方式的推行。”[3]可以说，这正是社会学解释方法运用过程中根据可能的良好社会效应而展开的说理论证。再以近年的“微信”商标案[4]为例，在该案中，虽然腾讯公司首次推出命名为“微信”的服务应用程序晚于创博亚太公司的商标申请，但是法院把“庞大的微信用户已经形成的稳定认知，以及改变这种稳定认知可能形成的较大社会成本”解释为“公共利益”,[5]显然也是进行了有关的

---

〔1〕 外部性理论是经济学的重要分析工具，简单地讲，如果一主体的行为对他人的福利产生了影响就可以说是制造了外部性。外部性分为正外部性和负外部性，其中正外部性也叫外部收益，是指主体的行为不仅利于自己，也有利于他人。外部性的问题在于私人行为不一定就是社会欲求的。参见冯玉军主编：《法经济学》，中国人民大学出版社 2013 年版，第 183 页。

〔2〕 王雷：《好意同乘中的车主责任问题》，载《云南大学学报》（法学版）2009 年第 5 期。

〔3〕 王雷：《好意同乘中的车主责任问题》，载《云南大学学报》（法学版）2009 年第 5 期。

〔4〕 该案基本案情为：2010 年 11 月，创博亚太科技公司向国家工商行政管理总局商标评审委员会提出了“微信”商标的注册申请，商标评审委员会审定后，于 2011 年 8 月发布了初审公告。2011 年 1 月，腾讯公司首次推出命名为“微信”的即时通讯服务应用程序。对创博亚太科技公司的商标注册申请，案外人张某提出了异议。北京知识产权法院最终依据商标法第 10 条第 1 款有关“不良影响”的规定，判决禁止创博亚太科技公司注册“微信”商标。参见北京知识产权法院（2014）京知行初字第 67 号行政判决书。

〔5〕 黄汇：《商标法中的公共利益及其保护——以“微信”商标案为对象的逻辑分析与法理展开》，载《法学》2015 年第 10 期。

社会效果预测。尽管法院对有关“不良影响”的阐述借助了商标法中事先规定，但是对保护何种利益才会带来良好社会效应的判断无疑为其中解释结论的选择提供了指引。

（三）基于实现新的社会福利的论点

实现新的社会福利有时是司法者倾向于运用社会学解释方法的正当理由，尽管这可能被认为是司法权的扩张。在经典的传统司法哲学的视野里，司法裁判主动寻求新的社会福利的做法往往受到质疑，因为拓展新的社会福利一般是立法者或行政部门的职能。然而，历史和现实却不断证明，司法裁判时常关涉国家和社会的一般公共福祉，特别是需要对某项法律的社会目的进行考量的时候，能否实现新的社会福利就会成为释法的重要标准。基于实现新的社会福利的论点在英美国家的司法裁判中较为常见，尤其是在涉及宪法解释的案件中。美国大法官卡多佐对此认为，“法律的终极原因是社会的福利”，未达到其目标的规则不可能永久地证明其存在是合理的，当法官应召就现存规则应如何延伸或如何限制而发言时，“他们一定要让社会福利来确定路径，确定其方向和其距离。”〔1〕也正如此，社会学解释方法的运用发展出基于实现新的社会福利的论点，使司法者在很多案件中更具立法者的角色，成为在法律社会化阶段的社会工程师。

总体而言，司法过程中的社会学解释使用基于实现新的社会福利的论点，通常表现为对法律的社会目的进行考察，并由此来对某种社会福利做出创设或认可。就法律的社会目的而言，它通常成为司法者判断是否需要实现新的社会福利的出发点：在一般情况下，法律自身的目的和社会目的是相符的，但若法律年代久远或者社会已发生较大的变革，则两者就会出现冲突，〔2〕此时通过司法实现新的社会福利就非常必要。就实现新的社会福利的形式而言，在一定条件下，司法既可以直接根据社会需求等因素创设实现新的社会福利的情形，即“依据一种客观的或主观的标准来发现正确有用的行为规范，来发现社会福利的格局”，〔3〕也可以通过援引相关的国家政策要求以认可某种社会福利在更大范围内的推广。就实现新的社会福利自身而言，笔者认为，

〔1〕［美］本杰明·卡多佐：《司法过程的性质》，苏力译，商务印书馆1997年版，第38～39页。
〔2〕袁春湘：《社会学解释方法在案件裁判中的运用》，载《法律适用》2011年第11期。
〔3〕［美］本杰明·卡多佐：《司法过程的性质》，苏力译，商务印书馆1997年版，第63页。

社会福利作为一个宽泛的术语经常涵盖许多在性质和类型上不同的内容，而作为司法者积极用于对社会目的与社会效果预测和判断的那些实质衡量根据，在一定意义和层面上都可体现或表现为具体的社会福利。概括地说，麦考密克的论述在这里是适用的，这些根据包括诸如宪法问题、“正义”、公共利益与法律上的“便利”、“常识”、“同法律原则一致”以及“公共政策”等，〔1〕当然还有社会道德和善良风俗。

主张实现新的社会福利的观点在我国目前的司法案例中多以符合公共利益的理由进行表述。例如，在贾某诉长沙市某区政府房屋征收补偿安置纠纷案中，原告贾某对房产评估公司作出的房产估价结果不服而提起诉讼，一审法院认定某区政府在确定拆迁补偿安置协议时程序合法，驳回了贾某的诉讼请求。在该案中，尽管贾某并没有质疑区政府征收其房屋的正当性，法院在判决中还是对某区政府的房屋征收与补偿安置决定权作了解释，指出案件所涉及的长沙市棚户区改造项目属于“城建重点工程建设项目，其目的是为了加快长沙市城市化进程，提升城市品位，改善人居环境，符合公共利益的需要”。〔2〕类似情形在宁夏金山石油城诉石嘴山市政府拆迁行政纠纷案中也有呈现。该案原告金山石油城向法院起诉认为，石嘴山市政府在对石油城房屋作出拆迁决定的程序以及拆迁补偿资金的提供方面存在缺陷。宁夏高级法院维持了一审法院所做的原告败诉的判决，并在论述石嘴山市政府做出拆迁决定的合法性时，指出其“是基于治理公路危险路段、实施绿化工程等公共利益的需要”。〔3〕其实，从这两则案例也可以看出，我国目前有关社会福利的解释理由在个案裁判中抑或只是其中的因素。

四、转型中国的司法治理对社会学解释方法的运用

在社会转型发展的当代中国语境中，随着国家层面对深化改革步伐的不断推进，人们的价值观念日益多元化，各种类型的社会矛盾日趋增多，中国的社会治理结构和治理方式也发生着重要的变化。在这种背景下，社会发展

〔1〕 See Neil MacCormick, Legal Reasoning and Legal Theory, Oxford: Clarendon Press, 1978, pp. 129 ~ 151.

〔2〕 参见湖南省长沙市芙蓉区人民法院（2011）芙行初字第73号行政判决书。

〔3〕 参见宁夏回族自治区高级人民法院（2007）宁行终字第17号行政判决书。

对司法的依赖程度明显增强，通过司法的社会治理也变得较为必要和重要。应该说，基于人们对司法参与社会治理的要求和对法院与法官社会治理者角色与责任的关注，社会学解释方法在中国现实司法中的运用获得了广阔的发展空间。然而，必须认识到的是，相较于传统的法律解释，社会学解释方法提供的是一种“自由”的裁判路径，它在司法裁判中的贯彻、运用及其操作也应当受制于必要的界限。

（一）社会学解释方法运用的界限

分析来说，就转型中国的司法治理活动而言，案件裁判对社会学解释方法的运用存在以下方面的界限。

第一，社会学解释方法的司法运用应当以对既存法律文本的疑问作为开端。“现代法律解释活动以被解释的法律文本是理性地形成为假设前提”，法官解释法律应该推定法律文本是合理的，而不是首先就对法律文本的科学性和合理性持怀疑态度。[1]司法对法治的维护也主要是以对法律文本的尊重和服从为标志，司法裁判要受到法规范的拘束是法治的基本原则，法治要求这种原则即使是在三段论的司法推理之外也应得到较大程度的维持，即便是疑难案件的出现也不是司法者可以随意弃置法律的理由，依法裁判的精神对法律解释而言也意味着不能抛开法律文本本身去探求法律规范的意旨。所以，从功能意义上看，虽然社会学解释方法在具体司法裁判中的运用可以弥合法律与案件之间的天然缝隙，填补法律对社会变革调整的缺漏，帮助司法者做出合理的判决，但是司法者对社会学解释方法的运用不能离开既存的法律文本去操作，而是应该发端于对既存法律文本的理解与疑问。由此而言，对中国当下的司法来说，社会学解释方法的运用不能简单地以追求社会效果为理由而不顾法律的事先规定，不得以对社会目的和社会需求的考量为名逾越法律的界限。

第二，社会学解释方法的司法运用不能绕开法律解释的文法要素。法律解释的文法要素实质上就是文义解释方法。“解释的文法要素以文辞为对象，文辞在立法者的思考与我们的思考之间起到了中介作用。因此，文法要素存

〔1〕 王利明：《法律解释学》，中国人民大学出版社2011年版，第164页。

在于对立法者所使用的语言法则的描述之中。”[1]对司法活动来说，虽然坚持实质正义意味着司法者要根据主观的正义价值、社会的实体目标及其具体的实质标准处理案件，但是社会学解释方法在司法中运用的基本前提是文义解释后出现了复数解释，尤其是在作为一般法律方法时，社会学解释不能避开文义解释。如果法条的表述是明确的，通过文义解释获得的结论是清晰的、唯一的，而且不存在时过境迁的问题，那么就不需要再做社会学解释。由此而言，对中国目前的司法来说，明确要求社会学解释方法的运用不能绕开法律解释的文法要素，可以防止司法者不顾文义解释的客观性，直接以自己的意志主张和使用来自社会学解释的实体论点。

第三，社会学解释方法的司法运用不得突破法律内部原定的利益判断范围。从社会法治秩序的形成和法律体系完善的视角看，当案件处理符合社会学解释方法的适用前提时，法院通过运用社会学解释方法所进行的规则创制和规则梳理，就“包含了健全法律体系所必然要求的法律的不断生成机制，成就了对于社会法治秩序形成至关重要的法律的弥散能力”,[2]而这种机制和能力对转型中国的社会治理而言甚为需要和迫切。尽管如此，任何立法都是价值衡量和利益判断的产物，一部法律作为调整某领域社会关系的规范集中体现了国家对该领域社会生活的价值选择和利益分配，也是立法者当初在制定法律的过程中已充分考虑和设定的结果。所以，虽然司法者可以针对立法者规定过于模糊、存在矛盾或冲突、产生漏洞等方面的情形进行解释，但其需要尊重立法者已然做出的关于价值和利益判断的基本诉求。由此而言，对中国现实的司法来说，在裁判过程中运用社会学解释方法，不仅要思忖立法者实施法律调整的真实意图，而且独立的利益更改或填补也不能背离法律上已经明确表示出来的利益取舍，司法者对法规范在社会中新含义、解释结论良好社会效应以及实现新的社会福利的寻求，都应基于法律内部原定的利益判断范围来开展。

（二）中国司法治理运用社会学解释方法的理念诉求

由以上论述可知，司法治理活动对社会学解释方法的运用于中国当前社

---

[1] [德] 萨维尼：《当代罗马法体系（第一卷）》，朱虎译，中国法制出版社2010年版，第166～167页。

[2] 张志铭：《转型中国的法律体系建构》，载《中国法学》2009年第2期。

会转型变革的现实背景下具有积极意义。同时，社会学解释方法的司法运用也需要确定其必要的界限，而对界限的遵行将是通过社会学解释方法获得正当的司法裁判的保证和约束性条件。倘若如此，社会学解释方法在中国司法治理中得以运用的真义也就变得不难理解。不仅如此，笔者认为，在当前社会变革转型阶段，中国的司法治理迫切需要案件裁判者有意识地把对社会目的和社会效果的预测提升到法治思维所要求的法律方法层面，通过遵循社会学解释方法所提供的操作路径、实体论点形态及其界限等要求，基于司法者应有的法治立场将裁判中应予权衡的社会需求和社会效果进行符合法律理性的选择。

从现实看，中国社会的转型发展与司法的社会需求之间的确存在着紧张的关系，在很多案件的裁判活动中，法院将当事人争议的处理过程更容易聚焦于协调相关法律与社会需求的关系方面，与严格追求合法性的形式主义司法相比，其更倾向于对实际社会纠纷的妥善解决。特别是在法律体系基本建成的条件下，要建设法治体系则意味着司法发展不仅需要更加关注案件裁判及其法律实施的效果问题，而且需要进行整体性的步骤规划与效益考量。〔1〕尽管如此，司法治理作为社会治理的组成部分和表现形式，主要通过圆满履行其案件裁判的职能来实现，司法工作的特性也决定了其所担负的社会治理职责，必定是一种通过裁判的社会治理。司法者正是借助法律的适用与案件纠纷的解决发挥社会治理的功能，而“面对司法实践，法律规范、原理和方法等都存在如何运用的问题”,〔2〕在这其中，对包括社会学解释在内的裁判方法的运用往往就影响着良好社会治理的实现程度。

在中国当前的社会背景下，虽然形式主义的法治和实质正义的法治都是中国司法治理目标的构成内容，但是在社会转型发展的时代语境中，人们对法律一致性和可预期性的寻求无疑都超过了以往的任何时期，它们成为我们法治建设和社会治理最应该珍视和维护的有关法律的品质。一方面，法律的一致性旨在寻求法律自身的和谐统一。在司法中，它体现为司法裁决应当符合法律制度作为一个统一整体而存在的逻辑性，据此法律制度能够实现其既定的重要目标。从形式理性的角度看，司法对社会学解释方法的运用应当注

〔1〕 方乐：《法治体系建设中的司法转型》，载《人大法律评论》（2015年卷第1辑），法律出版社2015年版，第29页。

〔2〕 陈金钊：《法律解释的艺术——一种微观的法治实现方法》，载《法商研究》2009年第5期。

重法律的一致性要求，使案件裁判在逻辑上满足法律体系的一般性规定。另一方面，法律的可预期性旨在维护法律运行的安定性和可预测性。在司法中，它标志着司法裁决可以给人们提供明确的行为指引和法律后果，据此社会主体可以形成其相对稳定的生活安排。从实质理性的角度看，司法运用社会学解释方法对社会目的和社会效果的关注需要符合法律的可预期性价值，使案件裁判在实体上兼具法治体系的原则性理念。据此，司法过程运用社会学解释方法，即使有可能形成社会学意义上的"实质理性"裁判，也仍然能够坚持形式法治的价值和传统，[1]有助于从总体上减少法律实施的恣意性。

因此，中国的司法治理致力于实现对社会的良善治理，这种治理活动并非"在白纸上作画"，而是要以既定的宪法和法律规范体系为基础和框架，即使是在急切需要法律之外的实体理由的场合，司法者所诉诸的用以判断社会目的和社会需求的根据和标准。也应该是作为整体的法律制度的组成部分，或者至少与法律体系的原则、理念和精神相一致。由此而言，社会学解释方法的司法运用确实应被内置于现行的法律制度之中。对转型中国的司法治理来说，能够遵循法律的一致性和可预期性的价值判断或利益衡量才能真正具有良好的社会效果，切合法律调整的美好目的。"在某种意义上，当我们在把逻辑性、融惯性和前后一致作为更为重大的社会价值予以追求之际，我们的确也是在运用社会学的方法"。[2]如果说司法对社会学解释方法的运用正是把实现新的社会福利作为推进法律和社会发展的支持性理由，那么在对社会目的和社会效果的考量中实现法律的一致性和可预期性，则是现阶段中国司法治理所应追求的最大社会福利。可以说，最基本的社会利益就是法律应当统一并且无偏私，而最好的社会福利就是保证案件裁判所应当具有的一致性和可预期性。

结　语

社会学解释方法在司法裁判中运用的实质，是司法者在用尽既存的法律规定及其解释中的文法要素，需要在法律体系之外寻求妥当的处断结论时，

[1] 侯猛：《司法中的社会科学判断》，载《中国法学》2015年第6期。

[2] [美]本杰明·卡多佐：《司法过程的性质》，苏力译，商务印书馆1997年版，第44页。

通过考量相关的重要社会因素以对可能的审判规则进行选择和建构。社会学解释方法在维持法律与社会的互动关系并促进法律的成长方面具有独特的价值。然而，司法活动对社会学解释方法的运用是在考虑案件争议处理暨社会纠纷解决之特别情况时的操作。换言之，只有在具备一定的适用条件，并遵循其应有约束性条件的前提下，社会学解释方法的运用对法律适用才能有效发挥积极的作用。社会学解释方法在司法裁判中的运用因其所处的方法层次差异，在作为法律方法与宪法方法之间表现出可以分辨的不同特性。在实体理由的运用方面，社会学解释方法通常基于多种不同形态的论点展开，虽然它们侧重于对社会因素和司法社会效果的预测和追求，但也并不由此而否定法律自身的目标和效果。由于任何解释方法的运用都必须立足并皈依于法治原则的基本要求，就转型中国的司法治理来说，司法者对社会学解释方法的运用，只有在既有法律体系与法律制度设定的原则框架和价值领域内，恰当地寻求关于社会需求与社会效果的预测和考量，才能为案件纠纷的妥当处理提供在实质上有益可行的路径。

司法裁判中的逻辑方法及其运用

赵玉增　王汉晴 *

摘　要　当下学界所言说的法律方法主要指司法裁判过程中，法官等法律人适用法律裁判案件的过程中所用到的法律发现、法律推理、法律解释、法律论证、利益衡量等方法。但法律方法的工具性、层次性，使得法律方法可进一步具体化为法律发现的方法、法律解释的方法、法律论证的方法等；进一步的研究表明，不论是法律发现、法律解释等法律方法，还是法律发现的方法、法律解释的方法等，都离不开基本的逻辑方法，法律方法论研究既需要研究法律发现、法律解释等法律方法，也应当研究诸如演绎、归纳、类比（类推）等逻辑方法。

关键词　法律方法　逻辑方法　演绎　归纳　类比（类推）

法律方法主要指司法裁判过程中，法官等法律人适用法律裁判案件的过程中所用到的法律发现、法律推理、法律解释、法律论证、利益衡量等方法。但进一步的研究表明：法律发现可具体化为涵摄与等置、查找与续造、比较与衡量等具体方法，法律解释包括文义解释、体系解释、历史解释、社会学解释等具体的解释方法，法律论证在分为内部证成与外部证成的基础上，又各有自己的方法与规则，等等。这一方面是法律方法的工具属性、层次属性

* 赵玉增，男，山东泰安人，青岛科技大学法学院教授，硕士研究生导师；王汉晴，男，山东蒙阴人，青岛科技大学法学院法律硕士。

使然，[1]另一方面也说明法律发现、法律解释等法律方法是相互依存、互相支持的。顺着这样一种思路追问，我们不难发现：法律发现、法律解释、法律推理等法律方法也都离不开逻辑方法的支持。德国学者克卢格在将逻辑限定于形式逻辑的意义上，认为形式逻辑（即逻辑）是科学理论的一部分，它为建构任何科学提供所必须的推理规则，是科学证明的技术。逻辑的根本意义在于，遵守其规则对于所有科学而言都属必要条件。[2]而逻辑对于法律科学的意义更为重大，除非人们在法律领域中放弃讨论的可能，放弃对证立与证明的阐释。他说："一种不切实际地过度强调逻辑视角而忽视其他同样重要之方面的进路是不对的。但无论如何，逻辑在法律科学框架内同样具有决定性意义，这一点不容置疑。"[3]当然，克卢格是在将逻辑限于法律适用领域中的法律发现理论意义上说这番话的，但他所讲的法律发现指"将既有的制定法规定（包括被认可的习惯法规则）——在其决定性毋庸置疑的前提下——适用于给定的事实（法律案件）的过程"。这一过程涉及"从制定法规定（包括被认可的习惯法）所包含的一般性指令中推导出适用于个案的方针的过程"。[4]可见，克卢格所说的法律发现也就是我们所说的司法裁判。由是观之，我们的法律方法论研究，除了继续研究法律发现、法律推理、法律解释等法律方法外，也应当研究诸如演绎、归纳、类比（类推）等逻辑方法在司法裁判中的运用。本文试图在这些方面做些尝试性的工作，请方家批评指正。

---

〔1〕 方法都有其工具性，都是人们认识世界和改造世界的一种方式、途径、程式或手段。法律方法是法官判案所用到的方法，其工具属性自不待言；而其层次性也源于方法的层次性。一般认为：方法大致可分为以自然界、社会和人类思维发展过程为对象的最一般的方法，即哲学方法；跨学科的在相当广泛的领域中均可适用的方法，如数学化的方法、形式化的方法、系统方法等，通常称为一般科学方法；限于某种研究对象的方法，如物理学的、化学的、领导的、管理的某些特定方法，通常称为具体科学方法。而任何一种具体科学的方法，又可进一步分为更加具体的若干方法（参见刘蔚华、陈远主编：《方法大辞典》，山东人民出版社 1991 年版，第 9 页）。顺着这样一种思路，任何一种方法都可进一步分为更加具体的方法，尽管在思维逻辑上，我们可以想象最终会分到一种无法再分的方法，但在现实中，几乎很难找到一种无法再分的方法。

〔2〕 [德] 乌尔里希·克卢格：《法律逻辑》，雷磊译，法律出版社 2016 年版，第 3 页。

〔3〕 [德] 乌尔里希·克卢格：《法律逻辑》，雷磊译，法律出版社 2016 年版，第 4 页。

〔4〕 [德] 乌尔里希·克卢格：《法律逻辑》，雷磊译，法律出版社 2016 年版，第 8 页。

一、演绎方法

从逻辑方法论角度看，演绎是运用一般原理来分析、说明特殊（或个别）对象或现象的思维方法，也可称之为演绎推理。但严格说来，作为思维方法的演绎和演绎推理虽基本一致，但并非完全同一：演绎推理侧重的是这一推演或运动过程中的推理形式即逻辑结构；而演绎法强调的是这一推演或运动过程中所主要体现和运用的思维方法。[1]概言之，作为思维方法的演绎是从一般到特殊的思维方法，这种思维方法从一般规则（或一般性事物）出发，借由中间项，得出一个关于特殊或个别对象的必然结论；演绎推理是从某些前提出发必然地推出或得出某些结论的过程，其前提与结论之间具有某种必然的联系，结论在某种意义上为前提所包含或蕴涵，前提和结论之间具有内在一致性。[2]在司法裁判中，根据一般性的法律规范，针对具体个案作出司法裁判的过程，可大致看作是一种演绎的思维方法；而在具体裁判时，离不开演绎推理的逻辑结构。这种推理过程既可表现于整个司法裁判过程（从大前提出发，经由小前提，得出裁判结论）大致是一种演绎推理模式，也可表现于关于大前提的法律推导和关于小前提的事实推导。法律的演绎推导是从法律的明示规则出发推导出隐含条款或蕴含规则，如民事诉讼法第 68 条规定："证据应当在法庭上出示，并由当事人互相质证。"而只有当事人出庭才能互相质证，所以，可以得出"当事人应当出庭"的法律规定。这是因为，"如果规范被当作前提时是有效的话，那么规范的可以从逻辑上推导出来的后果也总是有效的。"[3]而关于小前提的事实推导，某些情况下也是可以借助演绎推理来认定的，如一般认为：除非有相反证据，符合证据规则的借据可以证明借款事实的存在，现原告出示了被告亲笔书写的一份借据，而被告拿不出相反的证据否认这一事实，在法庭上就可以认定被告向原告借款事实的存在。

德国学者考夫曼认为，演绎只是一种分析性推论，它不能扩展我们的认

---

[1] 彭漪涟、马钦荣主编：《逻辑学大辞典》（修订本），上海辞书出版社 2010 年版，第 273 页。

[2] 王洪：《法律逻辑学》（第二版），中国政法大学出版社 2016 年版，第 132 页。

[3] [英] 尼尔·麦考密克、奥塔·魏因贝格尔：《制度法论》，周叶谦译，中国政法大学出版社 1994 年版，第 45 页。

识。在法律获取中,[1]只要（有）大前提是正确的，结论也一定是正确的，但它的前提有可能是错误的，此时结论并不必然正确。如：（其中，R = 规则 F = 案件 E = 结论，下同）

R：所有为立法者以正确的形式颁布的规范都是法

F：纳粹种族法是立法者以正确的形式颁布的

E：纳粹种族法是法

考夫曼将演绎称之为涵摄，即将案件事实涵摄于制定法规范之下。他说，涵摄是最简单和最确定的三段论，也就是演绎。[2]据德国学者卡尔·拉伦茨的分析，如果把法律的构成要件称之为T，特定案件事实称之为S，且如果T籍由要素 m^1、m^2、m^3 而被穷尽描述，S具有 m^1、m^2、m^3 等要素，则S是T的一个事例，一般将此过程称为“涵摄”。因此，涵摄实质上是一种逻辑推演。[3]逻辑涵摄是“将外延较窄的概念划归外延较宽的概念之下，易言之，将前者涵摄于后者之下”的一种推演。[4]郑永流教授认为，德语 Subsumtion 源于拉丁文 subsumere，意为“置于……之下”，中文曾被译为“涵摄”“包摄”“归摄”“归入”“推论”等，足见人们对之尚无共识，其原因在于人们对 Subsumtion 一词有多种理解和使用，一是在“归入”意义上使用，又有两种理解：通常理解为把某个具体案件置于法律的事实构成之下，但有学者也理解为把某个案件归入由法律规范的抽象事实所指代的案件类别之中；二是在“推论模式”意义上使用，指把某个具体案件置于法律的事实构成之下，然后推出结论。[5]

据考夫曼总结，德国有越来越多的学者不再认为涵摄是包治百病的灵药。如德国学者卡尔·恩吉施说，“涵摄不具有像它在公理方法主导下的数学领域

〔1〕 考夫曼认为，当待决案件受制定法调整时，涉及的是法律适用；而当待决案件找不到制定法规整时，涉及的是法律发现。因此，可用法律获取同时指涉法律适用和法律发现。参见［德］阿图尔·考夫曼：《法律获取的程序——一种理性分析》，雷磊译，中国政法大学出版社 2015 年版，第 27 页。

〔2〕 ［德］阿图尔·考夫曼：《法律获取的程序——一种理性分析》，雷磊译，中国政法大学出版社 2015 年版，第 1 页。

〔3〕 ［德］卡尔·拉伦茨：《法学方法论》，陈爱娥译，商务印书馆 2003 年版，第 152 页。

〔4〕 See Hoffmeister, Wörterbuch der philosophischen Begriffe, 2. Aufl. 1955. 转引自［德］卡尔·拉伦茨：《法学方法论》，陈爱娥译，商务印书馆 2003 年版，第 152 页。

〔5〕 ［德］卡尔·恩吉施：《法律思维导论》，郑永流译，法律出版社 2004 年版，第 60 页下译者注。

中所能确保的那种可信度。”〔1〕卡尔·拉伦茨也指出：“涵摄对制定法适用的贡献要远远小于人们以前所假定的，也远远小于大多数法律人所相信的。”〔2〕这是因为，有大量超越涵摄的标准进入到方法论中，如诠释学前理解、诠释学循环、类型、开放体系、个案比较、个案规范、法律后果评价、正义、衡平、法的安定性、法感等，这些因素已无法被安置在纯涵摄的模式之下。〔3〕所以，正如“波普尔标准”所揭示的——涵摄只是一种事后的正确性控制机制，借助于演绎，人们只能证明某事是错的，人们无法用它来证明某事是对的。〔4〕

或许是受考夫曼对涵摄模式批判的影响，我国学者在法律方法论研究中也开始质疑涵摄。如有学者基于“休谟问题”批判了涵摄模式的结构性悖论，事实判断与价值判断是两种不同性质的判断，既不能从事实判断中推导出价值判断，也不能从价值判断中推导出事实判断，而法律思维恰恰是一种规范命题和事实命题混合在一起的思维过程，此时的规范问题如同休谟所讲的价值问题。以司法三段论为例，推理的大前提是法律规范，小前提是案件事实，推理过程就是将小前提的案件事实纳入大前提的规范事实，然后得出裁判结论，这一过程是简单的涵摄模式所不能承载的。〔5〕法律规范是着眼于过去的经验而对未来的规定和适用，是一种不完全归纳，再基于这种不完全归纳得出的法律规范推出裁判结论必然是一种或然推理，而非必然推理，所以司法三段论蕴含着不可克服的内在矛盾。〔6〕

如果坚持规范陈述与事实陈述的绝对两分，确实无法从一个规范陈述中导出事实陈述，也无法从一个事实陈述中导出规范陈述。例如，从“你的父母希望你读法律专业”这个事实陈述导不出“你应当读法律专业”，但如果

---

〔1〕［德］阿图尔·考夫曼：《法律获取的程序——一种理性分析》，雷磊译，中国政法大学出版社2015年版，第6页。

〔2〕［德］阿图尔·考夫曼：《法律获取的程序——一种理性分析》，雷磊译，中国政法大学出版社2015年版，第6页。

〔3〕［德］阿图尔·考夫曼：《法律获取的程序——一种理性分析》，雷磊译，中国政法大学出版社2015年版，第3页。

〔4〕［德］阿图尔·考夫曼：《法律获取的程序——一种理性分析》，雷磊译，中国政法大学出版社2015年版，第5-6页。

〔5〕姜福东：《论涵摄思维模式及其修正》，载《法律逻辑与法学教育——第十五届全国法律逻辑学术讨论会论文集》，2007年7月。

〔6〕聂长建：《从概念涵摄到类型归属——司法三段论适用模式的转型》，载《西北师大学报》（社会科学版）2011年第4期。

结合“你应当顺从父母的意思”这个规范，就可以导出“你应当读法律专业”这个规范陈述，这说明要从数个陈述中导出一个规范的结果，就必须至少有一个规范陈述出现在这个推导过程中。在法律领域，如果沿着这一思路不断追问，就会来到凯尔森的所谓“基本规范”，即必须有一个规范，要求人们必须遵守现行法。但这个规范既不能从事实当中被证立，也无法从现行法中自行证立，这是一个很难或无法回答的法哲学问题。但这一问题的存疑，不影响在司法裁判中，我们证立一个裁判结论时，既会用到规范陈述，也会用到事实主张，这就是司法三段论。在三段论法中，是从事实（某个规范的构成要件被实现）与规范（规定了这个构成要件会引起某种特定的法律效果）推论出法律效果的效力，〔1〕也就是演绎。无论人们怎样质疑司法三段论，法律推理的基本形式仍可被概括为：大前提包含着一般性的制定法指令，而小前提是被涵摄的具体事实，结论是从这两个前提中推断出的具体应然判断，具体可分为芭芭拉模式Ⅰ（以全称判断为小前提）和芭芭拉模式Ⅱ（以单称判断为小前提）。〔2〕克卢格认为，法律推理的这两种形式在古典逻辑中是无法证明的，人们信赖这些三段论是不证自明的（明证），相信它们毋庸置疑是合理的。但现在逻辑可以通过逻辑演算给出相关的公式证明，即借由基本谓词演算，模写出从规范性前提中推导出规范性后果之过程的逻辑结构是可能的。〔3〕

法律是来源于生活、服务于生活的。作为学术研究，我们可以质疑司法三段论的不足与缺陷，甚至可以试着回答或质疑“休谟问题”，但司法裁判面对的是普通大众，很难借助现代的逻辑演算来推导，却可以运用已被现代逻辑演算证明可能的司法三段论来论证说明。尽管有学者认为，司法三段论只适用于简单案件，但我们认为，即使那些疑难案件，在通过其他法律方法、逻辑方法明确了法律推理的大、小前提后，也需要借助司法三段论作出判决。从这个意义上说，司法三段论也就是演绎方法或演绎推理是司法裁判过程中必然要用到的一种逻辑方法。

---

〔1〕［德］英格博格·普珀：《法学思维小学堂》，蔡圣伟译，北京大学出版社2011年版，第135页。

〔2〕［德］乌尔里希·克卢格：《法律逻辑》，雷磊译，法律出版社2016年版，第66～67页。

〔3〕具体的演算证明过程可参阅［德］乌尔里希·克卢格：《法律逻辑》，雷磊译，法律出版社2016年版，第69～88页。

二、归纳方法

如果说演绎是一种从一般到特殊（个别）的思维过程，那么归纳就是从特殊（个别）到一般的思维过程。古希腊哲学家亚里士多德认为，通过感觉经验得出普遍性的结论是人的一种能力，尽管他没有说明如何保证这种推论能力的正确性，但是他认为：证明是从普遍出发，归纳是从特殊开始，但除非通过归纳，否则要认识普遍是不可能的。〔1〕真正使归纳成为一种科学方法的是17世纪的F. 培根，他认为，“对于科学的发现和论证真正有用的归纳法，必须以正当的排据法和排除法来分析自然，有了足够数量的反面事例，然后再得出根据正面事例的结论。”〔2〕继F. 培根之后，伽利略、牛顿、赫舍尔、休厄尔等人对归纳法都作出过不同程度的贡献，如穆勒的求因果五法。〔3〕但由于归纳是一个从个别或特殊概括出一般原理的过程，因此无论归纳的过程多么严密、列举的事例如何之多，都无法回避归纳何以能从个别事例中归纳出普遍的真理性的结论的问题。这样一种追问，在司法裁判过程中同样存在。

在恩吉施看来，法律适用不是一种纯粹理性、理论理性，而是一种实践理性，作为法律适用方法的涵摄（演绎），并不是将外延窄的概念涵摄于较宽的概念之下，毋宁是将事实涵摄于法律所描述的构成要件之下。〔4〕德国学者拉伦茨甚至认为，涵摄也不是事实本身被涵摄（事实本身如何能被涵摄），被

---

〔1〕［古希腊］亚里士多德：《亚里士多德全集》（第1卷），余纪元译，中国人民大学出版社1990年版，第283页。

〔2〕彭漪涟、马钦荣主编：《逻辑学大辞典》（修订本），上海辞书出版社2010年版，第274页。

〔3〕穆勒的求因果五法指：①求同法，指通过考察被研究现象出现的若干场合，确定在各个场合先行情况中是否只有另外一个情况是共同的，如果是，那么这个共同情况与被研究的现象之间有因果联系；②求异法，指通过考察被研究的现象出现和不出现的两个场合，确定在这两个场合中是否只有另外一个情况是不同的，如果是，那么这个不同情况与被研究现象之间有因果联系；③共变法，指通过考察被研究现象发生变化的若干场合中，确定是否只有一个情况发生相应变化，如果是，那么这个发生了相应变化的情况与被研究现象之间存在因果联系；④剩余法，指对某复合结局事件（A、B、C），已知它的有关因素在特定的范围内（a、b、c），通过先前的归纳又知道b说明B，c说明C，那么剩余的a必定说明A；⑤契合差异并用法，又叫求同、求异并用法，指如果某被考究现象出现的各个场合（正事例组）只有一个共同的因素，而这个被考察现象不出现的各个场合（负事例组）都没有这个共同因素，那么这个共同的因素就是某被考察现象的原因。

〔4〕See Engisch, Logische Studien, S. 22ff. 转引自［德］卡尔·拉伦茨：《法学方法论》，陈爱娥译，商务印书馆2003年版，第152页。

涵摄的一般是关于案件事实的陈述。[1]涵摄或演绎方法不能解决法律适用的所有问题，这是因为涵摄适用于定义类构成要件是没有问题的，但法律除了定义类规则，更多是类型化以及需要填补的评价规则，即给出一些指导观点、特征或例子。对此类规则，我们可以通过描绘使其范围、轮廓清楚，但无法定义。此时，将某生活事件归入该类规则就不是涵摄，而毋宁是评价性的归类，即将待决的案件事实归于另一相同或相近的案件事实。[2]由此，法律适用不仅要用到演绎的涵摄方法，也要用到归纳、类比等其他方法。

在考夫曼看来，归纳是从案件出发，经由规则再到结论的推论。它的形式是这样的：

F：纳粹种族法是立法者以正确的形式颁布的

E：纳粹种族法是法

R：所有为立法者以正确的形式颁布的规范都是法

归纳是一种综合性的、能扩展我们的认识、但结论是有疑问的推论。为了使推论变得更加确定，就需要扩展归纳的基础。例如，上面的推论形式可以改写如下：

F：纳粹种族法、民法典、刑法典、商法典……都是立法者以正确的形式颁布的

E：纳粹种族法、民法典、刑法典、商法典……都是法

R：所有为立法者以正确的形式颁布的规范都是法

这第二个推论未必是确定的，但由于在 F、E 中都增加了归纳的例证，因此其所得结论会比第一个推论更确定。[3]

司法裁判中的归纳方法，可用于法律推理大前提的构建。英美法系基于其判例法传统，在裁判活动中会更多地用到归纳方法。拉兹基于对英国判例法传统的分析，将案件分为“有规定的案件”（regulated cases）和“无规定的案件”（unregulated cases）两类，而不论是有规定的案件还是无规定的案件，法官都需要作出判决。在有规定的案件中，法官判案的过程是：辨识法律，确定案件事实，适用法律于事实。法无规定的案件，如果有部分规定，

---

〔1〕［德］卡尔·拉伦茨：《法学方法论》，陈爱娥译，商务印书馆 2003 年版，第 152 页。

〔2〕［德］卡尔·拉伦茨：《法学方法论》，陈爱娥译，商务印书馆 2003 年版，第 154 页。

〔3〕［德］阿图尔·考夫曼：《法律获取的程序——一种理性分析》，雷磊译，中国政法大学出版社 2015 年版，第 111～112 页。

法官则必须既适用法律又创制新法；而如果法无规定的案件存在法律空缺，则法官可在不改变现存法律的情况下创制新法。[1]在法无规定的案件中，法官创制新法的活动更多地会用到归纳的方法。归纳以案件为出发点，其得出的首先不是判决的结论，而是一个一般性的规范或规则。不仅英美法系的法官在判案活动中会用到归纳，大陆法系的法官也要用到归纳。这是因为三段论式的演绎逻辑是在大、小前提均已确定情形下的法律推理，而一旦大、小前提不确定，则演绎逻辑就不能涵盖和反映法律推理的发生机制和形式特征。[2]所以，考夫曼指出，按照惯常的方法理解（指根源于19世纪的实证主义），法律适用的唯一形式是将案件涵摄于制定法规范之下（涵摄是最简单和最确定的三段论，也就是演绎），但将法律适用方法仅仅还原为涵摄（演绎）并不完全正确；法律获取的程序涉及涵摄—演绎，但它不是主要的，归纳、设证、类比以及决断与权力在运用方法时同样被顾及。[3]归纳是从案件出发，找到规则（规范），这是一种立法者的思维方式。归纳是一种"个案思维法"，是从案件出发，试图不借助于规范就获得法律判决。但从严格的逻辑学家观点来看，归纳法在科学上是受到怀疑的，因为只有所有的例证都被注意到时，归纳才会是必然的，而实际上这很难做到。所以，对于法律发现而言，归纳是不可缺少的，但仅仅透过归纳，很难获得一个应然的判断。[4]王洪教授认为，法律推理（指法律规范的推理，也就是考夫曼所讲的法律获取）是分析推理（包括演绎推理、归纳推理和类比推理）与辩证推理（指寻求一种答案以对在两种互相矛盾的陈述中应当接受何者的问题作出回答）的叠加。[5]考夫曼认为，借助于归纳（同时参照小前提），可以获得演绎推论的大前提。完全脱离归纳的要素，法学方法是绝对行不通的，但如何能单凭归纳，即从案件的事实性出发来获得一个应然判决，仍旧是那些主张者心中不可言说的秘密。[6]

---

[1] [英] 约瑟夫·拉兹：《法律的权威》，朱峰译，第157~160页。

[2] 王洪：《法律逻辑学》（第二版），中国政法大学出版社2016年版，第119页。

[3] [德] 阿图尔·考夫曼：《法律获取的程序——一种理性分析》，雷磊译，中国政法大学出版社2015年版，第1、15页。

[4] [德] 考夫曼：《法律哲学》，刘幸义译，法律出版社2004年版，第112~113页。

[5] 王洪：《法律逻辑学》（第二版），中国政法大学出版社2016年版，第120页。

[6] [德] 阿图尔·考夫曼：《法律获取的程序——一种理性分析》，雷磊译，中国政法大学出版社2015年版，第122~123页。

司法裁判中的归纳方法，也可用于法律推理小前提——案件事实——的构建。在法律上，案件事实的认定也可称之为事实发现（fact - finding），是一个探寻与确定事实或事情真相的过程。〔1〕在法律上认定的案件事实未必就是案件的客观真实，这就是法律事实与案件本身的客观真实的不同，这一方面源于案件事实总是已经发生的事实，不可能完全“重现”；另一方面源于案件事实是通过证据证明的事实，受到证据规则的限制，在法律上能够用证据证明的事实未必就是一个客观真实。正如学者斯塔（Tomas Starkie）所言，（案件事实）的发现或确认只有两个途径：通过直接或间接来自该事实有亲身感知之人的陈述推定或认定事实；或者通过能够被证明与该事实具有内在联系的其他事实，以推理或推论的方式认定事实真相，结论是在经验和理性的帮助下从已知事实与未知事实之间的联系中获得的。〔2〕所以，事实（fact）与事物（thing）是有区别的，法律上对事实的认定不是探求这个事物（thing）有或无的问题，而是认定与这个事物有关的情况（fact）有或无的问题，认定“fact”的存在不等于“thing”的存在。

在司法裁判过程中，认定案件事实除了靠对该事实有亲身感受的当事人陈述直接推定或认定外，〔3〕更主要的是基于证据并运用证据规则来推定的。有学者将之称为事实推理或推论，并认为事实推理是一种基于盖然性命题进行的推理，属于或然推理或似然推理，其得出的结论即形成的假设不是必然的和确定的结论，只是对事实或事情真相的某种解释性推测与推断，这种在不充分和不确定条件下得出某些有价值或合理结论的或然推理和似然推理，统称为“合情推理”（plausible reasoning）。〔4〕美籍数学家波利亚对合情推理的模式进行了梳理和总结，指出合情推理是指“观察、归纳、类比、实验、联想、猜测、矫正和调控等方法”，是“启发式”即“有助于发现的”（heuristic）中的一种推理模式。〔5〕事实认定的方法很多，诸如麦基 INUS 条件推理法、回溯法、密尔规则、比对推理、类推法与归纳法等。事实认定中的归

〔1〕 Black's Law Dictionary, 8th Edition, Thomson West, p. 629.

〔2〕 王洪：《法律逻辑学》（第二版），中国政法大学出版社 2016 年版，第 171 页。

〔3〕 甚而言之，即便是对该事实有亲身感受之人所陈述的“事实”也未必就是案件事实，即“眼见未必为实”，而之所以被认定为案件事实，主要是程序法上的证据规则使然。

〔4〕 王洪：《法律逻辑学》（第二版），中国政法大学出版社 2016 年版，第 172 ~ 173 页。

〔5〕 王洪：《法律逻辑学》（第二版），中国政法大学出版社 2016 年版，第 174 页。

纳法是指由于发现某类对象中的部分对象都具有某种属性，并且没有发现相反的情况，从而得出结论认为这类对象的全部对象都具有这种属性。当然，由于归纳是从个别推出一般，没有发现反例并不意味着没有反例。所以，归纳得出的结论不具有必然性，如果有相反的例证出现，是可以被否定的。一般说来，运用归纳法进行事实认定时，运用的证据越多，考察的范围越广，排除的反例越多，得出的结论可靠性越大。任何思维活动都必须合乎逻辑，事实认定也不例外，这是无可争辩和毋庸置疑的。司法裁判中的事实认定，要经得起逻辑法则的检验和批评，不得发生逻辑错误和混乱，归纳仅是其中用到的逻辑方法之一而不是全部；同时，还要借助程序法上的证明标准、证明责任等程序规则来进行，在此不再赘言。

三、类比（类推）方法

即使在逻辑学界，人们一般也不区分类比与类推。类比，即类推，指根据两个或两类对象在某些属性上相同，推出它们在另外的属性上也相同的一种思维方法。〔1〕其逻辑形式如下：

A 有 a、b、c、d 属性

B 有 a、b、c 属性

所以，B 也有 d 属性

类比或类推是根据两个或两类对象的比较而进行的推演，不能判明属性间的联系性，其结论与归纳结论一样，不具有必然性。为了提高类比或类推结论的可靠性，需要尽可能多地找到类比或类推对象间的相同属性，二者间的相同属性越多，结论的可靠性越大。在考夫曼看来，类比不是一种逻辑推论，而是一种比较，而且这种比较不是一次性完成的，它是个循环往复的过程，无法像说明演绎、归纳那样来说明它。〔2〕考夫曼将类比称之为等置。〔3〕

---

〔1〕彭漪涟、马钦荣主编：《逻辑学大辞典》（修订本），上海辞书出版社 2010 年版，第 346 页。

〔2〕［德］阿图尔·考夫曼：《法律获取的程序——一种理性分析》，雷磊译，中国政法大学出版社 2015 年版，第 113 页。

〔3〕实际上，早在考夫曼之前，卡尔·恩吉施就谈到了“等置”，即把一个现实的制定法具体事实行为置于一个概念之下，也就是把这个事实行为、“案件”，归入由法律概念，即由法律规范的抽象事实构成所标明的案件的类别之中。参见［德］卡尔·恩吉施：《法律思维导论》，郑永流译，法律出版社 2004 年版，第 61 ~ 62 页。

他说，类比是一种比较或等置，也可以称之为“个案比较”，其中的关键是“比较点”或“比较中项”。有些人试图将类比看作一种从案件（F_1）经由规则（R）得出结论（E 或 F_2）的逻辑推论，这是错误的。类比与演绎、归纳和设证[1]三种逻辑推论没有任何相同之处，类比是一种“循环推论”（螺旋形），它的运行不是相继发生，而是同时发生的，如下图：

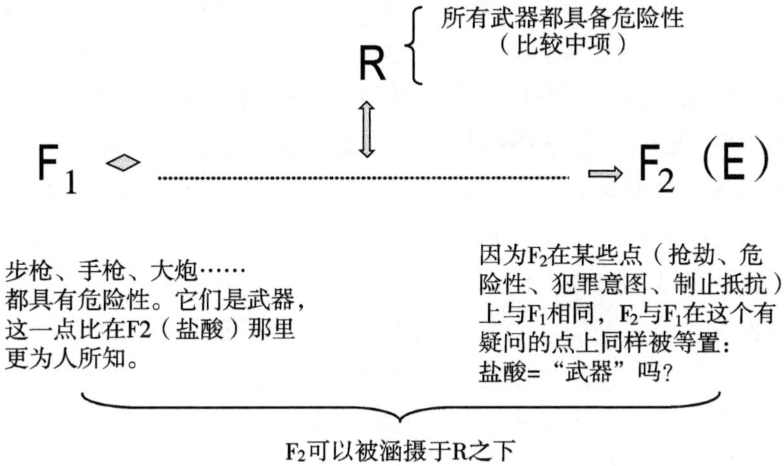

在上图中，考夫曼以盐酸是不是德国刑法第 250 条意义上的“武器”为例说明了等置模式的发生：F1“步枪、手枪、大炮都是危险的，它们是武器”（F1 这种“武器”比 F2 的武器更为众所周知），F2“X 携带盐酸违反危险强盗罪”（这种“武器”不如 F1 的武器更为众所周知），但由于“X 携带盐酸”犯危险强盗罪与 F1“某人携带步枪、手枪、大炮”等武器犯危险强盗罪具有更多的相同点（抢劫、危险性、犯罪意图、制止抵抗等），“X 携带盐酸”可以视为犯相同的危险强盗罪，盐酸可等置于刑法 250 条的“武器”。[2]这种个案之间的等置只能以类比的方式来实现，因为没有任何案件会与其他

〔1〕 按考夫曼分析，设证是从结论经由规则到案件的推论。其图示如下：

E：纳粹种族法是法

R：所有为立法者以正确的形式颁布的制定法都是法

F：纳粹种族法是立法者以正确的形式颁布的（可能是立法者以正确的形式颁布的）

但需注意的是，设证不是终局性的结论，它“只是”一种假定，只能提供一种初步和暂时性的导向性帮助。参见［德］阿图尔·考夫曼：《法律获取的程序——一种理性分析》，雷磊译，中国政法大学出版社 2015 年版，第 113、124 页。

〔2〕 ［德］阿图尔·考夫曼：《法律哲学》，刘幸义译，法律出版社 2004 年版，第 128 ~ 129 页。

案件完全一样。[1]类比，一言以蔽之，即将较不熟悉者与较为熟悉者相比较。[2]

在考夫曼看来，演绎结论是必然性的，也是分析性的，它没有扩展我们的认识。但演绎同时意味着总是有其他思维运算先于演绎式的法律获取（涵摄）而发生，这其中就包括待决案件与制定法确凿涵盖的案件之间的等置，等置不具备演绎的性质，也不是分析性的，而是综合性的，在等置过程中，每个法律获取（也就是司法活动）都被置入“新事物”。[3]类比（等置）比归纳和设证更加不确定，类比的有效性取决于比较的基础和比较点（比较中项）。类比不是推论，它循环运作，它总是在案件、规范和结论那里同时进行，这些因素是彼此限定的。[4]法学方法的核心不在于一种逻辑推论，而在于一种比较——一种“个案比较”。而比较主要取决于比较点、比较中项，而且它不是纯粹的认知行为，而是一种决断，且与权力相关。[5]对于法学方法而言，人们无法将未经加工的案件涵摄于未经加工的规范之下，而只能将案件事实涵摄于构成要件。个案规范的形成是一回事，案件间的等置是另一回事，一个是大前提，一个是小前提，只有两者都已形成时，才可以进行涵摄。先于涵摄发生的行为肯定不是涵摄，而是设证、归纳或类比，而其中的类比就是等置。考夫曼认为，发现司法判决的活动从“简单的”法律适用直至法官自由的法律续造——通过将待决案件与为制定法或法秩序所确凿涵盖的案件相等置（或不等置）——为止。[6]尽管考夫曼十分推崇“等置模式”，但这并不意味着“等置”是法律获取的唯一要素。尽管“等置”是法律适用方法的

---

〔1〕 K. Larenz, Methodenlehre der Rechtswissenschaft, 6. Aufl. 1991, S. 275. 转引自［德］阿图尔·考夫曼：《法律获取的程序——一种理性分析》，雷磊译，中国政法大学出版社 2015 年版，第 22～23 页。

〔2〕 ［德］阿图尔·考夫曼：《法律获取的程序——一种理性分析》，雷磊译，中国政法大学出版社 2015 年版，第 161 页。

〔3〕 ［德］阿图尔·考夫曼：《法律获取的程序——一种理性分析》，雷磊译，中国政法大学出版社 2015 年版，第 119 页。

〔4〕 ［德］阿图尔·考夫曼：《法律获取的程序——一种理性分析》，雷磊译，中国政法大学出版社 2015 年版，第 129 页。

〔5〕 ［德］阿图尔·考夫曼：《法律获取的程序——一种理性分析》，雷磊译，中国政法大学出版社 2015 年版，第 154～155 页。

〔6〕 ［德］阿图尔·考夫曼：《法律获取的程序——一种理性分析》，雷磊译，中国政法大学出版社 2015 年版，第 150～169 页。

核心，但也要与其他要素（演绎、归纳、设证、类比）一起发挥作用。[1]

德国学者普珀认为，传统的法学方法论提出了“概念核心”（Begriffskern）和“概念外围”（Begiffshof）的主张，那些可清楚地被包摄到概念下的对象或案例，即所谓的“肯定（积极）选项”组成了概念核心，而位于这个概念之外的，亦即那些明显不会落入这个概念的情形，则是“否定（消极）选项”。概念外围则是由“中立（中性）选项”所组成，这些“中立选项”是指那些根据一般的概念界定或语言使用习惯，无法清楚确认是否应落入此概念下的情形。[2]她以德国刑法第224条伤害罪规定为例——“违反伤害罪而有下列情形之一者，处6个月以上10年以下有期徒刑；情节较轻微者，处3个月以上5年以下有期徒刑：(1) 施以毒物或其他有损健康之物质。(2) 使用武器或其他危险工具。(3) 阴险的突袭。(4) 与其他参与者共同违反。(5) 施以具有生命危险的对待（第1项）。前项之未遂犯罚之（第2项）”提出，如果有人指使其养的狗攻击他人，“狗”是否被包摄到“其他危险工具”呢？德国学界对工具主要有两种不同的解释立场，以狭义的理解，工具应限于那些可拿握在手中使用、无生命的器械；而较广义的理解则认为，工具的重点在于可支配性，如此才可将属于动物的“狗”包摄到“危险工具”中。但如果一个人“抓着他人的头去撞墙、撞地板或是撞其他坚硬的物体，从而引起他人重大的身体伤害”，还能将“墙、地板”归入“危险工具”吗？显然不能，因为此时“墙、地板”虽然被行为人当作实现其目的的工具来使用，但他并没有支配墙壁或地板，所以德国实务界只能将其包摄到“施以具有生命危险的对待”。[3]这其中，把“狗”包摄到“其他危险工具”就是一种类推，而不能把“墙、地板”包摄到“其他危险工具”就是一种反面推论，反面推论实际上就是一种拒绝类推。所以，类推（类似推论）与反面推论最为接近。为了说明类比与反面类推间的关联与区别，她举例说罗马《十二铜表法》曾经有这样一条规定：“四脚动物的所有权人就该四脚动物出于其兽性对他人所惹起之损害，负损害赔偿责任。”在迦太基被摧毁后，第一只鸵鸟被当

---

〔1〕［德］阿图尔·考夫曼：《法律获取的程序——一种理性分析》，雷磊译，中国政法大学出版社2015年版，第28页。

〔2〕［德］英格博格·普珀：《法学思维小学堂》，蔡圣伟译，北京大学出版社2011年版，第53页。

〔3〕［德］英格博格·普珀：《法学思维小学堂》，蔡圣伟译，北京大学出版社2011年版，第54～55页。

作战利品出现在罗马，问题就来了，鸵鸟伤人怎么办？

利用类似推论（即类推）会得到肯定的答案，即：

基础语句：当一头四只脚的动物出于其兽性造成他人损害时，动物所有权人应负损害赔偿责任。

相同处：两只脚的动物也可能和四只脚的动物同样狂野。

结论：当一头四只脚的动物出于其兽性造成他人损害时，动物所有权人应负损害赔偿责任。

而反面推论会得出否定的答案：

基础语句：当一头四只脚的动物出于其兽性造成他人损害时，动物所有权人应负损害赔偿责任。

相同处：两只脚的动物并非四只脚的动物。

结论：当一头四只脚的动物出于其兽性造成他人损害时，动物所有权人不必赔偿此损害。

这说明，运用类推和反面推论，从同一个法条导出两个相互矛盾的结论在逻辑上都是可能的，但未必一定是正确的。这是因为，从“一个特定条件对于某个特定效果系属充分”这个语句，根本不能对于这些充分条件不存在的案例导出任何结论，即正命题成立，其否命题未必成立。单就类推而言，即使存在着类推适用的空间（比如刑法就有禁止类推的规定），也不能从“某个特定事实与另一个已规定在制定法中的事实，二者在某种观点下相似”，就推出这个事实也应该要被相同的“规范”。只有当二者相同的特性，必须正是应被类推适用的法规范中用以建构法律效果的那些特性。而这种情况下的类推，实际上就是从被类推适用的法规范中导出一个较为一般的不成文法则，而这个较为一般的不成文法则又涵盖了有待解决的案例，只有这样，类推才能成为一个逻辑上有效的推论。而这个较为一般的不成文法则，不是从应被类推适用之法规范中较为特殊的法则所导出，而是要靠实质的理由来推导。〔1〕

牛津大学博士约瑟夫·拉兹则把类推称之为类比推理，指出法官无论何时都会在目前案件和先前案件——而不是适用于目前案件的有约束力的先例——之间寻找出相似点和差异点。以判决 P 为例，判决 P 中记录着该案的事实 a、b、c、d、e、g，判决以规则为基础，即只要有 A、B、C，就应做

〔1〕［德］英格博格·普珀：《法学思维小学堂》，蔡圣伟译，北京大学出版社 2011 年版，第 89 页。

出判决 X（小写字母代表案件判决中记录的特定情况，大写字母代表案件事实的一般性质，即 a 是 A 的具体情况），则 P 中的指令为：

P：a、b、c、d、e、g/A、B、C→X

如果新案件 N_1 的事实包括 a_1、b_1、c_1，那么它与 P 之间不存在任何类比的可能，N_1 直接属于 P 的规则范围，P 的规则被认为对审理的 N_1 有约束力。但假设有新案件 N_2，它的事实包括 a_2、b_2、c_2、d_2、e_2，此时 P 的指令不能适用于 N_2 的事实，但是两个案件在某些方面有相似点，它们都是 A、B、D 的案件。假设不存在有约束力的法律规则 A、B→X 或 A、B、D→X，此时进行类比则在法庭上不具有约束力。在类比论证中，法官依赖于先前判决相似点的存在，但这种依赖并非都是合理的，特别是两方面的困难妨碍了我们对论证的清楚分析，一方面是为重要的相似性提供一般性的检验标准；另一方面是解释类比论证如何可能具有说服力而不具有效力的问题。如比较上述 P 和 N_2：在与 P 相关的 A 和 B 方面以及与 P 不相关的 D 方面，它们类似；在与 P 相关的 C 方面以及与 P 不相关的 E 方面，它们不相似。类比是在一个规则和一个新案件中做出的，即依赖于部分相似性来扩展规则（P 中 A、B、C→X 在 N_2 中通过减少一个条件而被扩展为 A、B→X），或创制另一个导致同一结果的规则（N_2 中可能制定了新规则 A、B、D→X，它与 P 中的旧规则同时存在）。在这里，重要相似点的检验标准是证明规则正当性的重要理由，这是类比的基础。这种类比虽具有极强的说服力，但不具有绝对的约束力。因此，类比论证通常是非终局性的。[1]

透过上面的分析，我们实难发现类比与类推有何实质性的区别，有的大概只是概念上的差异：类比更多强调的是两个相似或近似事例的比较；类推突出的是通过比较得出的非必然性的结论，即通过类比进行类推。在司法裁判过程中，相似或近似案件间的比较就是一个类比的过程，“同案同判”运用的也主要是类比思维。判例法传统中的案件“区别技术”也主要基于类比思维来进行。在制定法传统中，相同或近似案件间的比较（类比）会给法律人提供一个大致的指引，然后借助其他的逻辑方法、法律规范、法律方法进行分析、求证。当然，除了案件事实间的类比，还有法律上的类比。在克卢格看来，当某个为特定构成要件而设的法条被适用于另一个不同的构成要件，

---

〔1〕［英］约瑟夫·拉兹：《法律的权威》，朱峰译，法律出版社2005年版，第175～179页。

而它与前一个构成要件“在本质性关系上”相一致时，就可以说在类推适用这一法条。〔1〕尽管表面上看，这种类推适用与法律的扩张解释似乎相同，但扩张解释只是对过窄的表述澄清了制定法的思想，而类推则是沿着制定法所包含的方向进行了“法的续造”。进一步的，克卢格将法律类比区分为：制定法类比与法类比，制定法类比是从某个具体的法律条文出发，而当选择多个法条作为出发点时，涉及的就是法类比。两者的区别是：制定法的类比是“两两”比较，将制定法所决定的情形适用于本质上形同而在非本质上有所差别的案件；而法类比是从“多”到“一”的比较，其中还要借由归纳发展出更为一般的原则，并将其适用于没有为这些制定法条款所包含的情形。〔2〕在司法裁判中，如果我们接受裁判规范与法律规范的区别，即一般说来，一个案件的裁判规范都不是仅有一个法律规范构成的，而是数个法律规范重构了案件的“裁判规范”，则在裁判规范重构的过程中，既会用到类比推理，也会用到归纳推理。

四、几点思考

1. 传统的法律方法论主要聚焦于法律解释、法律发现、法律推理、法律论证、利益衡量等法律方法的研究，但如果将法律方法理解为站在维护法治的立场上，依据法律分析事实、解决纠纷的方法，〔3〕则法律方法应不限于上述法律解释等方法。而如果我们将法律方法界定为司法过程中法官判案所用到的一些方法，则法律方法的概念可以用司法方法来指代。〔4〕如此，司法方法的概念内涵将不限于传统意义上的法律解释等方法，理应包含着演绎、归纳、类比（类推）等逻辑方法。此外，即便是基于法律解释等传统法律方法，当我们进入到各种法律方法内部，研究法律解释的方法、法律推理的方法、法律发现的方法、法律论证的方法、利益衡量的方法时，我们也将不得不借助于演绎、归纳、类比等逻辑方法来分析、说明，这一方面说明逻辑方法是

---

〔1〕［德］乌尔里希·克卢格：《法律逻辑》，雷磊译，法律出版社2016年版，第150页。

〔2〕［德］乌尔里希·克卢格：《法律逻辑》，雷磊译，法律出版社2016年版，第151页。

〔3〕陈金钊：《司法过程中的法律方法论》，载《法制与社会发展》2002年第4期。

〔4〕即将出版的司法文明大百科全书分卷之一使用的就是《司法方法卷》书名，其内容也不限于传统的法律方法。

最基本的思维方法，另一方面也说明各种法律方法之间不仅是相互融通的，也是需要逻辑方法支持的。概言之，如果我们把法律方法聚焦于司法裁判过程中法官判案所用到的方法，则我们在继续关注法律解释等传统法律方法研究的同时，也需要关注归纳、演绎、类比（类推）等逻辑方法的研究。

2. 从逻辑与修辞的关系看，逻辑指思维的规律、规则，涉及概念、判断、推理等诸方面。人类思维形成的任何思考、知识、理论、体系等的表达和阐释都离不开逻辑，也不能违背逻辑。修辞的本义是修饰言论，即在使用语言的过程中，利用多种语言手段以收到尽可能好的表达效果的一种言语活动，具体包括比喻、比拟、借代、夸张、双关、映衬、移就、对偶、排比、错综、仿词、设问、反问等。〔1〕一般认为，法律修辞是建立在新修辞学基础上的一种法律论辩理论，新修辞学对论辩技巧的说明特别强调“听众”的概念，即应该针对听众的不同选择可能赢得论辩的出发点和模式，并将评估论辩合理性标准也放在“听众”身上。当代法学与修辞学的联姻催生了法律修辞学这门新兴学科，在法律修辞学中既可以把“法律”当成修辞，构建宏观的法治话语；也可以把法律修辞看作是一种法律方法，增强法律方法的开放性，开阔法律人的视野与思路，通过法治思维模式的建构趋近法治的理念和精神。〔2〕我们可以为了强调修辞与逻辑间的统一性及联系，说逻辑就是修辞，是最具说服力的一种修辞；修辞也是逻辑，是在无法直接进行演绎推理时所备选的逻辑。〔3〕如果说逻辑与修辞互为是也，除了修辞学意义上的理解，大概很难再有其他意义的理解，而我们所关注的恰恰是二者间的区别，也就是逻辑是逻辑、修辞是修辞，二者不可替代，如此则我们可以说，在司法裁判过程中，逻辑是基础，修辞是什么？——锦上添花也。在此想强调的是，我们在关注法律修辞学研究的同时，不要忽略了作为人类思维之基础的逻辑。

3. 单就司法裁判中的演绎、归纳、类比（类推）等逻辑方法而言，其相互间也是互为支持的。通过本文的分析，我们不难发现，如果说归纳是从个

---

〔1〕 根据百度百科，汉语的修辞手法一共有63大类，78小类，仅比喻一类就分为：明喻、暗喻（隐喻）、借喻、博喻（又名复喻）、倒喻（又名逆喻）、反喻、互喻（又名回喻）、较喻（可分为强喻和弱喻）、譬喻、曲喻、饰喻、引喻等十余种。

〔2〕 陈金钊：《把法律作为修辞：法治思维模式的具体构建》，载陈金钊主编：《法律修辞学研究》（第一卷），中国法制出版社2015年版，卷首语。

〔3〕 张传新：《法律修辞与逻辑》，载陈金钊主编：《法律修辞学研究》（第一卷），中国法制出版社2015年版，第64页。

别或特殊到一般的思维方法，则这种思维更像是立法者的思维，借助归纳（同时参照案件事实），得出可以涵摄推论的大前提。从这个意义上说，在法律适用活动中，归纳是服务于涵摄的，或者说是在无法直接涵摄的情况下，经由归纳得出规则，然后进行涵摄的。而法律类比中的法类比，自始就离不开归纳，从法律适用的角度看，在构建了适用于当下案件的大前提和小前提之后，接下来都会用到演绎方法。质言之，演绎、归纳、类比在司法裁判过程中，自始就不是相互排斥的，而毋宁是互相支持的。甚而言之，本文主要分析了司法裁判中的逻辑方法，而这些逻辑方法又何尝不适用于立法活动呢？立法与司法存在着非常明显的对应关系，几乎所有的立法技术问题与程序都涉及“一种‘逆转的涵摄’”。〔1〕如果涵摄的逆转成立的话，那么归纳、类比又何尝不可以“逆转”呢？现代立法理论找到了“法律制定与法律适用之间的互补关系”。〔2〕立法程序与法律适用的程序是完全对应的。〔3〕也就是说，我们既可以研究司法裁判中的逻辑方法，也可以研究立法活动中的逻辑方法。

〔1〕 P. Noll, Gesetzgebungslehre, 1973, S. 18, 290. ［德］阿图尔·考夫曼：《法律获取的程序——一种理性分析》，雷磊译，中国政法大学出版社2015年版，第24页。

〔2〕 ［德］阿图尔·考夫曼：《法律获取的程序——一种理性分析》，雷磊译，中国政法大学出版社2015年版，第180页。

〔3〕 ［德］阿图尔·考夫曼：《法律获取的程序——一种理性分析》，雷磊译，中国政法大学出版社2015年版，第182页。

中国实证法语境下的“法律解释”概念

王金龙 *

摘　要　“法律解释”作为传统理论法学最基本的概念之一，历来含义不一。我国1954年宪法第一次规定了“法律解释”的权力属于全国人大常委会。这种做法为后续的立法实践继承。实际上赋予了“法律解释”与学界理解不同的涵义。对“法律解释”制度的质疑与批评，导致对“法律解释”涵义与用法上的“名”的质疑。对“法律解释”涵义“名”之探讨，要尊重我国法律解释制度之“实”，充分认识制度意义，采取描述性的而非规定性的做法，接受建立在现有制度基础上的涵义。

关键词　法律解释　立法解释　名实之辨

一、法律解释学理与实证法上的涵义存在差异

（一）法律解释的学理认知

“法律解释”是传统理论法学最基本的概念之一，但学界对这一概念的认识在内涵和外延上均存在差异。法学专家张志铭曾列举了法律解释的七种定义，〔1〕并在此后的著作中又陆续扩充到十种。〔2〕对法律解释的定义可以从主体、客体、法定约束力三个要素层面来进行观察。

主体方面，部分认为法律解释可以分为有法定解释权的主体作出的法律

---

* 王金龙，男，华东政法大学博士研究生。

〔1〕 张志铭：《当代中国的法律解释问题研究》，载《中国社会科学》1996年第5期。

〔2〕 张志铭：《法律解释操作分析》，中国政法大学出版社1998年版，第12~15页。

解释和无法定解释权的主体作出的法律解释。这种理解事实上囊括了一切主体对法律进行的解释，是在最广义上对“法律解释”的使用。部分观点将无权解释排斥在“法律解释”之外，认为“法律解释”只应指“有权解释”。其中，又根据不同的权力主体将有权解释分为立法解释、司法解释和行政解释。部分学者进一步限缩范围，认为法律解释只应该是司法主体所作的解释，“法律解释权属于司法权的范畴”，“立法机关创立法律后不能经常地对法律文本进行解释，否则便会因破坏法律的稳定性而使法律失去生命”。〔1〕

客体方面，有学者认为，法律解释的对象是法律规范之条文、立法文献，以及当时社会、经济、政治、技术等附随情况。〔2〕部分学者区分法律解释与宪法解释、法规解释和规章解释。〔3〕这种根据解释客体进行的分类和根据主体的分类是交叉的。现行立法法则将法律解释的客体限定为狭义的法律，即由全国人大及其常委会制定的规范文件。这种界定是沿袭了“法律”一词具有广义和狭义两种用法，并在狭义上使用“法律”一词，进而对法律解释行为做出的界定。

对法律解释约束力理解上的差异，主要体现为部分主张法律解释具有普遍的约束力，部分主张“法律解释”的效力仅限于个案。这里主要是对法律解释和一般法律一样具有普遍的约束力，还是仅仅局限于个案而言的。部分学者强调法律解释与个案的关联。

（二）“法律解释”在我国实证法上的涵义

《中华人民共和国宪法》第67条规定，“解释法律”是全国人民代表大会常务委员会的职权之一。《中华人民共和国立法法》第45条规定，“法律解释权属于全国人民代表大会常务委员会”。《中华人民共和国香港特别行政区基本法》（以下简称“香港基本法”）第158条第1款规定，“本法的解释权属于全国人民代表大会常务委员会”。《中华人民共和国澳门特别行政区基本法》（以下简称“澳门基本法”）第143条第1款规定，“本法的解释权属于全国人民代表大会常务委员会”。1981年《关于加强法律解释工作的决议》第1条也规定“凡关于法律、法令条文本身需要进一步明确界限或者作补充

〔1〕 陈金钊：《法律解释的哲理》，山东人民出版社1999年版，第44页。

〔2〕 张志铭：《当代中国的法律解释问题研究》，载《中国社会科学》1996年第5期。

〔3〕 蔡定剑、刘星红：《论立法解释》，载《中国法学》1993年第6期。

规定的，由全国人民代表大会常务委员会进行解释或用法令加以规定。”我国实证法上规定的法律解释与法学界对法律解释涵义的理解存在很大差异，它实际上仅指全国人大常委会对法律的解释。

我国实证法规定的法律解释制度具有以下特征：第一，它是由立法机关作出的有权解释，和法律具有同等效力；第二，它是一种抽象解释、规范解释、统一解释，可以重复适用；第三，其解释范围确定，以上述相关法律中规定的具体情形为限，范围较窄。

二、我国法律解释实证法上相关规定的历史考察

法律解释在我国现有法律上的规定，有其历史原因。1949 年新中国成立后，全面废除以“六法全书”为代表的国民党的旧法统，形成巨大的法律制度空白，亟待填充。这一时期，中国在法制方面中止了始于清末并延续至民国时期的移植西方国家经验的进程，转而开始全面学习苏联模式和经验。在社会主义与资本主义两大阵营对立的国际环境下，新中国的制宪主要在社会主义国家宪法所提供的经验与成果的框架和范围内进行。正如胡乔木所说，尽管中国在制定具体的经济政策和工作方法时坚持从中国的具体情况出发，苏联的社会主义制度仍然对中国具有重大的榜样作用。〔1〕不少学者也有类似观察和论断，何勤华认为，改革开放以来，我们大量引进西方发达国家的法律制度和原则，并结合中国特殊的国情，开始建设具有中国特色的社会主义法律体系，但“50 年代吸收的苏联法已经深入当代中国法律之中，并成为新中国法律传统的一个组成部分而无法抹去”。〔2〕著名宪政学者蔡定剑认为，今天的中国与苏联在政治制度和意识形态上已分道扬镳。但是，苏联法律思想的种子已植入中国的土地上，并且生根结果。〔3〕也有国外学者持同样论断，“人民民主共和国——由奉行马克思主义理论的执政党领导——是另一种结构模式，苏联及其从属国直至 20 世纪 80 年代末都是根据这种模式构建国

〔1〕《胡乔木文集》（第二卷），人民出版社 1993 年版，第 258 页。

〔2〕张寿民：《俄罗斯法律发达史》，法律出版社 2000 年版，何勤华序。

〔3〕蔡定剑：《关于前苏联对中国法制建设的影响——建国以来法学界重大事件研究（22）》，载《法学》1999 年第 3 期。

家生活，之后更被中国作为样本予以参照。"〔1〕在这一大背景下，具体到宪法层面，我国 1954 年宪法在某种程度上是以苏联 1936 年宪法为蓝本制定的。〔2〕毛泽东在 1954 年 1 月 15 日写给刘少奇的信中说，"为了二月间政治局便于讨论计，望各政治局委员及在京各中央委员从现在起即抽暇阅看下列各主要参考文件：（一）一九三六年苏联宪法及斯大林报告……（二）一九一八年苏俄宪法……（三）罗马尼亚、波兰、德国、捷克等国宪法……（四）一九一三年天坛宪法草案，一九二三年曹锟宪法，一九四六年蒋介石宪法……（五）法国一九四六年宪法"。〔3〕刘少奇在 1954 年宪法草案的报告中就明确指出：我们所走过的道路就是苏联走过的道路。宪法关于人民代表大会制度的规定就是根据革命根据地政权建设的经验，并参照苏联和各人民民主国家的经验规定的。在具体的制度上，全国人大常委会的设立与最高苏维埃主席团相似。〔4〕毛泽东同志在《关于中华人民共和国宪法草案》中也说："我们这个宪法草案，主要总结了我国的革命经验和建设经验，同时它也是本国经验和国际经验的结合……我们是以自己的经验为主，也参考了苏联和各人民民主国家宪法中好的东西。"〔5〕

1936 年苏联宪法以法律的形式规定设立最高苏维埃的常设机构——常设委员会。根据 1936 年苏联宪法，第 30 条规定，"苏联最高苏维埃为苏联国家权力之最高机关。"第 33 条规定，"苏联最高苏维埃由下列两院构成之：联盟苏维埃、民族苏维埃。"也简称之为"联盟院"与"民族院"。第 48 条规定，"苏联最高苏维埃在两院联席会议上选出苏联最高苏维埃主席团，其组成人员为：苏联最高苏维埃主席团主席一人，副主席十六人，主席团秘书长一人，苏联最高苏维埃主席团委员十五人。苏联最高苏维埃主席团对苏联最高苏维埃报告其全部工作。"苏联最高苏维埃是在开会的时候进行工作，会议工作结

---

〔1〕［德］齐佩利乌斯：《德国国家学》，赵宏译，法律出版社 2011 年版，第 521 页。

〔2〕蔡定剑：《关于前苏联对中国法制建设的影响——建国以来法学界重大事件研究（22）》，载《法学》1999 年第 3 期。

〔3〕毛泽东：《宪法起草工作计划》，载《毛泽东文集》（第六卷），人民出版社 1999 年第 1 版，第 325～326 页。网络资源可参中国共产党新闻网：http：//cpc. people. com. cn/GB/64184/64185/189966/11568043. html，2017 年 11 月 20 日访问。

〔4〕蔡定剑：《关于前苏联对中国法制建设的影响——建国以来法学界重大事件研究（22）》，载《法学》1999 年第 3 期。

〔5〕毛泽东：《关于中华人民共和国宪法草案》，《毛泽东文集》（第六卷），人民出版社 1999 版，第 326 页。

束，代表们就资格分散，回到自己日常的工作岗位上去，因此苏联还必须有一个“经常工作的最高国家政权机关”，苏联最高苏维埃主席团就是苏联最高苏维埃的这个“经常工作的最高国家政权机关”。〔1〕“最高苏维埃主席团，在我国最高国家政权机关的系统上，占特别重要的位置。苏联最高苏维埃主席团，对最高苏维埃报告其工作。最高苏维埃主席团在最高苏维埃休会期间，以最高苏维埃经常的现任代表资格，受最高苏维埃行使国家首脑部最重要职权的全权委托，成为主持我国要政的机关。”〔2〕第49条规定了苏联最高苏维埃主席团的职权，其中第2项为“颁布法令”，第3项为“解释苏联现行法律”。〔3〕苏联最高苏维埃主席团解释全苏联的法律，“阐明这些法律地目的，和所规定的义务，以及正确适用这些法律的方法”。〔4〕

我们在多个社会主义国家的宪法中也能发现类似条款。如1968年《德意志民主共和国宪法》第71条规定，“……（3）对宪法和法律有约束的解释，由国务委员会进行解释，但以人民议院未作这种解释为限”。1980年《越南社会主义共和国宪法》第100条规定，“国务委员会有以下的任务和职权……5. 解释宪法、法律和法令”。1972年《朝鲜民主主义人民共和国社会主义宪法》第87条规定，“最高人民会议常设会议执行以下任务和职权……三、解释现行法令”。1976年《古巴共和国宪法》第73条规定，“全国人民政权代表大会行使下列职权……（三）决定法律、法令、命令和其他一般规定是否合乎宪法”；第88条规定，“国务委员会行使下列职权……（四）需要时，对现行法律作一般的、必要的说明”。如南斯拉夫、罗马尼亚、阿尔巴尼亚、蒙古、缅甸等也作出了类似的规定。通过比较可以发现，中国的全国人大常委会解释法律制度安排，和以苏联为首的其他社会主义国家的制度安排是一致的。因此，我们大致可以推测，以苏联为代表的由人民代表大会的常设机构进行法律解释的制度安排是我国现行的全国人大常委会法律解释制度的源头。

〔1〕［苏联］卡尔宾斯基：《苏联宪法通论》，沈颖、黄长霈、党凤德译，人民出版社1951年初版，第135页。

〔2〕［苏联］M. P. 加列瓦：《苏联宪法教程》（增订版），梁达、石光译，五十年代出版社发行1950年三版，第172页。

〔3〕1936年苏联宪法相关文本参考［苏联］M. P. 加列瓦：《苏联宪法教程》（增订版），梁达、石光译，五十年代出版社发行1950年三版，第288~317页。

〔4〕［苏联］卡尔宾斯基：《苏联宪法通论》，沈颖、黄长霈、党凤德译，人民出版社1951年初版，第137页。

三、法律解释制度在我国实证法上的发展

我国在学习苏联关于法律解释的规定以后，并没有原地踏步，而是在随后的立法实践中，对这一制度进行了完善。今天我国相关法律中关于法律解释的规定，已经形成由宪法、立法法、香港基本法、澳门基本法等多部基本法律的相关条文，和全国人大常委会1981年颁布的《关于加强法律解释工作的决议》共同构建起来的法律解释制度体系。

（一）后续宪法规定继受了1954年宪法规定

我国全国人大常委会法律解释制度的最高法律源头在宪法。《中华人民共和国宪法》第67条规定，“解释法律”是全国人民代表大会常务委员会的职权之一。这一规定可以追溯到1954年宪法的相关条文中。1954年9月20日第一届全国人民代表大会第一次会议通过的《中华人民共和国宪法》第31条规定了全国人民代表大会常务委员会的职权范围，其中第1款第3项规定了“解释法律”的职权。宪法关于法律解释的规定在几次沿革中均得以保留。我国现行的法律解释体制最早出现在1954年宪法的相关条文中。从1954年宪法开始，该制度一直得以在此后的宪法中延续。1978年3月5日第五届全国人民代表大会第一次会议通过的《中华人民共和国宪法》第25条规定“全国人民代表大会常务委员会行使下列职权：（三）解释宪法和法律，制定法令”。1982年12月4日第五届全国人民代表大会第五次会议通过的《中华人民共和国宪法》第67条第4款规定，“全国人民代表大会常务委员会行使下列职权：（四）解释法律”。

（二）1955年决议与1981年决议以人大释法权为基础重新分配了法律解释权

1955年全国人民代表大会常务委员会关于解释法律问题的决议规定，“一、凡关于法律、法令条文本身需要进一步明确界限或作补充规定的，由全国人民代表大会常务委员会分别进行解释或用法令加以规定。二、凡关于审判过程中如何具体应用法律、法令的问题，由最高人民法院审判委员会进行解释。”[1] 时任全国人大常委会法制委员会副主任王汉斌在《关于加强法律

〔1〕全国人民代表大会常务委员会办公厅编：《全国人民代表大会及其常务委员会大事记（1954－2014）》，中国民主法制出版社2014年版，第47页。

解释工作等三个决定（草案）的说明》中表示，“1955年6月全国人大常委会曾通过关于解释法律问题的决议，同年7月彭真同志在向第一届全国人大二次会议所作的关于全国人大常委会的工作报告中，又对这个问题作了说明。现在提请全国人大常委会审议的决议（草案），除了重申1955年决议的规定外，并根据新的情况，做了一些补充。”1981年6月10日，第五届全国人民代表大会常务委员会第十九次会议通过了《关于加强法律解释工作的决议》，该决议第1条也明确规定“凡关于法律、法令条文本身需要进一步明确界限或者作补充规定的，由全国人民代表大会常务委员会进行解释或用法令加以规定”。〔1〕1955年决议随之失效。这两个决议虽然在确定我国法律解释体制的过程中极为重要，但从决议性质来说，仅仅是全国人大常委会对宪法规定的自身权力的“下放”，属于全国人大常委会将自身部分权力授予其他机关行使，并未影响全国人大常委会的法律解释权。

（三）港、澳基本法规定了人大释法权

1990年4月4日，第七届全国人民代表大会第三次会议通过了《中华人民共和国香港特别行政区基本法》。其中，第158条对香港基本法的解释作了安排，第1款规定“本法的解释权属于全国人民代表大会常务委员会”，第2款规定“全国人民代表大会常务委员会授权香港特别行政区法院在审理案件时对本法关于香港特别行政区自治范围内的条款自行解释”。1993年3月31日，第八届全国人民代表大会第一次会议通过《中华人民共和国澳门特别行政区基本法》，同样地对澳门基本法的解释作出了类似的制度安排。澳门基本法第143条第1款规定“本法的解释权属于全国人民代表大会常务委员会”，第2款规定“全国人民代表大会常务委员会授权澳门特别行政区法院在审理案件时对本法关于澳门特别行政区自治范围内的条款自行解释”。两部基本法中对法律解释的安排和宪法相关条文保持一致。甚至在对法院授权进行法律解释的问题上，尽管和全国人大常委会在1981年决议中授权内地司法、行政机关解释法律的授权范围不同，但在权力的“分配方式”上保持了一致，即

〔1〕全国人大常委会办公厅、中共中央文献研究室编：《人民代表大会制度重要文献选编（二）》，中国民主法制出版社、中央文献出版社2016年联合出版，第512页。

两者之间是授权与被授权的关系，而非分权关系。〔1〕随着香港特别行政区、澳门特别行政区陆续在 1997 年、1999 年回归，这两部法律赋予了全国人大常委会新的法律解释对象，事实上拓展了全国人大常委会法律解释权的范围。有学者认为，“全国人大常委会对基本法的解释属于宪法解释。虽然基本法不是宪法，但它规范特别行政区的制度，涉及中央人民政府与特别行政区之间的宪制关系，在香港法律体系中居于最高法律地位，属于‘小宪法’。”〔2〕本文认为这种认定是值得商榷的。《香港基本法（草案）征求意见稿》也仅认之为相当于基本法律。“小宪法”一说只能说表现了宪法学者美好的期望。

（四）立法法人大释法权制度进一步补充、完善

2000 年 3 月 15 日，第九届全国人民代表大会第三次会议通过的《中华人民共和国立法法》，以基本法律的形式对全国人大常委会的法律解释权进行了更详细的规定。从法律的性质上来看，这是由全国人民代表大会通过的一部基本法律，其效力仅次于宪法，高于 1981 年决议。立法法除了按照宪法规定，在第 45 条规定“法律解释权属于全国人民代表大会常务委员会”，还对属于全国人大常委会法律解释的情形、具体解释的程序、法律解释的效力进行了规定。立法法第二章第四节规定了“法律解释”，第四十五条规定“法律解释权属于全国人民代表大会常务委员会”。2015 年 3 月第十二届全国人民代表大会第三次会议修正通过的立法法对该节原样保留。值得注意的是，2015 年立法法的修改中，增加了第 104 条，“最高人民法院、最高人民检察院作出的属于审判、检察工作中具体应用法律的解释，应当主要针对具体的法律条文，并符合立法的目的、原则和原意。遇有本法第四十五条第二款规定情况的，应当向全国人民代表大会常务委员会提出法律解释的要求或者提出制定、修改有关法律的议案”，对近年部分学者批评的“司法立法化”、司法权侵蚀立法权的现象以侧面进行了回应。结合 2006 年第十届全国人民代表大会常务委员会第二十三次会议通过的《中华人民共和国各级人民代表大会常

---

〔1〕“香港舆论及各界人士高度评价张德江委员长在纪念香港特区基本法实施 20 周年座谈会上的讲话”，参见新华社 2017 年 5 月 28 日报道，载 http://news.xinhuanet.com/2017-05/28/c_1121053570.htm，2017 年 11 月 11 日访问。

〔2〕郑贤君：《我国宪法解释技术的发展——评全国人大常委会 1999〈香港特别行政区基本法〉释法例》，载《中国法学》2000 年第 4 期。

务委员会监督法》第31条内容来看，“最高人民法院、最高人民检察院作出的属于审判、检察工作中具体应用法律的解释，应当自公布之日起三十日内报全国人民代表大会常务委员会备案”，这也明确释放出全国人大常委会将加强对司法解释的限制的信号。

四、对法律解释制度之“实”与概念之“名”的反思

尽管我国已经有宪法和几部基本法律的相关规定作为法律解释的支撑，但是从20世纪90年代以来，我国学界一直存在对我国法律解释制度的批评，并对“法律解释作为全国人大常委会法律解释”这一涵义提出质疑。本文认为，对“法律解释”用法这种“名”的讨论仍然需要回到法律解释在我国实证法关于法律解释相关制度的“实”上来。只有准确地把握了法律解释制度的“实”，才能正确理解法律解释使用过程中的“名”；只有对法律解释制度的“实”有了明确的安排，才能统一对法律解释之“名”的认知与使用；只有对法律解释制度有了规定性的共识，才可能达成对法律解释涵义的描述性的共识。

第一类意见认为，立法机关享有立法权是当然之事，如果法律解释权是在立法的意义上使用，则不过是立法概念的同义反复，甚至会造成立法概念与其他概念的混淆。如有学者称，“当法律解释权是在立法的含义上来使用时，则立法机关本来就享有立法权，何必又来一个法律解释权之举呢？”〔1〕也有学者称，“立法解释的存在使立法行为与解释行为难以区分。”〔2〕

全国人大官网分门别类地罗列了法律解释、修正案、答复等多种法律文件。这种看似叠床架屋的分类，其实正是立法技术精细化的表现。诚如有学者所言，“由于社会生活的复杂需要，立法出现了多层次、多主体的局面。”〔3〕“如果立法是依据社会的客观条件，来化解社会冲突、解决社会问题和调节社会生活的，那么，它就应该与国家的政治决策、经济决策和其他社会事务决策是同一过程，而不是相互分离的独立过程。”“所谓同一而不是分离有两个方面的含义：一是立法本身就是一种政治、经济或其他社会事务的决策，二

〔1〕 袁吉亮：《论立法解释制度之非》，载《中国法学》1994年第4期。

〔2〕 周永坤：《我国现行法律解释与法治观念的冲突》，载《现代法学》2006年第4期。

〔3〕 张志铭：《法律解释概念探微》，载《法学研究》1998年第5期。

是任何政治、经济和其他社会事务的决策过程，也同时应被视为一种法律的创制过程。"〔1〕有学者提出“多级立法体制”的说法，认为“多级立法体制（则）是由于社会的层次结果所形成的具有上下级关系的不同级别的立法机关所构成的具有等级特征的立法权配置体系”。〔2〕虽然这种说法主要还是着眼于立法机构的多级，而不是立法成果的多级，但是依然对我们理解立法的等级论有帮助。不同的是，这里不是根据法律效力的等级，而是根据对法律发展和变化过程中的变动程度进行区分。新法案的通过或旧法案的整体废止可以视为第一等级；部分条款的实质性变动可以视为第二等级；补充性的、填充性的增补，或者具体含义的扩大或限缩性的澄清，可以视为第三等级；未对现有法律规定作出变动，仅仅是含义的说明的法律询问答复、司法解释可以视为第四等级。法律解释制度作为一种对现有法律的细微调整，在立法体系中具有其独特的制度价值。学者陈金钊曾指出，“法律解释是变革社会的法律微调器。"〔3〕因此，在实际运用的过程中，要注意修正案和法律解释二者间的界限，明确各自的职能定位。

另一类观点则认为，法律解释权是司法权固有权力，法律解释只能在司法解释的意义上使用。这类主张认为，法律一经制定，即脱离立法者而存在，确认法律条文含义是属于如何执行的事。“从诉讼法学来看，法律解释被视为司法权的一部分，甚至在有些国家被认为法院的一项独断权力。”这主要是和英美法系国家对比的结果。普通法中针对新出现的情况，对法律需要进行变通和调整的情形，主要由法官群体完成。立法法大多是对判例法的总结和补充。因此，在普通法中讨论法律解释有一个共同的、不言自明的预设，就是解释的主体是法院与法官，“法律解释”只能在“司法解释”或“司法过程中发生的解释”的意义上使用。

普通法系国家中法律解释权虽然都委之法院，但法院只能在具体案件审理过程中对法律进行解释，并不能做出抽象解释（统一解释、规范解释）。因此，如果强行以普通法系国家的法律解释权配置来和我国对抽象法律解释权限的配置进行对比，会出现比较上的错位。英国法律中有“议会主权”“议会至上”的观念，议会可以通过任何法律。“议会得以任何它选择的方式立

---

〔1〕 魏宏：《法律的社会学分析》，山东人民出版社2003年版，第389页。

〔2〕 魏宏：《法律的社会学分析》，山东人民出版社2003年版，第439页。

〔3〕 陈金钊：《法律解释的哲理》，山东人民出版社1999年版，第70页。

法”,[1] 后任议会的立法权也不受前任议会的既定法律约束，因此议会源源不断地出台新的法律以代替旧的法律。以至有学者抱怨，“权力无限的立法机构，可以推翻任何书面的法律，从不会一次把权力用完。至少在我们的法律系统中，新的法案就像没有缝隙的网中出现的新线头，可以替代既有法典中的相应部分。”[2] 英国法理学家杰里米·边沁曾经评价说，“现在纠缠不清的是，当适用一项新的法律时，考虑到它效力的限度，几近于无法遵循它。因为在它所规定的领域，簇拥其间的其他法律和新颁布的法律无法区别。哪些是废弃的，哪些是有效的，哪些是无关的，统都没有说明。新法案的出现就像一瓢水泼到了海里。”[3] 英国立法中也有对既有成文法进行完善，但并不改变实质内容的情形，只是这种完善并不在“解释”的名义下讨论。英国议会部分后续立法观念和中国全国人大常委会的“法律解释”存在一定的相似性。如有学者即认为，“以议会为解释宪法的机关者，有英国、比利时、瑞士等国。英国因为是采用不成文的柔性宪法，国会对制宪与立法部分，一切具有宪法效力的法律，均系议会制定。如法律与法律之间有抵触，亦由国会补救，与负责执行的法院无关。所以英国的国会可以随时以法律来修改国家的根本原则，以‘后法推翻前法’的方式来解释宪法。”[4]其中，主要的形式有：一是修正案（amendment）。1978 年英国解释法案第二节规定，“议会通过的任何法案均得在其会期之间进行修订或废止。”二是补充修订或后续修订（Consequential Amendment）。法案中规定可以通过其他法律文本对其进行补充性修订是非常常见的。第一种：这种规定通常是在法案结尾部分在专门的一节或小节中进行规定；第二种：法案有时候通过授权立法的形式进行补充性修订；第三种：有时候会通过合并（combination）的方式，在法案颁布时对所有能识别的修订在法案中详细说明，但对法案颁布后产生修订需求时得再进行其他修订。[5] 三是法律片段（Piece of Legislation）。[6]

---

〔1〕 Craies on Legislation (10th Ed.), Ed. , by Daniel Greenberg, London: Sweet & Maxwell, 2012, p. 653。

〔2〕 William Baude & Stephen E. Sachs, The Law of Interpretation, in Harvard Law Review, Vol. 130 (No. 4, 2017)。

〔3〕 Jeremy Bentam, Of Laws in General 236 (H. L. A. Hart ed. , Univ. of London Athlone Press 1970) (1782) . From William Baude & Stephen E. Sachs, The Law of Interpretation, in Harvard Law Review, Vol. 130 (No. 4, 2017)。

〔4〕 张治安：《中国宪法及政府》，五南图书出版有限公司 2006 年第 6 版，第 310 页。

〔5〕 Craies on Legislation (10th Ed.), Ed. , by Daniel Greenberg, London: Sweet & Maxwell, 2012。

〔6〕 参见 http://www.wisegeek.com/what-is-a-legislation-amendment.htm。

为解决我国关于法律解释的实证法规定带来的困境，部分学者在对现有规定提出批评的基础上，试图通过区分“立法解释”与“解释性立法”两个概念来解决这一问题。有学者认为立法中的解释现象主要包括四种：一是在法律文本尤其是在文本的附则中规定解释性条款，二是有关部门基于法律中的授权所制定的实施细则或补充性规定，三是法律在提请审议通过时所附带的附则，四是全国人大常委会针对法律实施过程中出现的问题所作的决定、决议和补充规定。[1] 因此，我国实证法上的“法律解释”（即“立法解释”）属于“解释性立法”，从而与学理意义上的“法律解释”有所区别。但也有学者指出，上述分类不仅主要部分不易区分，且从根本上混淆了立法活动和解释活动之间的界限，因为“对于我们所要关注的立法解释而言，解释结论从来都必然存在着解释主体和作为解释对象的文本的分离和相对，进而达至解释文本即解释结论和被解释文本即法律规范的相对独立。但是在解释性立法中，即使该条款带有解释性，它也是属于被解释文本的一部分而存在着”。[2] 同时，该学者也指出，如果在某法典通过后，又通过一个独立的决定或某一形式的文本而由全国人大常委会加以颁布，那么就很难认定它仍然属于“解释性立法”而非“立法解释”，因此“立法解释”和“解释性立法”无法从本质地进行划分，从而不能完全独立地设定一个立法解释权。[3]

如果着眼于制度的功能来看，我国法律解释制度的功能并不能完全被其他立法手段所替代。即便是在将法律解释赋予法院的英美法系国家中，立法机构仍然可以通过后续补充立法的方式，随时对此前的立法在不改变原有法条实质内容的基础上进行补充、修正，而这正是我国“法律解释”制度要实现的功能。因此，要实现“法律解释”在用法上统一化的目标或者与“与国际接轨”，并不能通过推翻我国现有的法律解释制度来实现。

结　语

我国实证法关于法律解释的相关规定与多数国家法律规定不同，仅指全国人大常委会进行的解释法律的行为，且这一用法在宪法和多部基本法律中

[1] 张志铭：《当代中国的法律解释问题研究》，载《中国社会科学》1996 年第 3 期。
[2] 林维：《刑法解释的权力分析》，中国人民公安大学出版社 2006 年版，第 311 页。
[3] 林维：《刑法解释的权力分析》，中国人民公安大学出版社 2006 年版，第 311 页。

一脉相承。这一做法的确给学界带来很大混淆，部分学者为此提出多种批评意见，并试图通过相似概念区分进行解决。但“法律解释”这一涵义是以我国现行实证法上的具体制度为支撑的，实证法上制度的渐进建构为“法律解释”这一重涵义提供了坚固的制度支持。单纯替换表达方式并不能解决问题，相反却可能造成学理讨论与实证法规定的脱节。为做到对“法律解释”这一“名”进行清晰的界定，需要立足于我国实证法上对法律解释制度本身的“实”的规定，只有这样，才能做到名实相副。因此，对“法律解释”这一概念采用描述性的做法，尊重我国实证法上法律解释具体制度的规定，接受其“全国人大常委会解释法律”这一重涵义，可能是较好的做法。

案例指导制度的域外借鉴及完善

宋　菲 *

摘　要　案例指导制度作为我国当下一项重要的司法制度，既有其特定的时代背景和适用场域，又因产生作用的方式同国外判例制度具有裁判方法上的类似性。在此意义上，英美法系国家对典型判例的倚借和大陆法系国家对案例汇编的研究，都可以成为我国指导性案例发挥作用的重要域外借镜。具体表现为如下两个方面：第一，通过一种事实拘束力，辅助裁判中的法源确立，明确其清晰、补充法律和填补漏洞的主要功能；第二，通过一种规范拘束力，充分利用法律方法，为裁判活动提供普适性的解释规则和裁判标准。

关键词　案例指导制度　规则完善功能　解释规则　裁判标准

人们不能奢望立法者制定出尽善尽美的法律规范，在立法者能力不足的情况下，就必须由司法者通过具体案件的裁判来发现法律。此过程中，司法判例就无疑成为最佳方式。并且，无论是在英美法系国家还是大陆法系国家，判例制度都是在一定的基础之上形成，并以某种形式在现实司法活动中发挥作用，进而维系具体案件裁判的公平正义。正是基于此理论基础，最高人民法院充分结合当下我国的裁判语境和司法规律，创设了独具特色的案例指导制度，并在全国范围内予以推行，以期通过指导案例的形式统一法律适用、提高司法效率、实现裁判公正。但是，从其实际运行效果上来看，指导性案例发挥的作用不容乐观。我们从 2015 年、2016 年《最高人民法院指导性案例司法应用年度报告》中可以看出，指导性案例在应用中存在以下三个亟待解

---

* 宋菲：女，华东政法大学博士研究生。

决的问题：第一，应用频率较低。第二，法官隐性援引情况较重。第三，援引质量不高。

面对此现状，我们就会产生疑问：类似于英美法系的先例和大陆法系的案例汇编，它们与我国的案例指导制度同属于判例制度的不同表现形式，但是适用结果却呈现出很大差别。如果说此结果是由我国成文法的法律规范体系和“指导性”的定位不明所造成，使得法官在裁判案件时还是只考虑成文的法律规范，不去适用指导性案例，那么我们又应该如何参考和借鉴其他国家的判例制度运行经验，从根源上解决指导性案例在司法实践中存在的问题呢？本文正是通过对两大法系判例制度形成基础和作用发挥等问题的研究，找出同我国案例指导制度的相似之处，进而在一种比较法的视野下，对该制度的功能进行挖掘和明确，使其更好地在我国社会主义法律制度中发挥作用。

一、案例指导运行的理论依据

作为一种司法现象，判例（或司法判例）并非为判例法国家所专有，两大法系均在不同的历史和司法背景下形成了各自的司法判例制度。并且一种制度的形成并非孤立，而总是和所处历史、社会环境中的其他制度紧密相关。因此，两大法系的判例指导制度也必然是在特定的政治背景、司法原则和裁判习惯的基础之上形成的。在英美法系，面对制定法的不足，通常以判例为主体本位、以“遵循先例”和“法官造法”为运行基础，进而满足裁判的要求。从产生来看，英国是最完备判例制度的发源地，之后美国才在遵循英国法律的基础上完善了更加灵活多样的判例制度；而在大陆法系，尽管并不具有判例法的形式，但从最古老的习惯法到之后的罗马法，也集聚了深厚的判例渊源。只不过，不同于英美法系国家“遵循先例”时的“明规则”，大陆法系国家则是以“潜规则”的形式存在，并在此之上，逐渐形成判例汇编和裁判依据索引的运行基础，这也为两大法系判例制度的发展与融合创造了条件。

（一）英美法国家的“遵循先例”

“遵循先例”不仅是整个判例制度的本质特征，而且是判例法的核心要义。法官在审理案件时应考虑上级法院，甚至本法院在以前类似案件判决中所包含的法律原则或规则。换言之就是，“先例具有约束力”。英美两国在

“遵循先例”原则上有明显的不同。就英国而言，“遵循先例”原则包含三层含义：第一，上议院的判决对其他一切法院均有约束力；第二，上诉法院的判决，对除上议院以外的所有法院，包括上诉法院本身，均有约束力；第三，高等法院的一个法官的判决，下级法院必须遵从，但对该法院其他法官或刑事法院法官并无绝对的约束力，而仅有重要的说服力。[1]这种对先例绝对遵从的原则，在美国就柔性得多。就美国而言，英国的贵族院认定自己绝对受其先例的决定约束，而美国联邦最高法院和几个州的最高法院在发现自己先前的一些决定明显有错时，就可以灵活地选择不必遵循。也就是说，一些法院有权推翻自己之前对类似案件的判决，而进行新的判决，以形成新的先例。但值得注意的是，虽然美国联邦最高法院对先例采取这种柔性的态度，但为了保证法律的稳定性，美国最高法院并不轻易推翻自己之前的判决。正如美国大法官卡多佐所说，“我认为，遵循先例应当成为规则，而不是一种例外。”[2]而对于推翻的先例，所采用的对策就是重新创设，并确定新先例无溯及既往的效力。美国为解决这一问题，所采用的对策是，法院在判决中推翻以往的先例而重新创造一个先例，但这一判决（即新的先例）并不能适用于它产生以前的事实，即新的先例无溯及既往的效力。

其实，从对判例制度运行影响的角度而言，“遵循先例”只是一种外在表现，真正起基础性作用的是遵循先例时的“区别技术”和“法官造法”。正如前文所述，判例法的实质是该判决中所包含的、能作为前例的某种法律原则或规则。同时，前例并不一定具有约束力，它分为约束力判例和说服力判例。区别技术正是要解决先前判例对待决案件的影响力如何，以求能做到相同案件有相同判决。如果相同点重要，则遵循先例；如果不同点重要，则区别先例。由于遵循先例是规则，而不是一种例外，法官选择不遵循先例而选择区别先例，必须给出充分的论证，它必须说明待决案件事实与先例案件事实之间的不同具有法律上的意义。而在此案例区别的过程中，另一个重要因素就是法官造法。正如卡多佐在《司法过程的性质》中所明确指出的，法官所做的第一件事就是将他眼前的案件同一些先例加以比较，无论这些先例是贮藏在他的心中还是躲藏在书本中。而立法者在制造法律时所考虑的因素，

---

〔1〕 沈宗灵：《比较法研究》，北京大学出版社，1998年版，第249～250页。

〔2〕［美］本杰明·卡多佐：《司法过程的性质》，苏力译，商务印书馆1997年版，第90页。

法官此时都应当考虑，如哲学方法或类推规则、历史方法、习惯以及社会因素等。这样，“日复一日，以不同的比例，所有这些成分被投入法院的锅炉中，酿造成这种奇怪的化合物。”〔1〕在此之下，判例制度才能够在现实裁判中切实运行。

（二）大陆法国家的“裁判索引”

19世纪之前，大陆法系的法学著作一般否认大陆法系存在判例，主张制定法才是主要的甚至是唯一的法律渊源。法官的作用也是微乎其微。按照罗马法传统，一般法官的地位远远不如发布告示的裁判官或解答问题的法学家。如《查士丁尼法典》就明确指出，“案件应在法律基础上而不是在判例基础上进行判决。”〔2〕《德国民法典》和《法国民法典》也具有类似的规定。从理论或法律上，法院的判决必须是根据法律或习惯作出的，如没有法律或习惯，就以法理为根据作出，决不能仅根据判例做出判决。这是判例在法律体系中的地位所决定的，但在实际运行中，判例制度却呈现出另一番景象——丰富的判例汇编在遵循先例的“潜规则”实践中发挥重要的作用。

在判例汇编的形成上，一个重要的促成要素就是法官必须裁判。在大陆法系国家，法律要求法官在任何情况下都必须对起诉案件做出判决，而立法本身的缺陷就必然使得裁判者陷入一种“裁判困境”。在制定包罗万象法典的努力受挫的同时，法官的自由裁量权就开始得到人们的认可，判例制度的理论再次引起人们的重视。为了摆脱困境，法官势必就要创造法律。正是这种事实上的立法权，打开了大陆法系承认判例的约束之门，并潜意识地遵循上级法院或已有的判例，藉以发现其中所蕴含的裁判依据或规避所面临的撤销风险。也正因此，大陆法系国家汇编判例的工作并不比英美法系国家逊色许多。较早的汇编有法国的《最高法院民事判例公报》（1792年起）和《最高法院刑事判例公报》（1798年起）、挪威的《挪威判例》（1836年）、意大利的《意大利论坛汇辑》（1876年）和德国的《帝国最高法院民事判决集》（1880年起）等。〔3〕而且，现在各国官方和民间的判例汇编也层出不穷。其作用也正如学者徐国栋教授所指出的：“就法国而论，20世纪法官的司法权

〔1〕［美］本杰明·卡多佐：《司法过程的性质》，苏力译，商务印书馆1997年版，第2页。
〔2〕［美］博登海默：《法理学：法律哲学与法律方法》，邓正来译，中国政法大学出版社1999年版，第434页。
〔3〕郑永流：《西方两大法系判例比较》，载《中外法学》1989年第4期。

已广泛渗透于立法权之中……众所周知，今天在法国生效的法规大部分来自判例汇编，而不是《拿破仑法典》。”〔1〕在此之上，通过判例汇编所实现的裁判依据索引就自然构成大陆法系判例制度运行的重要基础。

（三）两大法系判例制度的发展融合

基于不同的历史传统、法律文化和社会制度，在古典自然法的思想之上，西方形成了以英、美为代表的英美法系和以法、德为代表的大陆法系，并在之后相当长的时间内标识和影响着诸多国家的法律制度构建，司法判例制度就是其中的典型代表。不过，在此过程中，各自的不足和弊端也逐渐暴露。当下，伴随各国之间经济的发展和文化的认同，两大法系司法判例制度呈现出一种逐步融合的趋势，其表现就是普通法国家越来越重视成文规范，借助成文法的效力来解决急剧发展的社会现实面前司法判例捉襟见肘的难题；而大陆法系国家也越来越重视司法判例，进而提高裁判的效率和可接受性。

但是，这种“发展趋同”并非“走向合一”。从比较法意义上，英美法系国家与大陆法系国家确实存在相互借鉴融合的趋势，其表现也正如上文所述。但是，“趋同”只是一种外在现象，而“合一”却是实质性的变化。判例法和成文法的划分在当前仍具有重要的理论和实践意义。其差异性也主要表现在对“判例”的不同理解。大陆法系国家的判例一般是指最高法院或较高法律地位的法院发布的一些典型案例的判决，如德国实施的判例制度。而英美法系国家的判例是指法官在案件审理时所创立的法律原则和规则。英美国家的法官在提出不遵循先例、对先例进行“区别”时，需要确定先例中的“判决理由”与“附带意见”，要说明先例的“判决理由”并不能适用于待决案件中。而法官“与宣告法律的权力相伴的就是——在法律不存在之际，并在法官义务的限度内——制定法律的权力”。〔2〕也就是说，他不仅是在为当前待决案件的当事人，也在为其他人，今天法官的判决将作为先例决定明天其他法官所作判决的对错。相比之下，大陆法系国家的法官就没有创立法律的权力了，法官们在判决中所做的是对现有的制定法进行解释，而不是创立新的法律原则和规则。大陆法系法官在遇见难题时首先引用制定法规则，制

〔1〕 徐国栋：《民法基本原则解释》，中国政法大学出版社2001年版，第335页。

〔2〕［美］本杰明·卡多佐：《司法过程的性质》，苏力译，商务印书馆1997年版，第74页。

定法规则就成了司法判决中类推或相反的论据。由此可见，尽管两大法系国家都重视并适用“判例”概念，但两者所谓的判例并不能“等一而视”。

二、案例指导制度立足于司法应用

上文分析了两大法系判例制度的运行基础和发展融合，进而从一个较为全面的视角对当下的判例制度进行审视。作为一项重要的司法形式，我们在判例制度的理解上必须明确：判例不是判例法，也并非为英美法系国家所专有，是所有国家司法的共性。首先，“判例法”对应的英文单词是“case law”，是蕴含在一个个具体案件裁判中的法律，所强调的是“法律”；而“判例”对应的英文单词是“precedent”是指为后案裁判提供准据的判决先例，所强调的是“例”，但是又因蕴含着对后案的特定裁判规则而同案例“case”存在本质区别；判例制度则是在判例的基础之上形成，意指“一个国家或地区中涉及司法判例的编选、发布、内容、效力、引用、推翻之规则的总和”,〔1〕是一种制度化的运作。从习惯法的传承来看，任何国家都存在着或多或少，或精或糙的司法判例，也都以一定形式形成自己的判例制度，并逐渐突出“遵循前例”的基本属性。这也是本文在判例制度的背景下分析案例指导制度及其功能和效力的重要原因。也就是说，某种意义上，判例制度为我国的案例指导提供了理论基础。

（一）判例制度的融合构成案例适用基础

其实，在制定法体系中开展案例指导工作并非不能实现，正如英美法系国家在“遵循先例”的模式下依旧可以很好地运行制定法，并通过其运行卓有成效地总结提炼出相应的解释规则和标准。尽管对“判例”的不同理解，构成两大法系的巨大差异的表现，正如英国著名法学家尼尔·麦考密克教授在《解释性判例：比较研究》中指出，“诚然，两大法系之间存在着根本的差异，而且某些深层差异与其对判例的适用和态度不无关系。”〔2〕但是，这也绝非是无可跨越的鸿沟，诸多国家都在此方面进行了有效尝试。

---

〔1〕 何然：《司法判例制度论要》，载《中外法学》2014 年第 1 期。

〔2〕 Neil macCormick, *Interpreting Precedents - a Comparative Study*, Dartmouth Publishing Company Limited, 1997, p. 12。

首先，在英美法系，相对于大陆法系制定法清晰的逻辑结构和明确的规范内容，判例法就显得杂乱无章、卷帙浩繁。而且，更重要的是，从规则的理解和把握能力来看，判例法中所蕴含的规则往往需要经过专业法律培训的主体去抽象和解读。也正因此，在现代英美法系国家，制定法越来越多。无论在英国还是美国，立法机关针对特定情形所颁布的规范性文件与日俱增，使得判例法在法源地位上受到挑战。比如在英国，制定法的发展就有以下三方面的体现：第一，议会制定法不断增加；第二，随着行政权加强，委托立法大量出现；第三，一些从事草拟成文法的公司团体相继建立。[1]而在美国，大多数州也都对传统的判例法进行加工和法典化，从而成为英美法系国家中制定法最为发达的国家。比如，当代美国的判例法就包括以下三类：第一，普通法的判例法；第二，衡平法的判例法；第三，制定法的判例法。除此之外，美国还仿照大陆法系制度，由参众两院制定《美国法典》（united states code），并以此作为“永久性的法律”。而且，由美国法学会组织编纂的《法律重申》（restatement of law）也对传统裁判规范进行详尽解释，为法官和律师提供裁判的指引和参考，从而也具有了“准法典”的效力。

其次，在大陆法系，尽管制定法是主要的法律渊源，但是近代以来，以德、法为主的大陆法系国家也越来越重视司法判例的重要价值。在大陆法系国家，司法判例是伴随成文法的局限以及法官自由裁量权的扩张发展起来的，特别是在一些新型和疑难复杂案件中尤为如此。此过程中，虽然法官在审理案件时如何寻找明确的法律规范仍是首要任务，但他们一般不会违反上级或之前的“判例”，从而规避在上诉或再审情形下被上级法院推翻的风险。也就是说，先前判例并不是正式发源，却产生现实的拘束力，“遵循先例”在大陆法系是“无其形而行其实”。如德国具有行政实体法案例汇编，并且其行政法主要是在其行政法院的判例的基础上建立的。此外，还设立了背离判例的报告制度和判例公布制度。联邦德国宪法法院的判例具有正式的约束力，如果下级法院作出与判例相反的判决，该判决将被上诉法院撤销。当法院要背离判例另行判决时，必须向上级法院报告。被公布的联邦宪法法院的判例，不仅包括案件事实、诉讼请求、判决依据，还包括法官的不同意见。而法国的

---

〔1〕 潘华仿、高鸿钧、贺卫方：《当代西方两大法系主要法律渊源比较研究》，载《比较法研究》1987年第3辑。

情况也大致如此，法国法院尽管没有正式的遵循先例原理，但仍像其他国家的法院一样，具有一种遵循先例的强烈倾向，特别是对高级法院的判决。[1] 此发展趋向也确实产生了现实优势，这不仅能减少诉讼时间、提高裁判效率、维护司法权威，而且使得“同案同判”得以最大限度地实现，特别是在成文法建立不成熟的领域，可以用判例作为依据来实现法律实施的统一性。

从两大法系判例制度的基本功能来看，二者都是通过规则来调整社会关系，进而规范人们的行为。区别只是在具体方法呈现上不同：制定法要求立法者根据既往经验和理论推演，事先给出完整的规则体系，之后普遍适用在社会生活中；而判例法要求司法者根据法律规定和具体案情，事后总结出裁判规则，并在当下和今后的案件中合理适用。二者各有侧重，各有优劣，这也成为促进两大法系判例制度趋于融合的现实动力。当下，英美法系国家制定法越来越多，发挥的作用也越来越大；而大陆法国家除了大量的判例汇编，遵循先例也在“悄然履行”。

在现代法治国家，“法官造法”已经不再是判例制度的核心要旨和主要功能，如何通过判例来发现解释制定法的方法与规则已成为判例制度发展的主要动力。比如在英美法系，面对裁判中法律条文含混不清或模棱两可的情形，通过史密斯诉休斯案（Smith v Hughes）、王室诉艾伦案（R v Allen）、赫顿案（Heydon’s case）以及王室诉塞缪尔案（R v Samuel）等经典判例或“单独概念不能生成法律规范”等法谚所衍生的系列法律解释规则。其中最为熟知的就是英国法律解释的“三大规则”，即“字义规则”（Literal rule）、“黄金规则”（Golden Rule）和“除弊规则”（Mischief Rule），并分别对应于文义解释、体系解释和目的解释三种最传统的法律解释方法；而在大陆法系，不同于英美法国家通过判例来形成规则，大陆法系国家是通过权力来创设规则，并以解释方法的形式展现或蕴含在大量制定法或判例汇编之中。比如，在德国的反不正当竞争领域，虽也不承认判例法，但是“德国对于联邦法院及各级地方法院的判决适用判例推定原则：①如果存在所述的判例，则必须援引该判例；②偏离该判例的，需承担说明理由的责任”。[2] 而且，还成立了四

〔1〕［德］K. 茨格威特、H. 克茨：《比较法总论》，潘汉典、米健、高鸿钧、贺卫方译，法律出版社 2003 年版，第 382 页。

〔2〕范长军：《德国反不正当竞争法研究》，法律出版社 2010 年版，第 10 页。

个“判例群”,[1]将不同案件中的相似行为事实予以归纳，进而总结出解释活动所依据的具体规则和方法，在后续审理同类案件时予以参考。这些内容都是构成我国案例指导工作的重要理论基础。

（二）案例指导制度的法律适用属性

正是因为这种理论基础的存在，对于最高人民法院将这一新型制度命名为“案例指导制度”而不是“判例指导制度”“判例制度”或“先例制度”的现象，法律界曾围绕此问题展开过深入探讨，而最核心的问题就是“指导性案例”到底是不是“判例”。对此，法学专家刘作翔教授早在制度设定之初就给出了一个折中的答案，即我们所欲实行的是一种“案例”指导制度，而不是完全的“判例”指导制度。是要将“案例”上升到能够“指导”以后法院审判工作的地位，而不仅仅是过去的“参考”作用。[2]这也正如陈金钊教授所强调的，“案例解释方法借鉴了英美传统法治在分析案件理路上注重细节方面的优点，强调了‘法在事中’的经验主义法则，这对克服我国法律解释方法存在的理路粗疏，理解不精细、不到位，说服力不强的缺陷有十分重要的意义。”[3]将案例指导制度与法律解释方法相结合，对司法实践将具有重要的作用。因为不同于传统的文义解释、体系解释和目的解释等具体方法，在解释过程中以往的经验对理解法律同样具有重要的参考作用，而案例指导制度正是从事实的角度对法律规范进行理解。这也构成在法律方法层面上对案例指导制度的解读。

实际上，这些理论层面的名称之辨也并非该制度的重点，如何通过制度实施发挥其所应具有的司法功能才应该成为我们着重关注的内容。它的定位仍然是在我国现有司法功能框架下的一种法律适用，而不是英美法系中的法官造法机制。而且，类似于英美法判例的指导作用，此法律解释过程不仅仅是规范性的技术，更是一种存在于相似案件的思维方式。裁判规则形成的过程，是法官对法律规范进行解释的过程，也是一个演绎推理的过程。相对于立法的制度性规则制定，裁判中的法律解释方法更接近于法律思维的塑造过

[1] 范长军：《德国反不正当竞争法研究》，法律出版社2010年版，第116~118页。
[2] 刘作翔：《我国为什么要实行案例指导制度》，载《法律适用》2006年第245期。
[3] 陈金钊：《案例指导制度下的法律解释及其意义》，载《苏州大学学报》2011年第4期。

程。这种思维型规范主要通过法律人思维的职业性和专业化得以展现。[1]在当前的法治中国建设中，法治改革的成败直接取决于公共和私人决策者是否普遍接受或习惯于此种特定思维，且“是否能够按照这种思维方式去形成预期、采取行动，评价是非，是否肯于承认并尊重按照这种思维方式思考问题所形成的结论，尤其是在此种结论与自己的意愿、计划和利益相抵触的时候。”[2]

三、案例指导制度具体功能的展现

受中国传统思维习惯、政治体制和法律特点等因素影响，在清末的改革过程中，我国的法律现代化选择了大陆法系的制定法道路并一直延续至今。也因此，尽管我国具有悠久的判例史，比如早在中国古代，就已经具有了“例”“比”“故事”等判例形式，只是古代的判例研究多局限于个案司法经验的总结，而未能在适用程序与方法、参考效力及评价等领域进行抽象、归纳和概括；[3]也并未形成完善的判例制度，这就构成我国开展案例指导工作进程缓慢且困难重重的历史原因。但是好在作为判例制度在我国实施的基本样态，它仍和两大法系的判例制度有着千丝万缕的联系。而其较为成熟的裁判经验，既构成当前我国案例指导制度建立的域外理论依据，也是反思案例指导制度功能的重要衡量标准。具体而言，主要体现在如下方面：第一，通过一种事实拘束力辅助裁判中的法源确立，明确其清晰、补充法律和填补漏洞的主要功能；第二，通过一种规范拘束力充分利用法律方法，为裁判活动提供普适性的解释规则和标准，并在这两种功能之下进行相应的补充和完善。

（一）辅助确立制定法的法源

如果说西方的判例制度的功能是通过先例创设规则，以弥补制定法的不足，那么我国案例指导制度的功能就是发现和总结规则，进而将这些规则和标准要求融入法官的具体裁判，辅助法官确立制定法的法源。具体而言，这种功能主要体现为以下几个方面：清晰法律、补充法律、填补漏洞和创设规

[1] 宋保振：《法律解释规则的规范适用及其思维型本质》，载陈金钊主编：《法律方法》（第17卷），山东人民出版社2015年版。

[2] 郑成良：《论法治理念与法律思维》，载《吉林大学社会科学学报》2000年第4期。

[3] 汪世荣：《中国古代的判例研究：一个学术史的考察》，载《中国法学》2006年第1期。

则。结合当下公布的 12 批共 60 个指导性案例，对于这四个方面的功能我们可具体分析如下：

第一，清晰法律。该功能主要是对法律文本含义或司法解释等规定内容的再次强调，是在一些典型或新发案件的裁判上，指明它们尽管有着特殊的表现形式，却实质同传统案件的“无差异”，因此主要适用的方法是字面解释方法。这些案例如指导案例 1 号对“跳单”的解释、9 号“公司清算义务”的明晰、17 号“销售欺诈”和 18 号“不能胜任工作”的理解等。第二，补充法律。既然法律通过语言来表述，那么它就会天然地带有语言的不确定性和模糊性缺点。也正因此，法律的“文义”就包括“核心文义”和“边缘文义”两个部分。如果说，把握“核心文义”是对法律的明晰，那么把握“边缘文义”就可视为对法律的补充，进而在法律规范的范围内，充分挖掘其意义。如指导案例 2 号中的“和解协议”理解的扩充，“和解协议”原本仅指执行中的和解协议，本案将诉讼外协议也类推适用执行和解协议。指导案例 3 号将“为他人谋取利益”界定为包括明示和默示方式，涵盖承诺、实施和实现阶段；指导案例 11 号中，扩大了在贪污贿赂类犯罪中“利用职务便利”“公共财物”的认定上，主体和客体的范围等。第三，填补漏洞。此漏洞的填补功能主要体现在一些疑难案件的裁判上。法律的滞后性、语言的模糊性、方法的有限性甚至公权力的干涉等因素都可能构成“不确定状态”下的裁判，从而使得案件变得“疑难”。此时，面对司法者“不得拒绝裁判”的事实，唯有通过利益权衡和漏洞补充方可满足要求。比如，对指导案例 6 号“等”字不完全列举的补充、对 28 号“恶意欠薪罪”主体的扩大等。通过此目的指引下的漏洞填补功能使得诸多的“疑难”案件不再疑难。第四，创设规则。相对于前三种功能，创设规则并非主要。这一方面是在我国司法体制下，法律、法规及规章制度必须由一定主体通过一定的程序得以生成。而且我国推行指导性案例的主要目的是对解释规则和裁判标准的总结和提炼，而并非直接创设。但是，虽然不是主要，但也并非不存在。如体现在 60 个指导案例中，50 号把通过人工授精（他人精液）所生“婚生子女”认定为“婚生子女”，58 号在我国没有对“老字号”专门保护的法律前提下，通过“老字号”与注册商标联系使用的现实，对“老字号”予以商标的同等保护。

（二）提供抽象的“解释规则”和“裁判标准”

上文分析到，两大法系判例制度趋同的实质是通过判例所提供的解释方法与规则。案例指导制度作为上述制度“融合”的中国展现，也必然将此方法和规则的“指导”作为案例指导工作的核心。尽管在实践中，很多法官仍是从“法律规范检索”的功利角度来理解当前的指导性案例。从指导性案例的定位来看，指导性意味着权威性和一致性；而从指导性案例的意义来看，其最明显的价值正是裁判理由中所揭示的“先例”示范性。正如德国著名法哲学家拉伦茨所认为的，发生先例拘束力的不是有既判力的个案裁判，而是法院在判决理由中对某法律问题所提的答复。“是在判例中被正确理解或具体化的规范，或者说，是裁判中宣示的标准具有‘拘束力’，后者尚须以‘适切的’规范解释或补充为基础，或以范例性的方式具体化法律原则乃可。”〔1〕所以，最高人民法院通过所公布指导性案例的“应当参照”效力，将一定的法律适用标准及规则运用到后继案件的裁判过程中，既满足着法治背景下“相似案件相似判决”的基本要求，又把复杂、抽象的法律解释理论转化为简约、有效的法律解释规则，从而最大限度“激活”和“用足”指导案例。

具体而言，就是从方法论的视角对指导案例的“裁判要旨”进行审视，进而发现其中具有指导性意义的“解释方法”或“裁判标准”。从当前已公布的具体指导案例来看，“裁判要旨”对法院判决的根本法律思想的内容提供了极为简洁的说明。它们省略案件的基本事实，并将判决所根据的理由高度概括。而且，不同于大陆法系判例汇编的传统做法，这些“裁判要旨”并非纯粹抽象的“准条文”，而是蕴含着具有指导、启示意义的重要裁判规则、理念或方法，主要解决的也是法律适用方面存在的问题。如指导性案例 14 号对未成年人犯罪“禁止令”适用、指导性案例 23 号对消费者权利保护所体现出的人文关怀、指导性案例 18 号和 28 号对劳动关系中弱者的保护、指导性案例 17 号和 23 号放宽对消费者购物动机的限制性规定以及指导性案例 19 号和 32 号对道路交通犯罪的严格认定等。面对这些“特殊”案例，最有价值的做法就是通过法官的解释和论证活动发现隐藏在裁判理由中的“指导性因素”，并对此加以总结、提炼和验证，进而抽象为规范意义上的法律解释方法或规则，将此参照效力作为该制度是否运行良好的重要标准。〔2〕正如有学者分析的，与其将指导性案例理解为解决“同案同判”的问题，还不如理解为提供

〔1〕［德］卡尔·拉伦茨：《法学方法论》，陈爱娥译，北京商务印书 2003 年版，第 302～303 页。
〔2〕刘作翔：《中国案例指导制度的最新进展及其问题》，载《东方法学》2015 年第 3 期。

一套方法上的规则。而且，不同于以往“计划经济式”的规则提供，通过指导性案例自发地产生规则更应该视为一种“市场经济式”的规则提供方式。〔1〕在此之下，对指导案例中“裁判要旨”的研究，就成为当前法律方法研究者的重要任务之一。

四、借助功能完善案例指导制度

尽管案例指导制度能够辅助确立制定法的法源，但是在大陆法传统和我国解释体制的影响，案例指导制度不可能具有法源的地位。而且，很长时间内，也只能是作为制定法、法律解释甚至司法性文件的补充。借鉴当前德、法等国家“判例化”发展的经验，一定程度的判例制度的确能给法官审理同类案件提供重要的范例和参照依据，进而总结裁判经验、提高裁判效率。为实现此目标，我国当下的案例指导制度探索也应该从判例制度的内外两个方面予以完善：

第一，外部生成制度。该部分主要涉及判例公布的主体、种类和方式问题。其中最重要的就是哪些法院的案例可以成为判例，即何种级别的法院应该成为判例法院？判例法院判例的遴选由谁最终决定，又遵从什么样的标准？对此问题，早期的制度创设者早已意识到。因此在2010年的《关于案例指导工作的规定》中，只在最高法院垄断指导性案例的发布这一点上保留了审级意识，在其他方面一概抛开了现行法院体系和审级制度。并且，即使是最高人民法院审理的案例，也不能自动成为指导性案例，而必须经过推荐程序。〔2〕这样看似形式上理顺了指导案例发布的关系，但也产生以下两个现实裁判中的难题：首先，这种上级法院遴选的机制实际上是剥夺了某些地方法院裁判的“上诉机会”，只要地方各级人民法院审理的案件不能上诉到最高人民法院，地方法院也就没有动力去参照最高院所发布的指导性案例；其次，我国幅员辽阔、地域差异大，这种仅在推荐基础上由最高院统一发布指导性案例的做法，能否满足全国各级法院审判数量和种类上的要求就是一个很大的疑问。如果最高院严格把关，所公布少数案例对全国法院裁判的影响就微乎其

〔1〕宋保振：《法律解释规则的规范适用及其思维型本质》，载陈金钊主编：《法律方法》（第17卷），山东人民出版社2015年版。

〔2〕宋晓：《判例生成与中国案例指导制度》，载《法学研究》2011年第4期。

微，比如当下我国的情形。指导案例发布制度正式实施已近八年，至今只有17批92个案例，并且还未涵盖所有部门法领域。如果最高院降低标准，又会使得所公布案例良莠不齐，失去了制度当初的设定初衷。

针对这两个问题，在现行司法体制和审级制度不作大改变的情形下，也许有效的解决方式就是逐步改变最高人民法院具有“准立法”性质的司法解释行为，并针对疑难复杂和典型案件作出判决来解释法律适用问题。“通过最高人民法院凭良好的公共理性和司法技艺作出被法官和社会公众广泛认同的判决，进而‘内生自发地’‘权威生成’判例（或指导案例）”〔1〕。对此问题，美国及欧盟都具有类似的做法且成效显著。〔2〕

第二，内部拘束制度。对此内容，相关研究者也展开了诸多探讨，并将焦点集中于指导案例的法源地位和援引情形。而从两大法系其他国家的发展来看，此焦点问题也是整个判例制度的核心。对于指导案例的法源地位，上面的法律适用性部分其实就已进行了探讨。在我国当前司法模式下，指导性案例围绕制定法展开已经成为一个不争的事实。它并非一种新的“造法”制度，而是为了弥补成文法的不足，并对法律规则的理解和适用进行指导。因此，相对于围绕法源地位的争论，现实的法官援引和指导效力才是更值得关注的内容。不过，在我国当前司法背景下，案例指导制度还只是处于探索阶段，它不同于中国古代的律例和西方的判例，尽管一定程度上是对二者模式和效力的效仿。具体到裁判文书对指导性案例的援引和应用，虽然理论和实务界对此内容仍看法不一、毁誉悬殊，但是最高院和各级人民法院都在切实探索和践行多样的援引路径。〔3〕通过对蕴含在“裁判要旨”中解释方法和裁判标准的研究和关注，案例指导制度也将因其特有优势日渐重要。因为在成文法体制下，判例所创制的正是裁判规则。这种裁判规则作为成文法的细化，具有弥补成文法抽象性与一般性的特殊功能。也只有如此，案例指导制度“总结审判经验，统一法律适用，节约司法资源，提高司法效率的目的”才能真正落实。

---

〔1〕刘树德：《最高人民法院司法规则的供给模式——兼论案例指导制度的完善》，载《清华法学》2015年第4期。

〔2〕何然：《司法判例制度论要》，载《中外法学》2014年第1期。

〔3〕针对各级人民法院对指导性案例的援引和适用状况，近两年来最高人民法院陆续出台《最高人民法院指导性案例司法应用年度报告》。在报告中，着重分析当年的案例指导工作进展、适用状况、存在问题及完善建议，并对每个案例的应用情况及应用案例的具体情况进行统计整理。

结　语

当前，案例指导制度作为司法解释的补充，并且不同于大陆法国家司法规则的“权力创设”来源路径，它是对“权威生成”模式的探寻。尽管体现在其产生和运行上，仍是过多地依赖最高司法机关的权力推动。但可以明确的是，指导性案例所具有的弥补法律条文模糊乃至疏漏方面的作用，不是造法而是释法，是总结法律经验法则而不是创制法律经验法则。[1]这也正是两大法系判例制度的精髓。并且，在两大法系判例制度发展趋同的背景下，深入研究判例的运行基础和效力作用将显得尤为必要。这不仅为中国案例指导工作的开展提供了“目标指向”和“检验标准”，也是在社会主义法律体系形成后，围绕制定法推进我国判例制度并同世界其他国家司法对话的有益探索。

---

〔1〕 刘风景、温子涛：《批复类司法解释的走向》，载《人民司法》2014 年第 3 期。

司法裁判社会效果考量理论再检讨

贾建军 *

摘　要　司法裁判的社会效果考量因主观性过强、形式合法性易失、可操作性较差一直备受争议，但是无论从历史传承、现实需要还是法律适用来看，司法裁判社会效果考量都意义重大。作为一种社会控制手段，法律规则与社会规范、公共政策等一起规制社会秩序、实现社会控制。由此，在社会转型背景下，当代中国国家治理应当倡导法律与其他社会规范共同作用，汇聚个体认同、社会推动、国家强制三种力量推动现行法律的有效实施。具体到司法实践中，法官需要寻求法律规则与公共政策、社会规范、历史传统指向"共振"，在法律规则主导下，于多元要素"共振"中凝聚个体认同、社会推动、国家强制的力量，推动司法裁判现实接受、实现。

关键词　司法裁判　社会效果　市民社会　社会规范　公共政策

近年来，从泸州遗产继承案、冷冻胚胎第一案到贾敬龙案、山东辱母案都存在着一个关于司法裁判社会效果考量的法治话题。尽管人们对社会效果与法律效果何者主导统一存在争议，对社会效果预测实践操作主观性过强存有质疑，对强调社会效果会干扰形式法治心存担忧，但是面对社会转型的客观现实，面对关注社会效果的法律传统，面对司法实践中敏感案件宣判后社会考量不足引起的大众热议，再次理性思考、检讨司法裁判社会效果考量这一法治话题无疑具有重要的实践价值和理论价值。本文试图立足于对司法裁判社会效果考量的必要性进行探讨，探讨社会效果考量的具体路径、操作方

---

* 贾建军，男，山东大学（威海）法学院硕士研究生。

法，并结合近年来司法实践中的具体案例进行考察、反思，以期提出进行社会效果考量的有效操作思路、方法，为司法裁判进行社会效果考量提供有益参考。

一、司法裁判中社会效果考量理论检讨

近年来，随着我国经济快速发展，社会也在加速转型。在司法实践中出现了泸州继承案、冷冻胚胎第一案等一系列影响一时的社会敏感案件，为了有效回应社会对司法的现实需求，在司法实践中提出了“法律效果与社会效果统一”的司法政策，司法裁判社会效果考量由此成为社会关注的话题，也成为学者们热议的一个法学论题。在对现实的理性反思、批判中，学者们对这一司法政策的实践价值、司法裁判社会效果考量实际操作等问题提出诸多质疑，归结起来，主要集中在两个问题上：一是司法实践中社会效果考量主观性过强，可操作性不强；二是司法裁判社会效果考量容易导致裁判结果形式合法性丧失。

（一）司法裁判社会效果考量的客观性、可操作性

民法学家王利明认为，“社会效果的考察主观性过强，没有一个量化的标准，在什么情况下才属于好的社会效果，难有定论，因此可能赋予法官过大的自由裁量权，按照其所理解的社会效果而任意解释法律。”〔1〕学者崔雪丽、孙光宁指出，“社会学解释强调的社会效果是建立在预测的基础上，这种预测的要求是对法官提出的巨大挑战。”〔2〕

美国法学家罗斯科·庞德认为，促进人类文明、实现社会控制的主要手段是道德、宗教和法律。在近代世界，作为一种工具，法律成了社会控制的主要手段。所有其他社会控制手段都被认为只能行使从属于法律并在法律确定范围内的纪律性权力。但是，如果假定政治组织社会和它用来对个人施加压力的法律，对完成目前复杂社会里的社会控制的任务来说已经绰绰有余，那也是错误的。〔3〕因为“道德、宗教、伦理习俗、礼仪、言行得体，甚至是

〔1〕 王利明：《法律解释学》（第二版），中国人民大学出版社 2016 年版，第 290 页。

〔2〕 崔雪丽、孙光宁：《论法律解释方法中的社会学解释》，载《渤海大学学报》2010 年第 5 期。

〔3〕 ［美］罗斯科·庞德：《通过法律的社会控制》，沈宗灵译，商务印书馆 2010 年版，第 11～14 页。

礼节和时尚都不仅仅处理非法律关系；它们也常常影响法律领域。没有任何一个法律上的联合体能完全依靠法律规范的方式来维持它的存在；法律规范一直都需要能强化和弥补它们效力的非法律规范的协助。缺少上述所提及的每一种社会规范的合作，任何东西都不能提供社会机制运转的完整图景”。[1]因此，在法律实施过程中，需要关注法律与宗教、道德、社团规则、风俗习惯等社会规范的有机协调。具体到当代中国司法实践，面对社会全面转型需要国家整体规划指引，随着市民社会发展社会组织作用的不断增强，尊重历史传统的习惯思维存在的客观现实，关注现行法律与传统美德、社会风俗、社团规则、国家政策等社会规范有机协调、共同规制社会秩序具有极为重要的实践价值。因为通过现行法律与多元社会规范协调，基于当事人对传统美德、社会风俗的认同可以促进对现行法律规制实现认同；基于对社团规则的认同，当社团规则与法律规范指向一致时，社团规则的实施强制力可以成为促进法律实施的外在助推力；国家推动公共政策实施的力量也可以成为推动司法裁判接受、实现的有力外援。由此，社会个体的理性认同力、社会规范的公共推动力、国家的公权强制力汇聚在一起，将成为推动司法裁判接受与实现的现实力量。

通过以上分析可以看出：人们对司法裁判社会效果的考量不仅仅是一种对司法裁判社会效果的简单“预测”。实际上，它是在通过司法裁判社会效果考量实现现行法律规则与多元社会规范协调一致，从而汇聚各种社会力量共同规制现实社会秩序。由此，多元社会规范成了人们衡量司法裁判社会效果的评判依据。就社会规范的产生基础而言，作为市民社会成员生活经验的长期积淀和社会共识的理性认同，是市民社会自身形成的一种内在秩序，也是指引市民社会成员理性行动的不成文行动指南。正如奥地利法学家埃利希所言，“大多数社会规范措辞上的系统表述并非一劳永逸地达成，而必定是从经常性的、获得普遍赞同的、人类行为的实际惯例中不断重新抽象而获得的，此点在道德规范、伦理习俗、良好教养以及社交中的机敏等方面更是绝对正确。”[2]就此而言，它是社会存在的理性反映，具有一定的客观基础。就社

[1] [奥] 尤根·埃利希：《法律社会学基本原理》，叶名怡、袁震译，江西教育出版社 2014 年版，第 42 页。

[2] [奥] 尤根·埃利希：《法律社会学基本原理》，叶名怡、袁震译，江西教育出版社 2014 年版，第 330 ~ 331 页。

会规范的存在形态而言，多元社会规范往往都是充分公开、相对固定的社会规则，可以便利人们进行比对、评判，因此可以成为人们进行社会效果考量的有效依据。同时，“每一个社会总有许许多多社会、经济因素，但是，一个重要的社会经济现象通常只是由少数几个重要因素的作用产生的。”〔1〕同样，在司法实践中，面对现实社会秩序，真正影响司法裁判的也无外乎几种主要社会规范：源自古典社会的传统美德、善良风俗，当代市民社会的各种社团规则，转型时期政治国家的基本政策，预测社会未来的大数据成果等。因此，当考量方法由对司法裁判社会效果主观预测转到寻求法律规则与社会规范一致之后，在考量依据客观、考量标准相对确定的情况下，法官的效果考量也就不再难以操作、实施。同时，因主观预测而导致的社会效果考量主观恣意也可以得到有效抑制。

（二）司法裁判社会效果考量的形式合法性

焦和平认为，“法外因素的考量有可能破坏法律的安定性，影响裁判的法律效果。社会学解释的潜在危险性在于过分强调社会效果而偏离文本，有可能破坏法律的安全性，破坏人们基于制定法而产生的正当的期待。因为对法外因素的过多考量有可能导致裁判与法律的偏离，仍然会给一些人以追求社会效果为名曲解法律，将裁判的社会效果与法律效果对立，甚至违背法律进行裁判。”〔2〕学者杨知文以为，“从法律适用过程和裁判理由要素构成的路径上看，中国司法语境中的社会效果在理念和实践上更多的是作为一种法外因素被人为地主动追求的，其被事先强调的色彩浓厚，而规范性和程序性的具体要求欠缺，在这种情况下，于法治的形式理性与实质理性的角度分析，这种社会效果及其衡量依据也很难被纳入到法律理性要素的范围中。”〔3〕从而在司法裁判社会效果考量中可能导致用社会效果统一法律效果，用实质法治代替形式法治。

实际上，对司法裁判社会效果考量，不管是对社会效果的预测，还是寻求现行法律与多元社会规范一致，都是以既有法律规范有效发挥作用、现行法治秩序正常运行为前提的，都是在法律秩序范围内的社会效果考量。司法

〔1〕林毅夫：《本体与常无：经济学方法论对话》，北京大学出版社2012年版，第206页。

〔2〕焦和平：《法律之内实现社会效果的合理路径——社会学解释方法的司法适用》，载《河北法学》2013年第6期。

〔3〕杨知文：《基于后果评价的法律适用方法》，载《现代法学》2014年第4期。

裁判社会效果考量本质上在于通过社会效果考量使国家机构运作之司法裁判结果接市民社会运行之公共秩序“地气”，从而汇聚个体理性认同的力量、社会规范的公共推动力量、国家的公权强制力量，推动司法裁判结果的现实接受与实现。正如哈耶克所说，现代法治社会的基本构架应当是，在政府遵守预先制定的规则下订立并依靠规则来管理和治理社会，而让个人和企业在市场机制中自由地参与竞争。因此，良好的社会不是简单地依赖于在政府所提供的法律框架内追求私利，相反，它应依赖于一套复杂的法律、道义传统和行为规则的框架，这套框架的特点应该为大多数社会成员所理解和认同。〔1〕由此，在司法裁判社会效果考量过程中，形式法治的既有秩序不仅没有被突破，相反经过社会效果考量的司法裁判结果在其他社会规范、社会力量的协助下具有了更多的社会认同和实现可能。

二、司法裁判中社会效果考量的必要性

立足我国司法实践，进行社会效果考量既是应对转型中国社会变迁的实践需要，也是破解法律适用难题的现实需要，更是实现我国传统法律文化传承与创新的发展需要。

（一）应对转型中国的社会变迁需要在司法实践中进行社会效果考量

庞德认为，法理学是一门社会工程科学，法律是一种社会控制手段。人们评判工程人员的标准是他所做的工作，而评判他的工作的标准则是它是否符合该项工作的目的，而不是它是否符合某种理想型的传统方案。同样，人们评价法律规制社会的标准也主要看它实施的社会效果如何，而不仅仅看它的适用是否符合一种规则的逻辑演绎。〔2〕因此，“国家法实际上成为日常生活不可或缺的一部分，并对日常生活产生一种‘形塑’的影响，则法学家不再将其注意力局限于制定法的条文，而将关心在此种影响下所形成的生活的形态。”〔3〕具体到我国法治实践中，由于整个社会处于全面转型时期，社会

〔1〕［英］哈耶克：《通往奴役之路》，王明毅、冯兴元等译，中国社会科学出版社1997年版，第3～17页。

〔2〕［美］罗斯科·庞德：《法律史解释》，邓正来译，商务印书馆2013年版，第204页。

〔3〕［奥］尤根·埃利希：《法律社会学基本原理》，叶名怡、袁震译，江西教育出版社2014年版，第316页。

关系变动剧烈，法律稳定性与变动性之间矛盾突出。“一般安全中的社会利益促使人们去探寻某种据以彻底规制人之行动的确定基础，进而使一种坚实而稳定的社会秩序得到保障。但是，社会生活情势的不断变化却要求法律根据其他社会利益的压力和种种危及安全的新形式不断做出新的调整，因此，法律秩序就必须既稳定又灵活。”〔1〕面对社会转型引发的现实社会秩序与既有法律规制之间的紧张关系，既有法律规范能否对现实社会秩序进行有效规制就成为人们关注的一个现实问题。由此，司法裁判社会效果考量成了转型中国法治实践的一种现实需求，通过进行社会效果考量不仅可以了解我国现行法律制度对社会秩序规制的有效程度，而且可以在既有法治秩序中引入一些“社会变量”，在动态中实现法律变动性与稳定性的平衡，同时也为司法裁判注入更多的社会认同、实现因素，从而更好地实现法律规范对社会秩序的有效规制。

（二）破解法律适用难题需要在司法实践中进行社会效果考量

改革开放40年来，我国一直处在社会全面转型时期。虽然立、改、废的国家立法活动持续进行，但法治实践中，现行法律诸多方面不能适应社会发展仍然是一个不争的事实。有鉴于此，人们希望在坚持形式法治前提下立足司法个案，通过法律方法的创造性适用协调法律稳定性与变动性之间的冲突，从而有效提高司法裁判可接受性，促进现代法治秩序有序建构。具体到司法实践中，“除了事实认定方面的困难之外，面对千变万幻、复杂多歧的具体事实，如何妥当地适用法律也往往是颇费踌躇的。究其理由，或者成文法的条文语意暧昧、可以二解，或者法律规范之间互相抵触、无所适从，或者对于某种具体的案件无明文，或者墨守成规有悖情理、因而不得不法外通融，如此等等，不一而足。所以，判决的正当化，除了法规、先例、学说、解释技巧之外，显然还需要一般性的实践根据。正如魏因贝格尔所指出的，法的知识包括对于法的‘应然’的‘规范——逻辑’分析和对于法的社会学含义上的‘实然’的认识这两个方面。”〔2〕因此，在法律解释过程中，基于文义解释出现法律解释一法多解时，这一问题在‘规范——逻辑’的应然分析范围中显然已经无法解决，由此，只能到实然认知的社会法学领域中寻找答案，基于法律解释社会效果的实然考量无疑就成为一种必然的现实选择，通过对

〔1〕［美］罗斯科·庞德：《法律史解释》，邓正来译，商务印书馆2013年版，第4页。
〔2〕季卫东：《法治秩序的建构》，商务印书馆2014年版，第417～418页。

多元法律解释社会效果的考量，从中选出能够进行有效社会规制的裁判方案。同时，在转型期的中国，法无明文规定下的漏洞补充也需要充分考量司法裁判的社会效果，促进司法裁判接受与实现，从而有效维护司法权威，发展、完善现行法律制度。在此意义上，破解法律适用中的难题需要在司法实践中进行社会效果考量。

（三）法律文化的传承与创新需要在司法实践中进行社会效果考量

如果说血缘基础是中国传统思想在根基方面的本源，那么实用理性便是中国传统思想在自身性格上所具有的特色。先秦诸家为寻求当时社会大变动的前景出路而授徒立说，使得从商周巫史文化中解放出来的理性没有走向闲暇从容的抽象思辨之路，也没有沉入厌弃人世的追求解脱之途，而是执着人间世道的实用探求。因此，中国哲学和文化一般缺乏严格的推理形式和抽象的理论探索，毋宁更欣赏和满足于模糊笼统的全局性整体思维和直观把握，追求和获得某种非逻辑、非纯思辨、非形式分析所能得到的真理和领悟。这种实用理性的传统既阻止了思辨理性的发展，也排除了反理性主义的泛滥，使中华民族获得和承续着一种清醒冷静而又温情脉脉的中庸心理：不狂暴，不玄想，贵领悟，轻逻辑，重经验，好历史，以服务于现实生活、保持现有有机系统的和谐稳定为目标。由此，在传统司法实践中形成了高度关注司法裁判社会效果的实用主义法律传统。[1]同时，坚持法律规则约束的推理、论证反映了一种形式逻辑的分析思维，社会效果考量中整合个体认同、社会推动、国家强制力量的努力折射出综合权衡的整合思维。由此，司法实践中社会效果考量正好实现了这两种思维方式优势互补、有机融合。正如学者所说，“中国古代思维的整体性和有机性影响着我们对西方分析性文化的吸收方式，也为我们综合把握各种方法的综合运用提供了条件。但综合性和有机性的思维也带来一个问题，那就是高而欠深、笼统而欠细致。西方的分析方法深入到事物的内部，但对整体的认识存在一定的欠缺，然而没有细致的分析实际上也很难掌握整体，尤其是所谓的有机整体。”[2]因此，如果能实现东西方两种思维有机结合，那就既能深入事物内部，也能把握事物整体，由此可以对事物进行更为有效的理解、掌握。在此意义上说，正是传统法律文化的整

---

〔1〕 李泽厚：《中国古代思想史论》，生活·读书·新知三联书店2017年版，第276~284页。
〔2〕 陈金钊等：《法律方法论研究》，山东人民出版社2010年版，第42页。

合性思维与现代法治文明的分析性思维有机互补使得实践中对司法裁判社会效果考量具有了一种文化传承与创新的历史正当性和现实可行性。

三、司法裁判中社会效果考量因素分析

“在我们生活的地上世界里，如果法律在今天是社会控制的主要手段，那么它就需要宗教、道德和教育的支持；而如果它不能再得到有组织的宗教和家庭的支持的话，那么它就更加需要这些方面的支持了。”〔1〕综合以上分析可以看出：人们对司法裁判社会效果的考量不仅仅是一种对司法裁判社会效果的简单“预测”，实际上，它是在通过司法裁判社会效果考量实现现行法律规则与多元社会规范协调一致，从而汇聚各种社会力量共同规制现实社会秩序。从我国法治实践出发，处于转型期的中国既需要政治国家的宏观引领，也需要市民社会理性共识的微观积累；既需要对历史传统的尊重与传承，也需要对社会发展的预测与把握。需要整合个体的认同之力、社会的行动之力、国家的引导和强制之力形塑当代中国法治秩序。因此，在司法裁判中，社会效果考量需要寻求法律规制与国家政策、社会规范、历史传统的指向“共振”，在“共振”中凝聚推动司法裁判接受、实现的力量，有效发挥法律对社会秩序的规制作用。

（一）历史传统

尽管物质生活上的硬件——冰箱、空调、电视机等世界通用，并无国界，但人们的生活软件包括经济组织、政治体制、生活习惯、行为模式、人生态度、价值观念、思维特征等却因政治、文化传统的不同而不通用。在中国，传统政治、文化据以生存的“体”（非商品经济的农业小生产占据主要地位）虽然已经崩溃，但它的许多上层体系、价值观念仍然存在，并成为巨大的习惯力量，〔2〕影响着人们的日常思维方式、行为习惯。同时，在儒家思想看来，个人与他人、与群体是一个连续的而不是断裂的关联，人在这种关系之中必须积极承担自己对对方的责任，以自觉承担对对方的责任为美德，以此来维护和巩固这种关系。这种责任之心是儒家思想文化养成的人的普遍价值心理。在这种责任理念之下，人不是以权利之心与对象结成关系，而是以责

---

〔1〕［美］罗斯科·庞德：《通过法律的社会控制》，沈宗灵译，商务印书馆2010年版，第37页。

〔2〕李泽厚：《中国现代思想史论》，生活·读书·新知三联书店2008年版，第379～380页。

任之心与对象结成关系。个人与他方构成关系时，不是以自我为中心，而是以自我为出发点，以对方为重，个人的利益要服从责任的要求。人常常为责任的实现而忘我，忘记其个人，责任往往成为个人社会实践的重要动力。[1]具体到司法实践中，司法裁判指向如果与反映这种价值观念的传统道德规范、社会风俗习惯指向一致，那么对传统价值观念的理性认同无疑会成为促进司法裁判接受与实现的一种精神力量。

（二）社会规范

随着我国市场经济走向成熟，在国家治理中市民社会形塑现代法治秩序的功能开始显现。在市民社会中，社会共同体的公共生活要得以展开和维系，必然在公民与公民之间、组织与组织之间、公民与组织之间等的频繁互动中形成各种各样的交往准则、行为规范、制度规定等，这些维护公共秩序的行为准则和制度规范由于是自然演化形成的，公众对它的认可度和遵从度都很高，这些制度规范奠定了集体行动的“路径依赖”，为现代法治秩序建构提供了制度规范和行动逻辑。[2]我们所有的人都生活在无数的、紧凑程度不等的，偶尔也非常宽松的有组织的联合体中。正是在这样一个群体圈子内，在危难时寻求帮助，在不幸时寻求安慰，寻求道德的支持、社会生活、认可、尊敬和荣誉。作为交换条件，这些联合体都会提出一些要求，作为他们给予的对价。盛行于共同体中的社会规范就是联合体对个人所提要求的普遍有效的沉淀物。因此，一个人若需要他所归属的圈子给予支持，至少通常情况下他遵守该圈子的规范就是明智的。拒绝遵循联合体规范的人将必须面对他的行为使他及他自己的圈子的结合趋于松散这一事实。一个坚持拒不服从联合体规范的人等于解开了迄今还连接着他与联合体的纽带，他将逐渐被遗弃、疏离和驱逐。这样看来，至少就涉及的规范的外部遵守而言，在社会联合体中，存在所有社会规范的强制力和制裁的根源，也存在道德、伦理习俗、宗教、荣誉、礼仪、礼节、时尚的强制力和制裁的根源。[3]由此，在市民社会中，社会规范实施就有了一种与生俱来的强制力量。在司法实践中，当司法

[1] 陈来：《中华文明的核心价值：国学流变与传统价值观》，生活·读书·新知三联书店2015年版，第52页。

[2] 方盛举：《国家治理现代化进程中的政府与社会》，载《哈尔滨工业大学学报》2017年第1期。

[3] [奥] 尤根·埃利希：《法律社会学基本原理》，叶名怡、袁震译，江西教育出版社2014年版，第49页。

裁判与社会规范指向一致、发生“共振”时，社会规范的强制力就可能成为促进司法裁判接受与实现的一种现实力量。

（三）公共政策

当代中国社会转型属于外源型或叫后发型现代化社会转型，要实现由传统君主专权社会到现代民主社会转型；需要由传统农耕文明进入现代工商文明，由计划经济转轨市场经济；由传统乡土社会蜕变成现代市民社会，这就决定了当代中国社会转型的复杂性、艰巨性和长期性。同时，由于三次科技革命的推动，人类社会发展日新月异，使得我国社会转型时不我待、时间紧迫。由此，客观上决定了我国社会转型不允许经过长时期的自然历史演化，必须依靠国家政权力量总体协调、科学规划、全力推动社会转型，因此需要国家作为市民社会整体利益的代理人在社会转型中发挥主导作用，制定公共政策，协调各方利益，推进社会转型。现代公共政策具有导向、规范、调控三项基本功能。通过为社会的发展规定目标，为人们的活动规定方向来引领国家、社会、个体行为未来走向；通过对社会主体行为进行监督奖惩、教育引导规范整体社会生活秩序；通过对社会中各种利益关系进行有效调控引导社会健康、有序发展。〔1〕同时，我国社会正在从传统政策治国向当代依法治国转变，国家政策对人们行为强力调控的传统影响依然存在。由此，当司法裁判指向与公共政策导向发生“共振”时，公共政策的强制效应就可能成为案件当事各方接受、实现司法裁判的强力助推因素，促进人们对裁判的接受、实现。在司法实践中，公共政策直接体现为司法政策，是特定时期国家宏观政策、内政外交形势和社会经济文化发展需求在司法中的凝聚和体现。〔2〕因此，司法裁判中对司法政策的考量实际上就是在寻求公共政策与司法裁判的指向“共振”，从而为司法裁判的接受、实现创造条件，提供实现力量的多元支持。

（四）大数据信息

互联网技术改变了信息的书写主体，将传统社会中专门赋予大众传媒发布信息的权利分发到每一个互联网用户的手中；同时，也改变公众接受资讯的时间，将传统社会中需要层层审核的信息以即时报道的方式推送到每一个互联网用户的终端上。这意味着人们每时每刻都置身于舆论与新闻的前沿，

〔1〕 钮菊生：《论现代公共政策的功能与特点》，载《江海学刊》2001 年第 5 期。

〔2〕 孔祥俊：《司法哲学》，中国法制出版社 2017 年版，第 304 页。

甚至舆情信息每分每秒都有可能改变。基于大数据驱动的循数型决策和流动性治理成为一种主导性社会治理模式。由此，随着互联网技术和智能终端的普及，微博、微信等多种互动平台进入公众生活，为每个人提供了可以自由书写的公共平台；而云计算技术开发也使得政府及其他社会治理主体能够以用户的实时数据为基础，分析民众的需求和情绪变动，分析个人、组织与社群之间的相关性。〔1〕在此背景下，社会个体认同动向、社会规范运行状态、公共政策实施状况都可借助大数据信息得以了解，以此为参考可以更好地进行司法裁判社会效果考量，汇聚个体认同、社会推动、国家强制的多元力量促进司法裁判的接受与实现。因此，法官在进行司法裁判社会效果考量时，可以将大数据信息作为考量的参考依据，如此既有利于通过提供客观参考依据避免法官过于主观的恣意考量，也有利于通过大数据信息更准确地进行社会效果考量促进裁判结果的接受与实现。

四、司法裁判中社会效果考量因素的具体应用

具体到司法实践中，法官进行司法裁判社会效果考量，需要针对社会规范自身特点确定作为考量依据的社会规范选择标准，选择出既与司法裁判结果基本指向一致，又可最大限度调动个体认同、社会推动、国家强制多元力量促进司法裁判接受与实现的社会规范。

（一）历史传统的具体考量

道德规范、风俗习惯是一个社会历史传统的主要载体。作为古典社会的产物，传统道德规范、社会风俗习惯与今天社会的主流价值观念必然存在一定的脱节与冲突。因此，需要“取其精华、弃其糟粕”，在司法裁判社会效果考量中，应当选择能够适应现代社会发展、推动现代法治秩序建构的社会主流道德规范、风俗习惯作为社会效果考量的依据。

1. 批判性原则

“传统不仅稳定，而且支配着人们的行动。”〔2〕作为传统，不论是道德规

〔1〕 陈潭：《大数据驱动社会治理的创新转向》，载《行政论坛》2016 年第 6 期。

〔2〕 ［法］古斯塔夫·勒庞：《乌合之众：大众心理研究》，戴光年译，新世界出版社 2010 年版，第 78 页。

范还是风俗习惯都在实际生活中发挥着重要作用，影响着人们的日常行为和市民社会的有序运行。但是，由于社会变迁，古典社会所坚守的基本价值与现代社会所遵循的基本价值之间往往存在诸多矛盾，甚至存在根本冲突。由此，与现代文明基本价值相悖或者与当今社会发展不协调的那些道德规则、风俗习惯不仅不会促进司法裁判的接受与实现，相反，有可能成为司法裁判接受、实现的现实障碍。因此，在进行司法裁判社会效果考量时，应当坚持批判的精神，寻求司法裁判结果与能够适应现代社会文明、推动现代法治秩序建构的社会主流道德规范、风俗习惯实现价值“共振”；同时，对于与现代文明基本价值相悖、与当今社会发展不相协调的道德规则、风俗习惯应当运用现代法治理念、法律规范进行有效规制，从而使司法裁判在对道德规范、风俗习惯批判的否定规制中获得一种接受与实现的力量。近年来，“婚闹”事件不时见诸媒体，针对此类事件的法律规制就属这一类型。在此类法律适用中，法官的社会效果考量就是一种批判的否定考量，这种考量是通过法律对社会秩序的否定规制来获得个体、社会认同力量的。

2. 关联性原则

由于中国历史悠久、地域辽阔、民族众多，传承千年的道德规范、风俗习惯往往与特定人群、地域存在一定的关联。如俗语所说，“五里不同音，十里不同俗”，因此进行司法裁判社会效果考量时需要司法者具有关联意识，寻求司法裁判同与当事各方存在关联的道德规范、风俗习惯之间实现价值指向“共振”。具体到实际操作中，司法者往往通过多元关联调动当事各方理性认同的力量，在多元价值指向“共振”中，凝聚个体理性认同的力量，促进司法裁判接受与实现。因此，关联是一种多元意义的关联，既可能是地域关联，因为在乡土中国，同一地域范围的人们往往分享着共同的道德规范、风俗习惯；也可能是行业关联，因为同一行业的人们往往共用大家认同的商业习惯；还可能是民族关联，不同民族拥有不同的风俗习惯、道德遵循；当然也可能是对传统儒家伦理道德共同遵从意义上的关联。因此，在实际的司法裁判过程中，司法者应当结合具体案件情况进行多元关联的社会效果考量，从而汇聚当事各方理性认同的力量，促进司法裁判接受与实现。在“中国冷冻胚胎第一案”中，法官就是从人伦亲情、家族延续等不同角度寻求多元关联，在关联论证中汇聚各方理性认同的力量，促进司法裁判的现实接受与实现。[1]

（二）社会规范的具体考量

随着我国市场经济体制逐渐完善，市民社会不断发展，社会组织作用不断增强。各种行业规范、社会组织自治规则在调节社会成员生产、生活秩序中的作用与日俱增，其正在成为与法律规范一起规制、调节社会秩序的重要社会力量。但是，由于现实生活三百六十行，行业众多；社会组织，不断兴起，异彩纷呈，行业规范、社会组织自治规则也鱼龙混杂、良莠不齐。因此，作为社会效果考量依据的社会规范不能随意拿来即可适用，而需要具备一定条件、符合一定标准才可适用。

1. 一致性原则

法学专家马长山认为，“市民社会的多元价值评判经过公共领域（自发的公共聚会场所或机构），进行公开的、自由的、理性的讨论和认同而整合为公共舆论，进而通过政治生活系统（如新闻媒介、压力集团、代议机构等）成为统治者制定公共政策及典章规则的依据和舆论督导力量，市民社会理性也就上升为‘公共理性’。”[2]于此，在一定意义上说，凝聚特定市民社会理性的社会规范与现行法律之间有着某种天然的“亲缘”关系。当法律规范规制市民社会秩序时，这种天然的“亲缘”关系使其具有一种与生俱来的社会基础。由此，当司法裁判结果与具有一定适用范围、广泛认可的社会规范价值指向一致时，司法裁判的接受就获得了一种社会舆论力量的支持，其实现就可以得到与实现社会规范一样的社会强制力量的支援，社会舆论、社会强制的力量成为司法裁判接受与实现的有效社会助推力。指导案例17号中，法官认为，“车辆销售价格的降低或优惠以及赠送车饰是销售商常用的销售策略，也是双方当事人协商的结果，不能由此推断出合力华通公司在告知张莉汽车存在瑕疵的基础上对其进行了降价和优惠。”[3]从法官的论述中可以看出：在此案中法官从汽车销售的行业规范角度对本案司法裁判社会效果进行了考量，藉此可以有效调动行业舆论、社会强制的潜在威胁来说服当事各方，促进司法裁判有效接受与实现。

---

〔1〕 参见江苏省无锡市中级人民法院（2014）锡民终字第01235号民事判决书。

〔2〕 马长山：《国家、市民社会与法治》，商务印书馆2002年版，第167页。

〔3〕 参见最高人民法院指导案例17号。

2. 针对性原则

在现代社会秩序中，每个人被招收、被安置、被包裹、被锲进到众多的联合体中，成为不同社会联合体的成员。一个社会联合体是这样一群人，他们在相互关系中承认一些行为规则具有约束力，并且至少在通常情况下实际上按照这些规则来调节他们的行为。这些规则就成为关于联合体内部社会生活和指导联合体成员的规范、抽象的命令和禁令。〔1〕由此，每个人都在同时接受着来自不同社会联合体的多元社会规范的约束。因此，如果司法者能够基于具体案件的行业属性、当事各方的职业特点等相关因素进行有针对性的司法裁判社会效果考量，无疑既可以有效调动当事人个体认同的理性力量，也可以更好地获得社会舆论、社会规范中社会罚则强制力的有力支持。指导案例 24 号中，针对案件事涉交通的特点，司法者立足“机动车应当遵守文明行车、礼让行人的一般交通规则和社会公德”〔2〕论证说理，从遵守交通规则角度对司法裁判进行了社会效果考量，这无疑会大大增强裁判的可接受性与实现可能性。

（三）公共政策的具体考量

在行政主导的社会转型中，公共政策对社会秩序的引导、调节、规制作用非常明显。随着法治中国建设深入推进，法律规范在国家治理中的主导作用开始显现，我国国家治理正在经历由政策治国到依法治国的深刻转型。但是，面对社会急剧转型，规划社会转轨、引领社会发展的公共政策在一定时期内还具有重要作用，不会轻易从我国社会发展中消失。从我国法治发展历史来看，公共政策作为一种特殊社会规范，与现行法律制度之间存在一种“血缘”关系〔3〕。同时，公共政策实施机制对社会发展也起到了重要的推动作用。这一切都使得公共政策成为促进司法裁判接受与实现的一种外在助推力量。因此，在司法裁判社会效果考量中，可以通过寻求司法裁判与公共政策价值指向关联，调动公共政策的助力因素，推动司法裁判结果的接受与实现。

---

〔1〕［奥］尤根·埃利希：《法律社会学基本原理》，叶名怡、袁震译，江西教育出版社 2014 年版，第 29、48 页。

〔2〕参见最高人民法院指导案例 24 号。

〔3〕主要表现为：先由国家对特定社会问题推出一定公共政策及配套制度，引导、调节、规制社会发展；待政策执行逐渐收到成效、政策相关配套制度基本完善，国家再将有关政策、制度上升为法律。在此意义上，公共政策与法律制度之间存在一种“血缘”关系。

1. 相通性原则

由于我国身处社会全面转型时期，法治实践中，往往遵循这样一种法律发展逻辑：先由国家对特定社会问题推出一定公共政策及配套制度，引导、调节、规制社会发展；待政策执行逐渐收到成效、政策相关配套制度基本完善，国家再将有关政策、制度上升为法律。因此，现行法律中许多制度往往是一定政策演变、升华的结果。因此，将司法裁判进行社会效果考量可以通过寻求作为裁判依据的法律与现行政策的关联，以此使人们基于对以往政策实施的认可实现对依据现行法律做出的裁判结果的认同。在指导案例 18 号中，法官从“保护劳动者的合法权益，构建和发展和谐稳定的劳动关系”〔1〕的公共政策角度对本案裁判结果进行了社会效果考量，藉此调动人们对构建和谐劳动关系的公共政策的认同，促进当事各方对司法裁判结果的接受与实现。

2. 协同性原则

由于我国社会处于急剧转型时期，为了推动社会协调、均衡发展，国家往往会推出许多公共政策，以此来引导社会成员的行为，推动社会整体演进、和谐发展。具体到司法实践中，当司法裁判与反映社会发展趋势、国家积极推动实施的公共政策指向一致时，对社会发展趋势的理性认知力量、国家推动公共政策实施的引导力量以及以往政策治国时期政策强制实施带来的惯性“余威”就会成为促进司法裁判现实接受、实现的一种有效外在助推力量。在指导案例 75 号中，法官在认定中国生物多样性保护与绿色发展基金会为专门从事环境保护公益活动的社会组织时认为，“绿发会章程中明确规定，其宗旨为‘广泛动员全社会关心和支持生物多样性保护和绿色发展事业，保护国家战略资源，促进生态文明建设和人与自然和谐，构建人类美好家园’，符合联合国《生物多样性公约》和《环境保护法》保护生物多样性的要求。同时，‘促进生态文明建设’‘人与自然和谐’‘构建人类美好家园’等内容契合绿色发展理念，亦与环境保护密切相关，属于维护环境公共利益的范畴。故应认定绿发会的宗旨和业务范围包含维护环境公共利益内容。”〔2〕于此，法官希望从绿色发展理念这个基本公共政策角度进行社会效果考量，借助国家推动绿色发展实施的力量，促进当事各方对司法裁判结果的接受与实现。

---

〔1〕 参见最高人民法院指导案例 18 号。
〔2〕 参见最高人民法院指导案例 75 号。

（四）大数据信息的具体考量

在司法裁判社会效果考量过程中，大数据信息主要是为寻找社会认可度高的各种社会规范提供参考依据，其本身并不作为考量依据在司法裁判文书中出现。因此，一般情况下，在司法裁判文书中无法看到大数据信息的存在，它更多是一种进行司法裁判社会效果考量的现代科技辅助手段。

1. 辅助性原则

如前文所述，随着互联网技术和智能终端的普及，微博、微信等多种互动平台进入公众生活，为每个人提供了可以自由书写的公共平台；而云计算技术的开发使得政府及其他社会治理主体能够以用户的实时数据为基础，分析民众的需求和情绪变动，分析个人、组织与社群之间的相关性。由此，通过互联网大数据信息可以获得传统道德规范、风俗习惯、社团规则、公共政策等社会规范的社会认同度信息，司法者可以以此为依据在司法裁判结果与社会认同度高的具体社会规范之间寻求价值指向“共振”，更好地推动司法裁判结果的接受与实现。

2. 科学性原则

大数据信息要想真正在司法裁判中发挥辅助作用，必须保证其本身真实、可靠，否则，不仅不能促进司法裁判接受、实现，反而可能成为司法裁判接受与实现的现实障碍。因此，在大数据信息收集、分析过程中，一定要严格遵循科学程序、运用科学方法进行客观分析，如此大数据结果才可能客观、真实，才可能成为司法裁判社会效果考量的有效辅助手段，才可能以此分析成果作为选择社会效果考量依据的参考标准。

结　　语

作为一种社会控制手段，法律与社会规范、公共政策等一起规制社会秩序、实现社会控制。在近代世界，法律成了社会控制的主要手段，其他社会控制手段只能行使从属于法律并在法律确定范围内的纪律性权力，但是并不能因此而忽视其他社会控制手段的实践价值。因此，面对社会转型，当代中国国家治理中应当积极倡导法律与其他社会规范共同发挥作用，汇聚个体认同、社会推动、国家强制三种力量来推动现行法律有效实施。具体到司法实践中，法官需要寻求法律制度与公共政策、社会规范、历史传统指向“共振”，在法律规制主导下，于多元要素“共振”中凝聚个体认同、社会推动、国家强制的力量，推动司法裁判现实接受与实现。就此而言，司法裁判社会效果考量的本质也就在于通过寻求法律制度与公共政策、社会规范、历史传统指向“共振”，集聚个体认同、社会推动、国家强制三种力量推动司法裁判现实接受与实现。但是，作为有一定主观因素介入的司法活动，为避免法官考量的主观恣意，需要以尊重既有法律规则为前提，坚守形式法治基本理念，在历史传统、公共政策、社会规范、大数据信息等相对确定的因素范围内进行司法裁判社会效果考量，尽量排除无关因素的可能干扰。另外，司法裁判社会效果考量在任何时代、任何国家司法实践中都是需要的，只是需求程度不同而已，司法裁判社会效果考量对转型中国法治实践意义重大，它既可以缓解既定法律与社会变迁之间形成的时空紧张，又可以促进司法裁判现实接受与实现，推动现代法治权威在市民社会逐渐确立。

论类比推理的司法适用

——以陈莺与罗荣耕、谢娟如监护权纠纷为例

乌日力嘎 *

摘　要　类比推理是指对法律未规定的事实，比附援引与其性质相类似的规定。法律漏洞的存在是类比推理司法适用的前提，相似性及类推结构是类比推理司法适用的核心，类比推理的可靠性审查以及实质有效性审查是对推理结论进行评估的重要标准。在陈莺与罗荣耕、谢娟如监护权纠纷中，法律对代孕以及由代孕引发的监护、探望、继承等问题未作规定，存在法律体系上违反计划的不圆满状态。通过对“代孕和人工授精”“与缔结婚姻后配偶一方的子女形成的关系和有抚养关系的继父母子女关系”等相似点进行比较，可减少将监护权判归陈莺之结论的或然性。

关键词　类比推理　司法适用　相似性　类推结构　或然性

类比推理在不同法系具有不同含义。英美法系有着判例法传统，在遵循先例原则的指导下，其类比推理表现为一种“判例类推”，即通过对两个类似案件进行比较，使待决案件得到与先前案件相同的处理结果。如美国学者伯顿指出，“判例学说将先前判决的案件当作此后案件的判决依据。判例学说下的推理主要是通过类比进行的，其基本要求是同样案件同样判决。”〔1〕而大陆法系国家有严谨的法律体系，判例一般不属于正式的法律渊源，因此其类比推理更多地表现为一种“类推适用”，即通过寻找与个案性质相类似的法律

---

* 乌日力嘎，女，山东大学（威海）法学院硕士研究生。

〔1〕［英］史蒂文.J. 伯顿：《法律和法律推理理论》，张志铭、解兴权译，中国政法大学出版社 2000 年版，第 31 页。

规范，继而推定立法对没有规定的事实也会做出相应的处理。如日本学者我妻荣指出，“扩充法律上规定的事项以推及类似的情况，是就法律规定的事项与其他具有同一属性的事项作比附类推适用的方法。”〔1〕我国的法律制度接近于大陆法系，即便最高院至今已发布17批指导性案例，但其效力明显不同于英美法系的判例。笔者下文所称的类比推理也主要是讨论具体案件能否被包摄到类似的法律规定之下。在此意义上，狭义的类比推理可以和类推适用画上等号。作为一种法律方法，类比推理主要是在司法实践领域发挥作用，所以有必要分析其司法适用情况。考虑到公法案件大多对类比推理采取禁止或限制的态度，如类比推理“不应用来扩展刑法禁止的范围（基于罪刑法定原则），不应用来扩展关于征税的制定法规定等”。〔2〕所以笔者特选取了一个私法案件，即陈莺与罗荣耕、谢娟如监护权纠纷。

2007年，陈莺与罗新登记结婚，婚后因女方身体原因一直未有子女。2011年，二人通过中介机构购买其他女性（身份不明）卵子，并与另一女性（身份不明）签订代孕合同，最终利用体外授精技术与胚胎移植技术生育了一男一女龙凤胎，孩子出生后与夫妻二人共同生活。2014年，罗新因急性重症胰腺炎去世，随后罗新父母罗荣耕、谢娟如与陈莺就代孕孩子的监护权问题发生纠纷，于2015年诉至法院。上海市闵行区人民法院经审理认为，代孕所生孩子属于非婚生子女，陈莺与其既没有自然血亲关系，也未形成拟制血亲关系，由此将龙凤胎的监护权判给了具有血缘关系的罗荣耕与谢娟如。陈莺不服此判决，向上海市第一中级人民法院提出上诉。上诉法院经审理认为，龙凤胎为罗新与代孕者之间的非婚生子女，但陈莺与其成立拟制血亲的继父母子女关系，由此可获得龙凤胎的监护权，同时罗荣耕与谢娟如对孩子享有探望权。在这起监护权纠纷当中，争议的焦点为代孕所生子女的法律地位问题以及其与陈莺之间的亲子关系问题，而两者的解决均离不开类比推理的司法适用。

一、类比推理司法适用的前提：法律漏洞的存在

“法律漏洞是法律规定和它所欲调整的社会事实、社会关系之间出现了无

〔1〕［日］我妻荣：《新编新法律学词典》，董璠舆译，中国政法大学出版社1991年版，第984页。
〔2〕张志铭：《法律解释的操作分析》，中国政法大学出版社1998年版，第114页。

法对位的情况。”[1]换言之，大小前提不对称，事实与规范关系紧张。法律漏洞的产生既有主观原因，也有客观原因。主观上，立法者由于立法技术欠缺，存在疏忽遗漏的情况；或者因认知能力受限，在立法过程中有意搁置争议，留待司法界和学术界逐步完善。客观上，现实生活错综复杂，法律不可能面面俱到，且规范通常存在滞后性，导致待决案件可能没有明确的大前提。“法律规范对于应规定之事项，由于立法者之疏忽、未预见，或者情况变更，致就某一法律事实未设规定时，审判官应探求规范的目的，就此漏洞加以补充。”[2]

在补充法律漏洞之前，必须先认定法律漏洞的存在。“法律漏洞的认定为进行法律漏洞的补充的前提。”[3]只有认定法律确实存在漏洞后，才有漏洞补充方法的适用，否则应用法律解释方法予以解决。“认定法律漏洞的操作过程如下：其一，须某事实被评定为不属于法外空间；其二，经对现行法进行审查判定，现行法对该生活事实根本未作规定，或虽有规定但不完全，或作了不妥当的规定，或有两个以上相互矛盾的规定。”[4]

在本案当中，双方当事人因代孕所生子女的监护权问题发生纠纷，而对这一领域国家法律存在漏洞。一方面，代孕不属于思想、爱情、友情等法外空间。20世纪七十年代，人类辅助生殖技术开始走入公众视野，并迅速得以发展。该技术为不孕不育夫妻繁衍后代带去希望的同时，又因不同于自然生殖方式而频频受到伦理道德的责难。其中，代孕受到的指摘最多，也最为严厉。同为人类辅助生殖技术，体内授精和体外授精——胚胎移植及其衍生技术已经普遍受到法律的认可，但对于代孕的合法性问题，各国却没有一致性的规定。目前，包括英国、美国在内的部分国家允许代孕，而德国、法国则属于明确禁止代孕行为的拥趸者。代孕在我国虽受到否定性评价，但也因此表明其不属于法外空间或者法律不评价之领域。另一方面，国家法律对代孕行为引发的监护、抚养、探望、继承等问题未作规定。《人类辅助生殖技术管理办法》（以下简称《办法》）、[5]《人类辅助生殖技术规范》（以下简称《规

[1] 谢晖：《论民间规范司法适用的前提和场域》，载《法学论坛》2011年第3期。

[2] 杨仁寿：《法学方法论》，中国政法大学出版社2013年版，第191页。

[3] 黄茂荣：《法学方法与现代民法》，法律出版社2007年版，第367页。

[4] 黄茂荣：《法学方法与现代民法》，法律出版社2007年版，第366页。

[5] 《人类辅助生殖技术管理办法》第三条中规定，禁止以任何形式买卖配子、合子、胚胎。医疗机构和医务人员不得实施任何形式的代孕技术。

范》)〔1〕及《人类辅助生殖技术和人类精子库伦理原则》（以下简称《原则》)〔2〕虽明文禁止医疗机构和医务人员实施代孕行为，但其调整对象范围过于狭窄，仅包含前面两类人员，而对广泛存在的代孕黑市没有进行规制，实施效果不甚理想。且立法法第八条对民事基本制度作出了法律保留，即只有全国人大和全国人大常委会能对上述事项作出规定。〔3〕而《办法》《规范》和《原则》作为原卫生部、现国家卫计委发布的部门规章，均无权规定代孕子女的法律地位等民事主体制度。因此，现行法对代孕相关问题未作规制，导致了法律漏洞的存在，即出现了“法律体系上违反计划之不圆满状态”。〔4〕

在对法律漏洞进行认定之后，下一步即涉及法律漏洞的补充。依据通说，漏洞补充的法律方法主要有三种，类比推理、目的论限缩及目的论扩张。目的论限缩是指因立法者疏忽，将本不应包摄于某法条之下的某类案件依法条文义进行了包摄，从而通过对立法目的限缩排除适用。“目的性扩张，指为贯彻法律规范意旨，将本不为该法律条文的文义所涵盖的案型，包括于该法条的适应范围之内。”〔5〕通过对该案基本情况的大致了解，可排除目的论限缩对本案的适用，而后剩下的漏洞补充方法有类比推理和目的论扩张。如果单从适用结论上看，两者的效果非常相近，均是将一条规则扩张适用于本不应包摄的案件当中。但最终选择类比推理也是因两者之间存在本质区别，即类比推理要求相似性关系的存在，但目的论扩张无此要求。对于相似性这一中心问题，笔者下文将会专门论述。

二、类比推理司法适用的核心：相似性及类推结构的运用

在类比推理当中，相似性是连接规范与事实的纽带。个案事实与事实构成〔6〕具有相似性是类比推理司法适用的核心要素。因此，相似性是否存在影响着类比推理可否有效进行。笔者在下文中将先对相似性以及类推结构进

〔1〕《人类辅助生殖技术规范》中规定，禁止实施代孕技术。

〔2〕《人类辅助生殖技术和人类精子库伦理原则》第一条原则中指出，医务人员不得实施代孕技术。

〔3〕根据立法法第九条，全国人大及其常委会也可以授权国务院先行制定行政法规。

〔4〕黄建辉：《法律漏洞·类推适用》，蔚理法律出版社1988年版，第21页。

〔5〕梁慧星：《民法解释学》（第四版），法律出版社2015年版，第280页。

〔6〕法律规范＝事实构成＋法律后果，笔者此处的事实构成指法律所规定的事实。

行界定，从而进一步讨论类比推理是如何在本案当中适用的。

（一）相似性及类推结构的认定

相似性是一个十分复杂的概念，含义本身存在着高度模糊性。对相似性如何认定以及相似性应达到何种程度等问题，学界一直有着不同看法。在此，笔者选取主要观点加以阐述。

1. 构成要件的相似

该种观点认为，个案事实与事实构成在构成要件上类似即可。如德国法哲学家拉伦茨认为“法效果之转用的基础在于：两构成要件——在与法律评价的重要观点上——彼此相类，因此，二者应作相同的评价。”〔1〕再如德国刑法学家普珀主张有待解决的事实与某规范之构成要件存有相似性。〔2〕目前该观点是通说。

2. 基点案件与待决案件的实质一致

该种观点认为，相似性要求法律规定的案件事实与待处理案件事实间具有本质上的一致性，其代表人为德国法学家考夫曼。他主张“从事实推论到规范，或从规范推论到事实，都是有关事物本质的推论，也就是说它存在与之间类似地对应的关键点，因此它是类推过程的基础”。〔3〕

3. 法律目的意义上的相似

该种观点认为，立法是有目的的理性活动，要认定相似性时首先要对立法者的目的予以了解。其代表人物为德国法学家恩吉施，他指出，“事实上，相对于所有至今被提到的解释方法，现代的法律者甘愿置所谓的‘目的’解释方式于一定的优先地位，这个方法是根据法律规定的目的、‘理性’、‘理由思想’来研究，并从中考虑这些规定的‘意义’。因此，在这里，‘意义’变成了目的。”〔4〕

“类似性的判定，是一个多层次的、由不同因素综合起作用的过程，这其中虽然具有价值判断的因素，但主要是事实判断的问题。”〔5〕在上述三种观

〔1〕［德］卡尔·拉伦茨：《法学方法论》，陈爱娥译，商务印书馆 2003 年版，第 258 页。

〔2〕［德］英格博格·普珀：《法学思维小学堂——法律人的 6 堂思维训练课》，蔡圣伟译，北京大学出版社 2015 年版，第 89 页。

〔3〕［德］阿图尔·考夫曼：《类推与“事物本质”——兼论类型理论》，吴从周译，颜厥安校，台湾学林文化事业有限公司 1999 年版，第 25 页。

〔4〕［德］卡尔·恩吉施：《法律思维导论》，郑永流译，法律出版社 2004 年版，第 85 页。

〔5〕屈茂辉：《类推适用的私法价值与司法运用》，载《法学研究》2005 年第 1 期。

点均有局限性的前提下，[1]笔者从通说出发，尝试对相似性问题进行界定。假定事实构成为T，其具有 a_1、a_2、a_3、a_4、a_5 等属性；假定个案事实为S，其具有 a_1、a_2、a_3、a_4 等属性。上述T和S的前四个属性相同，从而推定S也具有属性 a_5。进一步而言，当 a_1、a_2、a_3 和 a_4 属于本质属性，具有法律意义时，对T和S的定性即具有了支配性，因此T和S可以划归为一类，类比推理也得以展开。换言之，“即使原则上有类推的空间，从‘有待解决的事实与某规范之构成要件二者间存有任何一种相似性’这点，也还不能够导出类推的结果。更确切地说，此二者相同的特性，必须正是应被类推适用的法规范中用以建构法律效果的那些特性。”[2]上述文字可以用如下结构表示：

已知T具有 a_1、a_2、a_3、a_4、a_5 属性 已知S具有 a_1、a_2、a_3、a_4 属性 已知 a_1、a_2、a_3、a_4 为本质属性（具有法律意义） 结论：S和T属于同类事物，可进行类推。

在确定相似性之后，即可以推导出类推的结构。同样假设事实构成为T，个案事实为S，法律结果为R，其推理结构为如下所示：

$T \rightarrow R$	（T导出R）
$S \sim T$	（S与T类似）
$S \rightarrow R$	（S也可以导出R）

（二）相似性及类推结构在本案中的应用

如上所述，陈莺与罗荣耕、谢娟如监护权纠纷中的焦点问题为代孕所生子女的法律地位以及其与陈莺间是否形成亲子关系，这些问题均涉及类比推理的司法适用。

1. 确认代孕所生子女是否为陈莺与罗新的婚生子女

陈莺在一审、二审时提出最高院复函在认定亲子关系时已突破血缘关系，因此不能排除其成为孩子母亲、孩子系婚生子女的可能性。法院经审理认为，

[1] 如构成要件一致不能确定相似度高低，本质一致难以捉摸且可能为了追求法律价值而忽略案件事实，至于目的一致更易受到每个个体认知能力的影响。

[2] [德] 英格博格. 普珀：《法学思维小学堂——法律人的6堂思维训练课》，蔡圣伟译，北京大学出版社2015年版，第89页。

“该函所针对的是以合法的人工生殖方式所生育子女的法律地位之认定，而代孕所生行为本身不具有合法性，故不符合类推适用之情形”,〔1〕因此判决代孕所生孩子系罗新与代孕者之间的非婚生子女。法院的结论可以用如下结构表示：

> **基础语句**：夫妻双方一致同意进行人工授精的，所生子女视为夫妻双方的婚生子女。（最高院复函）
>
> 上述的语句，依其文意，不能直接适用于代孕所生子女的情形。
>
> **解释**：将以人工授精方式所生子女视为夫妻双方的婚生子女的原因是采用了合法的人工生殖技术，符合“分娩者为母”原则。
>
> **相异处**：代孕将怀孕分娩环节从不孕妻子转移给了其他女性，背离了“分娩者为母”原则及其建立的制度，不被国家法律所认可。
>
> **结论**：代孕方式所生子女不同于人工授精方式所生子女，不能类推为夫妻双方的婚生子女。

在本案中，法院从反面推论的角度否定了类比推理的适用。法院认为，人工授精方式与代孕方式存在本质区别，前者合法，而后者非法。二者的区分具有法律意义，不能对这一区别予以消除并对规则进行普遍化。此外，基础语句中的“一致同意”也有待商榷。毕竟与夫妻协商的主体的不同，会造成对一致同意的内容的不同。在本案中，无论是卵子提供者或是代孕者都处于身份不明的状态，陈莺和罗新是否与上述主体进行协商以及协商的内容如何、是否达成一致意见等问题均无法确定，因此就进一步排除了类比推理的适用。随后，法院依据血缘关系确定龙凤胎的亲生父亲为罗新；依据“分娩者为母”原则，确定龙凤胎的亲生母亲为代孕者。而罗新与代孕者之间不存在合法的婚姻关系，其所生子女为非婚生子女。由此，法院驳回了龙凤胎为陈莺与罗新的婚生子女的主张，认为陈莺不能因为上述规则获得母亲资格。

2. 确认陈莺与代孕所生子女之间是否存在拟制血亲关系

依照婚姻法的规定，拟制血亲存在于两类关系当中，一是养父母与养子女以及养子女与养父母的其他近亲属，二是事实上形成抚养关系的继父母与继子女、继兄弟姐妹。陈莺曾在一审时提出，孩子出生以后，自己一直进行

〔1〕《陈莺诉罗荣耕监护权纠纷一案二审民事判决书》，载 http：//wenshu. court. gov. cn/content/content? DocID =733844c7 – af30 – 441e – af1b – a420688e1612&KeyWord，2016 年 12 月 3 日访问。

抚养义务，即便代孕孩子是非婚生子女，也可与其形成事实收养关系。一审法院以欠缺法定的收养条件为由未予采纳。随后，陈莺在二审时提出自己虽未办理收养手续，但却实际抚养了罗新与案外人的子女，可推定成立有抚养关系的继父母子女关系。二审法院对该主张予以认可，认定陈莺与代孕所生子女之间存在拟制血亲关系。其类比推理的适用如下：

基础语句：继父或继母和受其抚养教育子女之间的权利义务，适用本法对于父母子女的有关规定。（婚姻法第 27 条第 2 款）

上述的语句，依其文义，不能直接适用于缔结婚姻后，配偶一方所生的子女与本人形成的亲子关系。

解释：有抚养关系的继父继母子女关系成立的条件为主观意愿和事实行为，即有将配偶一方的子女视为自己子女的主观意愿以及对其有抚养教育事实，而不问子女的出生时间是缔结婚姻之前还是缔结婚姻之后。

相似性：缔结婚姻后配偶一方的子女与有抚养关系的继子女一样，存在被本人视为自己子女且进行抚养教育的事实。

结论：可将本人与缔结婚姻后配偶一方的子女间形成的关系视为有抚养关系的继父母子女关系，其权利义务适用婚姻法对父母子女的有关规定。

上述结论的得出存在一个隐性前提，即婚姻法对婚生子女和非婚生子女提供同样的保护。虽然通过第一部分的推理得出代孕所生子女为非婚生子女，但这仅仅是为驳回陈莺直接依据最高院复函得到监护权的主张，不能因为龙凤胎为非婚生子女而对其进行区别对待。当然，也正是有了上述结论，此部分的论证才得以展开。这时争点已经不再是代孕所生子女是否为婚生子女，而是缔结婚姻之后配偶一方的子女是否等同于缔结婚姻之前配偶一方的子女。二审法院认为，有抚养关系的继父母子女关系成立的要件是抚养意愿和抚养事实，至于配偶一方的子女是在与本人缔结婚姻之前还是在与本人缔结婚姻之后所生无关紧要。由此法院扩大了有抚养关系的继父母子女关系的外沿，使得婚姻法第 27 条第 2 款适用于本案。

三、类比推理司法适用的审查：结果的评估

在类比推理当中，“作为推理前提的法律规范与作为推理结论的司法裁决之间的联系是一种或然联系，某一个具体的司法裁决的得出不具有唯一性、

必然性，即不是从该推理前提出发所能得出的唯一结论。”〔1〕换言之，类比推理适用的路径是不确定的，得出的结论存在或然性。这是类比推理被视为弱势推理的一个重要原因，同样也是一直以来未能解决的难题。的确，与演绎推理、设证推理相比，类比推理的造法性更强，与此同时适用的风险更高、有效性更弱。但这并不能成为排除类比推理适用的原因。在下文中，笔者从推理结论的可靠性审查和实质有效性审查出发，试图降低类比推理结论的或然性。

（一）推理结论的可靠性审查

法律推理的可靠性是指前提隐含结论或者能够为结论提供可靠的支持，这是一种衡量或者比较。对于类比推理而言，其可靠性“取决于对大前提包含的比较点的选择和被比较点的特征的确定。视比较点的选择而定，类比推理可能会得出对立的结论：或适用类比或适用反面推论。”〔2〕

在本案中，第一次涉及类比推理，更准确表述为适用反面推论时，比较点为代孕，被比较点为人工授精。二者的相似点为均是人类辅助生殖技术，二者的相异点为是否被法律所认可。陈莺的关注点在相似点上，认为两种技术均已突破血缘主义，可以进行类比。但罗荣耕、谢娟如以及法院的关注点在不同点上，认为两种技术存在合法与非法之分，不可以进行类比。对此笔者认为，代孕行为，无论是妊娠型代孕（完全代孕）还是基因型代孕（部分代孕），〔3〕在我国均属于完全禁止。美国法学家波斯纳曾指出，法官对类比的结果也需要考虑政策的因素。〔4〕从《办法》《规范》和《原则》的规定可看出，国家的态度是否定的，法官对此应当有所考量。而且代孕涉及人伦理念，挑战公序良俗，在公众的认可度和接受度均不高的情况下，法官宜采用保守的做法。因此，笔者同意法院的判决，主张“人工授精”的概念外延无法包含“代孕”。大前提不能包摄小前提，此处的类比推理是不可靠的，从而适用反面推论。

---

〔1〕 刘克毅：《试论类比法律推理及其制度基础——以普通法的运作机制为例》，载《法学论坛》2005年第6期。

〔2〕 [德] 阿图尔·考夫曼：《法律哲学》，刘幸义等译，台湾五南图书出版公司2000年版，第82页。

〔3〕 对于上述划分可参见王贵松：《中国代孕规制的模式选择》，载《法制与社会发展》2009年第4期。

〔4〕 [美] 理查德·A. 波斯纳：《法理学问题》，苏力译，中国政法大学出版社2002年版，第122页。

在本案中，第二次适用类比推理时，比较点为本人与缔结婚姻后配偶一方的子女形成的关系，被比较点为有抚养关系的继父母子女关系。二者的相似点是：一方面有将配偶一方的子女视为自己子女的主观意愿，另一方面有对配偶一方的子女进行抚养教育的事实行为。二者的相异点是：依据通说，有抚养关系的继子女应当是在本人与配偶缔结婚姻之前配偶一方所生的子女，但是比较点所表述的子女为本人与配偶缔结婚姻之后配偶一方所生的子女。对此问题，罗荣耕与谢娟如未进行评价，仅是总体否定了拟制血亲关系的成立。而陈莺和二审法院均认为成立有抚养关系的继父母子女关系。笔者认为，陈莺与代孕所生子女之间形成的关系的确类似于有抚养关系的继父母子女关系，甚至前者的关系比后者更亲密。陈莺因自身原因未能生育，遂将代孕所生子女视如已出，自孩子出生之日起悉心照顾、抚养至今。此处的相似点是决定亲子关系能否成立的实质条件，具有法律价值或意义，因此将缔结婚姻后配偶一方的子女与本人之间的关系类比为有抚养关系的继父母子女关系并无不当。大前提包摄了小前提，此处的类比推理是可靠的。

（二）推理结论的实质有效性审查

“法律推理的实质有效性是指对法律推理过程中的大小前提和结论具有合理性、正当性以及人们的可接受性。法律推理的过程也是为判决结论寻求正当性的论证过程、为判决结论提供正当理由的过程。”[1]类比推理是一种实质推理，可直接采用上述做法。所以，笔者在这一部分将从合理和公正两个角度切入。需要指出的是，判决结论是在类比推理的结论上演绎得出的，二者紧密相连，因此下文的“结论”将不再严格区分推理结论和判决结论。

1. 合理与否：儿童利益的最大化

联合国《儿童权利公约》确立了儿童最大利益原则，该原则要求关于儿童的一切行动，不论是由公、私社会福利机构，还是由法院、行政当局或立法机构执行，均应以儿童的最大利益为首要考虑。我国于1992年批准了该公约，因此法院在审理相关的民事纠纷时，理应对儿童的利益给予重点关注。

在本案中，儿童的利益可具体为代孕所生子女的利益。如何依据儿童最大利益原则，着重体现对代孕子女利益的保护，是判断法院裁决是否具有合

〔1〕张斌峰等著：《法律推理新探索——语用学与语用逻辑的视角》，中国政法大学出版社2014年版，第178页。

理性的重要标准。首先，从监护能力来看，陈莺有稳定的收入（幼师工资）且有充分的精力和能力去履行监护义务，但罗荣耕、谢娟如均已至古稀之年，一直退休在家，其身体状况和精力均不足以去抚养年幼的孙子女。其次，从与孩子的亲密度来看，陈莺与孩子共同生活至今，已形成难以割舍的母子之情。突然将孩子带离原有的生活环境，与亲密度较弱的祖父母一同生活，可能会导致孩子无法适应。再次，母爱通常是无可替代的，尤其年幼的孩子对母亲有着高度的依赖，这种与生俱来的亲近是他人无法比拟的。最后，从家庭结构的稳定性来看，如由陈莺继续抚养，对孩子而言，家庭结构仍然是完整的，他们依旧可以得到来自祖父母、外祖父母等亲人的关怀。两名孩子与其他儿童并无不同，其代孕所生子女的身份不会影响到幼儿人格的形成。综上所述，法院将孩子的监护权判归陈莺，充分考虑了代孕所生子女的利益，体现并贯彻了儿童最大利益原则，为儿童撑起了保护伞，也使得判决结论合情合理。

2. 公正与否：结论的可接受性

判决结论的得出可能会影响当事人的权利义务状态，也可能会影响社会公众对特定事物的判断。一个司法判决是否公正，不仅要“看司法判决能否满足、实现、达成判决受众的需要、欲望、目的或愿望，”〔1〕还要看当事人的需要、欲望、目的或愿望是否为社会公众所认同。因此，笔者在探讨结论是否公正时，将从是否满足当事人需要以及是否符合公众认知两个标准出发。

一方面，存在当事人对结论的可接受性问题。对陈莺而言，如愿获得了代孕子女的监护权，即便是以继母的身份，也不存在不接受的问题。而对于年迈丧子又未获得孙子女监护权的罗荣耕、谢娟如而言，结论的可接受性才有讨论的必要。罗荣耕、谢娟如均年事已高，没有精力抚养四五岁的儿童，所以表示要将孙子女送到美国，由其女儿女婿代为抚养。姑且先不论女儿女婿是否会尽心抚养，单就祖孙关系而言，一年见不到几次自然会变得淡薄。其实，老人争夺孙子女的监护权无非是因为不信任陈莺，希望把孙子女放在跟前，看其健康成长。假使将孩子远送他国，老人的初衷恐难以实现。但如果把监护权判归陈莺，同时又赋予老人以探望权，问题就能迎刃而解。二老不仅可以时

〔1〕 张继成：《可能生活的证成与接受——司法判决可接受性的规范研究》，载《法学研究》2008年第5期。

常与孙子女碰面，而且也可以对陈莺的抚养情况进行监督，为孩子提供更有利并且更有爱的成长环境。上述双赢的结果对二老而言并非不可接受。

另一方面，存在公众对结论的可接受性问题。裁判追求的是法律效果和社会效果的统一。为避免向社会公众传达错误的信号，法院在判决中多次提及代孕行为不合法。如“分娩者为母”原则与我国目前对代孕行为的禁止立场相一致，认定事实收养关系的成立将会造成对代孕行为的消极默认效果，不符合对代孕行为的积极禁止立场，认定陈莺与代孕所生子女成立有抚养关系的继父母子女关系并不表明对非法代孕行为予以认可等。[1]法院反复强调代孕的非法性，不仅表明了其与国家站在同一立场，而且也是为了追求良好的社会效果，避免造成司法机关对代孕行为予以保护的假象。如此一来，裁判结论既坚持了传统的伦理原则，又符合了现有的价值观念，可以得到社会公众的认同。

结　　语

综上所述，类比推理的司法适用包含三个方面的内容，即类比推理司法适用的前提、类比推理司法适用的核心以及类比推理司法适用的审查。上述内容之间存在着逻辑关系，即首先考虑是否满足存在法律漏洞的前提条件，其次通过相似性的判断和类推结构的构建而进行司法适用，最后再对司法适用的结果予以审查。

为进一步细化类比推理的司法适用，笔者将前两个内容又具体化为四个步骤。第一步——法律是否存在漏洞。如果回答为“否”，那仅属于法律规定不明确的情形，可用法律解释予以解决。如果回答为“是”，就进入第二步——构成要件是否存在相似性。如果不存在相似性，适用目的论限缩或目的论扩张。如果存在相似性，就进入第三步——相似性是否具有决定性作用。如果相似性不具有法律意义，无决定性作用，此时就考虑反面推论。如果相似性具有决定性作用，就到了最后一步——适用类比推理。为便于直观理解，笔者用如下结构予以表示：

〔1〕 参见《陈莺诉罗荣耕监护权纠纷一案二审民事判决书》，载 http://wenshu.court.gov.cn/content/content?DocID=733844c7-af30-441e-af1b-a420688e1612&KeyWord，2016年12月3日访问。

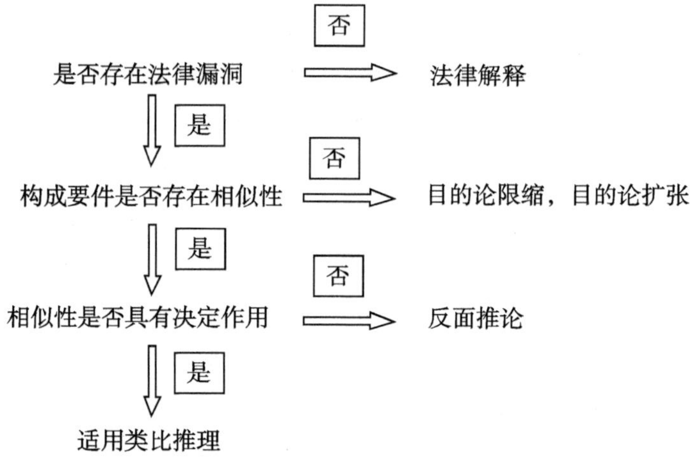

作为一种实质推理，类比推理被一部分学者视为法律发现的核心环节或者主要途径。[1]但类比推理结论的或然性依旧存在，笔者在此文中所做的尝试，仅仅是通过对结论的可靠性和实质有效性进行审查，以降低其或然性的程度罢了。至于如何解决结论的或然性问题，仍然需要理论界更深一步的探讨。

---

〔1〕［德］阿图尔·考夫曼：《法律哲学》，刘幸义等译，台湾五南图书出版公司2000年版，第93页。

图书在版编目（CIP）数据

法律修辞研究．第4卷／陈金钊主编．—北京：中国法制出版社，2018.4

（法治思维与法律方法文库）

ISBN 978-7-5093-9372-7

Ⅰ．①法… Ⅱ．①陈… Ⅲ．①法律语言学-修辞学-文集 Ⅳ．①D90-055

中国版本图书馆CIP数据核字（2018）第061561号

策划/责任编辑　陈兴　赵文博　　　　封面设计：杨泽江

法律修辞研究．第4卷

FALÜ XIUCI YANJIU. DI SI JUAN

主编/陈金钊

经销/新华书店

印刷/北京京华虎彩印刷有限公司

开本/730毫米×1030毫米　16开　　　　印张/19.75　字数/278千

版次/2018年6月第1版　　　　2018年6月第1次印刷

中国法制出版社出版

书号 ISBN 978-7-5093-9372-7　　　　定价：59.00元

北京西单横二条2号

邮政编码 100031　　　　传真：66031119

网址：http://www.zgfzs.com　　　　**编辑部电话：010-66010405**

市场营销部电话：010-66033393　　　　**邮购部电话：010-66033288**

（如有印装质量问题，请与本社印务部联系调换。电话：010-66032926）